DISCARD

Form 178 rev. 11-00

Chicago Public Library
Toman Branch
2708 S Pulaski
Chicago, Il 60623

GUÍA ESENCIAL DEL BORDADO

… GUÍA ESENCIAL DEL
BORDADO

ÍNDICE

DESCUBRE EL BORDADO 7
Introducción 9

INICIACIÓN 13
Agujas 14
Máquinas de coser 15
Marcos 16
Herramientas 18
Tejidos para bordado de punto contado 20
Tejidos de tramado sencillo y fundamentos para el bordado superficial 22
Hilos 24
Adornos 26
Técnicas básicas 28
Trabajando con esquemas y diagramas 30
Rematar 32
Inspiración para diseños de bordados 34
Desarrollando ideas de diseño 36
Explorar la paleta de colores 38
Pintar tejidos 40

TÉCNICAS DE PUNTO CONTADO 43
PUNTO DE CRUZ 45
Puntos y técnicas de punto de cruz 48
Salvamantel y servilleta de tulipán 50
Mantel Iris 53
TRABAJO EN NEGRO 56
Puntos y técnicas del trabajo en negro 60
Dechado de banda reversible 64
INSPIRACIÓN Y DISEÑO
Contrastes en blanco y negro 66
Cojín de motivos florales 69
EL TRABAJO EN LIENZO 73
Puntos y técnicas de trabajo en lienzo 76
Caja roja exótica 82
Panel indio 84

TRABAJO ABIERTO 89
Trabajo estirado y vainica 91
Técnicas de punto estirado y vainica 94
Cojín con flores 101
Tapete para la mesa 104
CALADO 109
Puntos y técnicas de calado 112
Banda Duvet 116
INSPIRACIÓN Y DISEÑO
Precisión geométrica 118
Dechado azul 120
TRABAJO CORTADO 125
Puntos y técnicas de trabajo cortado 128
Almohada con lavanda 131
Mantelería de copo de nieve 135

BORDADO SUPERFICIAL   139

TRABAJO EN BLANCO   141
- Puntos y técnicas de trabajo en blanco   144
- Colcha Mountmellick   147
- Ropa de bautizo   150

TRABAJO SOMBREADO   155
- Puntos y técnicas de trabajo sombreado   158
- Paño con motivos florales   160
- Manta de labor de retazos para bebé   163

SOMBREADO EN SEDA   167
- Puntos y técnicas de sombreado en seda   170
- Broche de hojas de otoño y escaramujo   172

INSPIRACIÓN Y DISEÑO
- Colores sutiles de la naturaleza   176
- Paño de pensamiento   179

LABOR CREWEL   183
- Puntos y técnicas de labor crewel   186
- El ciervo Glamis   190

INSPIRACIÓN Y DISEÑO
- Imágenes intemporales   194
- Paño del árbol de la vida   197

BORDADO LIBRE   201
- Puntos y técnicas de bordado libre   204
- Cojín con hojas   208
- Paño de amapolas   211

BORDADO A MÁQUINA   215
- Puntos y técnicas de bordado a máquina   218
- Cojín de terciopelo   222
- Bolso de noche   225

ADORNANDO LA SUPERFICIE   228

LABOR EN RELIEVE   231
- Puntos y técnicas de labor en relieve   234
- Escarabajo   238
- Paño de laguna tranquila   241

INSPIRACIÓN Y DISEÑO
- Historias bordadas animadas   246

BORDADO CON CINTA   249
- Puntos y técnicas de bordado en cinta   252
- Manta de capullo de rosa para cuna   256
- Paño de flor de primavera   260

LABOR EN DORADO   267
- Puntos y técnicas de la labor en oro   270
- Chal de noche   274
- Paño de Art Nouveau   277

INSPIRACIÓN Y DISEÑO
- Líneas fluidas de oro   280

LABOR CON CUENTAS   283
- Puntos y técnicas de labor con cuentas   286
- Cojín en forma de estrella   290
- Bolso de noche   293
- Diseño de hojas de otoño   297

INFORMACIÓN ÚTIL   299

- Glosario   300
- Agradecimientos   309
- Índice de términos   311
- Contribuidores   319

DESCUBRE EL BORDADO

Introducción

El arte del bordado abarca muchas técnicas distintas, cada una de ellas poseedora de su carácter propio. Este libro ofrece una guía práctica de dieciséis de los más populares estilos de bordado, que abarcan desde técnicas de punto contado como el punto de cruz hasta métodos de ornamento como la labor en oro. Se relata la historia de cada técnica, seguida de instrucciones detalladas sobre cómo se trabaja, dirección sobre el diseño y proyectos paso a paso para que diseñe o adapte. Cualquiera que sea su nivel de destreza, este libro le ayudará a experimentar la emoción de transformar un pedazo de tela en un objeto de gran belleza, así como la satisfacción de ver cómo un diseño cobra vida entre sus dedos.

El arte de decorar tejidos es casi tan antiguo como la raza humana, y el estudio de su historia nos proporciona la posibilidad de introducirnos en los aspectos sociales, económicos y religiosos del arte y el diseño a través de los siglos. El bordado se ha usado de muchas maneras y para muchos propósitos: como adorno de mortajas elaboradas, en proclamación de la gloria de Dios y la majestad de reyes y reinas, como demostración de riqueza o simplemente para aportar colorido a las casas de los campesinos.

Lujo y trabajo

La mayoría de las personas que no se dedican al bordado creen que es una actividad del pasado. Imaginan un pasado refinado de mujeres aristócratas, tal y como describían los pintores cortesanos en los retratos formales. Evidentemente es cierto en gran medida. Numerosas imágenes lo confirman: la reina Isabel I en su extraordinaria gorguera de punto lineal; Madame Pompadour con su tambor para bordar en 1764; o una de las demás Waldegrave elaborando puntillas blancas en muselina en la pintura de 1780 de Joshua Reynold. Para los personajes descritos en estas pinturas el bordado era un placer.

Sin embargo, el bordado no era sólo un pasatiempo para mujeres ricas; era también una forma de ganarse la vida para aquellas que se encontraban al otro lado de la estructura social. Las vidas privilegiadas de los compradores de bordados, cuyas modas en cambio continuo aseguraban innovaciones constantes tanto en diseños como en técnicas, contrastan con la dureza del trabajo de quienes elaboraban los bordados. Posiblemente el bordado representase lujo y refinación, pero también significaba trabajo duro. Las descripciones de principios del siglo XIX hablan de mujeres irlandesas que debían elaborar cuellos en finos bordados en tan solo diez días. No tenían mucho margen de elección en su trabajo, ya que era una época en la que Irlanda atravesaba una gran hambruna. Cobraban una miseria y trabajaban a contrarreloj. Ganaban tiempo usando a sus hijos para enhebrar las agujas y se decía que se echaban güisqui en los ojos para poder seguir adelante. Para ellas el bordado debe de haber sido una tarea ardua, que llevaban a cabo para alimentarse a ellas mismas y a su familia.

Los niños, de vez en cuando, pasarían horas bordando piezas propias. De este modo conseguirían una gran destreza y quizás su alfabeto, trabajando en piezas con muchos detalles. La finalidad de su laborioso trabajo era conseguir un empleo como criada de una dama, pasando innumerables horas bordando la ropa blanca de la familia.

Explorando nuevas técnicas

En los últimos años, se ha experimentado un auge en el interés e innovación en el arte de bordado. Los bordadores modernos a menudo muestran una actitud nueva y experimental hacia su arte y usan una amplia variedad de hilos y tejidos, algunos de ellos fuera de lo convencional. En este libro, encontrará explicaciones tanto de las técnicas modernas como de las convencionales.

Si ya está versado en el arte del bordado, no dude en explorar algunas de las técnicas más difíciles.

No obstante, aunque sea un bordador inexperto no dude en probarlas. Cada sección del libro explica claramente cómo trabajar las puntadas y descubrirá que algunas de ellas se usan en varias y diferentes técnicas. Familiares y adaptables, viejos amigos como el punto lineal, el punto de cruz, los nudos franceses y las puntadas en raso se usan en técnicas diferentes, difuminando los límites entre los diversos estilos de bordado. Como resultado, las técnicas que generalmente se consideran difíciles están ligadas a las formas tradicionalmente fáciles por puntadas comunes. Por lo tanto, si consigue dominar las puntadas en un tejido como podría ser Aida o una lona, no tiene excusa para no probarla en el bordado levantado, bordado flojo, sombreado en seda o bordado de superficie lisa. Una vez haya visto las conexiones, el misterio de todas estas técnicas desaparece y volverá a lo que ya conoce: aguja, hilo y tejido.

Podría aplicarse lo mismo a ese aparentemente mágico grupo de técnicas que pueden convertir un tejido cualquiera en algo parecido a una puntilla. Es difícil imaginarse con la confianza suficiente para estirar, cortar y eliminar hilos del tejido. Sin embargo, una vez más se encontrará con nombres de puntadas que ya conoce. ¿Y qué le puede asustar de un ojal y una puntada corrediza?

Proyectos inspiradores

En la sección de cada técnica encontramos proyectos ejemplificados paso a paso creados por bordadores reconocidos que puede elaborar usted mismo. Hojee las siguientes páginas y se verá seducido por la idea de crear los bellos diseños que se muestran –imagínese el delicado bordado de la almohada de lavanda (página 131) o el bonito bordado del cojín con motivos florales (página 100)– adornando su casa y estará deseando empezar.

Algunos de los proyectos, como por ejemplo el paño indio (página 84), se basan en colores atrevidos así como en adornos añadidos (en este caso borlas y cristal). Un tipo de esplendor completamente diferente es el que nos muestra el paño Art Nouveau (página 276), con hilos de seda e inspirado en la joyería esmaltada. Mientras esté trabajando en este proyecto imagínese los trabajadores del oro de la época medieval trabajando con oro y plata real, perlas y granates. Tenían prohibido usar materiales inferiores. Si lo hacían su labor podía ser quemada. Sin embargo, el punto lineal se restringe al color negro (aunque algunas labores modernas a veces rompen con esta tradición). Como puede ver en el proyecto del cojín de punto lineal de la página 68, las puntadas finas y detalladas y el diseño elegante se pueden realzar con esta restricción de color.

Quizás prefiera los efectos tridimensionales. Podría hacer el escarabajo de la página 238, rellenando su cuerpo dorado y creando sus alas a base de puntadas. El cojín en forma de estrella de la página 290 combina las texturas del terciopelo y los abalorios, con reminiscencias de la época victoriana. El panel de flores primaverales (página 260) comienza con un fondo pintado, otra idea que se puede combinar con muchas otras técnicas de bordado, como el bordado libre (ver paño de amapolas, página 210). Y por qué no probar la técnica de bordado tridimensional contemporáneo a máquina en tejido disoluble. Cuando el tejido desaparece se queda con una filigrana de puntadas, perfecta para elaborar el bolso de noche de la página 225.

Otras técnicas dependen del sutil sombreado para su impacto. La labor de bordado suelto del ciervo (página 190) y el paño del árbol de la vida (página 196) a primera vista parecen tener poco que ver con los broches con sombreado de seda de la página 172, pero pronto descubrirá cómo en ambas técnicas, las puntadas y colores siguen los contornos de los animales y plantas para crear efectos de realismo. De este modo las dos técnicas parecen estar separadas por poco más que la diferencia entre los hilos de lana y de seda.

La labor en blanco, por otro lado, depende exclusivamente de la habilidad del bordador para producir

perfectamente incluso puntadas de hilo blanco sobre un tejido blanco. El blanco sobre blanco se puede ver representado en diversas formas, pero durante siglos las mujeres lo usaban sobre todo para las ropas de los bebés y la ropa de cama. Podría continuar esta tradición elaborando la ropa de cama Mountmellick de la página 147 o la ropa para bautizo de la página 150 que contiene mariquitas, margaritas y mariposas.

Satisfacción

Cada uno de los proyectos de este libro recompensará con creces la labor invertida. La satisfacción de ver el trabajo acabado y el hecho de saber que ha adquirido nuevas técnicas serán las mejores recompensas. Que nadie menosprecie su trabajo por el hecho de que no son creaciones propias. Los bordadores han estado usando diseñadores profesionales desde siempre. Incluso la mayoría de las mujeres aristocráticas de los siglos pasados pagaban a diseñadores para que creasen motivos para ellas. Sin embargo, si quisiese crear sus propios diseños, existen muchas directrices útiles que puede seguir. Podría empezar cambiando los colores de un diseño existente y quizás después buscar sus propias fuentes de inspiración.

Sea cual sea el camino que elija, le esperan muchas satisfacciones. Puede desear sentir el tacto del tejido y el bordado en sus manos. Su adicción crecerá a medida que vaya viendo cómo el tejido blanco se va llenando de color. Con amigos y compañeros visitará mercerías y exposiciones de bordados y disfrutará de la exhibición de hilos, colores y texturas que desearán ser acariciados por usted. Quizás disfrute de la sociabilidad de un grupo de talleres. Posiblemente, descubra que el bordado es una terapia perfecta para contrarrestar una vida estresante y copada por la tecnología; incluso una vía de escape de la familia y el trabajo. No cabe duda de que deseará disponer de más tiempo para bordar y quizás empiece proyectos que nunca acabará. Pero eso es lo de menos, porque lo importante es el mero placer de bordar en sí.

INICIACIÓN

INICIACIÓN

Agujas

El tipo de aguja que debe usar depende de la técnica que haya elegido. Las agujas puntiagudas afiladas se usan para técnicas que perforan el tejido y las agujas despuntadas para técnicas de punto contado, para evitar dañar los hilos del tejido.

Consejos

Nunca deje una aguja en el tejido, ya que puede oxidarse y dejar marca.

Tipos de agujas

Aguja afilada
Una aguja de coser, con un ojo corto y redondo que le da a la aguja más fuerza.

Aguja de colchadura
Diseñada para trabajar rápido, también para hilvanar. Tiene un ojo corto y redondo.

Aguja de tapiz
Su punta despuntada puede pasar a través de la lona o el trenzado sin separar los hilos del tejido, aunque dañaría otros materiales.

Aguja canilla
Similar a una aguja de tapiz, pero con una punta afilada para perforar el tejido. Esta aguja es útil para coser con hilos entretejidos.

Aguja de bordado
Esta aguja afilada permite trabajar en tejidos lisos y su largo ojo permite enhebrar muchas hebras.

Aguja de jareta
Redonda o plana, el largo ojo de esta aguja enhebra cuerdas y cintas

Aguja de punta redonda
Esta aguja tiene un ojo pequeño, ideal para la puntilla y la labor en relieve.

Aguja de abalorio
Esta aguja fina y flexible atraviesa abalorios y aguanta varios a la vez.

Aguja curvada
Se usa para coser superficies rígidas

Aguja dorada-plateada
Disponible como aguja de colchadura, de bordado y de tapiz. Ideal para personas alérgicas al níquel.

Aguja de dos puntas
Con un ojo en el centro, esta aguja es ideal para punto de cruz y tapicería.

Enhebrando la aguja

Método de lazo
Haga un lazo con el final del hilo sobre el ojo de la aguja y dóblelo con fuerza. Deslice el pliegue hacia arriba de la aguja e introdúzcalo a través el ojo de la aguja.

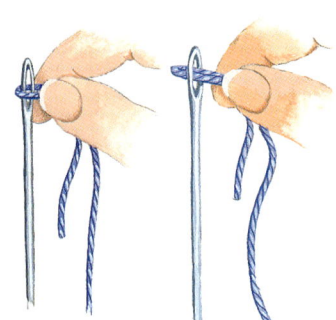

Haga un lazo por encima de la aguja y luego introdúzcalo por el ojo

Método enhebrador de agujas
Introduzca el lazo de alambre a través del ojo de la aguja. Una vez hecho esto, coloque la hebra a través del lazo y tire del enhebrador a través del ojo.

Coloque la hebra en el lazo y tire del enhebrador

Método del papel
Corte un papel lo suficientemente pequeño para que pase por el ojo de la aguja. Dóblelo por la mitad justo al final de la hebra. Introduzca el papel a través del ojo, estirando así mismo de la hebra con éste.

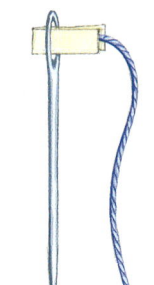

Introduzca el papel doblado a través del ojo

Método para hebras metálicas
Haga un lazo al final de la hebra e introdúzcalo a través del ojo de la aguja. Pase el lazo por encima de la punta de la aguja y estire para apretar el lazo y asegurar la hebra.

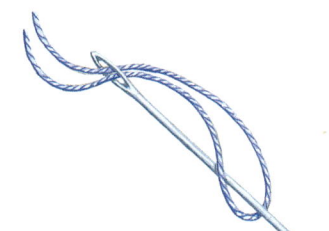

Asegure las hebras metálicas con un lazo para que no hagan jirones

Máquinas de coser

Una máquina de coser es una de las herramientas de bordado más creativas que hay. No necesita gastarse una fortuna, ya que la más básica de las máquinas puede producir un gran número de efectos maravillosos.

Para asegurarse un buen bordado a máquina, su máquina deberá disponer de los siguientes componentes:
- Punto recto y en zigzag
- Los dientes que alimentan el material debajo de la aguja, que pueden ser bajados o cubiertos
- Tensión ajustable

También estaría bien que tuviese:
- Patrones de puntadas
- Diseño computerizado de patrones, aunque estos no son del todo necesarios.

Antes de empezar a dar puntadas, vale la pena que pase un tiempo conociendo su máquina. Deberá consultar el manual del fabricante para verificar los ajustes, así que debería tener el manual a mano. Asegúrese de que su máquina está limpia y templada. Limpie la bobina de forma regular para eliminar cualquier pelusa o trozos de hilo que se hayan quedado enganchados. Si su manual así se lo aconseja, engrase la máquina cuando sea necesario.

Asegúrese de que su máquina está enhebrada correctamente y pruebe las puntadas en un retal. Si la calidad de la puntada es un poco pobre, puede que la tensión tenga que ser ajustada siguiendo el manual. Deberá sustituir las agujas de forma regular, ya que si la aguja se despunta, puede que haga los puntos desiguales o se salte puntos.

Elegir un modelo

Muchos fabricantes producen máquinas de coser que van desde la más básica (zigzag y puntadas rectas) a las más sofisticadas (máquinas computerizadas). Antes de adquirir una, debería tener claras sus necesidades. Aunque una máquina para bordado no necesite todo lo que ofrecen las máquinas de los rangos más altos, puede que una buena máquina le acabe saliendo más a cuenta.

Bobinas

Bobina y caja

Las bobinas extra son bastante baratas y siempre útiles. Cada máquina utiliza un tipo diferente de bobina, por lo que es recomendable que use la bobina recomendada por el fabricante antes que una universal.

Agujas

Cuando usa una máquina, el hilo crea una ranura en el agujero de la aguja que es único para ese tipo de hilo. Si cambia por otro tipo de hilo, la ranura no coincidirá y el hilo posiblemente se rompa o se desmenuce. Para evitarlo, pegue una etiqueta en la caja de agujas con el fin de identificar qué aguja se ha usado para cada tipo de hilo.

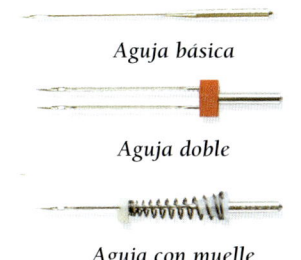

Aguja básica

Aguja doble

Aguja con muelle

Use una aguja universal para el bordado a máquina. Las agujas largas, tamaño 90/100, son ideales para la mayoría de los hilos, ya que causan menos desgaste en ellos, pero para las hebras metálicas utilice una aguja con un ojo extragrande para prevenir jirones. Las agujas con muelle le permitirán elaborar bordado libre a máquina sin necesidad de un pie. Use agujas dobles para dar puntadas simultáneas con dos hilos, comprobando siempre que el agujero en la base sea lo suficientemente ancho para las dos agujas.

Pies

Use un pie estándar cuando esté elaborando puntadas generales y para patrones automáticos con el pie puesto para presionar y los dientes de alimentación levantados. Los pies de zurcir se usan con los dientes de alimentación bajados para bordado libre a máquina. Use un pie cremallera para insertar cremalleras, hacer ribetes y para técnicas de confección en general.

Pie con cremallera

Pie para trenzar

Pie de sastre para hilvanar

INICIACIÓN

Marcos

Un marco sostendrá el tejido de fondo tenso y mantendrá esta tensión a la hora de dar las puntadas. Es posible trabajar algunas técnicas sin ellos, pero quizás así obtenga puntadas desiguales y un acabado pobre; el tejido puede arrugarse y algunas puntadas pueden dañar el tejido.

Tipos de marcos

Aro para bordar
También conocido como marco de tambor, este marco está fabricado de madera o plástico. Es adecuado para pequeñas labores, ya que el diseño debe ser más pequeño que el marco.

Marco de pizarra
El marco más rígido. Sus clavijas o tornillos ajustables se tensan para mantener el tejido rígido. Las barras de arriba y abajo tienen una franja sobre la cual se zurce el tejido.

Marco de rotación manual
Este marco, también llamado marco de tapiz o de rodillo, está disponible en varias medidas. La profundidad del marco es poco importante ya que el tejido sobrante se puede enrollar en los enrolladores de la parte superior e inferior. Tense las tuercas laterales, que aguantan los enrolladores en su sitio, para mantener una tensión constante.

Marco ensanchador
Consiste en dos pares de ensanchadores de lienzo unidos. El tejido se fija con alfileres o grapas.

Arco con muelle
Muy popular en el bordado a máquina. Se puede colocar bajo la aguja de la máquina. Para recolocar este aro sin separar la labor de la máquina, deje la aguja en la labor, suelte el marco interior y mueva el aro a la zona que será trabajada a continuación.

Marco no zurcido
Marco que no necesita ser zurcido. Con este marco no hay necesidad de zurcir el tejido al marco ya que lo puedes enganchar mediante clips, alfileres o grapas.

Marco de asiento
En este marco de altura ajustable, la base plana se coloca bajo su pierna una vez sentado. Algunos pueden tener un aro de bordado fijado o una abrazadera para colocar el suyo propio.

Abrazadera de mesa
El aro de bordado de altura ajustable se engancha a una abrazadera que puede ser fijada a una mesa.

Pedestal
Pedestal que se puede ajustar y sostener una gran variedad de marcos.

Usando un marco
El tejido debe ser tensado para la mayoría de las técnicas, excepto cuando las puntadas tienen que ser sacadas. En marcos rectangulares, la hebra recta del tejido debe alinearse con los lados del marco. Para tener las manos libres para trabajar aguante el marco en el borde de una mesa, el brazo de una silla o en un pedestal. Si el tejido es demasiado pequeño para encajar en el marco añada más tejido a los lados cosiéndolo.

Añada tiras de tejido si es necesario

También puede coser el tejido principal en un tejido más grande, entonces cortar el tejido sobrante por detrás, detrás de la zona que va a ser cosida.

Corte el tejido sobrante de detrás de la labor

Arco con muelle

Aro para bordar

Marco de pizarra

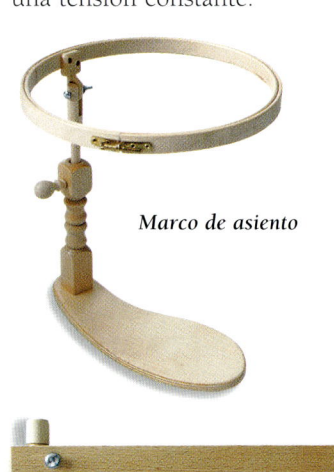

Marco de asiento

Marco no zurcido

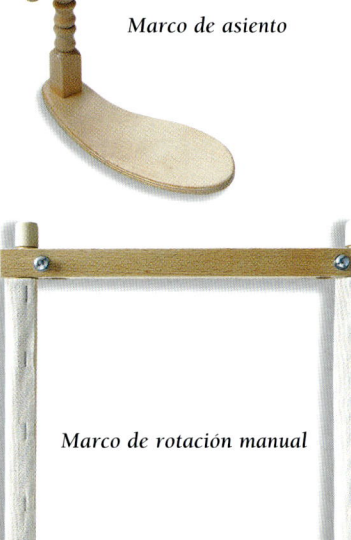

Marco de rotación manual

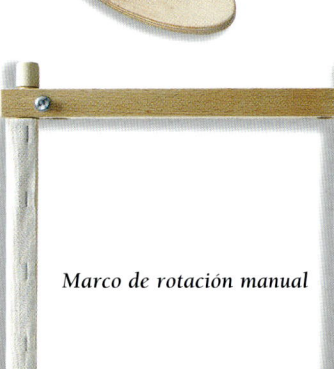

Marco ensanchador

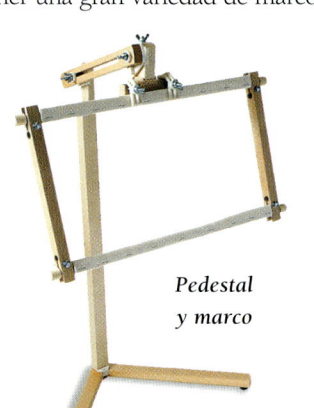

Pedestal y marco

Usando un aro de bordado

1. Para evitar que se resbale el tejido, líe unas tiras de tejido por el aro interior asegurando los extremos con algunas puntadas. Para tejidos finos o delicados hágalo también en el aro exterior.

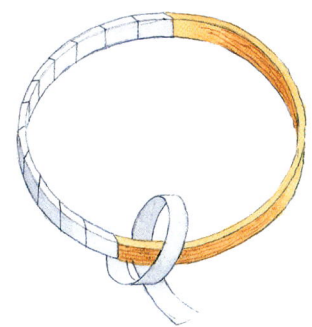

Líe el aro con tejido sobrante

2. Coloque el tejido sobre el aro interior. Usando el tornillo del aro exterior, acomódelo de modo que se ajuste al aro interior y al tejido. Empuje el aro exterior hacia abajo manteniendo el tejido tenso. Apriete el tornillo.

Apriete el tornillo una vez que el tejido está tenso

3. Proteja los tejidos delicados con papel de seda u otra capa de tejido antes de colocar el aro exterior. Corte el papel o tejido de dentro del aro.

Corte el papel o el tejido

Usando un marco de pizarra.

1. Gire su tejido unos 12 mm en los bordes superior e inferior. Mida y marque el centro de la barra en la cincha. Marque el centro en los bordes superior e inferior del tejido. Uniendo los puntos centrales de la barra y del tejido fije el tejido a la barra mediante un alfiler empezando en el centro y siguiendo hacia los lados. Con pequeños puntos cosa el tejido a la cincha, empezando por el centro y continuando hacia los extremos.

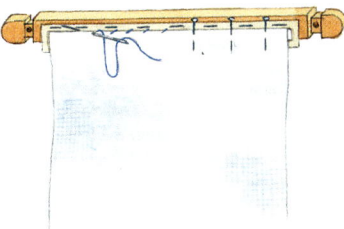

Cosa el tejido a la cincha

2. Enrolle el tejido sobrante alrededor de una o de las dos barras. Inserte las clavijas de modo que el tejido quede tenso. Añada tiras de cincha a los cortes laterales del tejido. Enlace a través de la cincha y alrededor de cada barra lateral con cuerda fina y fuerte, dejando 45 cm a cada borde. Estire de la cuerda para estirar el tejido. Átelo con un nudo corredizo.

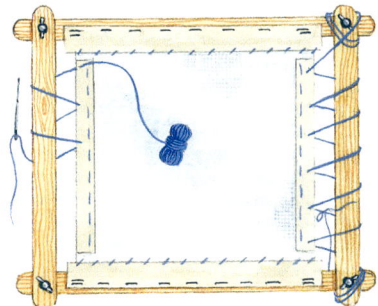

Átelo alrededor de cada barra lateral

Usando un marco ensanchador

1. Coloque el tejido boca abajo y ponga el marco sobre éste. Deje suficiente tejido a los lados del marco, excepto para la lona, que puede sujetarse con alfileres a los ensanchadores. Estire el tejido sobre el marco y fíjelo con un alfiler. Fije primero los lados opuestos, empezando en el centro y continuando hacia los lados. Fije los otros lados. Para evitar que los hilos se enganchen, cubra las cabezas de los alfileres con cinta. Use alfileres de seda para tejidos delicados.

Fije el tejido al marco

Usando la tela de fondo

Un tejido delicado o uno que es demasiado pequeño para encajar en el marco, debería de ser estabilizado mediante la aplicación de una tela de fondo antes de montarlo. Si usamos un aro de bordado, primero hilvane el tejido a la tela de fondo, colóquela en el aro y estire los tejidos hasta que tengan la tensión adecuada. En un marco de pizarra, monte la tela de fondo como le indicaremos. Empezando en el centro del borde superior y continuando hacia fuera, ajuste con un alfiler el tejido principal. Alise el tejido y ajuste el borde inferior.

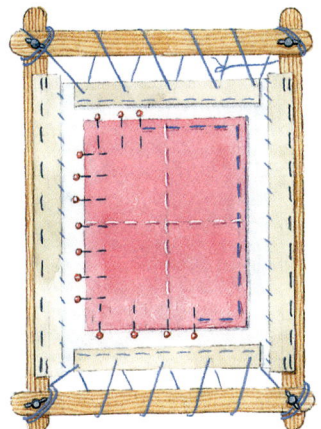

Fije el tejido en el marco

Evite las arrugas y sustituya los alfileres por puntos.
En un marco ensanchador, ajuste la tela de fondo al marco, añada el tejido con alfileres en los huecos entre éste y el marco.

Trucos

- Moviendo el marco mientras trabaje puede usar un marco de bordado en proyectos grandes. Sin embargo, tenga cuidado al hacerlo, ya que el aro puede aplanar los puntos.
- Deberá ser capaz de girar el marco para empezar y acabar los hilos.
- A menos que el marco esté bien fuera del área que está siendo trabajada, retírelo cuando no esté trabajando para evitar que dañe el bordado.

INICIACIÓN

Cera

Herramientas

No necesita un gran atavío de equipamiento especial para bordar, pero si tiene las herramientas adecuadas para el trabajo, todo será mucho más fácil. Un par de tijeras de bordar, agujas y un arco de bordar o marco son esenciales. Se puede hacer con el resto de las herramientas a medida que las vaya necesitando.

Barra booboo

Alambre para abalorio
Usado en bordado levantado, elija la del calibre 34, coloreada o de latón.

Cera
Usada para fortalecer el hilo.

Tabla para cerrar
Es una lámina de madera que se usa para estirar y realinear las labores que han quedado distorsionadas mientras se elaboraban.

Barra booboo (descosedora)
Útil para descoser. El cepillo arrastra los hilos cortados hacia la parte de atrás del tejido, de modo que la superficie no resulta dañada.

Lente de aumento
Usada para leer una tabla o para puntadas delicadas.

Lápices de colores
Puede crear su propio diseño en un lienzo usando lápices de colores. Después, puede bordar los detalles sobre el dibujo.

Esponja cosmética
Use la esponja humedecida para suavizar los hilos de rayón.

Bombillas
Para ver los colores con mayor facilidad con poca luz.

Alfileres
Usados para bloquear (ver página 29). Asegúrese de que son inoxidables.

Carbón de costurera
Es un papel de carbón especial que está disponible en varios colores.

Lápiz de costurera para marcar
Marque el tejido con el lápiz. Use el cepillo para eliminar las marcas cuando ya no las necesite.

Tijeras de costura
Se usan para cortar el tejido.

Tijeras de bordado
Estas tijeras deben ser afiladas, puntiagudas y deben poder cortar justo en la punta de las hojas.

Producto para evitar que se deshilache el tejido
Usado en el borde exterior de tejidos delicados, previene que se deshilachen cuando se está trabajando con ellos.

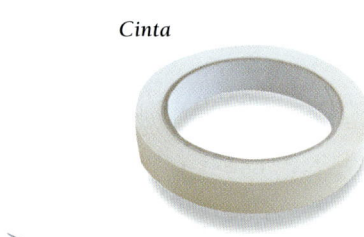
Regla

Escuadra

Cinta

Pinzas

Alfileres

Alfileres de seda

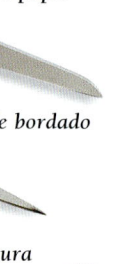
Bombilla

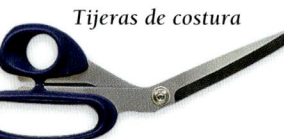
Tijeras para papel

Tijeras de bordado

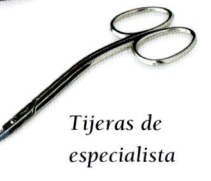
Tijeras de costura

Tijeras de especialista

Dedal

Enhebradora de aguja

Aguja corredera

Estilete

Hilo de hilvanar

Tiza de modista

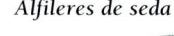

HERRAMIENTAS

Papel cuadriculado
Se usa para cambiar el tamaño de un diseño o para diseñar el suyo propio.

Lápiz
Se usa para trazar el perfil en tejido de color claro. Tenga cuidado al usar hilos de color claro ya que el lápiz puede hacer que se ensucien.

Plancha
Se puede usar para planchado seco o con vapor.

Lámpara
Una buena iluminación evitará que se le canse la vista.

Pantalla de luz
No es de primera necesidad pero es muy útil cuando tiene que pasar un diseño a un tejido delicado o claro.

Lupa con luz
Asegúrese de que se le puedan cambiar las bombillas.

Cinta
Tiene muchos usos, desde fijar el tejido en una posición hasta cubrir bordes.

Enhebrador de aguja
Esta herramienta hace fácil enhebrar hasta la más fina de las agujas.

Alambre cubierto de papel
Usado principalmente para la labor en relieve.

Tijeras para papel
Se usan para cortar papel.

Funda de almohada
Para proteger y guardar su labor.

Alfileres
Use alfileres normales de costura o alfileres con cabeza de cristal más largos.

Polvo
Disponible en negro y blanco. Los puede mezclar para formar el gris.

Regla
Esencial para dibujar líneas rectas y cuadrículas y para comprobar el total de cuadros de un tejido.

Destornillador
Usado para apretar el tornillo en un aro de bordado.

Escuadra
Para comprobar que las esquinas están en ángulo recto cuando se fija el bordado (ver página 29).

Alfileres de seda
Se usan para fijar seda o tejidos delicados a un marco ensanchador.

Tijeras de especialista
El diseño curvado de las hojas hace que sea más fácil cortar los hilos. Se pueden usar para diversas técnicas.

Estilete
Se usa para aflojar hilos voluminosos y alambres enganchados al tejido, así como para hacer ojales.

Hilo de hilvanar
Hilo para coser.

Tiza de modista
Se usa para hacer marcas temporales en el tejido.

Cinta métrica
Se usa para medir el tejido.

Dedal
Cuando tenga que coser tejidos vastos, llévelo en el dedo para empujar la aguja a través del tejido.

Caja de herramientas
Una caja de plástico grande, con compartimentos separados que será un lugar perfecto para que guarde sus materiales.

Papel de calcar
Use un papel de buena calidad para que el resultado sea óptimo.

Rueda para calcar
Se usa con papel de carbón de modista. Pasa la rueda por el contorno del diseño.

Lápiz para trasladar la imagen
Útil para pasar una imagen a tejido (ver página 31).

Aguja corredera
Se usa para dejar varias hebras de hilo. Da un acabado suave.

Pinzas
Útil para técnicas en las que se tengan que sacar hilos.

Lápiz que desaparece
La línea trazada desaparece con el tiempo. No es recomendable para labores largas ya que tendría que volver a trazar las líneas.

Lápiz soluble en agua
Se usa en tejidos lavables.

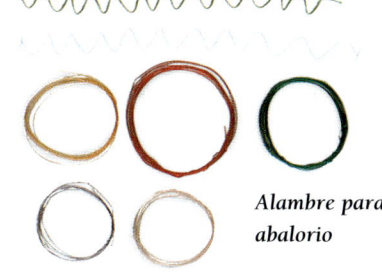

Alambre cubierto de papel

Alambre para abalorio

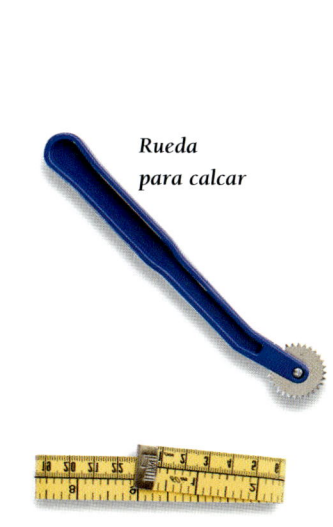

Rueda para calcar

Cinta métrica

Lápiz de costurera para marcar

Polvo

Carbón de costurera

Lápiz que desaparece

Papel de calcar

Lápiz soluble en agua

Lápiz para trasladar la imagen

Lápices de colores

Papel cuadriculado

Tejidos para bordado de punto contado

Un tejido de calidad es una parte esencial del bordado. En algunos casos el tejido de fondo será tan importante como los puntos. Para técnicas de punto contado, elija tejidos como lino, aida o lienzo. Hay tejidos con el mismo número de hilos de urdimbre y de trama dentro de una cierta medida.

Lino

Algodón

Tiras de aida y de lino

Calado

Gasa de seda

Aida

Papel perforado

Los hilos de la urdimbre van a lo largo de la pieza de tejido y son cruzados por la trama.

El número de hilos por centímetro en un tejido es también conocido como la cuenta. Para comprobar la cuenta de un tejido, coloque una regla en el tejido y ponga alfileres con 2'5 cm de separación; cuente el número de hilos (o bloques en aida) entre los alfileres.

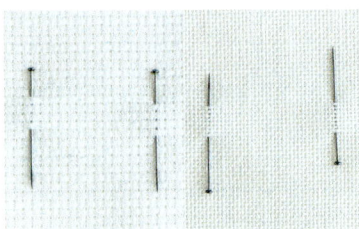
Cuenta el número de bloques en aida (izquierda) y de hilos en lino (derecha)

La cuenta del tejido va a ser la que nos diga el tamaño de los puntos, por lo que en un tejido con una cuenta alta los puntos serán pequeños y se reducirá el tamaño final de la labor. El tamaño de un diseño puede variar simplemente por haber cosido en un tejido más vasto o más fino.

El tipo de hilo o el número de hebras puede que tengan que ser ajustados si usa un tejido de diferente cuenta.

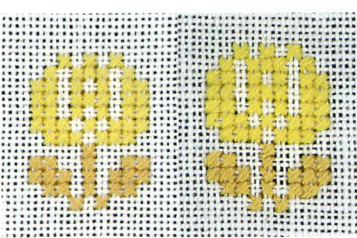
El mismo diseño es más pequeño en un tejido de cuenta 32 (izquierda) que en un tejido de cuenta 27 (derecha)

Hechos de algodón, lino, lana o mezcla de fibras, la mayoría de los tejidos de punto contado están disponibles en diversos colores, sobre todo en los tipos de punto más populares. Aunque haya tejidos de diferentes marcas y fabricantes, lo que es importante del tejido es la cuenta y el contenido de fibra, que es lo que afectará al bordado.

La mayoría de los tejidos están disponibles en piezas de un metro, con las cuentas más usadas y los colores más populares, y se pueden comprar como piezas ya cortadas.

Las piezas cortadas se pueden encontrar dobladas o enrolladas en un tubo. Cuando se compra tejido, no hace falta comprar un metro ya que generalmente se venden por medidas que se toman de diez en diez centímetros. Algunos tejidos se venden en piezas de cincuenta centímetros de largo por la mitad del ancho del tejido de lado a lado. Esta suele ser una medida mucho más útil.

Un tejido de fondo coloreado puede cambiar la imagen de una labor. Sin embargo, los agujeros en tejidos de color oscuro no se ven con mucha claridad, por lo que le será útil colocar el tejido en un marco y trabajar de tal modo que haya luz detrás del tejido. La otra solución es colocar un trapo blanco en sus rodillas.

Para guardar los tejidos plánchelos primero y luego enróllelos en un tubo de cartón para que los bordes no se ensucien.

Aida

Los puntos en aida están tejidos formando bloques definidos con agujeros fáciles de ver. La cuenta de aida se refiere al número de bloques por centímetro. Es un tejido popular en labores de punto contado donde cada punto ocupa un bloque. Es menos adecuado si su labor incluye medio punto o cuarto de punto, ya que tendrá que dar puntos en la mitad del bloque. Tampoco es adecuado para calado o vainica. Este tejido también está disponible con algunas variantes menos usuales, como aida con acabados rústicos.

Tejido de lino

Este tejido de un solo hilo tiene más hilos por centímetro que la aida, pero se suele trabajar sobre dos hilos del tejido, de modo que un diseño trabajado en lino de cuenta 28 será del mismo tamaño que si se trabaja en aida de cuenta 14. Este tejido es perfecto para trabajar las técnicas más complejas de punto contado.

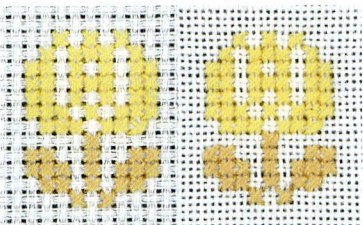
Una labor en aida de cuenta 14 (izquierda) y lino de cuenta 28 (derecha) tiene el mismo tamaño final

Tejido de algodón

Una buena alternativa al tejido de lino. Se puede trabajar fácilmente sobre él y tiene un buen acabado.

Cenefas de tejido

Cenefas de aida y lino con bordes rematados están disponibles en

TEJIDOS PARA BORDADO DE PUNTO CONTADO

varias medidas, colores y cuentas. Muchos productos prefabricados tienen aida incorporada, pero comprueba que sea de buena calidad o puede que acabe haciendo puntos desiguales.

Calado

Los hilos en este tejido están tejidos de dos en dos, pero cada par se trata como un hilo. Como su nombre sugiere, se suele usar para bordado calado.

Gasa de seda

La gasa de seda suele ser usada por bordadores a pequeña escala, especialmente para casitas de muñecas. Demasiado pequeño y fino para colocarlo en un marco de bordado, la gasa se suele pegar detrás de una apertura hecha en una base de cartón.

Elija una aguja que pase bien a través de la malla sin dañarla. En gasa de cuenta 18-30, use una aguja de tapiz fina, y en gasa de cuenta 30 o más fina, use una aguja de colchadura asegurándose de que la aguja no perfore los hilos de la gasa.

La malla es tan fina que medio punto de cruz trazado sobre un hilo de gasa no cubre bien. Nunca lleve un hilo hacia la parte de atrás de un área que no esté cosido de forma sólida, ya que se verá a través de la gasa.

Papel perforado

Con agujeros separados de forma regular, el papel perforado es ideal para técnicas de punto contado. Este tipo de papel (a veces llamado papel de coser) tiene un lado áspero y uno suave, y debería ser trabajado sobre el lado suave. Los agujeros en el papel son más grandes que los de aida de cuenta 14. Por lo tanto, para conseguir que quede mejor cubierto use tres hebras de hilo.

Cuando haga las puntadas, tenga cuidado de no tensar demasiado el hilo ya que podría dañar o incluso romper el papel.

El papel perforado no se puede usar en un aro de bordado, por lo que tendrá que pegarlo a un marco de cartón.

Lienzo

Más firme que el resto de los tejidos. En él se pueden hacer puntos muy apretados o juntos. Se suele medir por hilos por centímetro. Vale la pena pagar un poco más por un lienzo de buena calidad ya que tendrá un acabado mejor. Hay diferentes tipos de lienzos.

Lienzo de un solo hilo

Este lienzo tiene un tramado muy simple. Se le puede escapar algún punto en los lugares donde los hilos del lienzo se entrecrucen.

Lienzo indesmallable

El tejido de un solo hilo se construye de tal forma que los hilos del tejido quedan fijados en un punto. Es adecuado para cualquier tipo de labor sobre lienzo.

Lienzo de doble hilo

La malla está formada por pares de hilos verticales y horizontales. Un par de hilos puede ser tratado como un solo hilo o pueden separarse para poder hacer puntadas más pequeñas. Es muy útil si su diseño incluye zonas de trabajo muy fino.

La medida de un lienzo de doble hilo se expresa usando dos números: en un lienzo 14/28, el 14 es el número de dobles mallas por centímetro y el veintiocho es la cuenta si se separan los hilos.

Paño de congreso

Es uno de los lienzos más finos.

Lienzo de plástico

Es un lienzo de calibre medio. Se vende a medida o como piezas ya cortadas.

Desecho de lienzo

Este lienzo permite trabajar técnicas de punto contado en tejidos para punto no contado.

Para usarlo, corte una pieza algo más grande que la pieza donde quedará la labor. Posicione el lienzo e hilvánelo.

Trabaje dando las puntadas en el centro de los cuadrados del lienzo. No perfore los hilos del lienzo o será difícil sacarlo. Una vez que haya acabado, saque los puntos que usó para fijar los dos tejidos, humedezca el lienzo (esto hace que se ablande el adhesivo que une los hilos del lienzo) y use pinzas para eliminar el lienzo hilo a hilo.

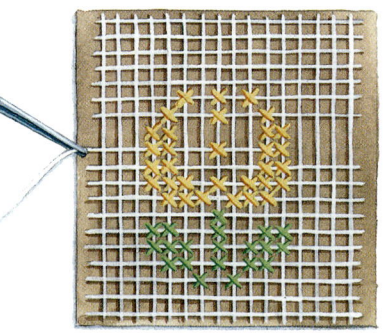
Afloje los hilos y elimínelos

Lienzo reparador

Para reparar un lienzo dañado elimine los puntos de alrededor del la zona dañada para poder poner un remiendo. Corte un trozo de lienzo del mismo calibre pero un poco más grande que la zona que hay que cubrir. Coloque el lienzo por detrás e hilvánelo. Dé las puntadas pasando por las dos capas.

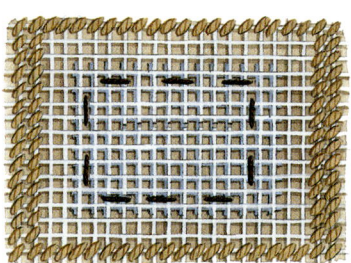
Hilvane el remiendo al lienzo

Lienzo de tapete

Este lienzo áspero se suele usar para hacer tapetes. Se suele tejer con material flexible para crea una superficie que pueda ser adornada con puntadas superficiales.

Lienzo de un solo hilo

Lienzo indesmallable

Lienzo de doble hilo

Paño de congreso

Lienzo de plástico

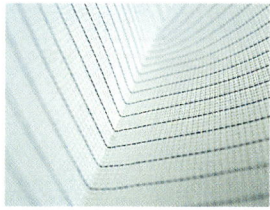
Desecho de lienzo

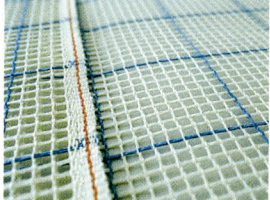
Lienzo de tapete

Calicó

Algodón

Fieltro

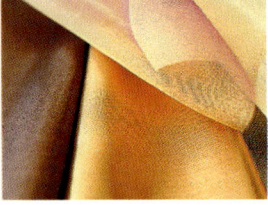
Tejidos para el mobiliario

Lamés

Tela de lino cruzado

Muselina

Tejidos de tramado sencillo y fundamentos para el bordado superficial

Los tejidos de tramado sencillo tienen una superficie de tramado tenso y se usan para técnicas de bordado superficial. Desde los algodones más simples hasta las sedas más refinadas. Puede bordar en casi cualquier material siempre y cuando sea lo suficientemente flexible para poder pasar la aguja.

Generalmente, las técnicas de bordado más recargadas necesitan un tejido de fondo más robusto. Puede usar un tejido más delicado pero debería de tener detrás una tela más firme para añadirle base. Si usa esa tela, debería lavar las dos antes de usarlas por si una encogiese más que otra.

Tejidos decorativos

Su elección del tejido principal es muy importante para el aspecto de la labor. Un tejido de tramado liso no tiene porqué ser de un solo color. De hecho, las rallas, los cuadros u otros patrones pueden añadir nuevos matices a su labor. En cualquier caso, si no está seguro de que el tejido sea adecuado para su técnica, debería hacer una prueba antes.

Calicó
El calicó es un tejido de algodón, que a menudo se vende sin blanquear. Toma color muy bien y puede ser teñido o pintado para crear algunos motivos o alguna imagen antes de comenzar a bordar.

Algodón
Este tejido natural está disponible en una gran gama de pesos, desde el linón hasta la más pesada popelina o piqué. Hay desde tejidos lisos hasta tejidos con adornos. Los proveedores ofrecen una gran gama de tejidos teñidos.

Fieltro
Las fibras de este tejido están entretejidas y los bordes no se deshilacharán cuando se cortan. El fieltro es especialmente útil para rellenar, en técnicas como labor en relieve y labor en oro. Puede hacer su propio fieltro o teñir una pieza prefabricada en un color que usted elija.

Tejidos para el mobiliario
Colores lisos o patrones (como el damasco) son un excelente tejido de fondo para los bordadores. Pero tenga cuidado porque patrones demasiado llamativos pueden apagar el bordado. Estos tejidos son bastante robustos y por lo tanto son adecuados para usarlos como parte del mobiliario una vez se han bordado.

Lamés
Estos finos tejidos metálicos se deshilachan muy fácilmente y son más fáciles de tejer si tienen una interfaz de hierro.

Tela de lino cruzado
Un tejido muy cerrado. Tejido de forma diagonal, soporta muy bien los bordados más cargados. Debido a la densidad del tejido, los hilos se juntan alrededor de los puntos sin dejar ningún agujero. Está disponible en un solo color: beige.

Muselina
La muselina es un tejido fino de algodón. Está tejido de forma un poco abierta, lo que le da un aspecto algo diáfano.

Seda
La seda también está disponible en una gran gama de colores y acabados. La seda de peso medio conocida como Habotai se deshilacha fácilmente, por lo que debería tener otra tela como base antes de empezar a bordar. La seda noil tiene un acabado con más textura, mientras que la seda más pesada, dupion, da una sensación de rizo. Hay un tipo de seda en el que la urdimbre y la trama son de diferente color y tiene como resultado un espectacular juego de color. La seda está disponible en una gran variedad de tonos, pero también es fácil de colorear con tintes o pinturas para crear su propio tejido.

Papel de seda
Hay una gran gama de colores y acabados. Además, también puede crear el suyo propio. Los papeles de seda son bastante versátiles y se pueden moldear para crear figuras tridimensionales.

Tejido fino
Estos tejidos transparentes incluyen chiffon, tulle, voile, etc. Estos tejidos se pueden usar para crear capas, añadir un toque de color o para crear motivos en el tejido. También se usan para técnicas como el sombreado.

Muchos de estos tejidos se deshilachan muy fácilmente. Esta característica podría verse en este caso como un atributo, ya que los bordes deshilachados podrían usarse para añadir textura a una labor o, si se usa en el bordado de paisajes, para crear el efecto de la hierba.

TEJIDOS DE TRAMADO SENCILLO Y FUNDAMENTOS PARA EL BORDADO SUPERFICIAL

Tejidos sintéticos

Tejidos no naturales como el poliéster, el nylon o el rayón están disponibles en una amplia gama de acabados, pero trate de evitar tejidos estirados ya que se pueden distorsionar cuando se borden, haciendo que el bordado se arrugue.

Terciopelo

El terciopelo abarca una amplia gama de tejidos de pelo levantado. Está disponible en varios pesos, que van desde el pesado terciopelo de algodón de felpa apilada a las más finas sedas o fibras sintéticas. El terciopelo de seda tiene un reverso de seda y se usa para dévoré, una técnica que consiste en disolver áreas para crear un diseño. Cuando trabaje con terciopelo, tenga cuidado ya que la dirección del pelo puede afectar al aspecto del tejido, por eso se suele colocar siempre en la misma dirección. Para evitar que el terciopelo se aplane, se debería planchar del revés.

Lana

Elija un tejido de lana bien tejida como por ejemplo lana para mantas o franela. La lana para mantas es muy popular en Australia para bordados en lana y se puede encontrar en cualquier sitio, aunque puede que sea más fácil hacerse con una manta ya fabricada.

Tela de fondo

Tanto el calicó como el algodón fino son excelentes telas de fondo, ya que son bastante firmes. Una tela de fondo no tejida puede ser usada como tela de fondo para tejidos delicados.

En la página 17 se explica cómo usar una tela de fondo con un marco. Si no usa un marco de bordado, las líneas de puntadas diagonales deberían de ser trabajadas para aguantar la tela de fondo y el tejido principal juntos. De no ser así se podría soltar y arrugarse. Tendría que asegurarse siempre de que las hebras rectas del tejido principal y de la tela de fondo quedan perfectamente alineadas.

Otros tejidos

Red fundible con reverso de papel

Este producto, que se vende bajo diversos nombres comerciales, consiste en una red fundible de cola pegada a un papel de silicona. Para usarlo, coloque un lado de la red de reverso de papel por el lado de la cola (que es algo más áspero que el lado de papel) sobre el reverso del tejido sobre el que se va a poner y plánchelos. Puede que encuentre más fácil dibujar la forma del motivo en el lado del papel antes de plancharlo sobre el tejido, pero tenga en cuenta que la imagen resultante será un reflejo del motivo original. Para evitar esto copie el diseño en papel de calco y después coloque el dibujo y trace el diseño en el reverso del papel. Deje el reverso del papel en el lugar ya que añade rigidez al tejido, lo que hace que sea más fácil cortar figuras pequeñas, sobre todo si se trata de tejidos suaves o viscosos.

Una vez haya cortado todas las piezas necesarias, pele el reverso del papel y coloque las piezas con el lado con cola sobre el tejido. Finalmente, coloque un trozo de papel de silicona entre la plancha y el motivo que hay que planchar para evitar que la cola se pegue a la plancha y planche para fijarlo en su lugar.

También está disponible el papel de reverso autoadhesivo, que ayuda a evitar cualquier distorsión si usa máquina de coser.

Tejidos disolubles

Dentro de este tipo de tejidos hay tejidos que se pueden usar tanto para bordado a mano como a máquina. Los puntos que se han dado en el tejido deben estar interconectados o se desenredarán cuando el tejido de apoyo sea eliminado. Estos tejidos se disuelven de varias formas, desde la inmersión en agua caliente o fría hasta el planchado. Sea cual sea el producto por el que se decida, siga las instrucciones del fabricante.

Reverso no tejido

Este tejido es suave y flexible y es adecuado como tela de fondo de tejidos delicados. Soportan el bordado en tejidos delicados y ayudan a prevenir que se deshilachen. Están disponibles en blanco, carboncillo y negro en una variedad de pesos y deberían ser elegidos dependiendo del tejido para el que lo quieran usar.

Este tejido permanece en su sitio y da cuerpo al tejido principal así como soporte para el bordado superficial. Las telas de fondo que se pueden arrancar dan estabilidad al tejido y al bordado mientras se está trabajando, pero una vez se ha acabado el bordado se arrancan.

El pelmet también se usa para muebles y manualidades. También se usa para rellenar y crear bordados en tres dimensiones, así como portadas de libros y joyería. Es bastante grueso y firme y por lo tanto carece de la flexibilidad de los otros productos más ligeros. Se suele usar en labor en relieve, en especial para crear caras y manos. Una perfecta elección para principiantes en bordado a máquina. No necesita ser usado con marco y da una base estable para el bordado libre.

El acolchado de algodón se suele usar detrás del tejido de la superficie. Se puede bordar a través del tejido y del acolchado, o se puede dejar detrás del bordado ya acabado para levantarlo un poco.

Seda

Papel de seda

Tejido fino

Tejidos sintéticos

Terciopelo

Lana

Tejidos acolchados suaves

Hilos

Los hilos de bordado están disponibles en una magnífica gama de colores y en una gran variedad de pesos y texturas. Los hilos de algodón y de lana son los más conocidos pero la seda, la viscosa, el rayón y los hilos metálicos y sintéticos son también bastante fáciles de conseguir.

Algodón tejido

Algodón perlé

Algodón à broder

Hilo de flor

Hilos de rayón

Hilos de seda

Hilos de lana

El color se identifica por el número en la banda o etiqueta. Sin embargo, incluso los tipos de hilos estándar tienen variaciones en el tintado, por lo que debería asegurarse de comprar suficiente hilo para completar su labor. Esto es especialmente importante si tiene que trabajar una zona muy grande en un solo color. Para sustituir hilos por los de otro fabricante, use una tabla de conversión de hilos para obtener los números del color correspondientes. Los tonos no serán siempre exactamente iguales, pero serán los que más se aproximen.

Hilos de algodón

Algodón tejido
Un hilo lustroso formado por seis hebras entrelazadas de forma suelta. Las hebras se deben separar y luego combinarlas como se desee.

Algodón perlé
Un hilo entrelazado con un brillo maravilloso. El perlé no se puede separar y se usa como una sola hebra. Está disponible en madejas u ovillos y hasta en cuatro pesos: 3, 5, 8 y 12. Cuanto más bajo sea el número más gruesa será la hebra.

Algodón à broder
Un hebra de algodón suave bastante gruesa con un acabado mate. No se puede dividir y se usa como una sola hebra. Una hebra de bordado suave se puede usar en lugar de lana de tapicería, particularmente para diseños muy largos.

Hilo de flor
El hilo de flor, a veces llamado hilo de flor danés es un hilo suave y fino con un acabado mate. Es perfecto para proyectos de estilo campestre y es una buena elección si quiere dar a su labor un toque tradicional o antiguo. Va bien para trabajarlo sobre tejidos de algodón o lino fino, pero es demasiado fino para punto de cruz en tejido de cuenta 14.

Hilos de rayón
El rayón puede ser sustituido en cualquier labor por el algodón. Sin embargo, es más adecuado para puntadas planas como por ejemplo las satinadas, que muestran todo su brillo.
A menudo descrito como hilo animado, las hebras tienen una tendencia a enroscarse, pero esto se puede controlar humedeciendo el hilo con una esponja cosmética mojada. Es preferible trabajar con hilos de poca largada, de unos 30 centímetros de máximo.

Hilos de seda

Seda floja
También conocida como seda japonesa, la seda floja es un hilo que no está entrelazado y que tiene mucho brillo. Se puede dividir para ajustarse a la labor más fino o se pueden usar varios hilos a la vez. Estos filamentos finos son muy delicados y se pueden enganchar en las uñas, por lo que han de ser manipulados con mucho cuidado.

Seda entrelazada
Confeccionada a partir de muchas hebras de seda entrelazadas, la seda entrelazada se puede usar como un solo hilo y algunos tipos se pueden separar en hebras individuales.

Seda tejida
Se puede dividir fácilmente en hebras individuales. La seda tejida tiene mucho brillo.

Hilos de lana
Disponibles en una gran variedad de colores y pesos, las lanas de bordar se venden en madejas.

Lana persa
Esta lana de tres hebras se puede usar como una sola hebra o separando las hebras, dependiendo de cuánto se deba cubrir.

Lana de tapiz
Un poco más fina que las tres hebras de lana persa. No se puede dividir y se usa como una sola hebra.

Lana crewel
Esta lana fina y de una sola hebra se usa para bordados crewel y es similar a una hebra de lana persa. Para la labor en lienzo se deberían usar varias hebras para cubrir mejor.

Cintas de seda
Disponibles en diversas medidas. Las cintas de seda pura son las más convenientes para el bordado de cintas (ver páginas 252-255).

Hilos metálicos
Disponibles en una gran variedad de pesos y acabados, desde los combinados más finos a los trenzados, cordones y cintas más robustas.

Hilos para diseñar
Incluyen una gran variedad de hilos: algodón tejido, sedas, rayón y cintas, con variedad de tipos y texturas.

Teñidos a espacios
También llamado teñido aleatoriamente, el color de este hilo puede variar desde más claro a más sombreado. También puede combinar varios colores.

Hilo abigarrado
Se suele producir en masa, los diferentes tonos de hilo abigarrado se van repitiendo a lo largo del hilo.

Hilos para máquina
Los hilos de algodón, rayón, poliéster y los hilos metálicos son todos adecuados para el bordado a máquina. Se guardan en carretes, bobinas y conos.

Hilo abigarrado y teñido a espacios
Diferentes tonos se repiten a lo largo del hilo.

Hilo de canilla
Una alternativa barata para usarlo en la bobina, es compatible con la mayoría de hilos para máquina.

Hilos metálicos
Usados para labor en oro. Disponible en colores que incluye plateado, cobre y sombras doradas. Los hilos metálicos se bordan en la superficie del tejido.

Hilo japonés
Cuando se usan hilos finos dorados, como el hilo japonés, necesitará usar dos hilos juntos.

Hilo enroscado
Las puntadas se deberían dar en el mismo ángulo en el que se enrosca el hilo, de modo que los puntos queden escondidos.

Perla de punto invertido
Los puntos se deberían esconder en las coladuras de la perla.

Hilo de punto invertido
Hueco, puede ser cortado en medidas más cortas, enhebrado en una aguja y cosido como una cuenta.

Preparando los hilos
Asegúrese de que los hilos sean de color inalterable. Si la etiqueta del fabricante no incluye esta información, haga una prueba. Para hacer esto corte un trozo corto de hilo y presiónelo entre papel de cocina y tisú. Si el color se destiñe no es de color inalterable. Pocos hilos teñidos a mano serán de color inalterable.

Trabaje con una largada de hilo no superior a 50 cm. Para los hilos más débiles, una largada máxima de 25-30 cm es recomendable. Los hilos más largos se pueden volver más finos y arrugarse la superficie, ya que el hilo se cala repetidamente a través del tejido.

Usando una madeja enlazada
Deje puestas las bandas de papel y estire del cabo del hilo desde el centro de la madeja. Corte la largada necesaria y después separe las hebras.

Saque la largada necesaria

Usando una madeja enrollada
Saque las bandas, desenrolle la madeja y corte todos los hilos de una vez en un borde. Para sacar un hilo, estire de una hebra del nudo flojo.

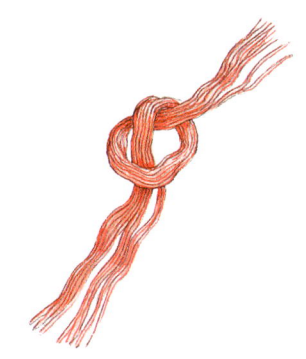

Ate los hilos con nudo corredero flojo

Separando las hebras
Separe los cabos de las hebras que necesite, aguante las hebras divididas en cada mano y deje que la madeja quede colgando, tirando de las hebras a medida que se va desenrollando. Para hilos enrollados como la lana persa o el rayón enlazado, aguante el hilo ligeramente entre el dedo pulgar y el dedo índice y estire de la hebra que quiere separar. Para evitar que se enmarañe, alise las hebras sobrantes. Continúe hasta que haya separado la largada necesaria.

Aguante el número necesario de hebras y empuje el resto hasta dejarlas a la misma largada

Organizador de hilos
Los hilos deberán ser ordenados de forma numérica para que sea fácil localizar el color necesario. Las cajas organizadoras son útiles cuando los hilos se enrollan en bobinas de plástico o de cartón, que se pueden marcar con el número de color y el tipo de hilo. También puede etiquetar los hilos para un proyecto en un organizador de cartón.

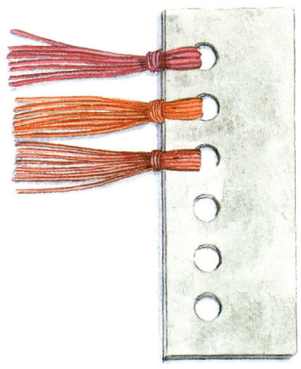

Coloque los hilos en un organizador de cartón

Cintas de seda

Hilos metálicos

Hilos para diseñar

Hilos para bordar a máquina

Hilos japoneses

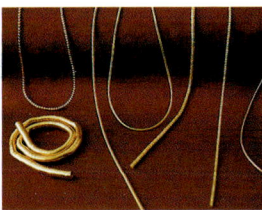

Hilos huecos

Perlas de punto invertido

INICIACIÓN

Cuentas

Botones

Borlas

Tela metálica

Objetos

Papel hecho a mano

Lazos

Adornos

Añadir algunos adornos escogidos cuidadosamente como botones, cuentas, cintas, cristales de espejo o plumas puede añadir textura, así como darle una nueva dimensión a su labor. De hecho, con la variedad de adornos que hay disponibles, la única restricción es su imaginación...

Cuando se añaden adornos como botones o cuentas, use un hilo fuerte que sea más parecido al adorno que al tejido.

Cuentas
Los colores similares a las joyas de las cuentas se pueden usar para añadir riqueza y textura al bordado. Las cuentas de semilla o las cuentas de abalorio son las más comunes en el bordado (ver páginas 282-296). Están disponibles en una gran variedad de acabados, incluyendo iridiscente, transparente y metálico. Están empaquetadas en pequeñas cantidades y se pueden comprar en mercerías. Si necesita grandes cantidades, le saldrá más económico que se dirija directamente al proveedor.

Cuentas de cristal
Las cuentas redondas y pequeñas de cristal son también conocidas como cuentas de semilla. Tienen diversos acabados, colores y tamaños. Los tamaños más corrientes para el bordado son 8, 10 y 11. Cuanto más alto es el número, más pequeña es la cuenta. Las cuentas de abalorio también están hechas de cristal. Son parecidas a tubos y están disponibles en varias largadas. Los tamaños más largos se suelen usar para franjas. Tenga en cuenta que estas cuentas tienen bordes muy afilados y pueden cortar los hilos.

Cuentas metálicas
Estas cuentas suelen ser doradas, plateadas, de peltre y de bronce. Vienen en un gran número de tamaños y formas innovadoras. Las gotas pequeñas y las bolas son las más usadas para bordar.

Botones
Hay disponibles un número creciente de botones novedosos. Asegúrese de que la proporción de los botones con respecto al trabajo que está haciendo sea correcta o pueden quedar exagerados.
Los botones revestidos (que están disponibles en la mayoría de las mercerías) se pueden usar en prendas y muebles como cojines. Coloque los botones en el tejido elegido y trace la forma. Borde un motivo pequeño en el centro de cada círculo si lo desea, siempre dentro del diámetro del botón. Cuando el bordado esté completo, recorte los círculos al tamaño, dé unos puntos de unión alrededor del borde. Entonces, estire del hilo para que las curvas del círculo encajen en la forma del botón. Inserte el apoyo, siguiendo las instrucciones del fabricante.

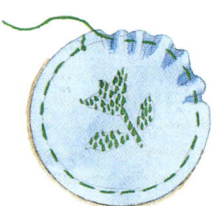
Junte el borde del tejido para que encaje el botón

Borlas
Hechas de los hilos usados en los bordados o de cintas, lana o incluso tiras de cuentas, el faldón de una borla puede añadir color y movimiento a una pieza acabada. Añádalos a complementos de los muebles y diseños de paños. Borlas pequeñas se pueden añadir incluso a técnicas de bordado en tres dimensiones como labor en relieve.

Para hacer una borla, corte un trozo de cartulina de la largada que quiere que tenga la borla, dejando 1,5 cm extra. Corte un hilo para atarlo de unos 20 cm de largo y póngalo a lo largo de la parte superior de la cartulina. Envuelva el hilo que haya elegido alrededor de la cartulina y del hilo de atar para darle el grosor deseado a la borla. A continuación, ate los cabos del hilo de atar con un doble nudo de manera que el hilo enrollado quede bien sujeto. No corte los cabos del hilo de atar, ya que éste puede ser usado para enganchar la borla al bordado. Deslice los hilos enrollados hacia fuera de la cartulina y después, usando unas tijeras afiladas, en el borde inferior para formar la borla y eliminar la cartulina.
Para atar la borla, envuelva un trozo de hilo alrededor de ésta de arriba hacia abajo. Átelo con un nudo, entonces hilvane los cabos del hilo que la envuelve en una aguja hacia el centro de la borla. Para que quede bien la borla, deje los cabos a la misma medida.
Las borlas se pueden adornar de muchas maneras. Por ejemplo, un collar de cuentas se puede adornar al hilo. Para hacer esto inserte las

Enrolle el hilo alrededor de la cartulina hasta que consiga el grosor necesario. Después júntelos con un hilo

cuentas a lo largo del hilo, asegurándose de que las cuentas pasen bien y entonces átelo.

Tela metálica

Se usa para recalcar labor en oro. Está disponible en una gran variedad de acabados metálicos. Se puede aplicar sobre tela plana o rellena usando una aguja puntiaguda y afilada. El hilo dorado se enrolla alrededor del borde de la tela para tapar los puntos.

Objetos

Conchas pequeñas, plumas, madera y trozos de cristal se pueden usar para añadir textura e interés a la labor. Engánchelos con puntos o con cola PVA, que quedará transparente cuando se seque. También se pueden taladrar conchas y piedras y se pueden colocar del mismo modo que las cuentas.

Papel hecho a mano

El papel hecho a mano está disponible en varios colores y acabados, desde los tisús más ligeros hasta los papeles más robustos y acartonados. La mayoría de los papeles hechos a mano están hechos de fibras orgánicas como la seda, hoja de morera, hojas de platanero, corteza y papiro. Paja, semillas, hierbas, flores, trozos de tejido o retazos de hilo también se añaden a menudo para dar textura.
Estos papeles se pueden adquirir a diversos proveedores, muchos de los cuales también le proveerán el material necesario para hacerlo usted mismo.
Puede coser a mano o a máquina en los papeles y también puede moldearlos para hacer figuras en tres dimensiones.

Cintas y trencillas

Disponibles en diversas anchuras, colores y acabados, las cintas y las trencillas decorativas se pueden usar de muchas formas. Algunas se pueden hilvanar en una aguja para coser. Algunas se pueden usar como tela de fondo. Pueden hacer cenefas, esconder bordes y crear patrones.
Las cintas satinadas por una sola cara son brillantes por un solo lado y mate por el otro lado, lleva normalmente un patrón impreso. Las cintas satinadas por las dos caras son brillantes por los dos lados.
Con su distintivo nervio al través, las cintas de bies son muy firmes, mientras las cintas Jacquard tienen un patrón en tejido.

Borlas

Disponibles con una superficie plana o labrada en facetas. Tanto si son planas como si están labradas, las cualidades de reflexión de la luz añadirán un toque de brillo a un bordado. Disponibles en una variedad de formas innovadoras como conchas, pájaros, lunas, etc. las lentejuelas se pueden aplicar al tejido con un punto o fijarlo en un sitio con una cuenta.

Gemas

Las gemas falsas (normalmente de plástico o de cristal) pueden añadir un toque de opulencia a los bordados trabajados en tejidos e hilos de mucho colorido. Engánchelos al tejido igual que los cristales. Algunas gemas están disponibles con agujeros para que las pueda coser del mismo modo que las cuentas.

Metales y hojuelas

Se pueden coser al tejido a mano o a máquina. Puede usar la punta de una aguja de hacer punto para hacer un dibujo antes de coserla en su lugar. Las marcas hechas en el frontal crearán un dibujo gravado, mientras si lo trabaja por detrás hará un dibujo en relieve.

Charms

Disponibles en una gran variedad de formas, los charms de metal, deberían ser de buena calidad y usados preferiblemente de forma escasa. Para conseguir un aspecto más natural, elija charms que hayan sido trabajados en materiales naturales como madera o hueso. Para engancharlos a su labor use un hilo que quede bien con el charm, no con la tela de fondo.
Si el bordado está expuesto a humedad, los residuos químicos pueden dañar el tejido. Para evitar esto debería frotarla con una toalla de papel, entonces cubrirla por detrás con un poco de brillo para las uñas antes de pegarlo al bordado.

Cristal shisha

Pequeños trozos de cristal shisha se usaban para crear diseños llamativos en tejidos indios con dibujos muy elaborados. Disponibles en diferentes tamaños y formas, el cristal se aguanta con puntos sencillos y rectos sobre los cuales se trabajan las puntadas decorativas.

Cordones

Los cordones retorcidos y las franjas en colores que liguen añaden un toque de acabado a muchos proyectos. También puede poner cordones al tejido para ser bordados y coserlos con los más estrechos.
Todos los tipos de cordones están disponibles, ya preparados, en los departamentos de decoración de la mayoría de los centros comerciales. También puede fabricarlos usted mismo con los mismos hilos que usa para bordar.

Deshechos de lentejuelas

Como el nombre dice, es un producto derivado de las lentejuelas. Se puede cortar para conseguir la forma deseada y puesta en fila o bloques, pero tenga cuidado porque el efecto puede ser demasiado ostentoso por lo que es mejor usarlos bastante escasamente. Está disponible en una gran variedad de colores metálicos y a veces con un acabado iridiscente.

Trencillas

Borlas

Gemas

Metales y hojuelas

Charms

Cristal shisha

Desechos de lentejuelas

INICIACIÓN

Técnicas básicas

Hay algunas técnicas básicas, explicadas aquí, que se usan en casi todos los tipos de bordado. Los métodos más específicos se explican en las secciones de bordado apropiadas.

Trucos

• *Nunca deje un nudo en la parte trasera del bordado, ya que puede hacer bulto.*

• *Para evitar que el tejido se deshilache o para cubrir los bordes del lienzo, ciña los bordes con cinta, haga puntadas en zigzag alrededor de los bordes o gire los bordes y dé una puntada a máquina o cubra los bordes a mano.*

Cuando pase de una zona a la otra del diseño, no cruce los hilos por toda la parte de atrás del tejido o se puede notar por la parte frontal del tejido. Si la distancia entre las zonas que ha de trabajar es muy pequeña, pase la aguja por detrás de la zona trabajada hasta que llegue a la nueva zona que ha de trabajar. Para mayores distancias, vuelva a empezar en la nueva zona a trabajar.

Preparando el tejido

Para determinar el tamaño del tejido que necesita, mida el diseño y dele un margen de 5-8 cm alrededor para fijar un marco y rematarlo. Corte siguiendo las líneas rectas del tejido. La lista de material que necesita también suele incluir el tamaño del tejido, incluyendo el margen que se ha de dejar. Para asegurar que el diseño quede localizado correctamente en el tejido, marque líneas verticales y horizontales desde el centro. Para encontrar estas líneas, doble el tejido verticalmente y presione con fuerza. Ábralo e hilvane a lo largo de la arruga. Repita la misma operación en sentido horizontal. El centro del tejido se encuentra donde se juntan las dos líneas. En tejidos lisos, las puntadas para hilvanar deberían ser de la misma medida, de cinco en cinco hilos, para hacer más fácil el trabajo en diseños de punto contado.

Ahora puede pasar su dibujo al tejido (ver páginas 30-31). Después monte el tejido en un marco, si usa uno (ver páginas 16-17).

Empezando a coser

El bordado se debería trabajar en un orden lógico. Algunas técnicas tienen una secuencia específica, pero generalmente debería trabajar los elementos de fondo primero y luego los elementos que quedan sobre el fondo, permitiendo que uno se quede montado en el otro. Esto le dará un efecto más realista y tridimensional y asegurará que no se ven las líneas del diseño. Evite bordar de un lado al otro de la zona bordada o desgastará los hilos si los roza.

Empezando con un nudo

Haga un nudo al final del hilo y luego inserte la aguja en el lugar correcto del tejido a 5 cm de donde empezará a bordar, de modo que el hilo quede en la trayectoria de los puntos. Vuelva al punto de inicio. Trabaje los primeros puntos sobre el hilo con el nudo. Recorte el nudo y pase el cabo por dentro de los puntos del reverso.

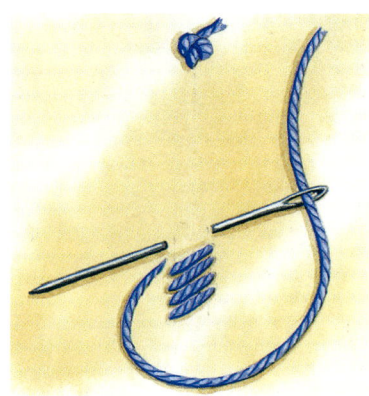

Cosa por encima del hilo para fijar

Empezando sin nudo

Deje un trozo de hilo en el reverso del tejido. Sujételo en el lugar y haga los primeros puntos sobre éste para fijarlo. Corte el hilo sobrante para que no salga a la superficie.

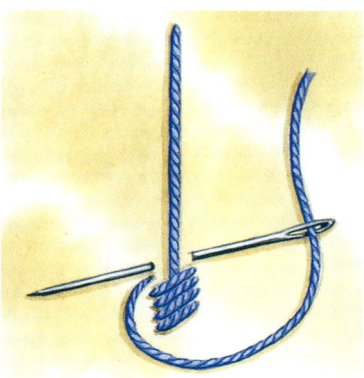

Cosa por encima del hilo para asegurarlo

Método del nudo

Doble una hebra por la mitad e hilvane los cabos en la aguja. Introduzca la aguja por donde empezará a bordar, dejando el lazo en el reverso. En la primera puntada, coja la aguja a través del reverso y luego a través del lazo para fijarlo.

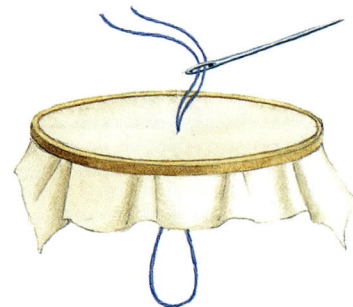

Estire de la aguja a través de la superficie dejando el lazo en el reverso

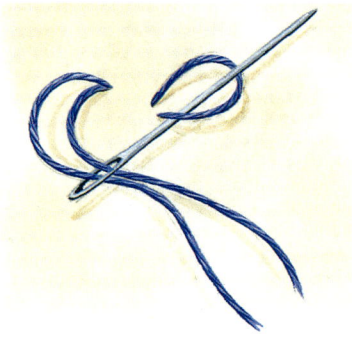

La aguja va a través del lazo

Puntos de empiece

Si un área tiene que cubrirse con bordados, puede empezar con unos puntos pequeños debajo del área donde ha de trabajar o hacer unos cuantos puntos que sigan el dibujo.

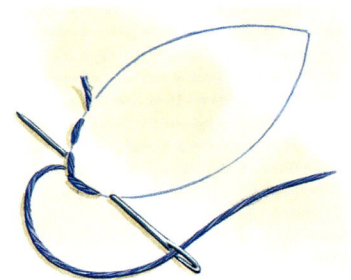

Los puntos de empiece se pueden cubrir con los puntos siguientes

TÉCNICAS BÁSICAS

Hilos de unión

El nuevo hilo debería coserse detrás de los hilos del mismo color, ya que los colores más oscuros se pueden transparentar si está tejido detrás de un hilo claro. Esto no siempre es posible cuando se cambia de color y puede que necesite empezar un nuevo hilo usando uno de los métodos explicados en la página 28.

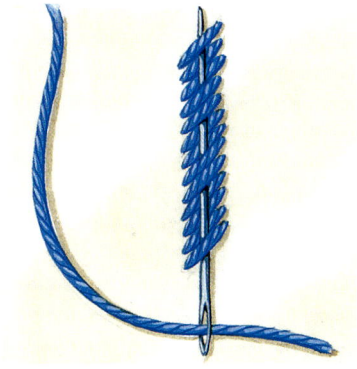

Pase la aguja a través de los últimos puntos

Trabajando los puntos

Mantenga siempre la misma tensión en los puntos. No deberían estar demasiado sueltos pero deberían estar firmes en la superficie sin estirar del tejido. Trabajar con un aro de bordado o un marco le dejará usar las dos manos a la hora de bordar. Trabaje con una mano por encima del marco y la otra por debajo, empujando la aguja hacia arriba y hacia abajo a través del tejido. Para hacer puntos en los que la aguja vaya con un movimiento de dentro a fuera, el tejido no debería estar demasiado tenso en el marco. También puede trabajar este tipo de punto en la mano sin marco.

Cuando esté trabajando técnicas de punto contado, intente traer la aguja hacia arriba a través de un agujero vacío o espacio y después introdúzcala hacia abajo a través de un agujero compartido con otro punto. Esto evitará que se separen los hilos del punto anterior y también llevar cualquier hilo al reverso del tejido.

Para trabajar con muchos colores diferentes, hilvane diferentes agujas con diversos tonos antes de empezar para no tener que estar rehilvanando agujas. Si va a trabajar en muchas áreas pequeñas diferentes de diferentes colores que estén cerca no empiece y acabe un hilo cada vez. En lugar de eso aparque la aguja hilvanada lejos del área que se está bordando hasta que haga falta. Entonces pase la aguja a través del reverso de unos cuantos de los últimos puntos a la zona nueva.

Acabando el bordado

En el reverso de la labor pase la aguja a través del reverso de los últimos puntos, estire del hilo y córtelo lo más cerca posible al tejido. También puede hacer unos cuantos puntos pequeños donde más tarde puedan ser tapados por el bordado. Pase el hilo a través de los últimos hilos por el reverso del bordado.

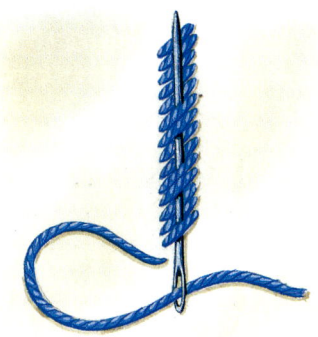

Cuando el bordado esté completo, póngalo a contra luz para comprobar que no se haya saltado ningún punto

Hilos de labor en oro

Use una aguja con un ojo largo, como una aguja de canilla, para hundir los hilos de labor en oro al reverso del bordado. Cosa los bordes al tejido y corte el sobrante.

Rematando la labor

Si usa un marco de bordado su labor no tendría que ser prensada. Si es así deje la pieza boca abajo sobre una superficie lisa y presione ligeramente por el reverso para evitar que se chafen los puntos. Nunca presione los hilos de lana.

Bloquear

Bloquear es un método para cuadrar la labor distorsionada, especialmente en lienzo o lino, pero no es adecuado para tejidos no lavables, hilos que no sean de color inalterable o donde no se haya usado material impermeable. Coloque los bordados trabajados con punto de tienda boca abajo en la tabla para bloquear y los bordados con más textura para evitar que se chafen los puntos.

Bloqueando el bordado

1. Humedezca la labor con un spray o con una toalla humedecida. Estire de las cuatro esquinas en direcciones opuestas y luego estire de los bordes para cuadrarlo. Coloque el tejido sobre la tabla y fije la zona central superior con un alfiler. Use una parrilla como guía. Estire del tejido hasta que esté recto, fijándolo en su sitio con alfileres inoxidables, empezando por la zona central superior y siguiendo hacia las esquinas.

Sujete el tejido con alfileres

2. Fije con un alfiler el borde inferior y siga hacia los lados. Compruebe que las esquinas están cuadradas y los lados rectos. Séquelo y luego sáquelo de la tabla.

Empiece a colocar los alfileres siempre desde el centro

Haciendo una tabla bloqueadora

Materiales

- 60 cm cuadrados de madera.
- 80 cm cuadrados de lámina.
- Bolígrafo impermeable.
- Alfileres.

Cubra la madera con la lámina. Mantenga la lámina tan tensa como sea posible y fíjela a la tabla con alfileres. Con el bolígrafo impermeable, dibuje líneas horizontales y verticales con una separación de 2,5 cm para hacer una parrilla.

Almacenaje

Proteja su labor mientras está bordando. Coloque un trozo limpio de tela encima de la labor en un marco de bordado. Las piezas pequeñas que no están enmarcadas se podrían poner en una bolsa de algodón o en una funda de almohada vieja.

Trabajando con esquemas y diagramas

Las instrucciones para trabajar las diferentes técnicas de bordado pueden estar representadas de diferentes formas. Algunos diseños van impresos directamente sobre el tejido mientras que otros se tienen que trabajar desde esquemas, o se tienen que trasladar al tejido.

Diseños en lienzo

El diseño puede venir impreso en el lienzo y entonces se borda directamente sobre la imagen. En el margen del lienzo vienen pequeños cuadros con los colores que se tienen que utilizar. Para evitar confusiones cuando trabaje con colores similares, coloque una hebra del color indicado en cada cuadro.

El diseño también se puede hacer con puntadas largas a lo largo del lienzo. El punto de tienda se usa para bordar el dibujo. Los detalles más pequeños, que se bordan usando «petit point» (dando puntadas en un solo hilo del lienzo), deberían de estar ya bordados.

Diseños en esquema

Los diseños para las técnicas de punto contado van impresos en una parrilla o esquema. Para la mayoría de las técnicas, cada cuadrado pequeño representa un punto. Los cuadrados van rellenos de símbolos, colores o ambos e indican, por referencia a la lista, el color, tipo de hilo y a veces el tipo de punto que se debe usar. Cada décima línea en la parrilla es más oscura para que sea más fácil contar.

Trabajando con listas

Los esquemas para el bordado libre y las técnicas de punto contado contienen una lista que da detalles de los hilos, colores y los posibles tipos de punto que se pueden usar. Para las técnicas más complicadas, también puede incluir instrucciones e ilustraciones.

Trasladando diseños

Los diseños de bordado libre se suelen dar con un diagrama con una lista. El dibujo debe ser trasladado al tejido. Hay muchas formas de hacer éstos, dependiendo del tejido y las técnicas que se usen.

Agrandando y reduciendo diseños

La forma más sencilla de alterar el tamaño de un diseño es usando una fotocopiadora. A menudo será necesario que aumente los diseños impresos, y el tamaño de ampliación vendrá ya dado. Si aumenta o disminuye el tamaño del diseño más de lo indicado, puede que necesite más hilo y puede que tenga que ajustar el grosor del hilo e incluso alterar los puntos.

Método de la parrilla

Dibuje una pequeña parrilla con cuadrados iguales sobre un calco del diseño. Dibuje una línea diagonal de esquina a esquina de la parrilla para crear una parrilla aumentada con las mismas proporciones. Dibuje una parrilla con la misma cantidad de cuadrados en la parrilla aumentada, entonces copie el dibujo de forma tan exacta como pueda de la parrilla pequeña a la parrilla grande.

Copie el dibujo de la parrilla pequeña a la parrilla grande

Calcando el diseño

Si usa un tejido fino de color claro, colóquelo sobre el contorno del diseño y fíjelo con cinta. Con un bolígrafo impermeable de punta fina, trace el contorno directamente sobre el tejido.

Calcando sobre una caja de luz o sobre la ventana

Fotocopie o calque el contorno del dibujo y péguelo en una caja de luz o sobre la ventana. Pegue el tejido sobre el dibujo calcado y calque el dibujo sobre el tejido con un bolígrafo impermeable de punta fina.

Calque el diseño sobre el tejido

Bolígrafos para calcar solubles

Haga una prueba en un trozo de tejido antes de empezar. Estos bolígrafos no son adecuados para todos los tipos de tela y pueden desteñir sobre seda, quedando el contorno difuminado. Del mismo modo, no siempre desaparecen completamente. No use bolígrafos solubles sobre tejidos que no se pueden lavar. Los bolígrafos solubles con aire o con luz no son adecuados para proyectos largos, ya que el diseño se desvanecerá y desaparecerá con el tiempo, especialmente con luz fuerte. Para usar los bolígrafos, calque primero el diseño en una caja de luz o ventana como se explicó anteriormente, usando un bolígrafo para calcar en lugar de un bolígrafo soluble.

TRABAJANDO CON ESQUEMAS Y DIAGRAMAS

Papel de calcar de carbón de costurero

Es la forma más fácil de pasar un dibujo a tela oscura o pesada. Pegue el tejido a una tabla plana y lisa. Coloque el papel de calca boca abajo sobre el tejido y pegue el dibujo sobre éstos. Usando una presión firme y constante, repase el dibujo con un bolígrafo, con cuidado de no perforar el papel. Este papel de calcar está disponible en muchos colores, por lo que lo mejor es usar uno que destaque sobre su tejido. Aplique una presión firme sobre el bolígrafo para que el contorno se vea claro sobre el tejido.

Aplique suficiente presión en el papel para que la silueta quede en el tejido

Lápices de calcar

Este lápiz dará una imagen permanente que no se irá. Necesita planchar el dibujo sobre el tejido. Este método no es adecuado para tejidos sintéticos. Para usarlo, calque el diseño, quite la calca y calque por encima del dibujo con el lápiz. El lápiz debe tener la punta afilada para poder trazar líneas finas. Coloque la imagen trazada a lápiz boca abajo sobre la tela y planche firmemente sobre el dibujo para traspasar la imagen.

Calcando a través del papel tisú

Este método no deja marcas permanentes y es adecuado para ser usado en cualquier tipo de tejido.

1. Calque cuidadosamente el dibujo en el papel tisú, entonces coloque la calca encima del tejido y coloque alfileres alrededor del borde. Hilvane el contorno con un color que destaque en el tejido, empezando y acabando el hilo de forma firme. Asegúrese de que los puntos no son demasiado pequeños, o serán muy difíciles de quitar, ni demasiado grandes o faltarán partes del dibujo. Quite los alfileres. Haga puntadas pequeñas en el dibujo.

Dé pequeñas puntadas alrededor del diseño

2. Una vez haya hecho las puntadas saque con cuidado el tisú dejando las puntadas en la tela. Si trabaja sobre un tejido delicado, saque el papel gradualmente para descubrir el área que se va a trabajar. Las puntadas del contorno las puede eliminar a medida que vaya trabajando o una vez que haya acabado con el bordado.

Saque el tisú con cuidado para descubrir los puntos

Punzar

Use este método cuando quiera reutilizar un dibujo o reposicionar y repetir un motivo.

1. Para hacer una almohadilla para aplicar el pounce fije los bordes de una pieza de fieltro. Entonces, calque el diseño en un papel de calcar y deje el calcado sobre una tela doblada o una tabla de planchar. Con un alfiler haga una serie de pequeños agujeros lo suficientemente juntos a lo largo de las líneas del dibujo.

Haga agujeros pequeños y juntos alrededor

2. Pegue el tejido sobre una tabla plana o una superficie para trabajar y entonces pegue el papel de calcar en el tejido. Sumerja el fieltro en el pounce (ver página 19) y haciendo un movimiento circular, frote el pounce sobre el diseño. Elimine el papel agujereado y use un trapo suave para limpiar el pounce del calco para poder usarlo de nuevo.

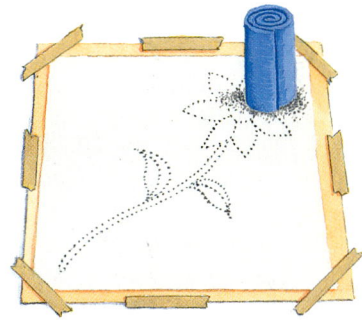

Sumerja el fieltro en el papel tisú y frótelo sobre el diseño

3. Siguiendo el contorno del pounce, trace una línea fina a lo largo del contorno en el tejido con un pincel fino y pintura de acuarelas.

Use un pincel fino para pintar sobre los contornos

Trucos

- Con cualquiera de los métodos descritos aquí (excepto el de calcar a través del tisú), no traslade líneas muy finas o detalles que serán difíciles de cubrir con el bordado. El bordado debe cubrir completamente las líneas del dibujo trasladado.
- Si el dibujo original o calcado es difícil de ver a través del tejido, puede que necesite marcar más el contorno repasándolo con un bolígrafo negro.
- Pruebe el lápiz en un trozo de tela sobrante para asegurarse que no desteñirá cuando lo lave y no dañará al dibujo acabado.

31

INICIACIÓN

Rematar

Después de todas las horas de trabajo duro que ha pasado con su bordado, merece la pena tomarse tiempo para asegurarse de que el acabado y la presentación son inmaculados. Aquí tiene algunas ideas para sacarle más partido a su obra de arte.

Consejo

Para abrir la labor, ate una tela de fondo que haga contraste sobre la tabla antes de montar el bordado. La tela de fondo se verá a través de los agujeros del bordado.

Limpiando su labor

Si su bordado se ha manipulado y guardado de forma correcta, no debería de ser limpiado. Sin embargo si está sucio o manchado, debería ser limpiado antes de rematarlo. El método usado para limpiar debe ser adecuado para todos los elementos usados en el bordado, incluyendo los tejidos, los hilos, el material de fondo y cualquier adorno que haya añadido

Enmarcar

El marco es muy importante para el aspecto de la labor acabada. Para un marco hecho a la medida tendrá que acudir a un profesional. Muchos profesionales le ofrecerán un servicio de acabado de la labor, pero será bastante caro. Si decide acabarlo usted mismo, elija el marco antes de cortar la lámina sobre la cual se extenderá el bordado para asegurarse de que encaja en el marco.

También puede usar un marco prefabricado pero compruebe que es lo suficientemente profundo para el bordado. Para técnicas tridimensionales como la labor en relieve o la labor con cenefas debería usar marcos más profundos.

Aunque el cristal protege la labor, normalmente el bordado se suele enmarcar sin cristal para que se aprecie la textura de la superficie. Si usa cristal asegúrese de que no reposa encima del bordado. Se puede separar usando algo que levante el cristal (trozos de cartulina) a lo largo del marco entre el cristal y el bordado.

Puede usar cristal con o sin reflejo, pero tenga en cuenta que el cristal sin reflejo puede arrugar la labor poco a poco.

Extendiendo y fijando el tejido

Antes de enmarcar su labor, debe estirarla y fijarla a una cartulina rígida usando una tabla sin ácido que no lo descolorará ni lo degradará.

Corte la cartulina a la medida. Ponga la labor bocabajo sobre una superficie plana y coloque la cartulina sobre éste. En el centro del lado más largo, coloque un alfiler a través del tejido en el borde del cartón. Estire del tejido hacia el lado opuesto y coloque un alfiler en el centro de ese borde. Comenzando en el centro y moviéndose hacia fuera, coloque alfileres a ambos lados. Cuando los dos primeros lados están fijados, compruebe que el tejido está recto y coloque alfileres en los dos otros lados. Usando un hilo fuerte y yendo desde el centro hacia fuera, enlace los lados largos del tejido. Ensamble (vea Coser los dobladillos) y coloque alfileres en cada esquina antes de enlazar los lados cortos.

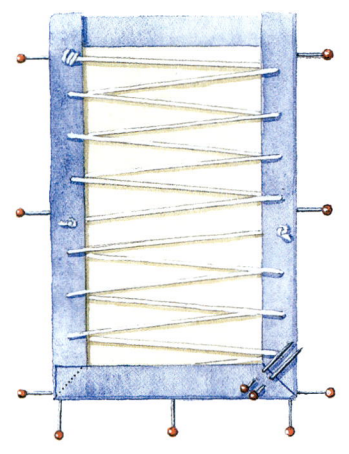

Ensamble y sujete con alfileres las esquinas del tejido

Para extender su labor sobre una cartulina ovalada o redonda, dé unas puntadas alrededor del borde del bordado, coloque la cartulina en el bordado y estire del hilo para marcar los bordes en la cartulina. Compruebe que la labor está colocada de forma correcta y después átelo tan tensamente como pueda. Con un hilo fuerte, enlace la labor alrededor de la forma.

Usando cartulinas

Monte las labores pequeñas en una cartulina plana con pegamento claro o cinta adhesiva por los dos lados. Si usa una cartulina con una apertura ya cortada, coloque el adhesivo en el reverso alrededor de la apertura. Ajuste la labor de manera que encaje en la apertura. Presiónelo sobre el adhesivo. Para subir un poco la labor, coloque un poco de relleno detrás. Añada cinta en los bordes superior, inferior y derecho de la cartulina, dóblela y finalmente presione.

Usando marcos flexi

Para usar marcos flexi, fije el bordado alrededor del marco interior como si se tratase de un marco ovalado o redondo. Ate el hilo de la forma más tensa posible. Corte un trozo pequeño de fieltro para el reverso, dele unas puntadas para esconder los bordes y coloque el marco exterior en su lugar.

Haciendo cojines

Para darle a un bordado pequeño mayor presencia en un cojín, se debe poner sobre un tejido adecuado. Simplemente gire los bordes del bordado y entonces cósalo con puntadas invisibles. Como toque de acabado, cosa una cinta sobre la unión.

Para darle mayor definición. También puede intentar añadir una tela que haga contraste con el bordado (ver páginas 100-102).

Funda de cojín simple

1. Primero ajuste la labor a la medida incluyendo un margen de 1'5 cm aproximadamente. Coloque el bordado en el tejido por el revés cara con cara. Coloque alfileres e hilvane. Cosa siguiendo las costuras, dejando una apertura a un lado. Corte las esquinas a la altura de las costuras para eliminar la tela sobrante. Gire la tela por la apertura.

Cósalo por la línea de las costuras

2. Inserte un relleno de cojín. Más tarde doble los bordes y cósalos.

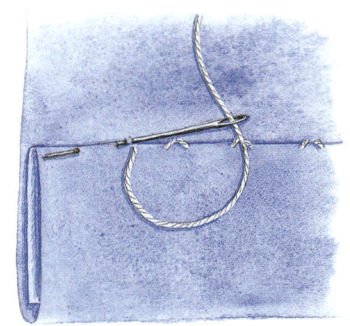

Cosa los bordes

Funda de cojín de sobre

La parte de atrás de este cojín está hecha en dos partes. Corte dos trozos de tela de fondo de la misma anchura que la tela de delante y la altura tres cuartos de la largada. Haga un dobladillo de 1'5 cm a lo ancho de cada pieza. Coloque el tejido por el anverso y una tela de fondo cara con cara. Coloque la segunda pieza boca abajo en la parte superior. Coloque alfileres e hilvane y cosa sobre las costuras. Dele la vuelta dejando el lado bueno hacia fuera y corte las esquinas.

Cosa siguiendo la línea de las costuras para fijar las capas de tela

Funda de cojín con botones

Siga las instrucciones para la funda de cojín de sobre, pero haga ojales en la parte de atrás que se coloca antes. Gire la funda con el lado bueno hacia fuera y añada botones decorativos que encajen con los ojales.

Funda de cojín con cremallera

Corte dos trozos de tela para la parte de atrás del cojín. Marque la apertura necesaria para la cremallera y luego cosa siguiendo la línea de la costura a los dos lados de las marcas. Deje la costura abierta y coloque la cremallera con alfileres en su posición. De unas puntadas a la cremallera para fijarla. Remate la funda como se hizo con la funda anterior.

Cosa la cremallera en su lugar

Cosiendo los dobladillos

Los dobladillos cosidos a mano con las esquinas ingleteadas harán que su trabajo quede con un acabado perfecto.

1. Recorte un poco los bordes del tejido y decida qué anchura quiere que tenga el dobladillo. Mida tres veces su anchura desde cada borde e hilvane a esa distancia de un lado al otro del borde. Esto marcará la posición para coser más tarde. Ahora presione la tela para darle dos dobleces a lo largo de cada lado. El primero con la anchura del dobladillo y el segundo con dos veces la anchura del dobladillo.

2. Desdoble el tejido. Corte el tejido 5 mm por fuera del doblez exterior para reducir el grueso del dobladillo o déjelo sin cortar para un aspecto de más relleno. Corte a lo largo de las esquinas trazando una línea diagonal desde los bordes del doblez interno.

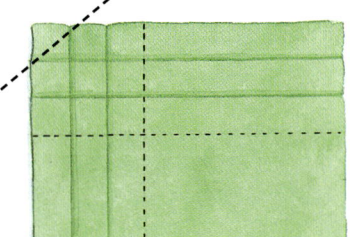

Hilvane antes de cortar el tejido

3. Doble las esquinas cortadas desde el borde de las líneas hilvanadas. Entonces doble cada borde, primero el exterior y luego el interior. Coloque alfileres e hilvane. Dé unas puntadas en las esquinas. Dé puntadas de dobladillo por los bordes (ver página 98) o bien cósalos.

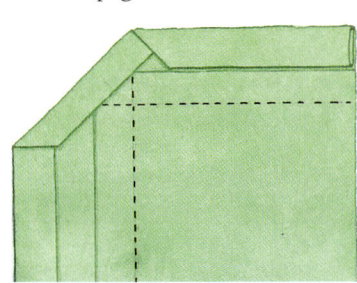

Doble las esquinas cortadas

Cuidado del bordado

- Evite ambientes húmedos o con excesivo calor.
- No lo exponga a luz directa del sol ya que los colores se desvanecerán.
- Guárdelo en un papel tisú sin ácido.
- Guárdelos en un sitio sin polillas. Use saquitos de hierbas mejor que bolas de naftalina.
- Si el tejido es lavable se le debería lavar con agua fría con un poco de detergente, asegurándose de que no se roce. Enjuáguelo bien y colóquelo sobre una toalla y estrújelo para eliminar cualquier exceso de agua. Déjelo secar lejos de la luz directa del sol.
- Para eliminar manchas use un quitamanchas adecuado, pero pruébelo antes en un trozo de tela y de hilo. De no ser así, lleve el bordado a que lo limpien en seco.

Inspiración para diseños de bordados

Este libro está lleno de diseños, seleccionados cuidadosamente para darle la oportunidad de aprender diferentes técnicas y poner en práctica sus habilidades. A medida que crezca su confianza, puede experimentar utilizando diferentes colores, hilos o incluso puntos. Puede que también quiera crear sus propios diseños, lo cual no es difícil y para lo cual encontrará guía en las próximas ocho páginas así como en las secciones de técnicas individuales de bordado.

Estar inspirado

El proceso de diseñar sus propias piezas puede empezar con decidir qué proyecto hacer, ya sea un paño, un bolso o una prenda de ropa o diseñar una idea de algo que haya visto y le haya inspirado. Lo primero que debe saber es que es una aventura que le aportará horas y horas de placer y un sentido de realización, no algo que le creará dolores de cabeza. Aproveche las fuentes de inspiración que hay a su alrededor y con un poco de práctica estará diseñando ideas que realmente le satisfarán. El mundo rebosa imágenes que le proporcionarán inspiración para bordar.

Es difícil definir un buen diseño ya que es cuestión de gusto personal. Sin embargo, los colores, la línea y la textura y la forma en que se usen juegan un papel importante en el éxito de un trabajo. Recuerde que un diseño puede ser intrínsicamente incorrecto, puede ser inusual y quizás la próxima vez lo haría totalmente diferente pero, si le gusta, tiene un valor y las características de su estilo lo hacen único. Incluso si no le gusta, todavía tiene un valor, como parte del proceso de aprendizaje, y contribuirá al éxito de la siguiente pieza.

La idea de buscar continuamente la inspiración puede ser algo intimidante, pero esté satisfecho con mantenerlo en un nivel que le haga disfrutar. Recuerde que al principio nadie es un gran diseñador. Todo y nada puede ser una fuente de inspiración, desde los productos del supermercado hasta las flores y los insectos del campo. La cantidad de posibilidades donde elegir puede que sea su principal problema.

Fuentes de inspiración

La inspiración no viene de la nada. La esencia es observar fijamente, lo cual le ayudará a fijarse en su sujeto, entender cómo está construido y ver todas las posibilidades. A través de este tipo de observación empezará a entender la forma y la estructura del sujeto. Por ejemplo, cómo los pétalos se unen al tallo o cómo las ramas de los árboles se rizan hacia el cielo. Esta apreciación de su fuente de inspiración le ayudará a memorizar sus impresiones de forma más clara, cosa que se verá reflejada en su diseño.

La naturaleza ha sido la fuente de inspiración del trabajo creativo desde el principio de los tiempos. Intente mirar a una flor, los pétalos, las hojas, ramos o grupos de flores. Puede que encuentre árboles que le llamen la atención, tanto con hojas en verano como totalmente pelados con un cielo invernal de fondo. Los contornos de las rocas y la geología son otra posibilidad, a pequeña escala incluso guijarros, con incrustaciones de liquen o alisados por la erosión, le proporcionan una gran variedad de texturas.

Los paisajes también son inspiradores. Deténgase para disfrutar de la inmensidad del cielo y las montañas lejanas. Caminos atravesando bosques le tendrán horas ocupado observando todos los detalles de la naturaleza. Si es afortunado y vive cerca del mar, maravíllese con las vista al mar, tanto liso como totalmente tormentoso.

Asegúrese de sacar provecho de todas las estaciones, por ejemplo los jardines son una fuente de inspiración durante todo el año, llenos de flores en verano o pelados y llenos de escarcha en invierno.

Sin embargo, a pesar de la inspiración sin límites que le proporciona la naturaleza, piense también en estructuras hechas por el hombre. Edificios y siluetas en el horizonte le ofrecen un placer geométrico al ojo así como artefactos individuales, la joyería y los tejidos le ofrecen múltiples patrones. Esté al tanto de cualquier exhibición y redescubra los museos locales.

Los objetos hechos por el hombre están alrededor nuestro.

Una comparación de cómo una flor es tratada por los maestros holandeses o por el arte pop le ayudará a desarrollar sus propias habilidades para diseñar.

Color, línea y textura

Cualquiera que sea el sujeto que usted observa, examine todas las sutilezas de sus colores y sus texturas, su estructura y las líneas que lo definen. El entendimiento de estos elementos le ayudará a hacerse con la confianza suficiente para desarrollar sus propias ideas.

El mismo color puede aparecer en diferentes apariencias, puede ser claro u oscuro o en una miríada de sombras sutiles. Cada uno experimenta los colores de forma diferente que puede evocar diferentes sentimientos y emociones. Por ejemplo, el azul puede sugerir frío y el rojo, pasión.

Las líneas principales y la forma del contorno contribuirán a su éxito o fracaso. Pueden dar una sensación de movimiento, equilibrio o estabilidad. En sus diseños propios trate de evitar líneas confusas o que desvíen la atención.

El bordado es una gran oportunidad para experimentar con texturas, de más suaves a más ásperas, para que consigan mejor el efecto deseado.

Organizando sus ideas

Esta es la parte crucial del proceso y no se debería pasar por alto. Necesita un método para no perder las ideas que ha ido observando. Es útil tener un lugar donde guardar todo el material impreso y otras fuentes de inspiración que haya encontrado. Tener todo bien organizado le ayudará a desarrollar sus habilidades de observación, encontrar sus ideas fácilmente más tarde y tener las mejores bases sobre las cuales empezar su labor.

Una simple libreta es ideal para tener todo junto y bien guardado, pero podría usar también ficheros de plástico. Elija el sistema que mejor se adecue a usted y a la naturaleza de su material, de manera que todo esté a su alcance. Un revoltijo de ideas y recortes puede ser estimulante, pero no tiene porqué ayudarle a observar y estudiar.

Un pequeño cartucho de papel encuadernado es un buen comienzo. La encuadernación en espiral le permite incorporar recortes. Asegúrese de que la libreta que lleva es lo suficientemente pequeña como para poder llevarla siempre encima.

Recogiendo ideas

Puede que quiera dibujar directamente de su fuente de inspiración, pero no sienta que tiene la necesidad de hacerlo o que tiene que quedar perfecto a la primera. Hay otras formas de recopilar ideas. Su libreta es algo muy personal por lo que no tiene por qué sentirse avergonzado de lo que hay dentro. A medida que avance, se convertirá en un diario a todo color, lleno de formas que le dará múltiples ideas.

Puede que quiera incluir postales en su libro, por ejemplo de sus pinturas y esculturas favoritas. Páginas sacadas de revistas también pueden ser inspiradoras, especialmente para observar cómo combinar los colores. Trozos de papel de diferentes tipos le sugerirán colores y texturas. Pegue capas de papel tisú en su libro para crear diferentes tonos y colores. Pruebe también prensar hojas y flores. También puede tomar fotografías de cosas que le hayan llamado la atención. Asegúrese de que conoce todas las funciones de su cámara, de forma que pueda explotar la calidad de las imágenes que tome. Acerque tanto como pueda el objeto y luego tome una perspectiva más abierta para tener la mayor información posible.

Si se aficiona a hacer esquemas, no trate de ser demasiado ambicioso. Verá que a medida que persevere ganará confianza. Hacer esquemas le será más fácil y se convertirá en un placer. Empiece con contornos básicos y añada notas a mano para explicar las formas y colores que ve. Por ejemplo, si ve un árbol muy bonito, anote qué tipo de árbol es o a qué le recuerda, la diferencia entre el verde lima y el verde caqui tiene una gran cantidad de connotaciones.

Hay varias formas de hacer esquemas. El lápiz puede ser muy efectivo pero pruebe también otros materiales. Los bolígrafos negros de punta fina hacen contornos que son ideales para ser calcados. Las ceras y las acuarelas le permitirán fusionar colores y líneas. El pastel es suave, así que podrá frotarlo con los dedos pero tienen que estar cerrados para no mancharse.

Sea como sea que usted decida tomar nota de sus fuentes de inspiración y recogerlas, su libreta le traerá a la mente las ideas que ha visto. El proceso de juntarlas se convertirá en un viaje personal lleno de ideas, un recordatorio de momentos preciosos y una inspiración para el futuro. Puede que no use todas sus ideas y algunas de ellas se conviertan en algo totalmente diferente, pero esto no importa. Es el viaje lo que importa, y un buen diseño, bien trabajado, es el premio.

INICIACIÓN

Desarrollando ideas de diseños

Hay muchos métodos que puede usar para convertir sus ideas en un buen diseño. Diferentes métodos irán bien para diferentes proyectos y en sí mismos pueden ser una exploración. Así pues, no se preocupe si los primeros efectos no son muy inspiradores.

Equipamiento

Para ayudarle a seguir el proceso del diseño de una forma clara y sencilla, necesitará los siguientes materiales: bolígrafos, una libreta (ver páginas 34-35), cartulina A3, una regla, una goma, lápices afilados, papel de calcar y dos trozos de cartón de 20 cm cuadrados.

Escogiendo la imagen

1 Corte dos piezas de cartón en forma de L. Los lados deben medir unos 20 cm de largo. Haga una marca cada centímetro a lo largo de los dos cartones. Esta L le ayudará a elegir a seleccionar la parte del dibujo o fotografía que quiere usar para su bordado. Coloque los dos cartones en forma de escuadra o rectángulo y vaya cambiándolas de sitio para ver las distintas posibilidades.

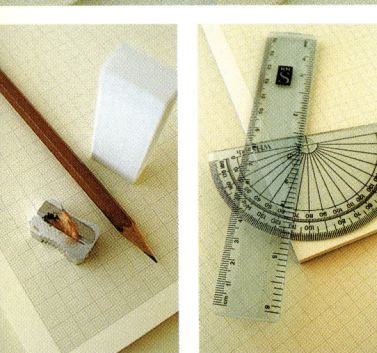

Fije el papel de calcar y entonces calque sobre el dibujo con un lápiz fino

Recalque algunas áreas para asegurarse de que el calcado es preciso

3 Evalué el diseño. Mire si los componentes quedan bien distribuidos y queda todo bien cubierto. Si le parece que falta algo de equilibrio, recoloque alguno de los componentes y mueva alguno de otra zona.

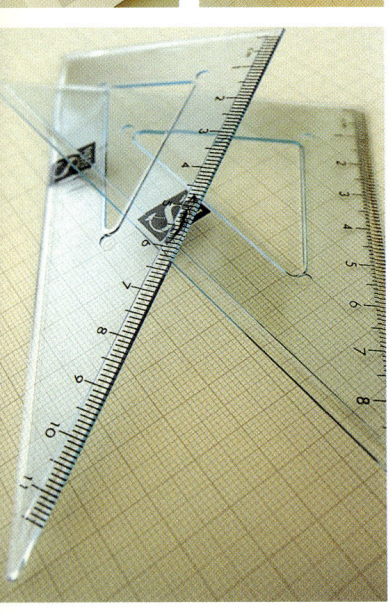

Coloque la L para limitar el área que quiere usar

2 Una vez haya seleccionado una imagen que le guste, saque la L y coloque una hoja de papel de calcar sobre el dibujo. Con un bolígrafo negro fino, calque el área enmarcada, asegurándose de marcar dentro de los límites.

Recoloque las flores como necesite para corregir la falta de equilibrio

4 Compruebe si los elementos quedan bien unos con otros o queda demasiado cargado. Se puede eliminar, por ejemplo, alguna parte de las flores, o se pueden sacar algunas flores completas. Recuerde, haga que tanto el lado izquierdo como el derecho sean igual de interesantes.

5 Tómese su tiempo para ver cómo de cargado está el dibujo. ¿Quedan bien los elementos entre sí? ¿Hay áreas que no dicen nada? Si una zona está demasiado cargada, tendrá que simplificarla un poco.

Simplifique una zona demasiado cargada para hacer el bordado más sencillo

Distorsionando la imagen

Puede que quiera agrandar o reducir la imagen de la composición o hacerle que encaje en otra forma. Para distorsionar la imagen, coloque papel de calca sobre la primera composición y trace el perímetro. Divida el área en partes iguales. Haga una parrilla en papel en blanco para la nueva forma manteniendo el mismo número de divisiones. Vuelva a dibujar las formas cuadrado a cuadrado.

DESARROLLANDO IDEAS DE DISEÑOS

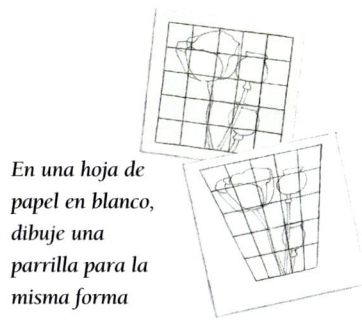

En una hoja de papel en blanco, dibuje una parrilla para la misma forma

Tener en cuenta el tamaño y la forma

El tamaño y la técnica de punto del trabajo son elementos que se tienen que tener en cuenta. Por ejemplo, si el diseño se va a trabajar en lienzo, la unidad más pequeña del diseño es un punto de tienda, pero, por otro lado, los elementos muy pequeños serán muy difíciles de interpretar. Debería considerar el tamaño del diseño en relación con el proyecto acabado.

Considere siempre la forma general del trabajo acabado en relación con cómo se va a enmarcar. Cuando hablamos de marco no nos referimos sólo al marco de madera, ya que los bordes del cojín, los lados de un bolso o la forma de una prenda de vestir enmarcarán el bordado de algún modo. El diseño debería estar en consonancia con el marco. Dicho de otro modo, los diseños largos y altos quedan mejor en un marco rectangular, mientras que los diseños redondos o cuadrados quedan mejor en un marco cuadrado. Use la L para decidir la forma final del proyecto.

Creando patrones

Un diseño se puede crear de muchas formas, pero crear un patrón es una forma tranquilizadora de empezar. Los patrones se componen de elementos del diseño que se repiten a lo largo de éste, y puede tenerse como una unidad. Seleccione unidades que puedan formar un fondo interesante cuando se repita. Las imágenes asimétricas dan un mayor potencial para imágenes que hagan efecto de reflejo.

Ideas para patrones

Calque elementos sencillos de su material. Recálquelos o fotocópielos varias veces y recórtelos. Use estas unidades para jugar con diferentes ideas de patrones.

Dos patrones básicos

Repita la misma imagen de un lado al otro de la línea horizontal para crear un borde o alterne imágenes que hagan un efecto de reflejo. Calque la imagen en el reverso del papel y gire el papel cada vez que coloque otro.

Imágenes con efecto de reflejo

Es difícil conseguir un efecto de dispersión bien equilibrado. Aquí las guías a lápiz que marquen la línea horizontal y vertical y un transportador le serán de ayuda.

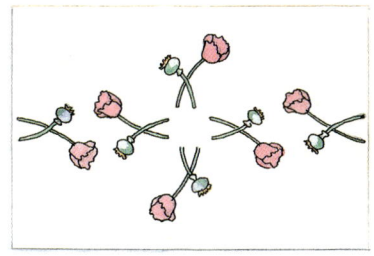

Líneas diagonales formando un enrejado

Un patrón de media gota también es efectivo y aquí las imágenes se han colocado formando líneas diagonales que forman un patrón de enrejado.

Ensamblando las esquinas de un patrón

Disperse las amapolas

Cuando se trabaja el borde de un patrón a veces es necesario girar una esquina y debería considerar cual es la mejor forma de ensamblar las esquinas para que de buen efecto. La localización del diseño a lo largo de los lados y en las esquinas puede afectar al tamaño del bordado.

Dibuje el patrón básico de la esquina en dos trozos de papel. En uno marque una línea de 45 grados a lo largo del borde donde usted crea que un ángulo quedará bien.

Marque la línea para doblar a 45 grados

Dibuje una línea similar en otro trozo de papel en la posición correspondiente en el diseño y doble el papel siguiendo la línea. Junte los dos bordes para observar el efecto. Si necesita cortar la imagen para ensamblarla en la esquina y el resultado no es tan bueno como esperaba, tendrá que establecer una nueva línea de ensamblaje.

Asegúrese de que los bordes encajan bien

Explorar la paleta de colores

Cuando ha decidido la composición de su diseño, necesitará empezar a pensar en qué colores usar si todavía no lo había hecho. El color del trabajo dependerá de los hilos y del resto de material que elija, pero también puede pintar el tejido que usará para de este modo darle más profundidad a su labor. Hay unas cuantas reglas básicas, pero lo más importante es experimentar.

Inspiración para el color

Muchos de nosotros tenemos la oportunidad de viajar más de lo que se solía hacer anteriormente y estamos rodeados por imágenes de todos los rincones del mundo, por lo que estamos familiarizados con exóticas combinaciones de colores en las que elegir. Podemos tener una idea de los colores cálidos de la India y de los fríos azules del Ártico, así como de los colores que rodean nuestra propia casa.

Entender el color

La ruleta de color se usa para explicar la relación entre colores. En la ruleta de color los tres colores primarios, rojo, amarillo y azul, están repartidos equitativamente. La mezcla de estos colores produce otros secundarios, que aparecen entre los colores primarios. Por ejemplo, si mezcla amarillo y rojo obtiene el color naranja. El azul y el amarillo hacen el verde y el rojo y el azul forman el violeta. Mezclando los colores primarios con los secundarios en diferentes proporciones obtiene una gama muy amplia de colores como el verde oliva, magenta, ocre, etc.

Colores complementarios

Estos colores quedan unos enfrente de los otros en la ruleta de color, como por ejemplo el azul y el naranja. Estos colores son los que proporcionan el mayor contraste y se usan normalmente para dar viveza al otro.

La naturaleza ofrece muchos ejemplos de esto. Por ejemplo, las bayas rojas entre las hojas verdes, el sol naranja en el cielo azul, etc. El efecto tonificante resalta más cuando uno de los dos colores domina. Usados en cantidades iguales tienden a anularse mutuamente.

Colores análogos

Estos colores se encuentran muy cercanos entre ellos en la ruleta de color entre los colores primarios y de ahí que ocupen más de una tercera parte de ésta. Toda esta variedad debería ser los colores y las sombras de naranja a rojo. Algunos colores quedan bien juntos como rosas y violetas, verdes y azules, amarillos y verdes. Cuando se usan juntos, un grupo de colores análogos formarán una composición agradable y tranquilizadora.

Colores neutrales

Cuanto más negro se añada a cualquier color, más cercano al negro será, pasando por varias tonalidades por el camino. Añadir más y más blanco acerca al color al blanco puro, pero pasando por distintos tonos. Experimentar con estos procesos muestra las sutilezas obtenibles y que hay infinitos tonos de blanco, gris y negro, los colores conocidos como colores neutros. Añaden sutileza y textura a una pieza, así como proporciona contraste a muchos esquemas de colores. Experimentar con diferentes tonos de blanco, variando desde los más suaves hasta los más brillantes para destacar o añadir textura. Explore la variedad de azul y grises verdosos que se puede encontrar en los objetos más ordinarios y se pueden llevar a tejido e hilo.

Relaciones de colores

Los colores se afectan entre ellos. Un color colocado sobre blanco se percibirá totalmente diferente que si se coloca sobre negro o cualquier otro color.

Cuando se plantea un proyecto, es útil juntar todos los colores que se van a usar, a ser preferible en las mismas proporciones que tendrán en el trabajo final, para ver como quedarán juntos. Las sustituciones y alteraciones son mucho más fáciles a esta altura. Intente unir los hilos sobre un trozo del tejido de fondo y verá los efectos que aparecerán.

Pintado del tejido y herramientas

Hay muchas pinturas para tejidos y teñidos disponibles para dar color a los tejidos. No se sienta intimidado por esta variedad. La siguiente información le dará una idea de cómo introducir color en el tejido, pero disfrute del resto a medida que vaya apareciendo porque le abrirá muchas posibilidades.

Empiece usando siempre el mismo tipo de pintura para evitar mezclarlos hasta que esté seguro de sus propiedades.

Hay muchos métodos de pasar la pintura al tejido y muchas herramientas diseñadas con este propósito. Sin embargo, las herramientas que haga usted mismo

EXPLORAR LA PALETA DE COLORES

o las que encuentre por la casa pueden ser igual de buenas, así que no se olvide de improvisar.

Pinceles
Es útil tener pinceles de diferentes tamaños, tanto si son cepillos finos de artista como cepillos que se usen en casa. Los cepillos de casa de 1,25 y 2,5 cm de anchura van bastante bien para pintar zonas de fondo grandes, mientras que los cepillos de artista va bien reservarlos para detalles más finos.

Otros aplicadores
Al igual que los pinceles, encontrará aplicadores de esponja en tiendas de manualidades, pero también puede usar una esponja cosmética o una esponja natural. Los rodillos pequeños se pueden usar para pintar zonas mucho más grandes.

Bloques de impresión
Se pueden comprar ya hechos como un sello de goma o de madera. También lo puede hacer usted de diferentes maneras. Podría simplemente hacer una forma en media patata. También puede usar un trozo de corcho con las herramientas adecuadas. Otra idea es hacer formas con cuerda y pegarlas en un cartón.

Clichés
Los clichés ya preparados son fáciles de usar y pueden ser ideales para empezar, pero puede diseñar los suyos propios, usando imágenes de revistas y fotografías. El cliché de cartón tradicional revestido para hacerlo impermeable y lo suficientemente elástico para poder usarlo de forma repetida. Corte el cartón con cuidado con un bisturí para manualidades y trabaje sobre una superficie sobre la que pueda cortar. Una capa de cliché que también es impermeable se puede enganchar a una superficie y retirarla de forma repetida, para que pueda ver donde

está colocando la imagen. Tenga cuidado ya que se corta muy fácilmente. Necesitará un pincel o una esponja pequeña para aplicar la pintura.

Pinturas acrílicas
Vienen en tarro y tubos en una gran gama de colores, con efectos especiales y metálicos. Tienen mucha consistencia, son solubles en agua y se pueden diluir y mezclar. Son ideales para pintar cuando se usa directamente del tarro. Son ligeros y de color inalterable, versátiles y se pueden usar en la mayoría de los tejidos.

Pinturas de seda
Se pueden usar en todos los tejidos, aunque van mejor en tejidos naturales. Consisten en líquidos que dan colores claros. La pintura fluye por el tejido que lo absorberá a menos que se trate de un material impermeable.

Gutta
Está disponible transparente y en una gran gama de colores. Se puede aplicar directamente del tubo o se pueden mezclar los colores y usados desde un dispensador limpio con una lanza especial disponible en tiendas de manualidades. Éste actúa como un material que rechaza la pintura creando zonas que no aceptan color, tanto creando parches aislados como definiendo contornos. Recuerde que si quiere restringir la pintura a una zona en particular, la línea de gutta debe ser continua y de una anchura consistente.

Palos de pintura
Consisten en cera enganchada en un rollo de cartulina. Está disponible en una gran gama de colores lisos, metálicos y con tono perla. Se forma una capa alrededor del palo y hay que pelar la punta redondeada antes de usarlo. Los colores se tienen que fijar en el tejido para que aguanten el lavado

y la luz directa. Después de aplicar la pintura, planche la tela con la plancha caliente. Deje la pintura una 48 horas antes de desarrollar el diseño.

Calcomanías de cera y pintura
Van mejor en tejidos sintéticos. Dibuje o pinte su diseño en papel ligero. Gire el diseño boca abajo sobre la tela y planche el papel con una plancha fría para pasarlo a la tela. Puede usar el mismo diseño varias veces, pero después de unos cuantos usos empezará a deteriorarse.

Bolígrafos para tejido
Disponibles en una variedad de colores y grosor, son ideales para añadir detalles delicados a su diseño. Fije los colores siguiendo las instrucciones del fabricante.

Medios metálicos
Al igual que las pinturas metálicas y los palos, puede crear un efecto metálico usando polvos de cobre. Son ideales para imprimir y están disponibles en una gran variedad de colores metálicos. Tienen que mezclarse con algún otro medio que se vaya a aplicar a la tela para formar una pasta y entonces poder aplicarlo. Es aconsejable trabajar con mascarilla y en un ambiente bien ventilado. Los colores se deben fijar del mismo modo y por las mismas razones que los palos de pintura (arriba).

Pintar tejidos

Puede pintar en la mayoría de los tejidos, pero el calicó y la seda habutai aceptan el teñido especialmente bien y se pueden crear fondos perfectos. Asegúrese de pintar siempre una zona más grande que la que necesite para su proyecto, de manera que pueda escoger la zona pintada que se adecue a sus necesidades.

Pintar fondos

Antes de empezar a usar cualquiera de los métodos que se explicarán a continuación, coloque un periódico, póngase un delantal impermeable y guantes quirúrgicos. Para la mayoría de los métodos, es bueno fijar el tejido con cinta para que no se mueva y manche la imagen pintada. Después de pintar, debería dejar que el tejido se secase y entonces fijar el color de acuerdo con las instrucciones del fabricante.

Método básico

Enganche el tejido con cinta y use un pincel para aplicar la pintura con pinceladas largas de un lado a otro del tejido. Puede usar pintura acrílica diluida en agua o pintura de seda directamente del tarro. Mezcle los colores, asegurándose de dar pinceladas suaves, ya que si pinta muchas veces la misma zona puede crear un efecto fangoso. También puede usar una esponja para aplicar la pintura y obtener un efecto distinto. Deje que se seque y entonces fije los colores de forma apropiada.

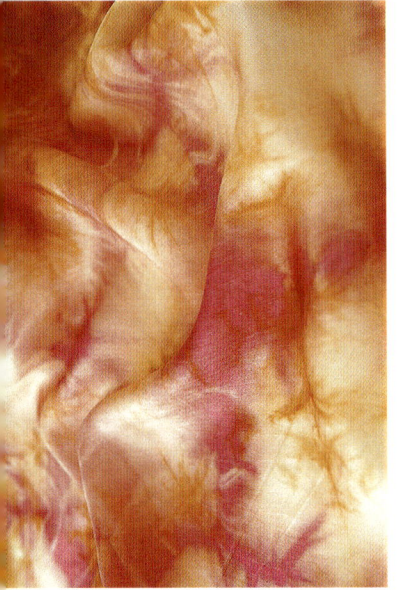

Fije el tejido con cinta y entonces empiece a pintar

Efectos de textura

El tejido puede tomar diversas formas, que también son una manera de crear interés. Intente ronzar un trozo de seda con una hoja de politeno. Coloque el politeno sin aplanar sobre la superficie con la seda encima. Aplique la pintura de seda a las crestas del tejido de manera que se quede en varias zonas de forma irregular. Aplique uno o dos colores como usted desee. Déjelo secar, planche el tejido y fije el color.

Resistencia de la sal

Extienda seda sobre un marco sencillo de manera que quede bien tirante. Pinte el tejido con dos colores de pintura de seda, dejándolos que se mezclen. Mientras la pintura está todavía mojada esparza unos cuantos granos de sal marina sobre el tejido. La sal absorberá parte de la pintura creando bonitos patrones. Cuando el tejido esté seco sacuda la sal del tejido y fije el color antes de lavarlo para eliminar la sal que quede.

Patrones unidos

Cosa filas de puntos recogidos a lo largo de una pieza de seda en intervalos de unos 2,5 cm. Estire de los puntos y átelos. Aplique pintura de seda por encima de las crestas del tejido de manera que sea absorbida de forma irregular. Déjelo secar. Entonces plánchelo y finalmente fije el color.

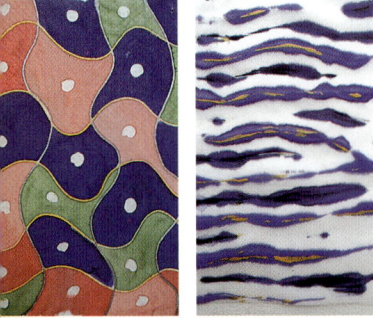
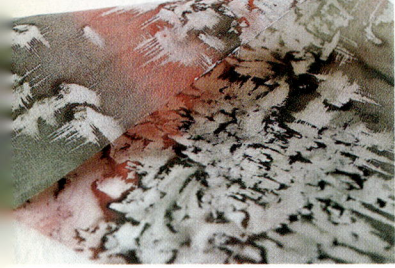

Teñido atado

Este método le sorprenderá con preciosos patrones irregulares. Un método simple de teñido atado es doblar un trozo de seda o calicó en dobleces estilo concertina. Entonces doble la forma resultante en triángulos de un lado al otro, que resultará en una sola forma triangular.

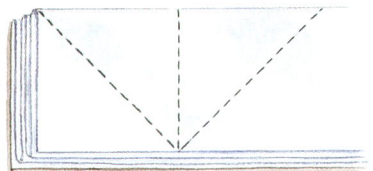

Doble el trozo de seda

Ate con fuerza hilo de coser alrededor de las diferentes partes del triángulo. Apliquele pintura con un pincel o sumerja el tejido en un contenedor de pintura acrílica diluida o tiña el tejido y deje que absorba el color. Si sumerge el tejido en varios colores, empiece con los más pálidos y siga con los más oscuros, alternando los lazos y el tiempo que le deja al tejido para que absorba el color. Deje que se seque el tejido, planche y luego fije el color.

Recoja el tejido de seda y entonces apliquele pintura de seda

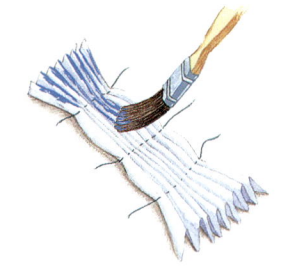

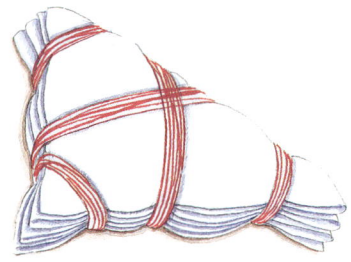

Ate hilos alrededor de la tela doblada

Imágenes transferidas

Este método es efectivo para crear capas de colores en un fondo. Dibuje un patrón en un trozo de papel ligero usando pintura o ceras. Cuando se seque coloque el papel boca abajo encima de la fibra sintética. Planche el papel siguiendo las instrucciones del fabricante, siempre con pasadas suaves. Asegúrese de que la imagen se ha pasado correctamente quitando una capa de un trozo de papel. Vuelva a colocar el papel si es necesario.

Compruebe que los patrones se han transferido correctamente antes de sacar el papel

Pintando detalles

Una vez que ha acabado de pintar el fondo, puede que quiera añadir algunos detalles antes de empezar a bordar. A continuación le daremos algunas ideas que puede usar para conseguir resultados sencillos pero efectivos o desarrollarlas hasta llegar a técnicas más sofisticadas.

Pintar en seda

Este método se puede usar para crear un diseño completo o añadir detalles a un fondo pintado previamente. Extienda una pieza ligera de seda de manera que quede tirante. Si el tejido está demasiado flojo, la pintura se encharcará y no quedará bien. Asegúrese de que el diseño elegido cerca todos los espacios donde quiere que los colores queden separados. Coloque el diseño debajo del marco y páselo al tejido usando gutta. Deje que la gutta se seque. Examine el tejido para asegurarse de que la gutta ha penetrado y las líneas están completas. Rellene los huecos y déjelo secar. Usando un pincel artístico, coloque pintura de seda en las diferentes áreas del diseño. La pintura desteñirá en el tejido hasta la línea de gutta, por lo que no debería inundar el área. Acabe de pintar y deje que se seque. Saque entonces el marco. Elimine la gutta planchando entre papel de cocina. Fije los colores.

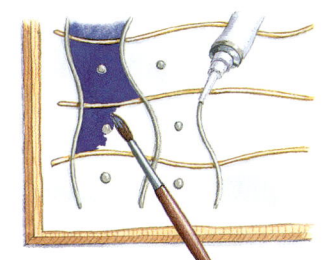

Con un pincel de artista, rellene cada diseño con pintura de seda

Calcar

Calcar las imágenes es una forma ideal de crear motivos o patrones que se repitan. Calque un motivo en papel fino. Pegue un trozo de cartulina de calco en una tabla para cortar y entonces pegue lo que quiere calcar en medio de la cartulina. Usando un bisturí, corte alrededor del contorno a través de las dos capas.

Pegue el diseño en la cartulina y corte la forma a través de las dos capas

Asegúrese de que el calco se ha cortado limpiamente y entonces aplique spray adhesivo temporal por el reverso. Para calcar la imagen, use pintura acrílica no diluida o palos de pintura. Coloque una pequeña cantidad de pintura acrílica en un plato o en una paleta. Use una esponja húmeda o un pincel de calco para la pintura y séquela con papel de cocina para eliminar los excesos. Coloque la esponja o el pincel dentro del calco. También puede restregar color de los palos de pintura en la cartulina fuera del contorno del calco. Use un pincel de calcar, seque la pintura como antes y aplique el color al diseño. Use el método que use vaya dando color gradualmente. Finalmente fije los colores.

Restriegue el palo de pintura alrededor de la forma y entonces arrastre el color dentro del calco

Impresión de bloque

Las imágenes de un bloque de impresión pueden formar motivos simples y patrones rápidos, pero también podría experimentar, permitiendo que las imágenes se corten creando efectos más sutiles. Coloque algo de papel en la superficie de su labor para absorber la presión de la impresión y entonces cubra con politeno. Pegue la tela encima. Mezcle pinturas acrílicas con polvo de bronce y ponga los colores en un plato viejo o en una paleta. Introduzca el bloque de impresión en la pintura y presione sobre el tejido. Déjelo secar y que se fijen los colores.

Caligrafía

Los detalles más delicados como la caligrafía o los pequeños patrones se pueden añadir usando lápices para tejido. Copie cualquier escritura en el papel, de manera que lo pueda copiar de forma precisa o calcarla a través del tejido sobre una caja de luz. Fije el tejido con cuidado y entonces fije los colores.

Frotamientos

Los palos de pintura son ideales para trazar imágenes de objetos y bloques de impresión. Experimente con una zona amplia de color.

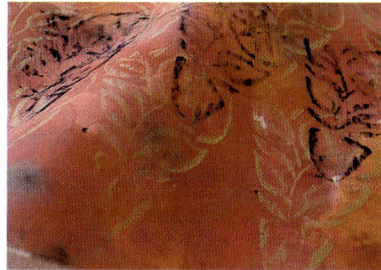
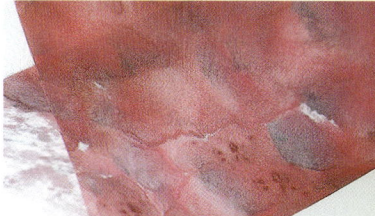
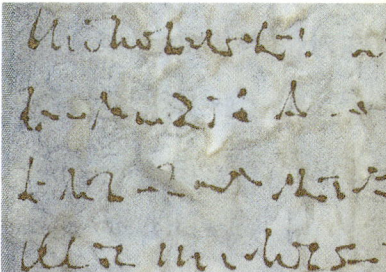

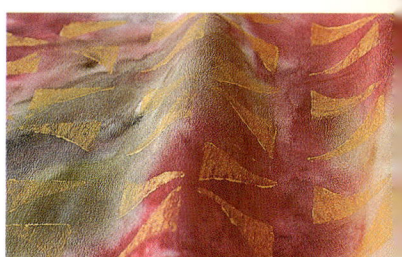

TÉCNICAS DE PUNTO CONTADO

Punto de cruz

El bordado con hilo contado (punto de cruz incluido) crea un patrón decorativo en un tejido donde cada urdimbre y trama se tejen (a lo largo y ancho del tejido respectivamente) ocupando el mismo espacio. Los puntos se colocan contando los hilos del tejido. A menudo se usa un solo punto de cruz, un punto diagonal cruzado por encima por otro punto en la dirección contraria, pero hay una gran gama de variantes como de brazo largo, griego, doble cruz y punto de estrella. Otra variante interesante es marcar el punto de cruz, que se usaba para marcar la ropa y los utensilios de casa para asegurar que el punto era el mismo por los dos lados.

Es posible que el punto de cruz sea el tipo de punto más viejo, y está presente en todo el mundo. Sin embargo su historia es bastante difícil de determinar, especialmente las tradiciones populares. Uno de los primeros libros publicados sobre diseños de punto de cruz data de 1728 en Absburgo por Martin Gottfried Crophius. Estos diseños eran pequeños motivos. En Gran Bretaña en el siglo XIX, también era conocido como punto de dechado y aún todavía está asociado a los dechados. En los siglos XVIII y XIX aprender punto de cruz era algo indispensable en la educación de una niña, combinando las lecciones de costura con las de ortografía, aritmética y geografía. Los trabajos típicos, la mayoría de los cuales todavía sobreviven, consisten en letras, números y pequeños motivos que incluyen pavos reales, leones, perros, flores, pájaros, árboles, fresas y por supuesto lemas de versos moralizantes que hablaban de la muerte inminente ensalzando la virtud de la obediencia. Los castillos y las construcciones también se usaban y en algunas ocasiones se podían identificar con orfanatos y escuelas. También se encontraba punto de cruz en tablas de multiplicar y en contornos de mapas impresos en satén blanco. Los primeros dechados incluyen otros tipos de punto. Sin embargo, aquellos datados más tarde están trabajados la mayoría en punto de cruz con colores rojo y verde en una malla de lienzo. Recientemente ha habido una recuperación del interés por el punto de cruz, pero en contraste con cómo se hacía antes, suele ser hecho por adultos.

Assisi

Una de las formas más distintivas de punto de cruz es el assisi. En esta técnica, los puntos están muy relacionados al tejido en el que se trabaja, hasta tal punto que el fondo de estos diseños de un solo color es tan importante como lo que se va a bordar. El assisi recibe su nombre debido a que es originario de un pequeño pueblo llamado Asís (Assisi, en italiano), en la región de Umbría en Italia. Hoy en día, consiste en un motivo sencillo trazado con puntos dobles en hilo de color negro o marrón oscuro. El fondo está cubierto de punto de cruz en color rojo o azul. Originalmente, el fondo de lino estaba relleno con hilos de seda en punto de cruz de brazo largo. En el siglo XIV los diseños solían ser de animales, a menudo de naturaleza heráldica, trabajado en pares cara contra cara. Este trabajo solía ser encargado por la iglesia y bajó mucho en el siglo XIX. Sin embargo, hubo una clara subida tras la fundación del nuevo estado de Italia en 1861. Al igual que en otros países a finales del siglo XIX, incluida Gran Bretaña, hubo un interés general en restablecer las manualidades antiguas, que también sirvió para ayudar a las mujeres pobres a que incrementasen los ingresos de la familia con un trabajo pagado.

El 4 de octubre de 1902, se estableció un taller en el convento de Santa Ana para las chicas pobres que querían aprender a bordar. Los colores originales se mantuvieron pero las técnicas tradicionales y los diseños se simplificaron.

Se usaba hilo de algodón y los contornos ya no se disponían libremente sobre el tejido, pero se contaba un

Página anterior: detalle de una pieza del siglo XIX de la isla de Cos en Grecia. La pieza de seda en lino está trabajada en filas con un borde de estrellas

Abajo: detalle de un bordado de Assisi del siglo XIX. Seda roja sobre lino

TÉCNICAS DE PUNTO CONTADO

Arriba: cubierta para tetera con pavos reales y motivos florales, Suiza, 1948

punto cada vez y el fondo estaba relleno con punto de cruz. Los diseños se sacaban de bordados antiguos, pero a veces también se sacaban de esculturas de madera y piedra de las iglesias locales, reducidas a simples patrones de pergamino. Por lo que concierne a San Francisco, los motivos referidos a pájaros eran los más comunes. Éstos ya no estaban destinados a mobiliario religioso, sino que pasaron a ser servilletas y manteles que se venderían a visitantes y turistas. Esta técnica se hizo popular muy rápidamente y se expandió por todo el mundo. A principios del siglo XX, se publicaron álbumes con platos de colores con diseños de assisi en los bordes y esquinas en Francia en inglés, francés, italiano y alemán. Hasta los años 30, los artículos trabajados en assisi se marcaban en la zona inferior derecha con la cruz de San Francisco y el escudo del pueblo.

Bordado griego

El punto de cruz está presente en muchas culturas basadas en la agricultura, donde se usa para hacer ropa para la casa y a menudo era preparada por niñas que preparaban su cofre de viudedad. El bordado de las islas de Grecia, al contrario que el de assisi, combina el punto de cruz con otros puntos que incluyen cadeneta, punto de escala, punto de escapulario y punto de satén, así como nudos franceses. El trabajo monocromo casi siempre se trabaja con hilo rojo en las islas griegas, excepto en Creta donde el azul oscuro y el rojo oscuro se usan ocasionalmente. Sin embargo, el bordado más fino en rojo se lleva a cabo en las islas de Melos, Patmos y Naxos, donde el punto de cruz en rojo a veces forma un sólido relleno para motivos repetidos de pájaros y flores que están trazados con el contorno en verde. Los diseños en los bordados de Creta a veces muestran influencia italiana. Esto no debe sorprendernos ya que Creta estuvo bajo jurisdicción de Venecia desde principios del siglo XIII hasta el año 1669, cuando los turcos la conquistaron. En Rodas, el punto de cruz se trabaja con un hilo de seda grueso y ligeramente retorcido, formando una superficie de un rizado astracán en la cual es bastante difícil detectar puntos individuales. El punto de cruz se suele trabajar al azar, y se usa en conjunción con el punto de escalón en línea diagonal con la dirección del punto ya sea horizontal o vertical. El lino pesado es un tejido de fondo bastante normal y se suele alternar el uso de un hilo rojo ladrillo con el verde.

Derecha: dechado de lino con lana marrón y rosa. En la inscripción se puede leer: «Una muestra de amor 1811, M Poyad»

Arriba: un diseño moderno de punto de cruz de una bonita puesta de sol usando una mezcla de hilos rosas y ocres. Diseñado por The Governeur, 2001

Los motivos populares de bordado incluyen un par de hojas conocidas como diseños «rey» y hojas y flores conocidas como diseños «reina», que se trabajan cerca o formando los «rey». Esos motivos son especialmente efectivos en tiendas para cama producidas en Cos, donde los reyes y las reinas se combinan con hexágonos, diamantes y otros patrones geométricos, y los espacios se llenan con animales, pájaros, flores, barcos y figuras en una gama de colores y puntos, que incluyen el punto de cruz. Las tiendas para cama son similares a las que se usaban en Italia en el siglo XVI y son circulares, hechas de lino, más estrechas en la parte superior que en la parte inferior y suspendidas por un aro de madera. Las tiendas para cama daban algo de privacidad a las casas, que a menudo contaban con una sola habitación. Las más elaboradas eran las producidas en las islas de Cos y Rodas y, como la cama era el mueble más dominante, también eran importantes por sus valores decorativos y de estatus.

Otro motivos muy populares eran parejas de animales o pájaros, águilas de dos cabezas y pavos reales. En algunos trabajos, la pareja de pájaros está colocada a ambos lados de un árbol de la vida representado por un gran jarrón de flores. Estos puede que tengan su origen en Mesopotámia y llegaron a las islas griegas desde Bizancio y Persia. Sin embargo, tanto los colores brillantes, típicos de Creta, como la riqueza del diseño deben más a la influencia italiana. Esto es cierto de las sirenas de dos colas, que aparecen en la leyenda de Alejandro el Grande, en la que condena a su hermana a vivir en el mar y que medio cuerpo se convierta en pez. Algunos de los mejores trabajos se usan para decorar vestidos tradicionales, pero en la isla, el bordado se usa para decorar tejidos de casa como fundas de cojines.

Bordados suecos

Otra forma distintiva de bordado de sociedades basadas en la agricultura usando punto de cruz proviene de la Suecia central y del sur. El pueblo de Skane, en el suroeste de Suecia, ha producido durante mucho tiempo tejidos y bordados interesantes. Una gran mayoría de los productos elaborados en el siglo XVIII y principios del siglo XIX ilustran historia bíblicas e incluían figuras sencillas como Adán y Eva. Éstos se trabajaban en varios colores en bloques de punto de cadeneta y punto de cruz sobre fondo de lino y lana. Otros motivos populares incluían ángeles, leones, estrellas, flores, plantas, tulipanes y bellotas. Los motivos individuales se solían trabajar en compartimentos cuadrados como bordes para lino para la casa. En el centro de Suecia, en la región de Svealand, hay varias formas de bordados de punto de cruz. El punto de Delsbo es distintivo por su uso de sus motivos de corazón y estrella trabajados en azul y rojo sobre lino blanco. Se usa normalmente para decorar manteles, fundas de cojines y objetos pequeños como collares. El bordado de Jarvso usa motivos similares pero se trabaja con hilos de color rosado sobre lino blanco o natural, normalmente con pequeñas borlas de hilo adicionales. En la costa este de Svealand, alrededor del puerto de Gavle, un bordado similar de punto de cruz en hilos de color azul, blanco o rosado se trabaja en motivos geométricos que se repiten.

Hubo un gran interés en los bordados de las sociedades basadas en la agricultura durante los años 20 y 30, y la mayoría de las revistas de bordado contenían artículos que explicaban la historia, el diseño y la técnica del fondo. Los diseños suecos, de assisi, españoles y balcánicos pronto se adaptaron para fundas de cojines, manteles de lino, e iban acompañados de instrucciones para los entusiastas bordadores principiantes de muchos países.

Puntos y técnicas de punto de cruz

El punto de cruz es posiblemente una de las formas de bordado más fáciles de aprender. Es muy fácil realizar patrones geométricos atractivos, pero el mismo punto sencillo también le da la habilidad de crear imágenes sombreadas. El punto de cruz se suele trabajar como una técnica de punto contado, en tejidos como el lino o la aida. Sin embargo, también se puede usar en el bordado libre.

Diseñe usted mismo

- *Use papel cuadriculado para crear motivos sencillos y patrones geométricos.*
- *Convierta dibujos en esquemas colocando una parrilla especial de papel cuadriculado, que está disponible en diferentes cuentas, sobre la imagen y coloréela.*
- *Use uno de los numerosos servicios que convertirán su fotografía favorita en un esquema.*
- *Investigue los programas informáticos que se han diseñado especialmente para crear esquemas de punto de cruz.*

Tejidos

El punto de cruz se tiene que trabajar en tejido de tramado liso, ya sea natural o sintético, o en tejido de aida. Las cuentas más populares son la aida de cuenta 14 o el tejido de tramado liso de cuenta 28, que representan la misma escala. Cuanto más alta sea la escala, más fino quedará el trabajo terminado (vea páginas 20-21). Se suele trabajar sobre un bloque de aida o dos hilos de tejido de tramado liso.

Agujas

Las agujas de tapicería son las mejores para el punto de cruz, ya que minimizan el riesgo de perforar los hilos del tejido. El tamaño de la aguja dependerá del hilo y del tejido que se usa. Necesitará una aguja de tapicería del tamaño 26 para aida de cuenta 14 o tejido de tramado liso de cuenta 28. Si hay que trabajar sobre escalas más finas, la aguja de tamaño 28 irá bien para trabajar con un hilo de algodón sobre tejido fino, o a mayor escala, una aguja de tamaño 24 irá bien con un tejido de aida de cuenta 11.

Hilos

El algodón de seis hebras es probablemente el hilo más usado para el punto de cruz. Se suele recomendar dos hilos para obtener mejor cobertura y trabajar bien sobre aida de cuenta 14 o tejido de tramado liso de cuenta 28 (ver páginas 20-21). Sin embargo, necesitará usar una sola hebra para el trabajo más delicado. Los colores no se suelen mezclar, pero puede usar una hebra de un color y otra de un tono harmonioso para crear efectos.

Se pueden usar otros tipos de hilo para añadir diferentes cualidades al punto de cruz. Pruebe a usar hilos metálicos, iridiscentes o de rayón, o añada una hebra de hilo metálico que vaya bien con la hebra de algodón.

Técnicas de punto de cruz

El punto de cruz es simple y a la vez versátil. Está formado por dos puntos trabajados diagonalmente, uno sobre el otro para formar una cruz. Los puntos completos se pueden usar para formar patrones geométricos o para rellenar bloques de color sobre motivos e imágenes más sofisticadas. Para este tipo de diseño, los puntos se pueden trabajar en filas horizontales o columnas verticales. Las imágenes sombreadas se forman usando varios colores, de forma que alguno de los colores se use para sólo unos cuantos puntos. La técnica más importante a tener en cuenta es trabajar todos los puntos en la misma dirección.

Bloques de puntos de cruz completos tienen como resultado un contorno escalado, lo que va muy bien para formas geométricas, pero puede ser menos apropiado para otros diseños. Los contornos más suaves se consiguen usando medio punto o tres cuartos de punto, lo que le da un efecto más suave.

El uso de punto lineal puede resaltar el diseño, definiendo los contornos y las líneas que marcan las formas internas. Se puede trabajar en cualquier dirección a lo largo de los hilos del tejido, incluyendo diagonalmente.

Es muy importante con cualquier diseño de punto de cruz mantener una tensión constante. Por eso debería usar un aro de bordado o un marco de tapicería para mantener el tejido tenso y la tensión constante. Verá como también le ayuda a mantener los puntos regulares y bien hechos.

Los dechados son una herramienta excelente para aprender punto de cruz. Le permiten practicar el punto en bandas sin demasiados cambios de color, ya que se suele trabajar cada motivo en un solo color. Tanto el salvamanteles de tulipán como las servilletas de la página 50 usan sólo dos colores, de manera que puede practicar con estos proyectos sencillos y hacer algo muy bonito para la mesa de su comedor.

Siguiendo un esquema

Los esquemas de punto de cruz están presentados en una especie de parrilla a su vez dividida en cuadrados más pequeños. Cada cuadrado representa el área que ocupa un punto de cruz, ya sea un bloque de aida, como dos hilos en cada dirección de tejido de entramado liso. Empiece siempre desde el centro del diseño y trabaje hacia fuera a menos que haya instrucciones que indiquen lo contrario, para asegurarse que el diseño quede bien posicionado en el tejido. Las líneas centrales

PUNTOS Y TÉCNICAS DE PUNTO DE CRUZ

del diseño se suelen indicar en el esquema y el punto donde se cruzan es el punto central.

Para encontrar el punto correspondiente en el tejido, dóblelo por la mitad primero a lo largo y luego a lo ancho. Presione a lo largo de estas líneas para encontrar el centro (ver página 28). Marque las líneas centrales con pespuntes para facilitarle el trabajo, particularmente en diseños grandes.

Empezando y acabando

Es muy importante no dejar nudos en el bordado, ya que se forman bultos y se quedará suelto o enganchado. Para empezar, lleve la aguja y el hilo desde delante del tejido hasta atrás, dejando una largada corta por arriba. Entonces vuelva a subir la aguja a unos cuatro centímetros del punto de inicio. Empiece a hacer la primera línea de punto de cruz, trabajando hacia atrás. Una vez lo haya fijado, estire del cabo del revés, hilvánelo y páselo por debajo de unos cuantos puntos. Para terminar, deje suficiente hilo y páselo por debajo de unos cuantos puntos.

Adornando el diseño

El punto de cruz es muy efectivo por sí mismo, pero puede que desee añadir una textura y un interés extra incorporando otros puntos como el punto lineal (abajo) y nudos franceses (ver página 205), o decorando con cuentas (ver páginas 26-27).

PUNTO DE CRUZ, FILA POR FILA

USO: relleno

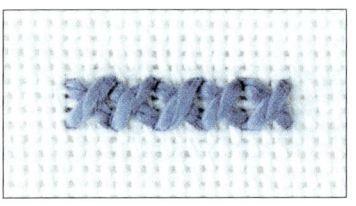

Las instrucciones para todos los puntos de esta tabla están ilustradas sobre tejido de tramado liso, donde cada punto se trabaja sobre dos hilos del tejido. Si trabaja en aida, tenga en cuenta que cada punto se trabaja sobre un bloque de aida. El punto de cruz se suele trabajar en líneas horizontales, tanto de izquierda a derecha como de derecha a izquierda, o en columnas verticales de arriba a abajo. También se puede trabajar como puntos sencillos (abajo) cuando sea necesario.

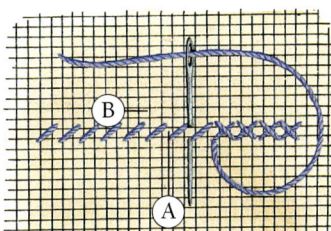

1 Suba la aguja por A, punto inferior derecho e insértela por B, punto superior izquierdo, para hacer un punto diagonal. Repita para completar la fila con la primera parte de todos los puntos de cruz.

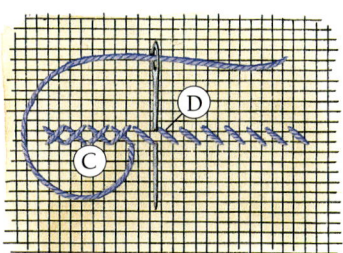

2 Suba la aguja por C, justo debajo de B, e insértela por D para acabar la cruz. Repita para completar la parte superior de todos los puntos de cruz trabajados un la fila.

PUNTO DE CRUZ INDIVIDUAL

USO: relleno

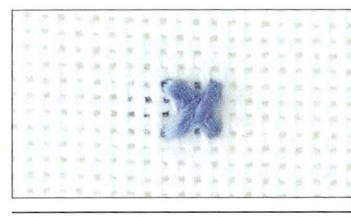

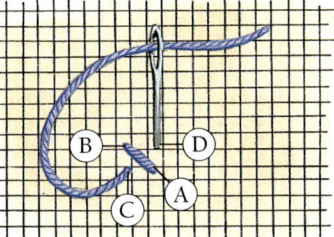

Suba la aguja por A y bájela por B. Repita hasta que llegue al final de la fila. Estos puntos tienen que estar siempre en la misma dirección, como la parte superior de un punto de cruz.

MEDIO PUNTO DE CRUZ

USO: relleno

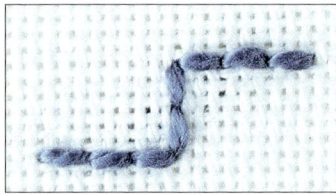

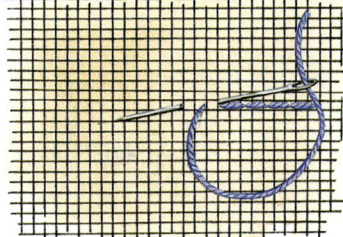

Suba la aguja y haga un punto hacia la derecha. Suba la aguja un punto hacia la izquierda para empezar. Lleve cada punto al mismo agujero que el interior.

PUNTO LINEAL

USO: contorno

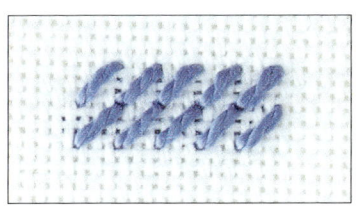

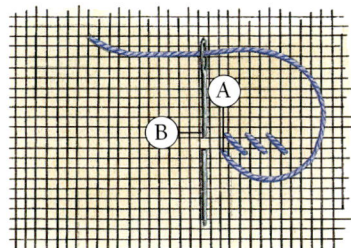

Para hacer un punto de una vez, suba la aguja por A e insértela por B para hacer un punto diagonal. Suba la aguja por C, justo debajo de B, e insértela por D para completar la cruz.

TRES CUARTOS PUNTO DE CRUZ

USO: relleno

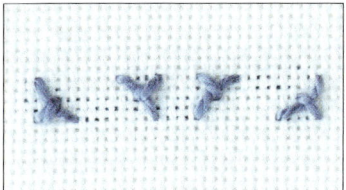

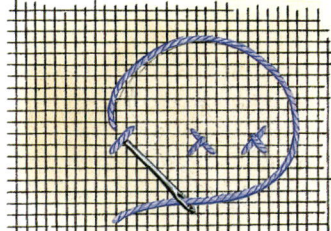

Haga la primera parte del punto de cruz. Suba la aguja como para un punto completo pero insértela por el agujero central del cuadrado. Queda mejor sobre tejido de tramado liso que sobre aida.

49

TÉCNICAS DE PUNTO CONTADO

Salvamanteles y servilleta de tulipán

Los motivos de tulipanes eran muy populares en los inicios del punto de cruz y se han usado como inspiración para los dos próximos proyectos. Se ha escogido hilo de algodón jaspeado para crear un borde curioso y contemporáneo en el salvamanteles y un motivo circular sencillo en la servilleta. Se usa hilo azul para las flores, pero podría usar otro tono que quedase bien con su propio esquema de color. Diseño de María Díaz

Área de diseño

Salvamanteles: 40 x 26,5 cm

Servilleta: 7 cm cuadrados

Materiales

56 x 42 cm de aida de cuenta 14 (para el salvamanteles)

41 cm cuadrados de aida blanca de cuenta 14 (para la servilleta)

Hilos de bordado (vea la lista de hilos)

Equipamiento

Hilo de hilvanar

Aro de bordado

Aguja de tapicería de tamaño 26

Tijeras de bordado

Aguja, alfileres e hilo para rematar

Salvamanteles

1 Hilvane un rectángulo de 41 x 26 cm en el centro del tejido. Entonces, doble el tejido por la mitad verticalmente e hilvane una línea a lo largo de la marca de la doblez para marcar el punto central.

2 Coloque el tejido en el marco de bordado y, empezando con hilo azul, trabaje desde el centro hacia fuera. Use dos largadas de hilo de algodón. A medida que se va usando el hilo jaspeado, es mejor trabajar el diseño punto por punto para crear un cambio de color gradual y constante.

3 Fíjese que el patrón que se repite se inicia en el esquema con líneas de puntos rojos. Empiece a bordar la fila inferior de punto de cruz desde el punto central del borde inferior, un bloque por encima de la línea hilvanada. Centre un motivo de tulipán en este punto y entonces haga dos repeticiones más a cada lado. Entonces siga bordando el patrón hasta la esquina.

4 Gire el tejido y continúe el patrón de la esquina a lo largo del borde lateral. Entonces haga dos repeticiones. Trabaje el otro lado del mismo modo. Complete las dos esquinas finales y complete el borde superior del mismo modo que el inferior.

5 Cuando haya acabado de bordar, elimine el hilo que ha usado para hilvanar. Con una plancha templada, presione por el revés para allanar cualquier arruga. Ponga una toalla por encima del tejido para evitar que se aplasten los puntos.

6 Gire los bordes hacia la zona frontal del bordado, primero unos 0,75 cm y después 3 cm para hacerle un dobladillo alrededor. Primero coloque alfileres y luego cosa. Ensamble las esquinas y luego cósalas (ver páginas 32-33).

Servilleta

1 Marque el centro del diseño hilvanando dos líneas unos 10 cm desde una esquina del tejido.

2 Coloque el tejido en el aro de bordado y, empezando con hilo azul, trabaje desde el centro hacia fuera. El centro está indicado con flechas en el esquema. Use dos largadas de hilo de algodón. Como se trabaja con hilo jaspeado, es mejor trabajar el diseño punto a punto para crear un cambio de color gradual y constante.

3 Una vez haya completado todo el azul, complete las hojas y los tallos con dos hebras de hilo verde.

4 Elimine el hilo que usó para hilvanar y presione. Para terminar la servilleta, gire el dobladillo y ensamble las esquinas como lo hizo con el salvamanteles.

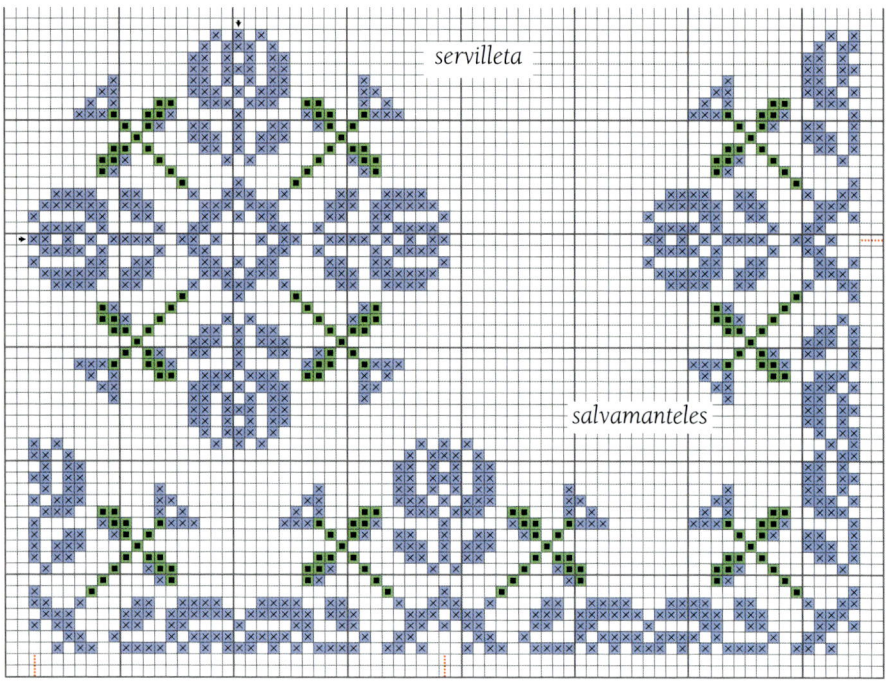

TULIPÁN	
Hilo de algodón DMC	Nota: necesitará
✕ 121	4 madejas de 121 y
■ 3816	1 de 3816

Mantel Iris

El punto de cruz moderno es posiblemente una de las formas de bordado más simples y todavía es posible crear diseños muy sofisticados usando solamente un punto. El punto de cruz es similar a pintar en bloques de colores. El diseño para este mantel se inspiró en el Art Noveau y se coloca alrededor de los bordes en un modo muy dramático. Diseño de María Díaz

Este mantel tan particular ha sido diseñado para una mesa rectangular que mida 92 x 155 cm, con siete motivos en cada lado a lo largo y cuatro a lo ancho. Podría alterar las dimensiones del tejido para que encaje en una mesa de otra medida. Sin embargo acuérdese de calcular el tamaño exacto del tejido que va a necesitar con mucho cuidado, calculando cuántos motivos quedarán mejor, recordando dejar espacio entre ellos.

1 Mida la mesa con cuidado y añada 39,5 cm extra a cada lado, para que pueda colgar, con los motivos y el dobladillo. También podría usar un mantel ya hecho, siempre y cuando esté hecho de tejido de tramado liso de buena calidad y si las medidas son adecuadas.

2 Ciña los dos bordes del tejido sin arreglar y deje los bordes tal cual en los otros dos. Hilvane una línea de unos 7,5 cm desde el borde en los cuatro lados. A continuación doble el tejido por la mitad a lo largo y a lo ancho, y entonces haga una línea de puntos de un lado al otro de los puntos del contorno para marcar el punto central en cada lado.

3 Empiece con el motivo central desde el punto central en uno de los lados largos del tejido, colocando la fila central de puntos dos hilos por encima del contorno hilvanado. Coloque el tejido en el aro de bordar.

4 Usando dos medidas de hilo de algodón, empiece a bordar el tallo y las hojas del iris, subiendo hasta la flor. Cuando borde, tenga en mente que es más fácil trabajar en bloques de colores y, como aquí se usan hilos de un solo color, será más rápido y más ordenado trabajar los puntos de cruz en filas.

5 Una vez haya completado el bordado de todas las zonas verdes, proceda con el bordado de los tonos azules, tanto en la flor como en el brote. Una vez haya completado todas estas zonas, acabe con el centro dorado de la flor de iris.

6 Cuando haya hecho todo el punto de cruz, empiece a hacer el contorno de la flor de iris usando un hilo de color violeta oscuro y un hilo de color verde oscuro para hacer el contorno del follaje.

7 Los motivos a cada lado del tejido se colocan con 60 hilos sin bordar entre ellos. Cuente el hueco de 60 hilos a un lado del motivo y, a continuación, cuente 30 más para marcar el centro del siguiente motivo. Complete ese motivo.

8 Busque la posición de cada motivo desde la posición del motivo vecino, hasta que haya completado siete motivos en los dos lados que van a lo largo del tejido.

9 Hay cuatro motivos iris a lo ancho del tejido. Para colocar el primero, tiene que contar treinta hilos de tejido desde el punto central para dejar la mitad del hueco central. Entonces, continúe contando los hilos para encontrar el punto central del primer motivo. Complete el bordado de los lados cortos del tejido.

10 Cuando los 18 motivos se hayan completado, elimine los hilos que usó para hilvanar. Entonces, con una plancha templada, presione del revés para allanar cualquier arruga, colocando una toalla por debajo del tejido para evitar que se aplasten los puntos.

11 Acabe el mantel girando los bordes un centímetro y entonces haga un dobladillo de 2'5 cm alrededor. Finalmente ensamble las esquinas y cósalas (ver páginas 32-33).

Área de diseño

16,5 x 31,5 cm

Materiales

2,3 x 1,7 m de tejido de entramado liso blanco de cuenta 28

Hilos de bordar (vea la lista)

Equipamiento

Hilo de hilvanar

Aro de bordar

Aguja de tapicería tamaño 26

Agujas, alfileres e hilo para rematar

TÉCNICAS DE PUNTO CONTADOS

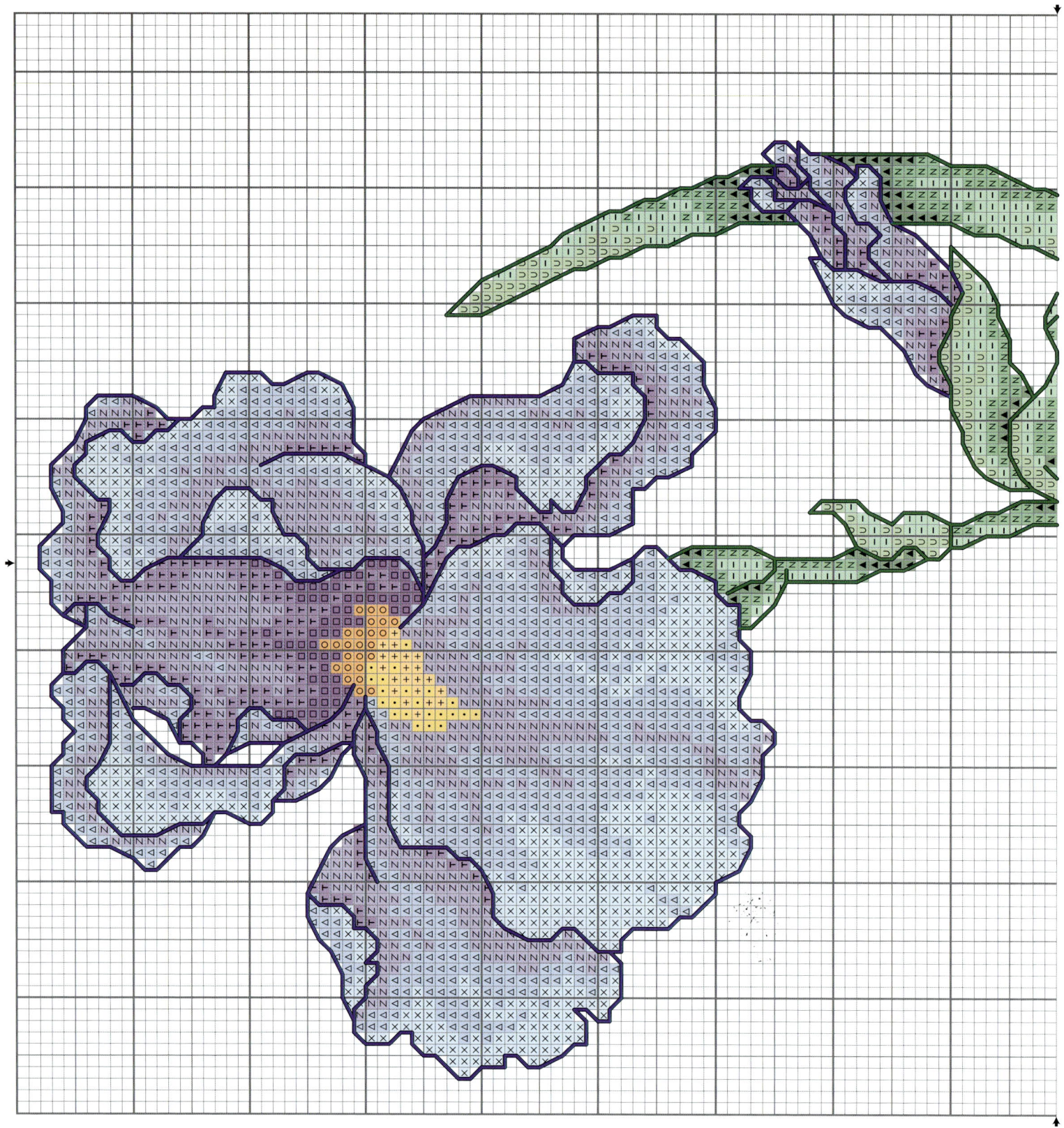

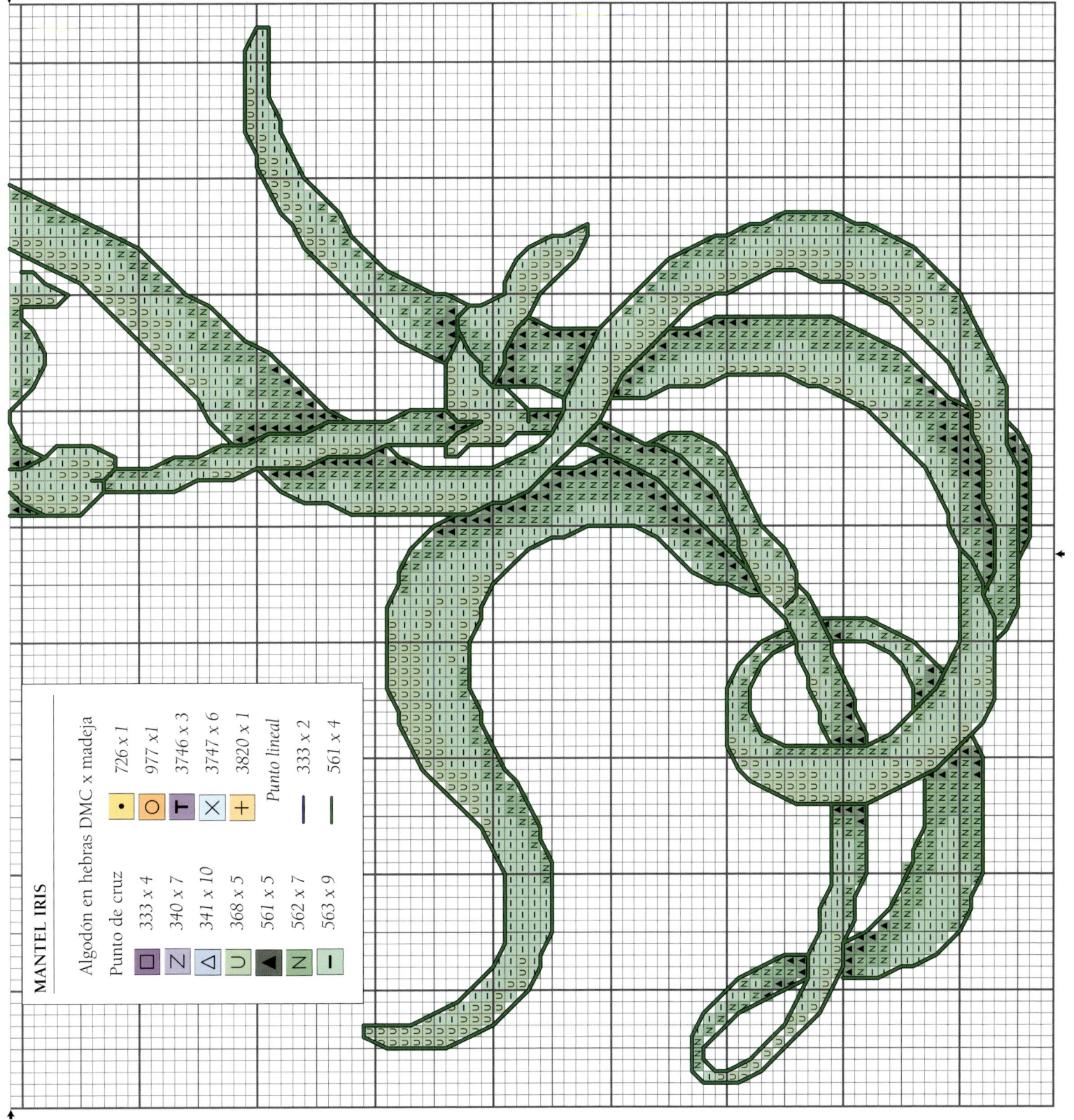

Trabajo en negro

El trabajo en negro ha disfrutado de un largo período de popularidad. Fue uno de los favoritos en Europa durante el renacimiento y en Estados Unidos su popularidad siguió hasta finales del siglo XVIII. Era realmente popular en Inglaterra a finales del siglo XIV cuando Chaucer, en los Cuentos de Canterbury, *describía una blusa que llevaba la mujer del carpintero que tenía un collar bordado en seda negra. El trabajo en negro ha evolucionado a través de los años, y se ha usado en los objetos de casa de lino, así como en la ropa. Hoy en día sigue siendo un estilo de bordado muy popular con muchos bordadores modernos que lo adaptan a sus diseños contemporáneos.*

En el siglo XIV, el trabajo en negro era conocido como bordado español. La técnica, de origen árabe, era muy usada en España para los bordes geométricos. Los bordes de bordado español en pañuelos y en cuellos y puños de camisas de hombres y en blusas de mujeres se basaban en patrones de nudos entrelazados como los que se usaban en el diseño de jardines de la época. Estos diseños y otros más elaborados se pueden ver en los retratos del siglo XVI. El trabajo en negro se solía trabajar en lino de un solo color, ya sea blanco o natural, que mejor mostraba la definición clara de los puntos y del patrón. Aunque se solía usar el color negro, esta técnica también se trabajaba en azul, rojo o verde oscuro. El negro estaba disponible en dos calidades distintas y se usaba incluso un tercer hilo, que estaba hecho mezclando el blanco y el negro. Un solo grosor de hilo se usaba para trabajar una gran variedad de puntos que incluían el punto doble o Holbein, el punto lineal, ojal, cadeneta, etc. En un principio estos puntos se habrían trabajado con una aguja de acero español. Los españoles habían aprendido el arte de templar el acero de los árabes y las agujas y tijeras que se exportaban a Inglaterra eran muy caras.

Usos tradicionales

Durante el transcurso del siglo XVI, los patrones de trabajo en negro geométrico se usaban como elementos decorativos con objetos de lino de casa como toallas, sábanas y fundas de cojines. Sin embargo, en Inglaterra, ya que había un creciente interés por las plantas, se desarrolló una nueva forma de trabajo en negro, que tenía como marca distintiva el uso de motivos naturales, tallos, frutas, flores y hojas. Los diseños ya no estaban limitados a los bordes, sino que en lugar de esto, se crearon diseños de figuras que se usaban para rellenar una gran variedad de patrones geométricos. Estos patrones tan particulares de relleno, se hacían repitiendo de forma vertical, horizontal o diagonal puntos pequeños y rectos sobre los hilos del tejido de lino. Otro método que usaban era rellenar formas como hojas con puntos que hacen efectos de mancha para obtener un efecto sombreado. Estos rellenos daban textura al trabajo y habitualmente se añadían lentejuelas doradas o plateadas para atrapar la luz y contrastar con la seda negra y el fondo blanco mate.

(Encima) Borde decorativo de una funda de almohada. Inglaterra. Principios del siglo XVII

(Página opuesta) Retrato de Mary Cornwallis, condesa de Bath, por George Gower. 1575

(Izquierda) Seda negra sobre lino. Inglaterra. Finales del siglo XVI

TÉCNICAS DE PUNTO CONTADO

(Arriba) Gorra de hombre bordada en negro y plata. Principios del siglo XVII

(Arriba a la izquierda) Detalle de un delantal de los años 30. El lino está bordado en seda negra, punto de cruz y tapicería

(Arriba a la derecha) Gorra de mujer con diseños vacíos y lentejuelas. Principios del siglo XVII

Este estilo informal de trabajo en negro se usaba para adornar la ropa de hombres y mujeres, en los que a veces se combinaba con bordados en oro o plata. Las gorras de hombre a veces se bordaban con flores como rosas, madreselvas, claveles o vainas de guisantes trabajadas en dorado. Según Frances, conde de Hereford, la mejor bordadora de gorras era «Mrs Price in the Strand». Ella escribió a su mayordomo en Londres en 1603 dándole instrucciones de comprar una en «seda negra y oro y plata» y esperaba pagar unas tres libras. Los precios variaban según cómo estaban elaboradas, de la calidad o de si el estilo estaba quedándose desfasado. Las gorras, aunque eran conocidas como gorras de noche o de cama, no se llevaban en la cama, sino dentro de casa con adornos informales. Algunas estaban acolchadas y algunas tenían lavanda en el interior. John Gerard, en *Herbal First,* publicado en 1597, las recomendaba para «acomodar el cerebro» y ayudar a protegerlas de un resfriado. Las gorras de mujer, también llamadas cofias, estaban decoradas de forma similar.

Ropas profusas bordadas

Durante finales del siglo XVI y principios del siglo XVII, las ropas de las mujeres de mangas largas daban la oportunidad de hacer bordados en negro, y a veces se las cubría con prendas de gasa. Las faldas y las chaquetas también las bordaban muchas veces en negro. En los retratos de esta época se pueden ver muestras de esto y muchas camisas decoradas con este estilo han sobrevivido. Una de estas prendas que ha sobrevivido es una camisa decorada con seda lila, que perteneció a Dorothy Wadham, fallecida en 1610. Ahora está expuesta en Wadham College, en Oxford.

En el museo Victoria and Albert de Londres se puede ver una camisa de niño, que se llevó más o menos en 1540 y está bordada en seda azul con un patrón entrelazado. En este mismo museo se encuentra también el mejor ejemplo de una chaqueta trabajada en negro de finales del siglo XVI, que es conocida como la «Chaqueta Falkland». Está adornada con un diseño de flores, hojas, frutas, animales, insectos y más emblemas tomados de *Whitney's Choice of Emblems and Other Devices*. Este libro fue publicado por primera vez en 1586 y los diseños se hicieron tan populares que fueron muy copiados. Desafortunadamente, igual que otros bordados de la época, se encuentra en bastantes malas condiciones. El tinte negro hizo que la seda se deteriorase y se estropease y en muchas ocasiones el único indicio del bordado original es el patrón de agujeros.

El bordado en negro es una muestra del estilo isabelino. Sus patrones animados se llevaban trabajados en blanco y con lazos, ambos con formas geométricas. El contraste era del gusto isabelino y de los cortesanos de Jaime I de Inglaterra (Jaime VI de Escocia). Sin embargo, con la introducción del gusto francés por las sedas y los satenes más sencillos por parte de Enriqueta María, mujer de Carlos I, el trabajo en negro quedó bastante pasado de moda por el año 1630.

Uso moderno del trabajo en negro

Durante finales del siglo XIX y principios del siglo XX hubo un renacimiento del interés por el bordado en negro. Esto fue parte de un redescubrimiento y una renovada apreciación del bordado histórico, particularmente el trabajo de finales del siglo XVI, cuando el bordado secular estaba en su mejor momento. Se organizaron muchas exposi-

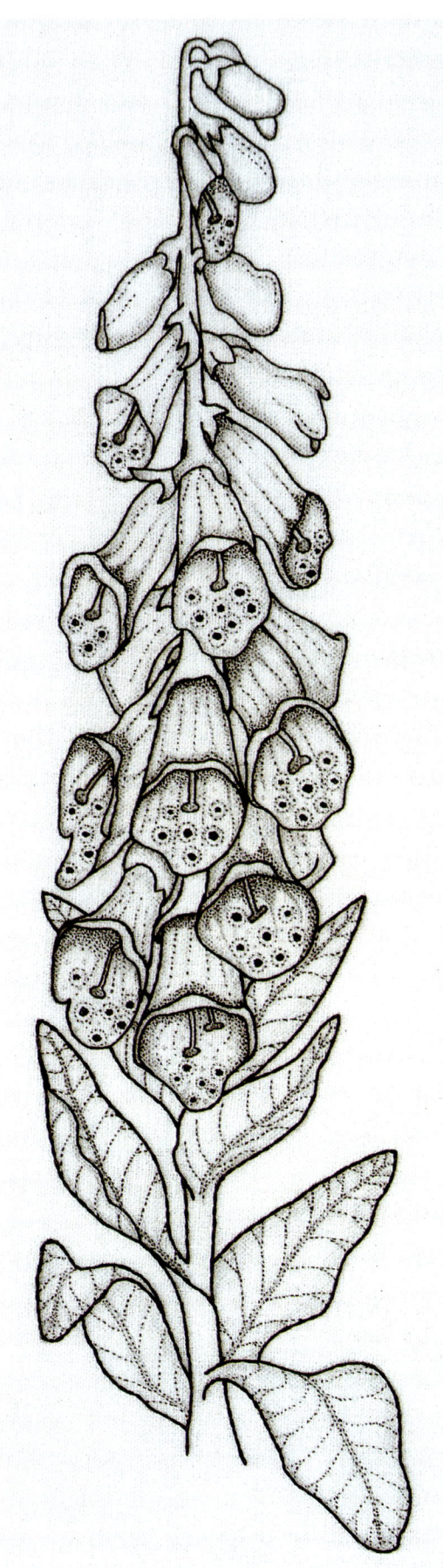

(Izquierda) La dedalera, *por Jack Robinson, 1966. Tejido de lino trabajado con hilos de seda negra usando el contorno del tallo y puntos seeding*

(Derecha) Tragedia en Mayerling, *por Melissa Cheeseman, 1995. Tejido de lino trabajado con una mezcla de hilo de algodón, hilo para máquina, coton à broder e hilos de plata en una variedad de puntos de trabajo en negro. Esta obra se inspira en el pacto de suicidio entre Mary Vetsera y el conde príncipe Rodolfo de Austria, ambos retratados aquí. Un fragmento de la última carta que Mary escribió a su hermana antes de morir ocupa el margen inferior izquierdo*

ciones en las que se mostraban ejemplos de casa y familias antiguas, que eran mostradas al público por primera vez.

Se levantó un gran interés entre los coleccionistas privados y los museos. La señora Grace Christie (1872-1938) que fue maestro del Royal College of Art, era una autoridad en bordado histórico y como era normal en aquella época, animó a sus estudiantes a estudiar ejemplos históricos de todos los tipos para entender plenamente las técnicas antes de crear sus propios diseños.

Aunque algunos bordadores seguían fascinados por el trabajo en negro tradicional, a finales de los años 50 se estaban buscando nuevas actitudes respecto al bordado así como nuevas fuentes de diseño. Para rellenar los patrones basados en la naturaleza se estaban usando patrones de trabajo en negro basados en trabajos hechos en acero y pavimentos de mosaico así como detalles arquitectónicos. La densidad de los patrones variaba y se usaban diferentes grosores de hilo para cambiar la textura. A medida que el diseño se volvió más libre y más abstracto, las partes individuales del diseño ya no estaban marcadas por líneas sólidas, ni era necesario trabajar los patrones de relleno en hilo fino. Se animaba a los bordadores a crear sus propios diseños y usar las técnicas tradicionales con más imaginación para crear obras que fuesen modernas y de la época. Por eso, hoy en día el bordado en negro no se limita a una función práctica, sino que es una técnica más de los bordadores para expresar ideas personales y contemporáneas.

Puntos y técnicas del trabajo en negro

Los patrones de relleno con trabajo en negro se componen del elemento más simple, una línea recta. Por eso los elementos más complejos son más fáciles de trabajar que lo que usted se imagina. La clave es usar puntos regulares y constantes, así que trabájelos con precisión y obtendrá excelentes resultados de esta técnica. Se puede crear una dimensión extra usando puntos reversibles, de manera que se pueda ver el diseño por el anverso o por el reverso.

Diseñe usted mismo

- *En general los contrastes fuertes funcionan muy bien. Usar hilo blanco sobre tejido negro produce un efecto maravilloso.*

- *Aunque vaya bien para el trabajo en blanco, trabajar con hilos y tejidos del mismo color no va muy bien para el trabajo en negro.*

- *Los patrones árabes o islámicos pueden crear patrones geométricos dentro de los cuales puede colocar varios patrones de relleno.*

- *Los patrones, patrones de cristales de colores, trabajo en hierro, en metal y joyería son otras buenas fuentes de material de diseño para proyectos de trabajo en negro.*

Tejidos

Los patrones de trabajo en negro son contados, por lo que cuanto más fino sea el tejido, más detalle se podrá conseguir. Para un aspecto más tradicional, elija un tejido de tramado liso con urdimbres y tramas sencillas. Si nunca ha bordado en un tejido que no sea en bloques, puede que prefiera probar con un tejido de la menor cuenta posible. Si está acostumbrado a bordar en tejidos en bloque, como por ejemplo aida, puede que encuentre la aida fina de damasco o los tejidos de cuenta 22 cómodos para trabajar. Para trabajo fino, use tejidos de tramado sencillo con una cuenta de 60 o más.

Para mejores resultados, elija un trozo de tejido que no esté deformado. Para trabajos no reversibles, puede que encuentre útil revestir el reverso de su trabajo con un tejido fino de algodón o tela para camisas. Cuando borde, hágalo a través de las dos telas. Esto le ayudará a evitar que los puntos pequeños que queden sobre un solo hilo del tejido se resbalen entre los hilos de la urdimbre y la trama. También le ayudará a colocar sus puntos, a darle más regularidad a sus trabajos y hacer que su trabajo se vea más claramente una vez lo haya montado en un marco.

Agujas

Una aguja pequeña y afilada le proporcionará mayor control a la hora de colocar los puntos. Use un tamaño 10 o 12 con hilos finos y un tamaño mayor con hilos más gruesos. La aguja afilada le permite separar los hilos del bordado o del tejido discretamente para conseguir líneas suaves y discontinuas.

Hilos

El hilo de seda es el que se ha utilizado tradicionalmente para el trabajo en negro. Sin embargo, esta técnica se puede trabajar también con otros hilos. Cuando borde trabajos en negro tradicionales usando hilo de seda negro, intente usar hilos de alta calidad en varios grosores. Busque hilos consistentes. Aunque la seda es una de las fibras más caras, no necesita comprar gran cantidad para empezar.

Cada hilo es diferente, y un hilo inusual puede ayudarle a conseguir un efecto en particular. Si decide que le gustaría trabajar más esta técnica, puede empezar a hacerse con diferentes grosores y tipos de hilo para experimentar con los efectos que cada uno puede crear.

Técnicas de trabajo en negro

Los patrones de relleno de trabajo en negro están hechos de puntos rectos que se colocan horizontal, vertical o diagonalmente. Se pueden combinar para crear un amplio rango de patrones lineales. La línea recta más simple se puede usar como base para el borde o para una banda. Otros patrones se pueden colocar dentro de un contorno para añadir la sensación de corriente. Los patrones complejos añaden interés a un contorno que, de no ser así, sería más bien simple.

Empezando y acabando

Para el trabajo en negro es importante asegurarse que el tejido está totalmente recto y en trabajos no reversibles, alinear cualquier tela de fondo con el tejido usado. Deje siempre un trozo de hilo suelto del tamaño de dos o tres veces la aguja al principio y al fin.

En trabajos en negro reversibles debería empezar con un nudo (ver página 28). También puede usar este método en trabajos no reversibles, pero también puede fijar el hilo de inicio con unos cuantos puntos discretos.

Para fijar los puntos finales, puede usar el método de tejido (ver página 29). Hay otras opciones que van mejor para el trabajo en negro y le aseguran que los hilos no se verán.

Una opción es coser el hilo con el que se ha trabajado con los hilos del tejido. Este método funciona mejor trazando líneas diagonales.

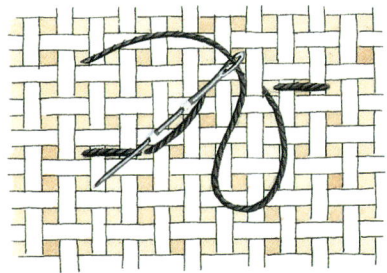

Fije el hilo con el que acaba cosiéndolo en el reverso de los hilos del tejido

Cosa dentro de los hilos para fijar el hilo con el que está trabajando.

PUNTOS Y TÉCNICAS DEL TRABAJO EN NEGRO

También puede coser detrás de los hilos que ya están bordados

Trate de mantener una tensión continua pero cómoda, sobre todo cuando esté usando punto lineal. Si está demasiado suelto, puede que parezca que los puntos están curvados y si están demasiado tirantes puede deformar la superficie del tejido.

Asegúrese de que la tensión es la correcta (arriba) y no como la de abajo (vuelta)

Esquinas con ángulo y puntos afilados

Tanto si cose bandas simples como si rellena patrones, la forma en que los puntos entran en un punto o rincón es muy importante para la precisión del trabajo en negro.
Para hacer un punto afilado en un contorno, trace una línea de puntos, hasta donde quiera que esté localizado ese punto. Trace una segunda línea que se dirija de nuevo hacia el punto. Baje la aguja hasta un ángulo poco profundo donde se encuentran las líneas de puntos para crear el ángulo más agudo posible.
Cuando esté bordando patrones contados en líneas rectas, trabaje

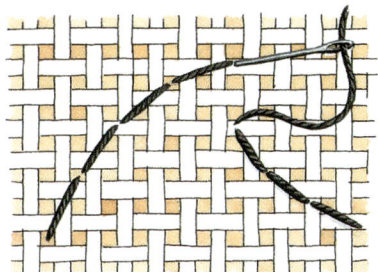

Asegúrese de que la segunda línea de la puntada encuentra a la primera

discretamente dentro de los hilos del bordado o del tejido que ya estén en su lugar para crear líneas sin costuras allá donde las líneas se corten.

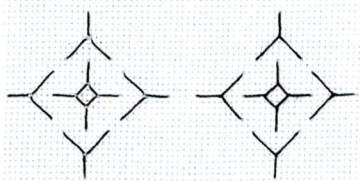

Los puntos se deberían encontrar en las intersecciones (derecha).

Rellenar patrones

Se usan para sombrear, decorar y estilizar diseños de trabajo en negro. Escoja un patrón de relleno y colóquelo dentro de un contorno. La colocación del patrón de relleno es crucial, ya que marcará cómo de bien quedará el diseño.
El tipo de patrón de relleno que elija dependerá normalmente de la escala; dónde queda el centro en relación con el tejido así como la densidad de sombreado que quiere conseguir.
Con un contorno simétrico, intente colocar un motivo completo en el centro de la figura que quiere rellenar. Por otro lado, si está trabajando en un contorno no simétrico, coloque un motivo completo en el centro superior de la figura.
La dirección en la que un patrón

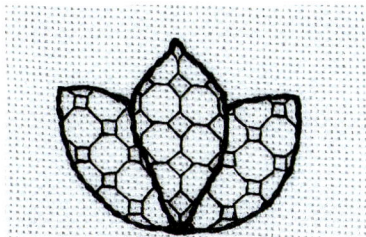

Este mismo patrón octogonal se muestra adaptado a un eje vertical por el pétalo central y en diagonal para los pétalos laterales

de relleno se coloque, vertical, horizontal o diagonal, dará un movimiento en esa dirección sin importar dónde esté colocado en un diseño.

Los patrones de relleno se pueden centrar en agujeros en el tejido o en intersecciones de hilo

Sombreado

La mayoría de los patrones de relleno de trabajo en negro se pueden alterar añadiendo o eliminando líneas de los patrones básicos para hacerlos más o menos densos. Eso puede producir un rango más grande de gradaciones en el sombreado.

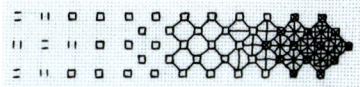

Se añaden o quitan líneas para hacer los patrones de relleno más o menos densos

Los patrones de relleno en sí mismos se pueden sobreponer uno sobre otro, abriendo de este modo un gran abanico de diseños. Por ejemplo, sobreponer un color en dos colores diferentes puede dar un efecto tridimensional muy interesante.

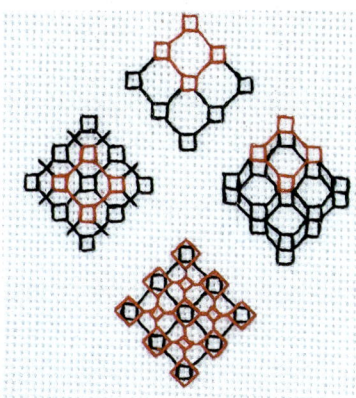

El patrón básico ha sido destacado, girado y sobrepuesto

61

Otro efecto de sombreado se consigue cambiando el hilo que está usando. Use puntos parciales en algunas secciones del borde para crear una transición suave entre zonas bordadas.

Cambie el grosor de su hilo para variar el efecto de sombreado

Puntos parciales

Si está bordando un patrón de relleno cerca de los límites interiores de un contorno bordado, trabaje patrón directamente sobre el contorno o borde. Haga un punto muy pequeño justo debajo del hilo usado para el contorno o tome un punto dentro de un hilo del tejido si es necesario (incluso si esto significa bordar puntos parciales o motivos).

Haga el contorno del diseño usando puntos parciales cuando sea necesario

Las líneas que separan las zonas sombreadas pueden ser rectas o curvas, así que use puntos parciales si es necesario a lo largo de esas líneas para obtener una transición más suave de una zona a la otra. Borde justo encima de la línea de transición en un grosor de hilo o una densidad de sombreado, sin importar cómo de pequeños tengan que ser los puntos. Borde en hilos del tejido si es necesario. Use esta técnica en diseños sin un contorno marcado. Hará que su trabajo tome vida y cree una impresión visual de zonas sombreadas pasando sin ningún esfuerzo a otra de diferente tono.

Moteado

El moteado en trabajo en negro se trabaja normalmente a una escala menor que en otras técnicas. En algunas cuentas de tejido puede que necesite hacer puntos muy pequeños, dependiendo del tamaño y la escala de su diseño.
Como guía general, haga cada mota no más grande que el grueso del hilo. Donde sea posible bórdelas en los hilos del tejido, a través de una fibra individual, no a lo largo de ésta. Para un mejor resultado intente no hacer una puntada sobre la anchura de una urdimbre o una trama en la superficie del tejido.

Haga cada mota no más grande que el grueso del hilo del tejido

Coloque los puntos de forma aleatoria. Los puntos adyacentes deberían relacionarse entre ellos en cuestión de escala. Un punto que es demasiado grande o un grupo de puntos que formen un patrón regular harán que el moteado tenga un aspecto menos efectivo.

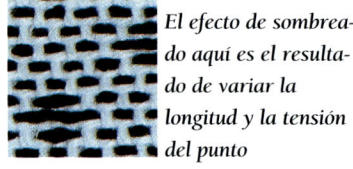

El efecto de sombreado aquí es el resultado de variar la longitud y la tensión del punto

Patrones de zurcido

El sombreado no debería confundirse con los patrones de zurcido, que se trabajan sobre una o más fibras de urdimbre o de trama.
Se puede usar una variedad de patrones de zurcido para añadir movimiento y densidad al diseño de trabajo en negro. Preste especial atención a la localización, tamaño, escala, y posición de estos patrones dentro del diseño del trabajo en negro del mismo modo que para los patrones de relleno descritos anteriormente.

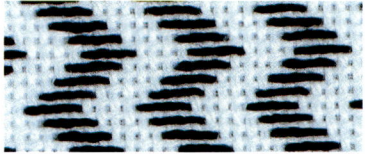

Puntos de una misma longitud trabajados para crear un patrón de zigzag vertical

Los patrones de zurcido están formados por líneas paralelas de puntos. Los puntos pueden variar en longitud y también agrupados en diferentes formas para crear un amplio rango tanto de patrones como de densidades.

Pequeños puntos regulares crean un fondo para contrastar con las formas de diamante de los puntos más largos

Tiras de diamantes entrelazadas forman un patrón denso con un fuerte impacto

Los siguientes puntos son característicos del trabajo en negro, pero se pueden usar otros, especialmente para trazar los contornos, como por ejemplo el punto lineal. Suba el hilo en A. Bájelo por B y suba de nuevo por C. Continúe de este modo hasta hacer una línea de puntos separados a una misma distancia.

PUNTOS Y TÉCNICAS DEL TRABAJO EN NEGRO

PUNTO CORREDERO

USOS: zurcir patrones, relleno

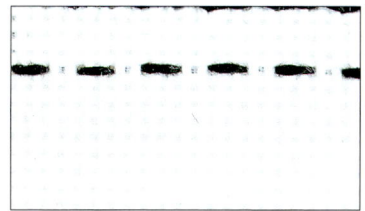

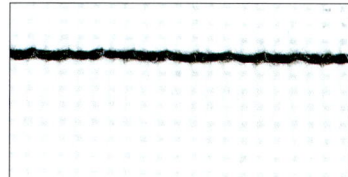

Suba el hilo en A. Bájelo por B y suba de nuevo por C. Continúe de este modo hasta hacer una línea de puntos separados a una misma distancia.

DOBLE PUNTO CORREDERO

OTROS NOMBRES: Holbein, español, línea, plumazo, verdadero, doble punto de zurcir

USOS: trabajo reversible, contorno, relleno

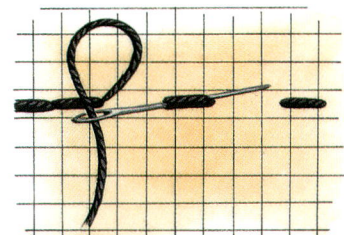

Haga una línea de punto corredero. Cosa la línea hacia detrás rellenando los huecos. Perfore el final del bordado cerca del punto superior al subir y del inferior al bajar.

PUNTO DE CONTORNO

OTROS NOMBRES: Punto del revés

USOS: contorno, zarcillo.

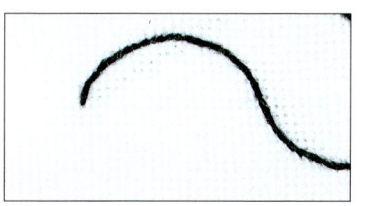

1 Haga un punto corto. Suba la aguja en el primer agujero otra vez y haga el segundo punto el doble de largo. Empiece el siguiente punto donde acaba el primero.

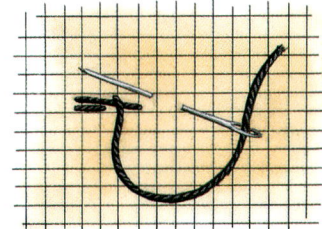

2 Siga haciendo puntos largos, subiendo la aguja a la parte superior del punto. Acabe con uno corto, en la parte superior y en el mismo agujero que el anterior.

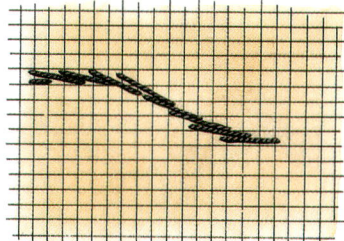

3 Para trazar curvas haga puntos más cortos. Con el giro del hilo y empezando los puntos arriba o abajo del anterior puede crear curvas más suaves.

PUNTO PEKINÉS

OTROS NOMBRES: Punto del revés

USOS: contorno

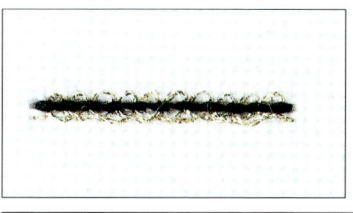

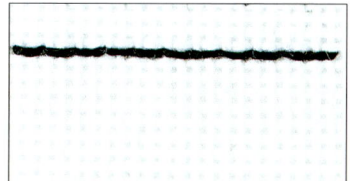

Haga una línea de puntos. Haga lazos del mismo hilo o de otro debajo del segundo punto por la izquierda y bajando por el primero. Mantenga los lazos constantes.

PUNTO LINEAL CORREDERO

USOS: contorno

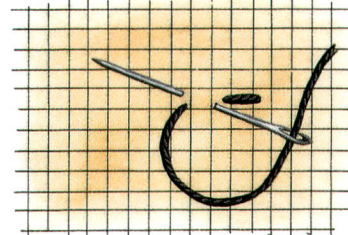

Haga un punto corredero y entonces un punto lineal. Altérnelos para completar la línea, asegurándose que cada punto comparte el mismo agujero que los cercanos.

PUNTO DE CRUZ REVERSIBLE

USOS: trabajo reversible, relleno

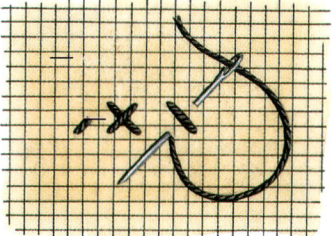

1 De derecha a izquierda haga una fila de puntos como de A a B, con dos hilos de tejido en medio. Para girar al final haga un punto de C a D y salga por E.

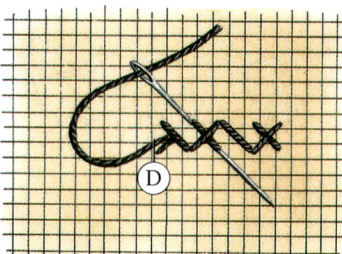

2 Vuelva hacia atrás de la fila completando los puntos de cruz. Complete el último de la fila y para girar vuelva al mismo en el que empezó el anterior.

3 Rellene los huecos a lo largo de la fila con la primera parte de los puntos. Al final de la fila vuelva a D para volver, completando el resto de los puntos de cruz.

63

TÉCNICAS DE PUNTO CONTADO

Dechado de banda reversible

Practique el doble nudo corredero con este elegante dechado que tiene un aspecto perfecto por los dos lados y que está inspirado en los patrones de las prendas de lino isabelinas. Los puntos son simples y pronto encontrará cómo encajarlos en las bandas del patrón. Si quiere que su dechado sea admirado desde todos los ángulos, intente montarlo en marco con cristal de doble lado o colgarlo en una ventana. Diseño de Leon Conrad

Área del diseño
8 x 19 cm

Materiales
25 x 40 cm de tejido blanco antiguo de cuenta 22

Hilo de bordar (vea la lista del esquema

Equipamiento
Marco de bordado

Aguja de colchadura de tamaño 12

Tijeras de bordado

Alfileres, aguja e hilo para rematar

1 Prelave el tejido y plánchelo de manera que los hilos estén en un ángulo correcto. Monte el tejido en el marco (ver páginas 16-17).

2 Las instrucciones para el dechado vienen explicadas trabajando de arriba hacia abajo. Las amplias bandas del patrón se muestran numeradas en el esquema así como los puntos de inicio de cada banda pero no las líneas sencillas de bordado. Cada cuadrado en el esquema representa dos pares de hilos del tejido que se cruzan.

3 Corte un hilo de seda de 50 cm de longitud. Use una hebra cada vez y empiece cada una con un nudo. Pase los hilos sobrantes por debajo o a través de los puntos por el reverso del trabajo.

4 Desde el centro, cuente 82 pares de hilos hacia arriba y 34 hacia la derecha y trabaje la línea superior de 68 puntos reversibles, cada uno sobre un bloque.

5 Trabaje las dos líneas siguientes en doble punto corredero. Las líneas están separadas por dos pares de hilos y la línea superior cuatro pares de hilos por debajo de la línea de puntos anterior. Empezando en el centro, trabaje hasta un borde y hacia atrás, entonces vaya al otro borde y hacia detrás.

6 Cuente cuatro pares de hilos hacia abajo. Trabaje las líneas de arriba y de abajo de la primera banda separadamente en doble punto corredero. Trabaje la línea del medio en doble nudo corredero. Cuando llegue a uno de los puntos donde sale una rama hacia el mismo camino, vaya a lo largo de éste en su camino exterior, completando los ramales cuando avance. Vuelva a lo largo de la rama por la que ha ido para volver al camino principal. Continúe hasta que alcance el final de la banda. Entonces complete los huecos que queden en la línea de puntos.

7 Cuente cuatro pares de hilos abajo. Trabaje dos líneas de doble punto corredero como en el paso 5.

8 Para la banda 2 cuente cuatro pares de hilos. Trabaje las dos líneas separadamente en doble punto corredero como para las líneas exteriores en la banda 2.

9 Cuente cuatro pares de hilos hacia abajo. Trabaje una línea de dobles puntos correderos como en el paso 5.

10 Estudie las ilustraciones y el esquema cuidadosamente para la banda 3 antes de empezar a bordarla. Las mitades superior e inferior se completan separadamente con la excepción de las cruces centrales, que se completan de una vez. El camino principal va alrededor del contorno de las flores y las cruces en cada mitad del diseño. Entonces complete los centros de las flores, los motivos que las unen y los centros de las cruces cuando vaya hacia fuera, como desviaciones que forman caminos a lo largo de la línea principal.

11 Cuente dos pares de hilo hacia abajo. Trabaje una línea de doble punto corredero como en el paso 5.

12 Cuente cuatro pares de hilos hacia abajo. La banda 4 se trabaja en doble punto corredero en cuatro secciones. Trabaje la línea superior primero, entonces cada una de las dos líneas diagonales que se entrelazan en el centro de la banda. Trabaje el resto del patrón al final. Aunque el punto de inicio sugerido esté cerca del centro de la banda, trate la línea inferior como el camino principal y todo el resto de líneas como ramas que salgan de éste.

13 Cuente cuatro pares de hilo hacia abajo. Trabaje una línea de puntos correderos dobles como en el paso 5.

14 Cuente cuatro pares de hilos hacia abajo. Trabaje la banda 5 en doble punto corredero. Trabaje primero la línea superior. Al igual que en la banda 4, trate la línea inferior horizontal como el camino principal y el resto de líneas como ramas.

15 Elimine el tejido del marco y plánchelo. Corte el exceso de tejido, dejando 12 bloques a cada lado y al menos 40 bloques hacia la parte superior e inferior. Doble los bordes cuatro bloques. Haga un dobladillo de cuatro bloques a cada lado del diseño y cósalo (ver página 33). Monte el trabajo sobre barras para colgar.

DECHADO DE BANDA REVERSIBLE

Banda 1

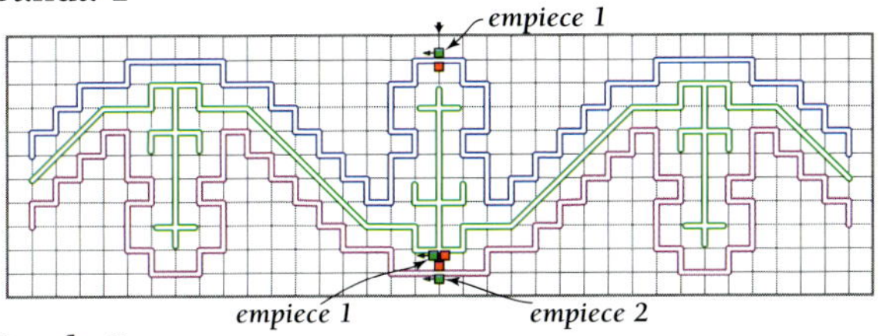

empiece 1
empiece 1   *empiece 2*

Banda 2

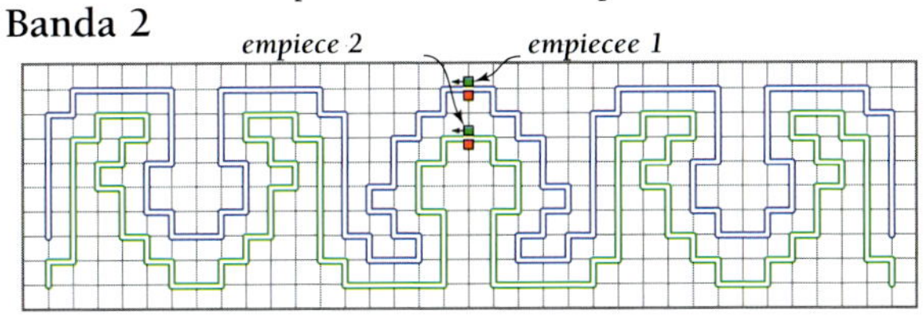

empiece 2   *empiecee 1*

Banda 3

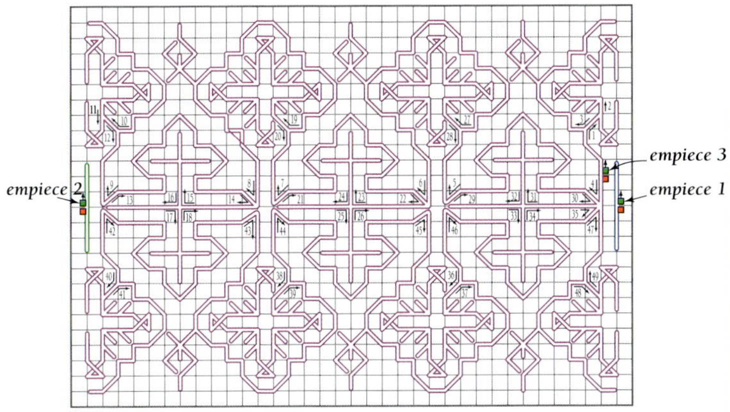

empiece 2
empiece 3
empiece 1

Banda 4

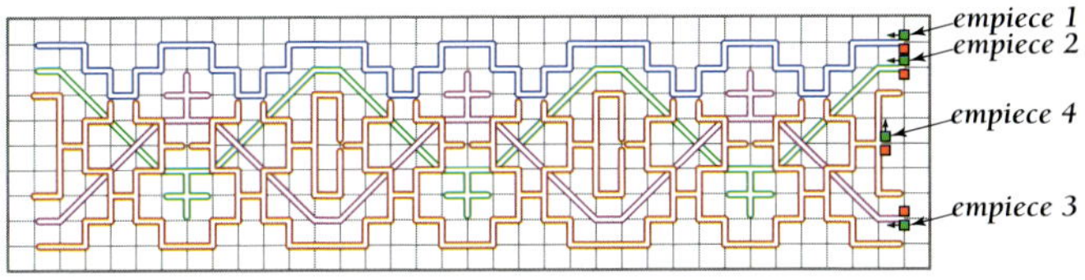

empiece 1
empiece 2
empiece 4
empiece 3

Banda 5

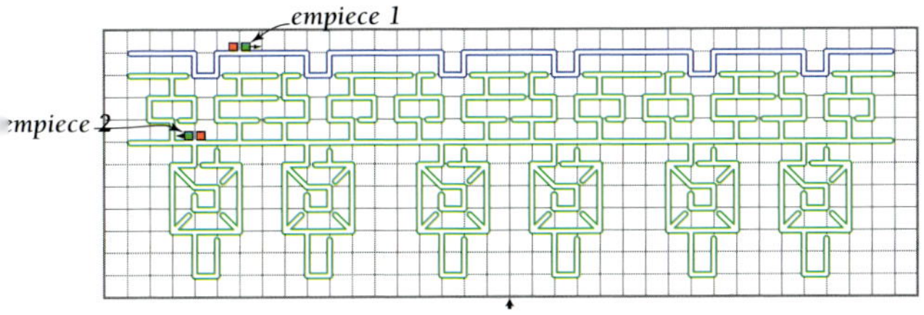

empiece 1
empiece 2

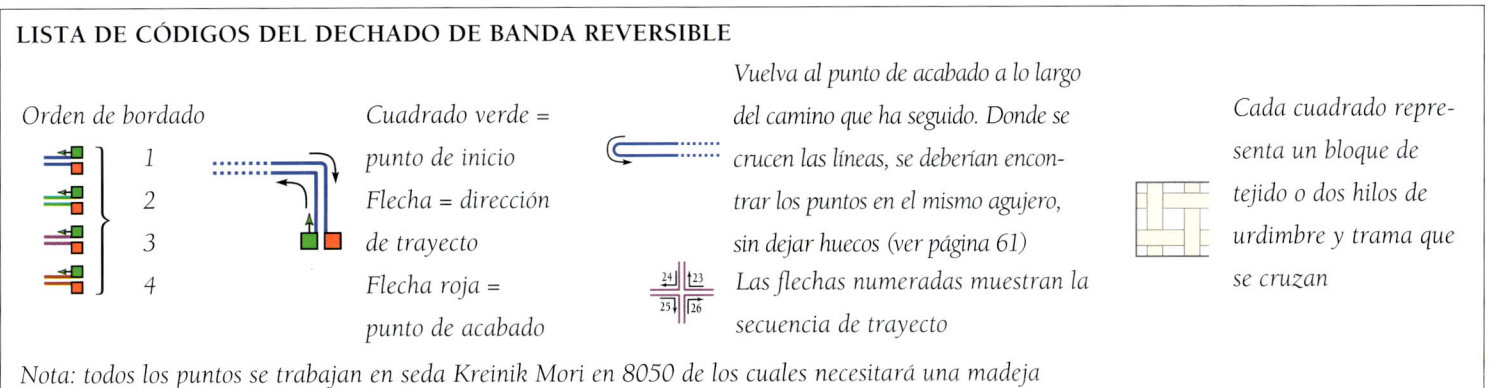

LISTA DE CÓDIGOS DEL DECHADO DE BANDA REVERSIBLE

Orden de bordado
1
2
3
4

Cuadrado verde = punto de inicio

Flecha = dirección de trayecto

Flecha roja = punto de acabado

Vuelva al punto de acabado a lo largo del camino que ha seguido. Donde se crucen las líneas, se deberían encontrar los puntos en el mismo agujero, sin dejar huecos (ver página 61)

Las flechas numeradas muestran la secuencia de trayecto

Cada cuadrado representa un bloque de tejido o dos hilos de urdimbre y trama que se cruzan

Nota: todos los puntos se trabajan en seda Kreinik Mori en 8050 de los cuales necesitará una madeja

65

TÉCNICAS DE PUNTO CONTADO

INSPIRACIÓN Y DISEÑO:
contrastes en blanco y negro

El trabajo en negro destaca los contrastes de los siglos XVI y XVII. Esta era la edad en la que la religión coexistía con la magia y la alquimia, riqueza suntuosa, tejidos preciosos y se enlaza con la intriga, ahorcamientos y asesinatos.

Mientras los objetos de belleza creados en esta época han tenido el más amplio impacto en los bordadores a lo largo de los años, no debemos olvidar el mundo del que vinieron. En ese mundo de contrastes la gente buscaba disipar el caos que había a su alrededor asegurándose un sentido de orden, simbolizando lo divino a través de sus patrones. El orden hasta en los patrones más pequeños era visto como una metáfora de verdades más grandes.

Estos temas se ven reflejados en muchos de los patrones usados en el trabajo en negro: los bloques básicos de puntos que daban lugar a triángulos, octágonos y cuadrados que se combinaron en patrones repetidos. Estos patrones se pueden ver como simples formas decorativas, aunque también pueden tener un valor simbólico. Un círculo puede simbolizar unidad; un cuadrado, crecimiento y desarrollo; y un triángulo, conciencia, manifestación y los tres aspectos de la divinidad. Los patrones derivados de esas formas básicas y las propiedades que se les adscriben se usaban de forma simbólica y decorativa en las artes medievales cristianas e islámicas. Las dos pueden afirmar haber influido en el estilo y el desarrollo del bordado en negro.

INSPIRACIÓN Y DISEÑO: CONTRASTES EN BLANCO Y NEGRO

No es sorprendente que el contraste entre el blanco y el negro, bastante poco inspiradores si están aislados, sea característico de un tiempo tan acostumbrado a apreciar el balance entre el bien y el mal. Cada uno de ellos necesita del otro para mostrar su verdadero carácter y a través del uso de formas simples, el blanco y el negro pueden producir resultados sorprendentes.

La idea de diseñar sus propias piezas de trabajo en negro puede causarle miedo. Sin embargo, verá que es una de las técnicas más fáciles de usar, siempre y cuando siga las reglas básicas sobre la colocación y escala de patrones de relleno y la importancia de pasar el diseño al tejido con precisión.

La inspiración le puede venir de diferentes formas. Algunos trabajos nacen de un golpe de inspiración mientras que otros se desarrollan durante un largo período de tiempo. Cualquiera que sea la forma en la que usted se acerque, empiece con algo que realmente le motive, algo como una idea que quiera explorar o un patrón, texto o imagen que encuentre bonito o emocionante. El diseño del cojín con adornos de perlas, en las páginas 68-71, evoca discretamente el esplendor de la era isabelina. Está inspirado indirectamente por el estilo típico del renacimiento del trabajo en negro en Inglaterra en los años 30. Los motivos en ese período se basaban en el legado del Art Noveau y los movimientos de Arts and Crafts, en su uso de líneas que fluyen, curvas naturales y un retrato más simple y naturalista de plantas y flores.

Si usted decide tomar o explorar una aproximación más moderna, está en sus manos. Fíjese en lo que pasa cuando empieza a experimentar. Desarrollará confianza rápidamente para explorar nuevas posibilidades. Para empezar, pruebe unas cuantas ideas en un trapo. Practique trabajando los puntos descritos en esta sección y vea adónde le llevan. Deje que los puntos y los hilos hablen por sí mismos. Si siente que algo no funciona, revise la idea original para asegurarse que no se haya desviado demasiado de la idea que tenía. Sin embargo, a veces le pueden surgir ideas de un trapo en el que ha estado haciendo pruebas. ¡Simplemente disfrute y diviértase!

Cojín de motivos florales

Este sofisticado diseño de cojín debe su elegancia al esquema en blanco y negro o los patrones de puntos finamente detallados. No es difícil de trabajar, aunque necesita buena luz y mucha paciencia. Se han usado perlas para complementar el bordado, aunque podrían ser sustituidas por cuentas y quedar realmente bien.

Diseño de Leon Conrad

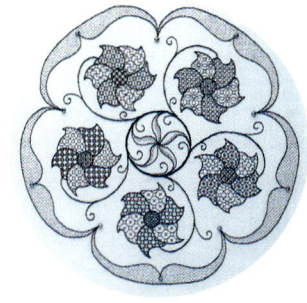

Bordando el diseño

1. Haga cinco copias del diseño del diagrama de la página 71. Corte cuatro por el borde de líneas rotas desde fuera hasta el círculo interior, entonces alrededor del interior de la hoja central de la derecha y el exterior de la de la izquierda. Pegue las copias en una cartulina firme, uniéndolas de la forma mostrada en el diagrama y por las líneas rotas para formar un círculo.

2. Alise el lino y los tejidos del reverso uno sobre el otro, sobre una superficie lisa, asegurándose que los hilos de la urdimbre y la trama de ambos tejidos están perfectamente alineados. Enganche el lino al tejido del reverso por los lados usando alfileres y más tarde hilvanándolos.

3. Pase el diseño al tejido usando el método que prefiera (ver páginas 30-31). Use las instrucciones del diagrama para alinear el diseño con el tejido sin dañar el tejido. Monte los tejidos en un marco de bordar y mantenga una tensión constante (paginas 16-17).

4. Borde todos los contornos usando una hebra de hilo de seda negro.

5. Escoja los patrones de relleno para las flores del esquema. Necesitará un patrón etiquetado como A para el centro de cada flor. Las flores tienen seis pétalos, en patrones claros y oscuros alternativamente, por lo que tendrá que escoger un patrón etiquetado como B y otro como C para cada flor. Borde los patrones usando una combinación de punto lineal, corredero, doble corredero y corredero lineal, usando una hebra de hilo de seda negro.

6. Usando todavía una hebra de hilo de seda negro, borde una mitad de una hoja y luego trace el patrón llamado D en el borde exterior de la hoja. Borde el contorno del tallo y haga punto pequinés en el círculo de alrededor de las hojas.

7. Coloque las perlas usando una aguja para cuentas (ver página 286) y un hilo negro fino. Colóquelas en los puntos interiores y exteriores del borde exterior del pétalo. Haga por lo menos tres puntos para fijar la perla.

Haciendo el cojín

8. Saque el bordado del marco y presiónelo del revés si es necesario. Haga un círculo de papel de 36 cm de radio, marcando el centro de forma clara y precisa. Coloque un alfiler en el centro del círculo y colóquelo en el centro del bordado. Enganche el papel al tejido con alfileres y corte el tejido dándole las medidas del círculo. Corte otro círculo como el primero y una tira de tejido de 12 x 10 cm.

9. Cosa los dos lados cortos de la tira con una costura de un centímetro. Presione la costura. Enganche este lado con alfileres al bordado, dejando un centímetro para la costura y cortando el borde del tejido para darle la forma de la curva. Hilvane cuando esté seguro de que tiene un círculo perfecto, dejando una pequeña apertura para introducir los ribetes más tarde. Repita este proceso para la parte de atrás del cojín, pero deje una apertura de 15 cm. Elimine todo el hilo que usó para hilvanar. Corte la tela para darle la forma circular a la parte de arriba y de abajo del cojín.

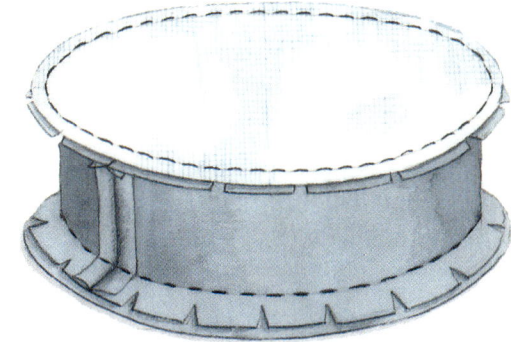

Hilvane la costura para que le sea más fácil ribetear la parte superior e inferior del cojín

Área de diseño

26 cm de diámetro

Materiales

- 45 cm cuadrados de lino blanco antiguo de cuenta 36
- 66 x 56 cm de algodón fino o polyalgodón o tejido de linón para la parte de atrás
- Hilo de bordar (vea la lista del esquema)
- Perlas negras o cuentas similares (vea la lista del esquema)
- 0,5 x 1,2 m de tejido gris
- 2,2 m de ribete negro
- 35 cm de diámetro de almohadilla

Equipamiento

- Tijeras de papel
- 30 cm cuadrados de cartulina firme
- Marco para bordar
- Aguja de tamaño 10
- Tijeras de costura y de bordar
- Hilo y aguja para cuentas
- Alfileres
- Hilo para hilvanar

TÉCNICAS DE PUNTO CONTADO

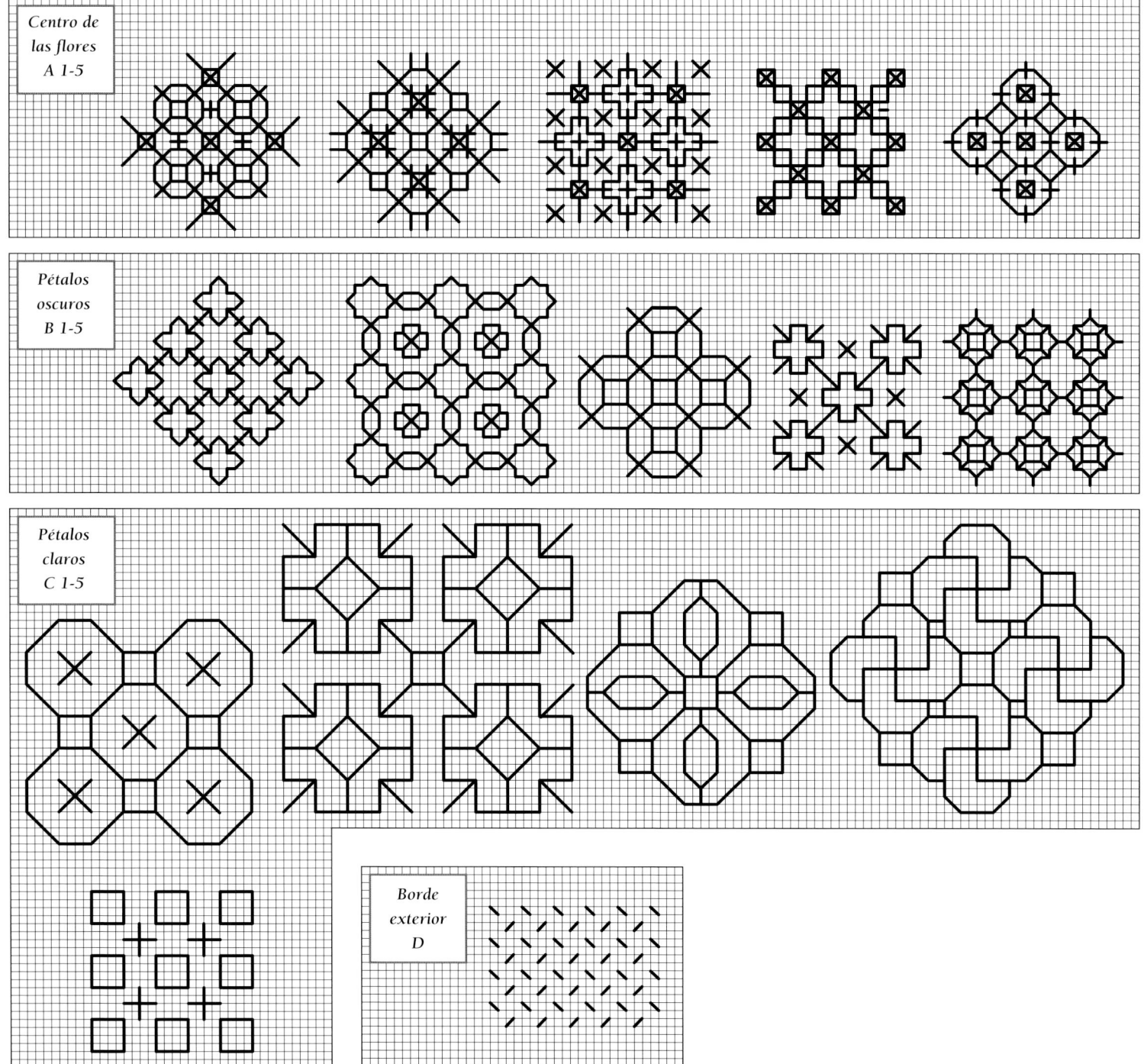

10 Gire la funda por el lado bueno hacia fuera y presione las costuras. Cosa el ribete alrededor del borde superior, empujando los bordes a través de la apertura. Gire la funda y cosa a máquina a través de la apertura, fijando los bordes del ribete.

11 Gire la funda con la parte buena hacia fuera otra vez, inserte la almohadilla y cosa para cerrarla. Finalmente, cosa el ribete negro alrededor de la parte inferior del borde.

COJÍN DE MOTIVOS FLORALES

LISTA DE CÓDIGOS DEL COJÍN CON MOTIVOS FLORALES

— Seda kreinik bella en 8050
● Perlas negras de reverso plano x 10
— Dirección del tejido
-- Límites de la repetición

Nota: necesitará 6 bobinas de hilo

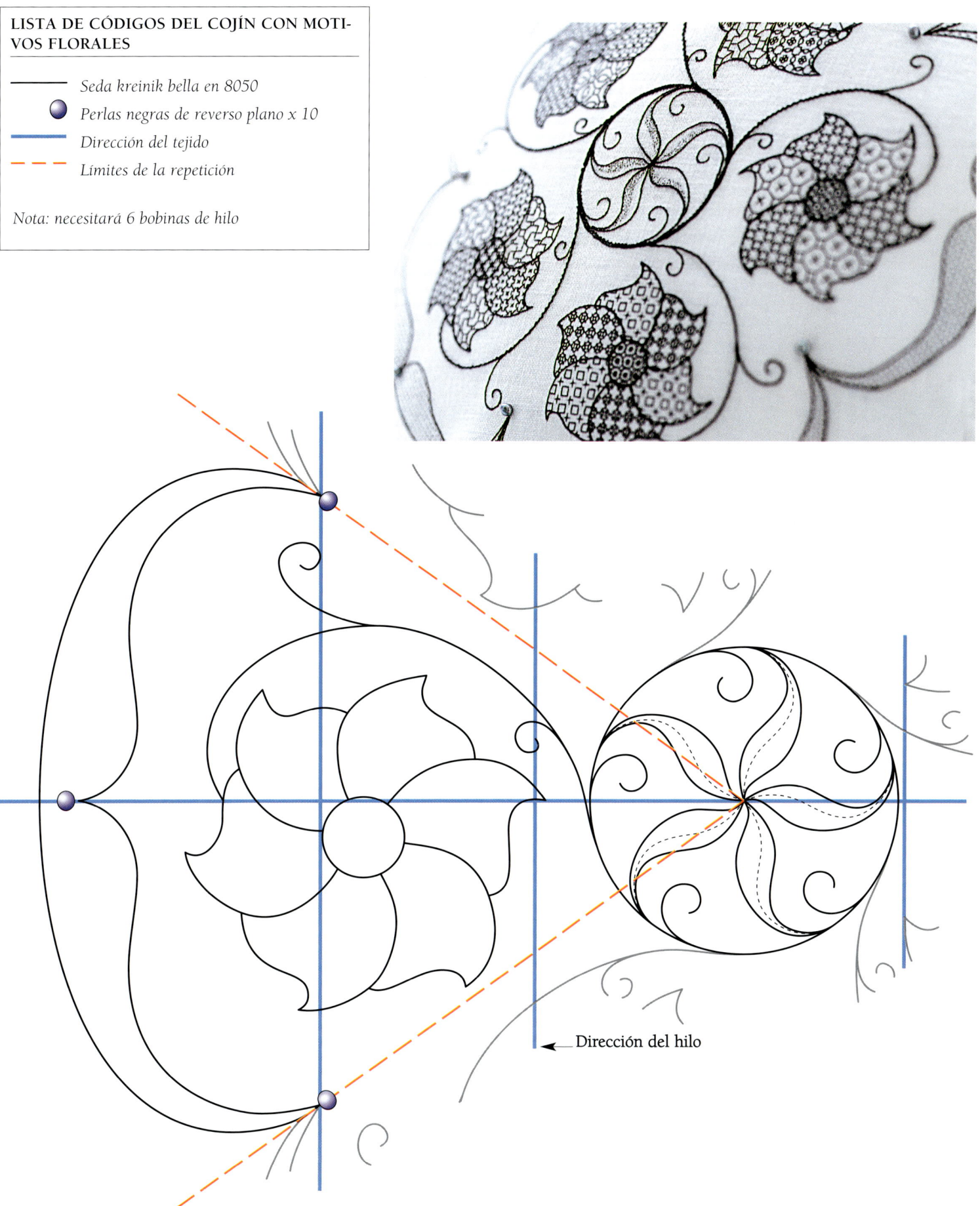

← Dirección del hilo

71

El trabajo en lienzo

El trabajo en lienzo es cualquier bordado trabajado en cualquier tejido de lienzo. El punto que se encuentra más a menudo en estos trabajos es el punto de tienda, Gobelin y punto de cruz. Hay muchos tipos de lienzo, pero hasta 1840 solo había disponible el lienzo sencillo. El trabajo en lienzo tiene como resultado un tejido con mucha duración, especialmente adecuado para muebles y tapicería. En el siglo XVI las familias adineradas a menudo se mudaban de una casa a otra, llevándose consigo los tapices, las alfombras, y los cojines, objetos que eran símbolos del estatus. El bordado le daba calor, comodidad y privacidad así como calor y decoración.

La cama era el mueble más grande y más imponente, de la cual colgaban cortinas y dos juegos de cenefas: tres cenefas colgaban alrededor del baldaquín y tres más estrechas por la parte de la cama debajo de la colcha. A veces los lienzos decorativos con los bordes con diseños de hojas o cordones se ponían en cortinas de seda o terciopelo. Pocas cortinas han sobrevivido debido a su constante uso. Sin embargo, muchas cenefas, hechas en talleres profesionales y trabajados en lienzos de lino fino en punto de tienda con lana y seda, se conservan en un estado realmente sorprendente.

Similares a estas cenefas son los trabajos en lienzo que se colgaban en las paredes, fundas y alfombras para mesas y cofres. Los suelos solían estar sembrados de juncos o esteras. Los ejemplos más destacados de este tipo de bordado son los tapetes de Gifford y Bradford, trabajados a mediados y finales del siglo XVI respectivamente, ahora en el museo Victoria and Albert.

Quizás la bordadora aficionada más famosa de la época era, Mary, reina de los Scots (1542-1587). Durante su cautiverio, trabajó con Bess de Hardwick, la mujer de su carcelero, el conde de Shrewsbury. Junto con sus doncellas produjo docenas de paneles de lienzos pequeños. Trabajados en punto de tienda y punto de cruz, en sedas de muchos colores, puede que se hayan creado para decoración en la paredes o para colgarlos de las camas. La mayoría están en Oxburgh Hall, Norfolk, algunos en el museo de Albert and Victoria, Hardwick Hall, Derbyshire and Holyrood Palace, Edinburgh.

Las virtudes del bordado

Hacer elementos para el mobiliario de casa era una labor de trabajo intensivo y muy en la línea de la ideología protestante que consideraba el bordado una virtud. Por ejemplo, se dice que la mujer de Oliver Cromwell mantuvo a sus seis hijas, a las cuales empleaba en sus bordados.

En este tiempo, a principios del siglo XVII, los paneles en madera se habían popularizado en interiores, dejando menos espacio para colgar adornos grandes. Los dibujos más pequeños se pusieron de moda. Aunque las tapicerías todavía tenían mucho prestigio, solo los ricos se las podían permitir, mientras que los adornos para colgar en las paredes eran más baratos. Los pequeños trabajos en lienzo, que imitaban a los tapices, fueron introducidos por 1630 y fueron populares durante el siglo XVII y XVIII. Es en esta etapa de la historia cuando surge el uso inapropiado de la palabra tapicería para referirse al trabajo en lienzo.

Los diseños para estos dibujos se copiaban de libros nuevos como el libro de Richard Shorleyker *A Schoole-house for the needle,* publicado en 1624, o se adaptaban de gravados de historias clásicas, mitológicas o bíblicas. Los diseños se podían adquirir en imprentas, o eran dibujados por encargo. Se crearon los primeros kits de bordado aunque la elección de puntos y colores y la interpretación del diseño se dejaban a elección individual.

Arriba: Colgaduras de la cama en trabajo Florentino. Inglaterra, finales del siglo XVII

Página opuesta: Detalle de un panel con motivos trabajados en hilos de lana y seda en punto de tienda en lienzo. Mediados del siglo XVII

Izquierda: Octágono hecho por Mary, reina de los Scots, en punto de tienda y punto de cruz. 1570-1584. Las flores se giran hacia el sol con el lema Non Inferiora Secutus (No se siguen cosas inferiores)

TÉCNICAS DE PUNTO CONTADO

Arriba: Panel describiendo Hagar e Ishmael. Inglaterra, 1630-1660. Sarah e Isaac ven cómo Abraham destierra a su hijo Ishmael con su sirviente egipcia Hagar, su madre, en el desierto. Este tema era popular en el trabajo en lienzo y también fue popular en el arte italiano y holandés del siglo XVII

A finales del siglo XVII y principios del siglo XVIII, aparecen escenas rurales idealizadas en pintura y bordado: pastores tocando flautas, pescadores, lecheras y granjeros arando indican un nuevo interés por la naturaleza y los avances en la agricultura. Estas escenas pastorales describen la Edad de Oro, cuando el hombre vivía en armonía con el resto de los hombres y la naturaleza. Las escenas del campo y los diseños florales se hicieron predominantes. El trabajo en lienzo se convirtió en una funda para sillas de tapicería duradera y decorativa. Datan de principios del siglo XVIII, a menudo a juego con sofás, a veces con diseños florales con sombreados realistas. También se trabajaban escabeles y manteles.

Trabajo en lana «Berlín»: la nueva moda

Una nueva forma de trabajo en lienzo conocida como trabajo en lana Berlín que se convirtió en sinónimo de interiores victorianos. El nombre deriva de la lana suave, teñida en un gran rango de tonos, que era ideal para rellenar huecos en el lienzo y creaba una superficie suave y uniforme. Esta lana se usaba con diseños impresos en papel punteado donde un cuadro representaba un punto. Introducido sobre 1810 por L.W. Wittich en Berlín, fue importado en pequeñas cantidades a Gran Bretaña. No fue hasta 1832 cuando Mr Wilks de Regent Street, Londres, empezó a ofrecer patrones y materiales para vender, que se hizo popular. Aunque no fue muy popular en Francia, el trabajo en lana Berlín estuvo de moda en toda Europa, Escandinavia, Gran Bretaña y América a mitades del siglo XIX, cuando los diseños estaban disponibles y reproducidos en revistas para mujeres. Este trabajo solo requiere de la habilidad para el punto de tienda y de cruz y también la habilidad para contar. El Berlín se convirtió en el pasatiempos de las mujeres acomodadas que hacían cojines, fundas para mesas y sillas, alfombras, manteles, cuerdas para las campanas e incluso chalecos y zapatillas. También se bordaban trabajos en lienzo de copias de pinturas de artistas como Landseer, algunas de hasta dos metros de largo. Los temas bíblicos y sentimentales eran tan populares como los temas históricos como por ejemplo *Mary Queen of the Scots with the Dying Douglas after the Battle of Langside* y *Washington Crossing the Delaware*.

Los objetos para el mobiliario tenían diseños florales o de animales o pájaros extravagantes, a veces con toques de luz trabajados en hilos de seda o cuentas de cristal o acero y durante la década de 1850, se introdujeron efectos tridimensionales con puntos de relleno, felpa o terciopelo. El punto de felpa se hacía con lazos trabajados en el dedo y recortados hasta tener la forma requerida. Ocasionalmente el hilo de canilla se utilizaba para añadir textura y había variaciones de punto como el punto leviatán, también conocido como punto de rail porque cubría el tejido muy rápidamente. Con el descubrimiento del tinte de anilina sintético en 1856, aparecieron nuevos colores vivos como el malva, magenta y un azul brillante. La falta de individualidad y sutileza en el trabajo y el exceso en el que se producía el trabajo Berlín llevó a una inevitable reacción contra éste. En 1855, en la revista *Art Journal* apareció un ensayo «Sobre el diseño, aplicado al trabajo de mujeres» que atacaba la vulgaridad del trabajo Berlín, y se empezó a pasar de moda sobre el año 1870.

Textura, color y variación

El trabajo en lienzo nunca ha perdido su atractivo, ni siquiera en el siglo XX, quizás porque tiene tantas aplicaciones y es tan fácil de trabajar por los principiantes. Es también una técnica del gusto de muchos hombres. Se enseñaba a los soldados heridos durante la Primera Guerra Mundial como terapia ocupacional. Entre la gente envuelta en esta actividad se encontraban Ann Macbeth, sus alumnos y Ernest Thesiger, un influyente maestro de bordado. D.H. Lawrence y su mujer Frieda también disfrutaban del bordado y la reina Mary era una gran defensora del trabajo en lienzo y enseñó a todos sus hijos incluyendo al duque de Windsor, que más tarde se refirió a éste como su vicio secreto.

Desde los años 30, el trabajo en lienzo se ha usado para los reclinatorios de la iglesia. Se inspiraban en el proyecto de la Catedral de Winchester, en el que Louisa Pesel, primer presidente del gremio de bordadores, organizó a 200 bordadores a hacer reclinatorios y cojines para los asientos. El trabajo en lienzo también se usaba para paneles de dibujos durante los años 30. Los diseños originales para paneles de pantallas y espejos eran producidos por pintores como Paul Nash, Duncan Grant y Vanessa Bell, que a pesar de tener un conocimiento básico de los puntos en trabajo de lienzo más simples, le dio un empujón a los efectos de color más sutiles cruzando un color sobre otro. En estos trabajos, el punto es secundario respecto a la imagen.

Hoy en día, el trabajo en lienzo con punto de tienda tradicional se ve por los trabajos contemporáneos y experimentales. La textura y la innovación son cruciales para el trabajo en lienzo moderno, fondos pincelados con spray se pueden usar para que se vean a través del trabajo como una parte más del diseño y se puede crear textura a partir de la elección de puntos e hilos ahora disponibles, como pueden ser el hilo metálico, cintas etc. Las variaciones del punto en escala y proporción también pueden dar otra dimensión al trabajo experimental. El trabajo en lienzo contemporáneo, a veces incorpora técnicas como el trabajo en negro, en dorado, así como piel, cuentas o lentejuelas.

Izquierda: Adorno de zapatillas. Inglaterra. Mediados del siglo XIX. Estos diseños solían estar hechos por zapatos y eran regalos muy populares

Abajo: Oro en lienzo, por Pamela Watts, 2000. Esta pieza está trabajada en hilos metálicos, metal y cuentas

Puntos y técnicas de trabajo en lienzo

Hay una riqueza de puntos que se usan en el trabajo en lienzo, desde puntos más resistentes (punto de tienda) a los ornamentales con más textura. Algunos puntos pueden ser invertidos o se les puede haber añadido alguna pequeña variación para convertirse en un punto diferente. Experimenta con varios hilos, cintas, trenzas, colores y texturas para conseguir diferentes efectos.

Diseñe usted mismo

- Incorpore objetos como piedras, conchas o cristal. Fíjelas en su lugar con los puntos de bordado adecuados.

- Use texturas gruesas y finas para mostrar los fondos pintados.

- Utilice puntos superficiales para crear curvas o efectos especiales como pueden ser el punto de cadeneta, la banda levantada, etc.

- Combine otras técnicas con el trabajo en lienzo, como labor estirada y vainica y el bordado de cintas, para crear diferentes texturas y contrastes entre los puntos rellenos y abiertos.

Tejidos

El trabajo en lienzo se suele realizar sobre un tejido de algodón estirado y tejido de forma constante llamado lienzo. La calidad del lienzo puede variar y vale la pena que compre el mejor dentro de sus posibilidades. Es importante escoger el tipo correcto de lienzo y la cuenta correcta para el proyecto que vaya a llevar a cabo.

Trabajar en un lienzo entrelazado le dará la oportunidad de usar el punto que prefiera y le irá bien para la mayoría de proyectos.

En el lienzo entrelazado los hilos tienen que estar fijados para que no se puedan escapar en las intersecciones. El lienzo doble es más fuerte y dura más, y puede ser trabajado en prendas y para cubrir, pero hay algunas limitaciones como por ejemplo la elección de punto que no sea el punto de tienda y puntos decorativos más pequeños.

El lienzo de plástico se presta para estructuras como cajas, cubiertas de libros, bolsos, etc.

Hilos

Tradicionalmente la lana es el hilo que se usa en el lienzo. Es importante usar el peso correcto de lana para el lienzo y los puntos escogidos. Use suficientes hebras para cubrir el fondo del lienzo así como para completar los agujeros. Dependiendo del proyecto se pueden incluir una gran variedad de hilos que van desde el algodón, la seda y el rayón hasta las cintas, el bordado a máquina y los hilos metálicos (ver página 24-25). Compre suficiente hilo para completar el proyecto y tenga en cuenta que a veces los tintes varían.

Si utiliza hilos teñidos, asegúrese de que no desteñirán cuando moje el trabajo.

Agujas

Para el trabajo en lienzo se usan agujas de tapicería, ya que están despuntadas y tienen ojos grandes. El tamaño de la aguja depende del tamaño de la malla y del hilo del lienzo. Debería de poder pasar la aguja a través del lienzo sin esfuerzo. Del mismo modo, la aguja no se debería caer a través de los agujeros del lienzo. El hilo debería pasar fácilmente a través del ojo, sin salirse.

Herramientas adicionales

Siempre es mejor usar un marco para el trabajo en lienzo. El marco le ayudará a que no se distorsione el diseño y una vez haya pillado el ritmo de clavar la aguja de arriba abajo y al revés su tensión se volverá más uniforme y el resultado más profesional.

Va bastante bien tener un pedestal para aguantar el marco, ya que le ayudará con la postura y le dejará las manos libres para poder bordar.

Un estilete es útil para comprobar las líneas y los puntos en el lienzo, contar los hilos y agrandar los agujeros de los ojales. También puede usar para ayudarle a dejar los hilos cuando los esté bordando.

Puede que también quiera usar unas pinzas para estirar de los hilos del lienzo que quiera sacar.

Técnicas de trabajo en lienzo

La gran variedad de puntos interesantes que se usan en el trabajo en lienzo es un factor que ha contribuido mucho en hacer esta técnica universalmente popular. Los constreñimientos de una técnica esencialmente geométrica se pueden superar con un uso inteligente del bordado superficial y puntos de trabajo en lienzo.

La elección de un punto para su diseño depende del efecto que quiera conseguir, así como de si encaja en el proyecto. Los puntos de fondo más pequeños quedarán mejor en un trabajo de tapicería. La definición y el detalle dentro de una forma se conseguirán usando los puntos más pequeños, como por ejemplo puntos de tienda. El sombreado que va de un color a otro cercano, o contrastes más pronunciados también se puede conseguir con este punto pequeño.

El trabajo en lienzo Florentino se puede usar para tapicería y para objetos del mobiliario. Siempre y cuando el lienzo no sea demasiado grande y la lana sea lo suficientemente gruesa para cubrirlo todo bien, sus proyectos deberían durar de varios años. Para completar patrones Florentinos dentro de un espacio trabaje primero el contorno y siguiendo el patrón básico complete tanto espacio como sea posible. A veces pueden hacerse puntos sobre un solo hilo.

PUNTOS Y TÉCNICAS DE TRABAJO EN LIENZO

Con un uso constante, los hilos superficiales de puntos ornamentales se desgastarán más rápido que los puntos de fondo. Del mismo modo, algunos puntos no cubren tan bien como otros y por lo tanto no son tan prácticos.

Los puntos decorativos ofrecen texturas y patrones que varían, pero ofrecen menos extensión para detalles intrincados. Los diseños se completarán más rápidamente y hay infinitas posibilidades para combinaciones de punto y color.

Aunque el objetivo del trabajo en lienzo sea cubrir el lienzo para que el tejido de fondo no sea visible, hay situaciones en las que los puntos ornamentales, e incluso los puntos de fondo, se usan específicamente con hilo más fino para crear de enlazado abierto. En estos casos, el color del fondo, ya sea natural o pintado, se transparenta y juega un papel crucial en el diseño. Esto se ve más cuando se combina el trabajo en lienzo con otras técnicas como el trabajo en oro o la tapicería o calado.

Empezando y acabando
Todo el trabajo en lienzo se debería empezar y acabar con la lana llevada a la superficie del trabajo. Los nudos resultantes se pueden cortar, ya que los puntos que se hagan más tarde los cubrirán y fijarán. Evite pasar los hilos de inicio y fin por detrás de los puntos de tienda, ya que puede hacer que salgan crestas por delante y estropee el aspecto del trabajo. Si no hay alternativa, separe las hebras de la lana y páselas cuidadosamente a través de los puntos en diferentes direcciones.

Si usa hilos crewel, mantenga la lana plana mientras borde. Para evitar que la lana se enrede, separe el hilo de la aguja cuando sea necesario y desenrede el hilo o deje el hilo en un estilete mientras hace el punto.

Florentino
El Florentino es un tipo de trabajo en lienzo también llamado Bargello o punto húngaro. Se caracteriza por el uso de puntos rectos trabajados en escalera a lo largo del lienzo. Tanto la longitud del punto como de las ondas que se crean pueden variar, dando al punto florentino zigzag, ondas o formas geométricas características. Los patrones se suelen describir con números, por ejemplo 4.1, 4.2 o 6.1. El primer número se refiere al número de hilos del lienzo sobre los cuales se traza el punto Gobelin y el segundo se refiere al número de hilos que forman el desnivel entre los puntos. Incluso los patrones en zigzag se efectúan combinando puntos o escalones de diferente longitud para alterar la altura y profundidad del patrón.

Las curvas se trazan usando bloques de un cierto número de puntos rectos entre puntos sencillos, en la parte superior o infe-

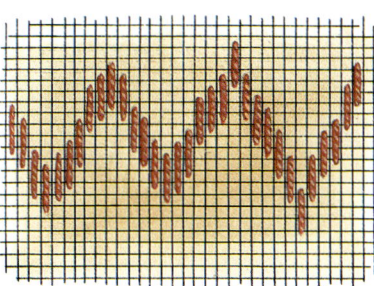
Usando la técnica florentina puede hacer líneas irregulares en zigzag

rior o yendo hacia arriba o hacia abajo del diseño. Los puntos sencillos crean desniveles empinados. La introducción gradual de imágenes que se reflejen de bloques de dos, tres o cuatro puntos alternados con puntos sencillos crea una curva. La combinación de bloques y número de puntos en cada bloque determinará la forma de la curva. La posición del primer bloque en la pendiente también tendrá un papel importante en la forma del arco.

El color es el elemento resistente y significante de esta técnica y se usa para identificar filas. Los tonos de colores se usan para dar movimiento y profundidad.

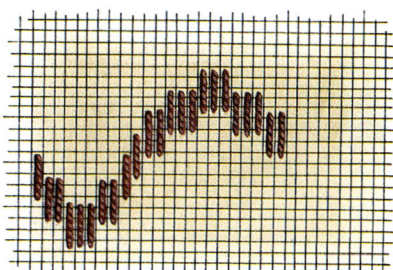
También puede trazar curvas con punto florentino

Punto de tienda
Este es el más pequeño y probablemente el más familiar de todos los puntos en lienzo y de hecho el más útil para fondos resistentes y trabajo fino. Cuando se usa en un lienzo doble, es posible hacer cuatro puntos pequeños («petit point») para obtener detalle en el mismo espacio que un punto normal («gros point»). El punto de tienda también se puede definir como petit point cuando se trabaja en una malla de 18 hilos por centímetro o más. El punto de tienda debería cubrir el lienzo. Se puede trabajar de forma horizontal, vertical o diagonal, y cada método afectará al aspecto del trabajo.

Puntos de adorno
Los puntos de adorno ofrecen una gran variedad de elección. Algunos son prácticos, otros decorativos y otros representativos, pero todos ellos se pueden usar para crear un efecto o textura específica y juegan con la luz en un trabajo.

Los siguientes puntos son algunos de los más populares y muchos de ellos se usan en los proyectos.

77

TÉCNICAS DE PUNTO CONTADO

PUNTO GOBELIN
OTROS NOMBRES: punto de satín

USOS: borde

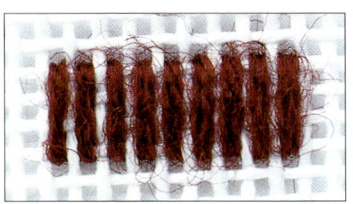
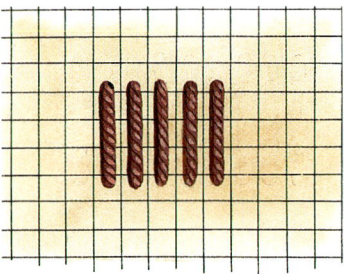

Haga una línea recta de puntos sobre dos hilos o más de lienzo. Trabaje de izquierda a derecha o de derecha a izquierda, siempre con una tensión constante.

PUNTO FLORENTINO
OTROS NOMBRES: Bargello, punto húngaro

USOS: relleno, fondo

Haga puntos Gobelin en escaleras hacia arriba y abajo para formar zig-zag, ondas o formas geométricas. Los puntos pueden variar de dos a seis hilos de altura.

PUNTO DE TIENDA
OTROS NOMBRES: punto continental

USOS: fondo, trabajo fino, definición

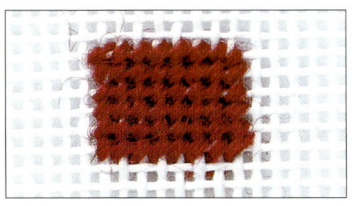
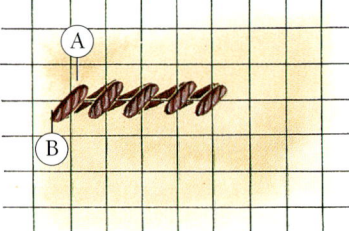
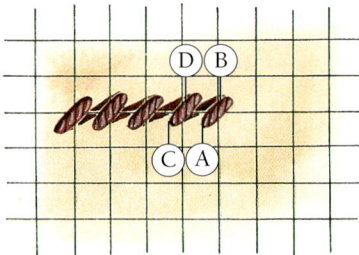
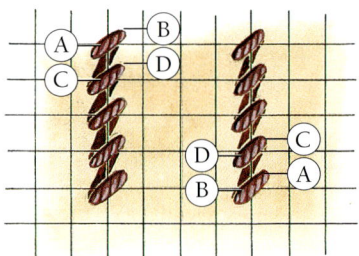

1 Para trabajar de izquierda a derecha haga un punto diagonal sobre un hilo de A a B. Repita para completar la fila. Haga puntos largos inclinados por el reverso.

2 Para trabajar de derecha a izquierda haga el mismo punto diagonal sobre un hilo siguiendo la secuencia A-D. Repita hasta completar la fila, manteniendo una tensión constante

3 Para trabajar hacia abajo siga la secuencia de la izquierda, hacia arriba de la derecha. No haga medio punto de cruz (ver página 49). Mantenga una cobertura larga e inclinada por el reverso.

PUNTO DE TIENDA DIAGONAL
OTROS NOMBRES: tramado de cesta

USOS: fondo

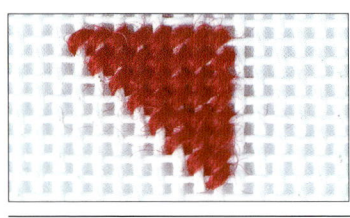
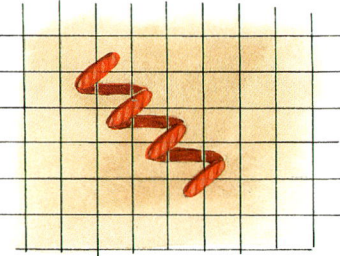
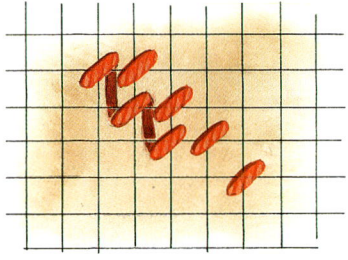

1 Trabaje un punto de tienda diagonal hacia arriba en las filas donde el hilo horizontal del lienzo queda sobre la línea vertical. Vaya por detrás de dos hilos verticales del lienzo entre los puntos.

2 Haga puntos hacia abajo en las filas en las que el hilo vertical del lienzo queda sobre la parte superior del horizontal. Vaya por detrás de dos hilos horizontales del lienzo entre los puntos de tienda.

El punto minimiza la distorsión y el patrón de tramado de cesta en el reverso le da fuerza. Adornado con cuentas se suele trabajar en lienzo doble para que las cuentas queden bien en las intersecciones. El tamaño de las cuentas depende de la cuenta del tejido. Deben quedar juntas. Use punto de tienda o medio punto de cruz (ver página 49) pasando el hilo por cada cuenta antes de cada punto y haciendo un pequeño punto lineal sobre el punto vertical en el reverso cada cinco puntos para darle fuerza.

PUNTO DE LADRILLO

USOS: fondo

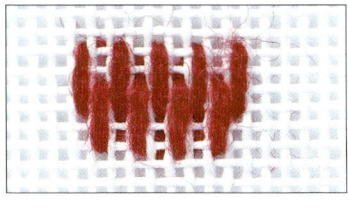
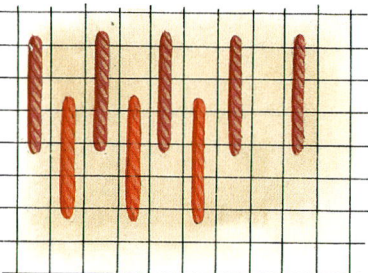

Haga puntos verticales de izquierda a derecha sobre dos, cuatro o seis hilos dejando un hueco entre cada uno. Haga la siguiente fila de puntos en los huecos uno, dos o tres agujeros debajo.

PUNTO PARISINO

USOS: fondo

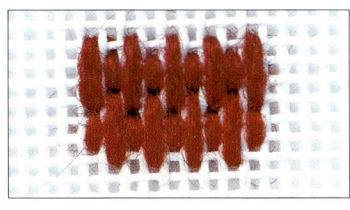
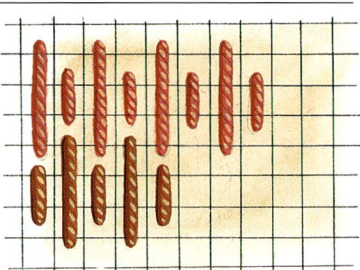

Haga una fila alternando puntos largos y cortos desde la izquierda o la derecha sobre cuatro y dos hilos respectivamente. Asegúrese de que cada fila encaja en la fila de encima.

PUNTOS Y TÉCNICAS DE TRABAJO EN LIENZO

PUNTO HÚNGARO

USOS: fondo, patrón

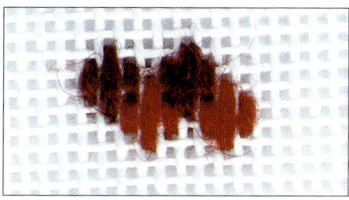

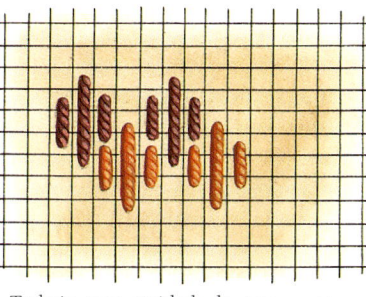

Trabaje una unidad de tres puntos sobre dos, cuatro y entonces dos hilos. Deje un hueco de un agujero y repita. Cada fila subsiguiente debe encajar en los espacios creados en la fila superior.

PUNTO DE COJÍN

OTROS NOMBRES: punto escocés, punto de raso diagonal, punto liso

USOS: fondo, borde

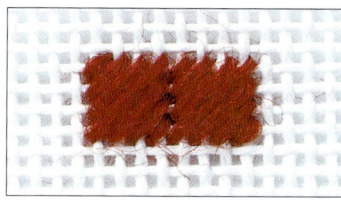

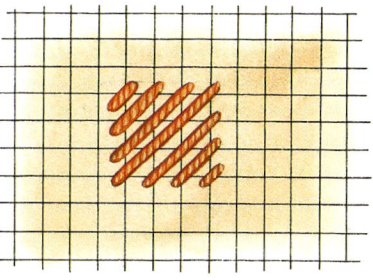

Haga puntos diagonales sobre uno, dos, tres y cuatro hilos y al revés para completar el cuadrado. El punto se puede orientar en cualquier dirección y tamaño.

PUNTO DE MOSAICO

USOS: fondo, borde, detalle

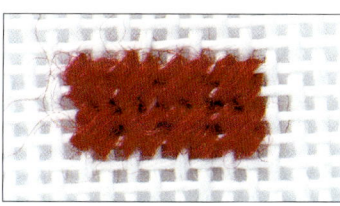

Ésta es una versión en pequeño del punto de cojín. Haga tres puntos diagonales para formar un cuadrado sobre dos hilos de lienzo. Puede trabajarlo en cualquier dirección.

PUNTO MILANÉS

USOS: relleno

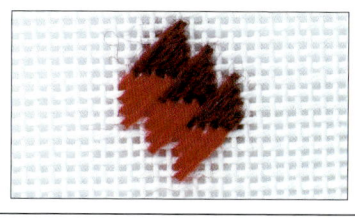

Trabaje cuatro puntos como si fuese punto de cojín. Repita, colocando el quinto punto en medio del cuarto. Invierta cada ila siguiente para que se toque la más larga con la más corta

PUNTO BIZANTINO

USOS: relleno, fondo y líneas diagonales

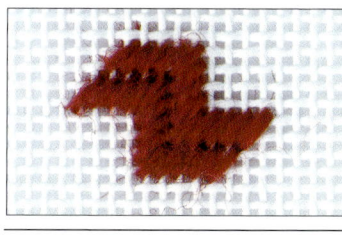

Haga puntos diagonales sobre dos hilos haciendo escalones de cinco puntos. El último pasa a ser el primero del siguiente. Trabaje arriba o abajo. La longitud del punto se puede cambiar.

DOBLE CRUZ RECTA

USOS: relleno, textura, borde

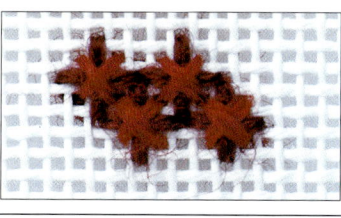

Haga un punto de cruz vertical sobre cuatro hilos y haga encima una cruz en diagonal sobre dos hilos. Complete la fila. Encaje las siguientes filas en los huecos de las filas anteriores.

PUNTO DE ARROZ

OTROS NOMBRES: punto de esquina cruzada

USOS: relleno, textura, borde

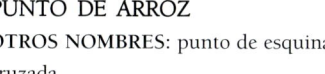
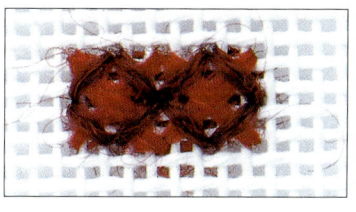
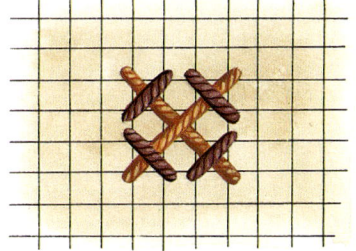

Primero, haga una cruz diagonal sobre dos o cuatro hilos. Entonces cruce cada brazo de la cruz con un punto lineal sobre uno o dos hilos.

CRUZ SMYRNA

OTROS NOMBRES: doble cruz

USOS: relleno, contorno, borde, textura

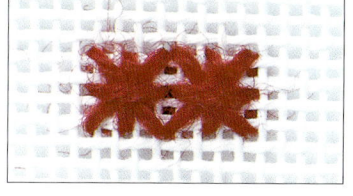
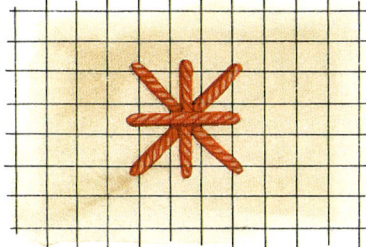
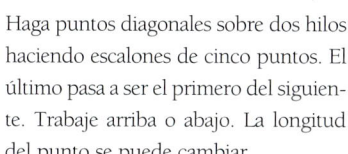

Haga una cruz diagonal sobre cuatro hilos. Cúbrala con una cruz vertical. Esta cruz se puede hacer sobre dos o cuatro hilos o variada para el trabajo creativo.

OJO DE DIAMANTE CON PUNTO LINEAL

OTROS NOMBRES: ojo diagonal con punto lineal

USOS: relleno, motivo

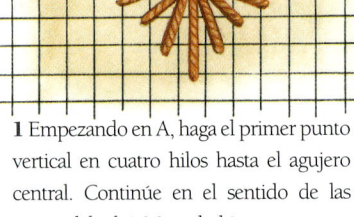

1 Empezando en A, haga el primer punto vertical en cuatro hilos hasta el agujero central. Continúe en el sentido de las agujas del reloj. Meta el último punto por detrás del primero para acabar.

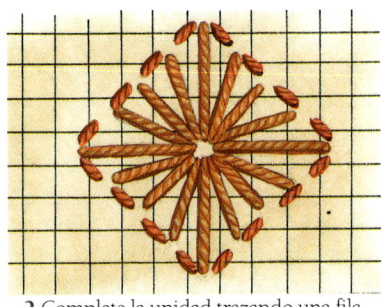

2 Complete la unidad trazando una fila de punto lineal (ver página 49). Cada punto lineal se hará sobre un hilo del lienzo y se colocará alrededor del borde exterior de cada unidad.

Alterando las dimensiones y forma del punto, los ojos se pueden hacer en lienzo con un diferente número de radios. Cuantos más radios haya, más veces tendrá que pasar el hilo a través del agujero central, por lo que tendrá que asegurarse de que sea de un grosor adecuado. Se pueden crear otras variaciones trabajando solo un cuarto o medio ojo y repitiéndolo para crear un patrón con forma de rayo.

PUNTO DE RHODES

USOS: relleno, textura, motivo

Haga el primer punto diagonal a lo largo del número necesario de hilos; los siguientes, en el sentido contrario de las agujas del reloj alrededor del cuadrado cruzando el primer punto en el centro.

PUNTO DE HOJA

USOS: relleno, textura, borde

Haga el primer punto diagonal sobre tres hilos en el punto inferior izquierdo de la forma. Repita trabajando hacia el centro en una progresión que siga el sentido de las agujas del reloj.

PUNTO DE CRUZ DE BRAZO LARGO

USOS: relleno, contorno, textura, borde

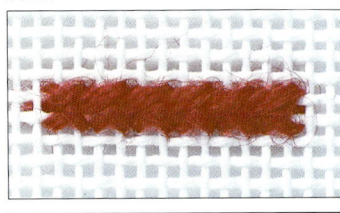

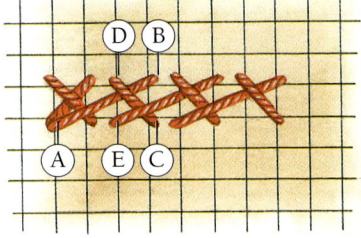

1 Para empezar la fila, haga un punto de cruz pequeño sobre dos hilos. Suba la aguja de nuevo por A y bájela por B, haciendo un brazo largo en diagonal a lo largo de cuatro y suba dos hilos.

2 Suba la aguja por C, dos hilos por debajo de B. Vuelva a bajar la aguja por D, trabajando diagonalmente hacia atrás sobre dos hilos para formar una cruz. Repita, empezando en E.

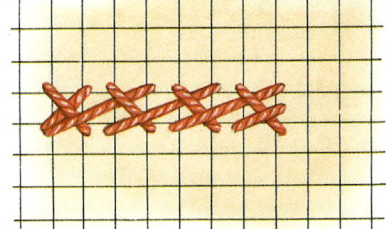

3 Haga el último punto en forma de cruz pequeña en lugar de hacerla con el brazo largo para terminar la fila de forma proporcionada. Las dimensiones de los puntos pueden variar.

PUNTO DE ESCAPULARIO

USOS: motivo, textura, borde

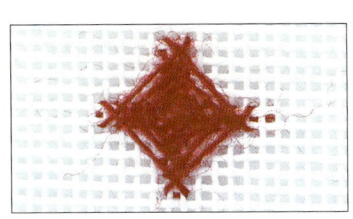

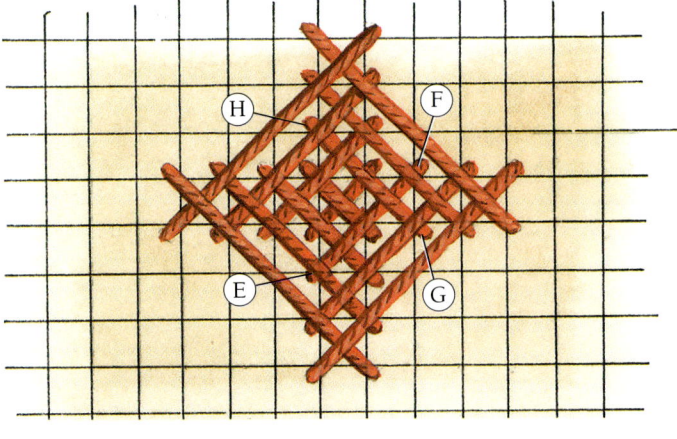

Haga un punto de cruz sobre dos hilos. Salga en el agujero directamente por encima del primer punto en E y trabajando en el sentido contrario a las agujas del reloj, baje el hilo por F. Lleve la aguja detrás dos hilos y suba por G. Baje el hilo por H. Continúe alrededor de la forma de diamante. Cuando alcance el último punto en cada vuelta, llévelo de nuevo al primer punto de la vuelta para mantener las cruces en secuencia. Repita tantas vueltas como desee.

PUNTOS Y TÉCNICAS DE TRABAJO EN LIENZO

PUNTO NORWICH
OTROS NOMBRES: punto de churri

USOS: borde

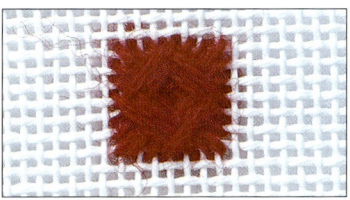

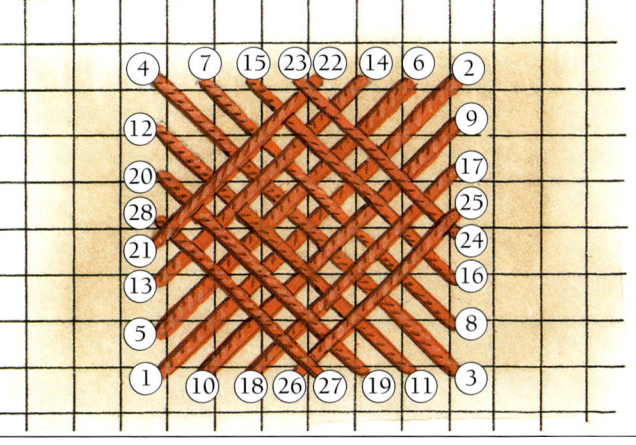

Trabajando sobre un número impar de hilos del lienzo, haga un punto de cruz diagonal de 1 a 2 y de 3 a 4. Siga la secuencia mostrada alrededor del cuadrado, cruzando cada punto anterior. El último punto de cada vuelta va por debajo del primer punto de esa vuelta para mantener de forma precisa la secuencia del cruce. En el reverso, los puntos rectos dan la forma del cuadrado. Puede trabajar este tipo de punto sobre un número par de hilos, pero el efecto será ligeramente diferente.

PUNTO JESSICA

USOS: motivo decorativo

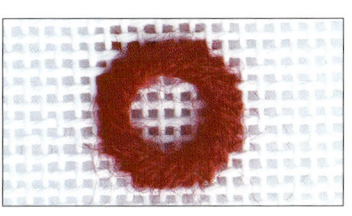

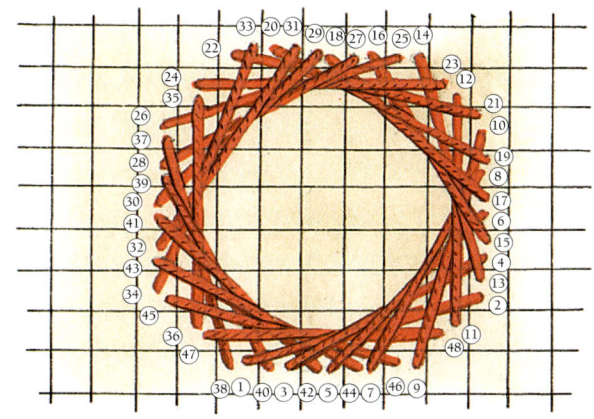

Haga el primer punto diagonal de 1 a 2, a lo largo de seis hilos y subiendo dos. Siga la secuencia en el sentido contrario a las agujas del reloj alrededor de la forma. Cuando llegue al punto 39-40 complételo llevando el hijo debajo de 1-2. Complete la unidad haciendo lo mismo con los cuatro puntos restantes: 41-42, 43- 44, 45-46 y 47-48. Las dimensiones de este punto se pueden variar y el centro se puede rellenar con cuentas, punto de tienda, nudos franceses o tela de araña.

NUDO GHIORDES
OTROS NOMBRES: Rya

USOS: pelo, textura

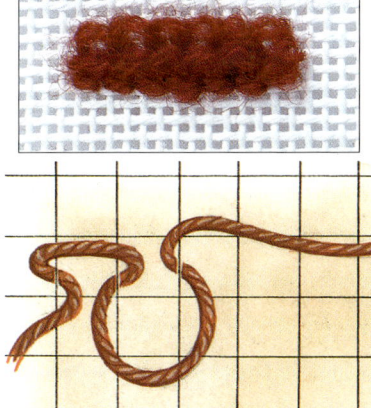

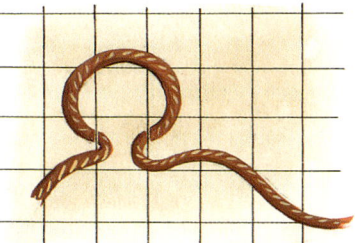

1 Pase la aguja por debajo de un hilo, entonces por encima de dos en la dirección contraria. Saque la aguja por el agujero central. No tense el nudo hasta que haya formado el lazo al siguiente punto.

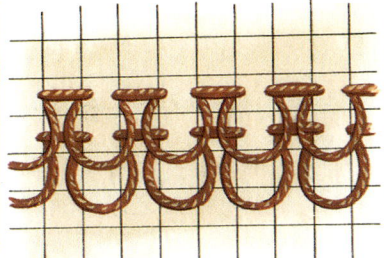

2 Pase la aguja a través de dos hilos para empezar el siguiente punto. Repita trabajando desde la línea inferior hacia arriba de manera que los lazos queden sobre la fila de abajo.

3 Los lazos se pueden dejar como son o cortarlos a medida. Para que tengan un tamaño uniforme, retóquelos con una aguja de punto. Varíe el peso del hilo para crear diferentes efectos.

Encima: una muestra de trabajo sobre lienzo.

81

Caja roja exótica

El patrón enrejado para esta caja está inspirado en los diseños de las ventanas de los templos y palacios indios. La forma repetitiva, el uso de puntos sencillos y la mezcla de hilos en diferentes texturas hacen de éste un punto de inicio ideal para aprender el trabajo en lienzo. El punto de tienda se ensambla en cada una de las formas de diamante para maximizar el juego de luz con las combinaciones de color. Se remata con pequeñas cuentas en todas las uniones. Diseño de Jill Carter

Área de diseño

16 cm cuadrados

Materiales

25 cm cuadrados de lienzo antiguo entrelazado de cuenta 14

Hilos de bordado y trencillas (ver la lista del esquema)

12 cuentas rojas (ver la lista del esquema)

Cartulina dura o una tabla para estirar el bordado.

Caja de 16 cm cuadrados

Equipamiento

Marco de bordar

Hilo para hilvanar

Aguja de tapicería de tamaño 22

Aguja e hilo para coser las cuentas

CAJA ROJA EXÓTICA

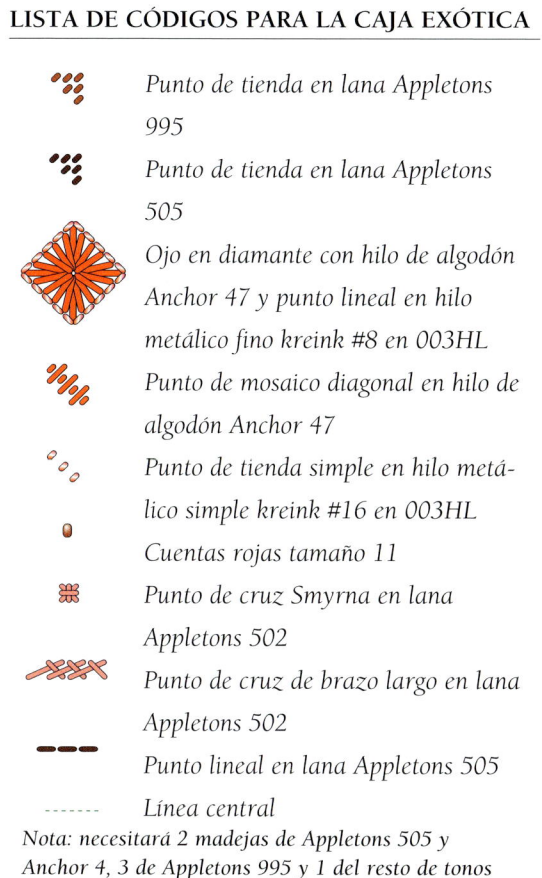

LISTA DE CÓDIGOS PARA LA CAJA EXÓTICA

- Punto de tienda en lana Appletons 995
- Punto de tienda en lana Appletons 505
- Ojo en diamante con hilo de algodón Anchor 47 y punto lineal en hilo metálico fino kreink #8 en 003HL
- Punto de mosaico diagonal en hilo de algodón Anchor 47
- Punto de tienda simple en hilo metálico simple kreink #16 en 003HL
- Cuentas rojas tamaño 11
- Punto de cruz Smyrna en lana Appletons 502
- Punto de cruz de brazo largo en lana Appletons 502
- Punto lineal en lana Appletons 505
- Línea central

Nota: necesitará 2 madejas de Appletons 505 y Anchor 4, 3 de Appletons 995 y 1 del resto de tonos

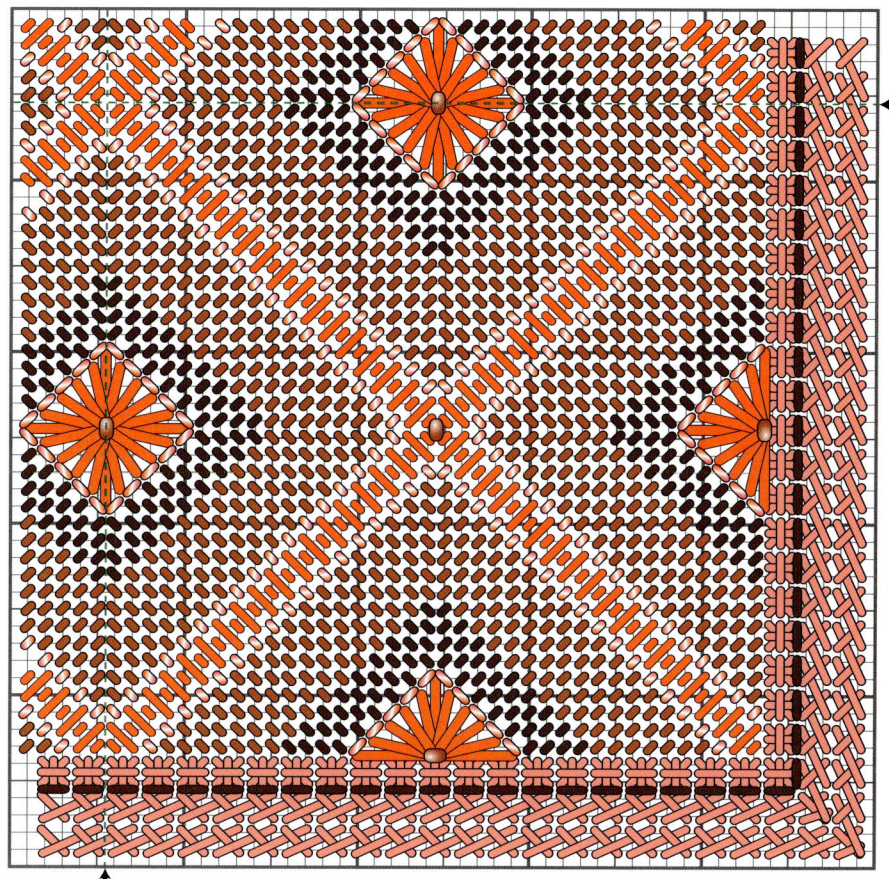

1. Prepare el lienzo y móntelo en el marco (ver páginas 16-17). Entonces hilvane las líneas centrales vertical y horizontal.

2. Siga el esquema y establezca el patrón básico de enrejado con punto de mosaico diagonal. Usando hilo de algodón, empiece desde el centro del trabajo. Recuerde contar el número de puntos a cada lado del diamante cuidadosamente y acabe cada lado con un punto pequeño para que las líneas encajen en cada unión y en cada cruz.

3. Todavía con el hilo de algodón, haga un ojo en diamante en el centro de cada unidad, asegurándose de que los hilos quedan suavemente sobre la superficie del tejido.

4. Siguiendo las direcciones cambiantes del punto y del patrón, trabaje en punto de tienda a ambos lados del mosaico diagonal. Trabaje en punto de tienda usando el hilo metálico mediano para destacar el contorno del enrejado. Rellene cada forma de diamante con punto de tienda trabajado en cuatro direcciones ensamblado en las líneas vertical y horizontal como se muestra en el esquema. Primero borde siete líneas con dos hebras de la lana 995. Después, usando dos hebras de la lana 505 complete las cuatro filas finales hasta que llegue al ojo.

5. Usando el hilo metálico fino, haga un contorno en punto lineal alrededor de la forma de ojo. Repita este proceso para delinear todas las formas de ojo en diamante. Acabe esta sección ensartando cuentas rojas en la unión de cada enrejado así como en el centro de los ojos.

6. Siguiendo el esquema, haga un borde de cruces Smyrna, seguido por dos bordes de punto de cruz de brazo largo usando dos hebras de la lana 502. Haga una pasada de punto lineal de dos hilos entre los dos bordes interiores, usando dos hilos de la lana 505. Vale la pena hacer una línea extra de puntos de tienda alrededor del diseño para cubrir el lienzo de manera que no se vea cuando se haya acabado.

7. Para acabar este diseño de enrejado, fije el trabajo (página 29), estirándolo sobre una pieza de cartón o una tabla para que quede ajustada al hueco de su caja. También puede rematar el bordado como un cojín de alfileres.

Panel indio

Los diseños textiles indios son una continua fuente de inspiración. Este particular proyecto se centra en los patrones llenos de colores y su falta de uniformidad. Diseñado para ser más desafiante, tiene la oportunidad de reinterpretar el proyecto mezclando sus propios colores cálidos, los hilos y las texturas. Se añade cristal shisha y pequeñas borlas para adornar y dar un toque de autenticidad. Diseño de Jill Carter

Área de diseño
16 x 23,5 cm

Materiales
26 x 33 cm de lienzo entrelazado antiguo de cuenta 14

Spray de pintura acrílica roja, cobre y dorada

Hilos de bordado (ver la lista de códigos)

22 Círculos de cristal de diámetro 11 mm

Cuentas púrpuras, rosas y de color cobre

Equipamiento
Marco de bordado de 46 cm

Hilo para hilvanar

Hilo y aguja para coser las cuentas

Cartón duro o tabla para estirar el bordado

Hilo fuerte

Tabla para montar el bordado y marco a su gusto

1. Siguiendo las instrucciones y los avisos referentes a su salud que hay en las latas de pintura, vierta una capa de pintura roja en spray, más tarde cobre y finalmente aplique un ligero toque en dorado. Esto permitirá que el color se vea a través de los puntos hechos con hilos más finos. Prepare el lienzo y móntelo en el marco (ver páginas 16-17).

2. Siguiendo el esquema, establezca la línea inferior de puntos de cruz de brazo largo usando hilo de algodón perlé 915 y empezando a 5 cm del borde inferior y lateral. Cuente 45 hilos para encontrar el centro del trabajo e hilvane la línea central para referencia. Borde las siguientes dos líneas de puntos de cruz de brazo largo, la primera en algodón perlé 911 y la segunda en lana 435. Fíjese que las líneas de punto de cruz de brazo largo se repiten a lo largo de todo el diseño.

3. Haga una línea de punto mosca (ver página 205) sobre cuatro hilos, llevando el cabo vertical sobre las tres bandas de punto de cruz de brazo largo, en algodón perlé 718. Solape esta fila con una segunda, encajando los puntos mosca entre la primera.

4. Borde el zigzag verde principal en la banda 4 con lana 435 y algodón perlé 911. Rellene los triángulos coloreados de varias dimensiones que hay por encima y por debajo del zigzag principal usando los colores y los hilos mostrados en el esquema. Use tres hilos de lana y uno de perlé.

5. Cree círculos para poder colocar cristal Shisha o hágalo con punto Jessica, usando una hebra de lana en colores 864, 866 y 504. Empiece por la zona izquierda del trabajo. Recuerde dejar el primer hilo libre como se muestra en el esquema. Haga su propia secuencia de colores o siga los colores del esquema. Complete tres lados del círculo Jessica antes de colocar el cristal en el centro. Si es necesario, coloque el cristal en su lugar y fíjelo con un trozo de cinta que sea adhesiva por las dos bandas. Perfore con cuidado en medio de algunos puntos Jessica y llénelo con un nudo francés (ver página 205), una cuenta mediana, o unas cuantas cuentas pequeñas. Algunos de los puntos Jessica pueden encerrar un punto de tienda de fondo o también puede usar otro punto a su elección. Complete el fondo con puntos rectos en una mezcla los hilos rosas y malvas. Trabaje los detalles en punto lineales en la parte de arriba y de abajo de la banda con hilo metálico fino 024HL.

6. Forme líneas verticales de cabezas de flecha como base del diseño principal en la banda 8 cosiendo dos mitades de punto de cojín invertidos y sobre cinco hilos. Use dos hebras de lana 455, 607 y 804 y una hebra de algodón perlé 915 como se muestra en el esquema. También puede desarrollar sus propias bandas de color.

7. Usando algodón perlé 915 y 552, hilo metálico 024HL, 012, 027, 5289 y seda floja 30915, rellene la otra mitad de los triángulos con una mezcla aleatoria de punto diagonal, de tienda y recto. Use un solo color en cada triángulo. Tenga en cuenta que parte del encanto de esta pieza es la naturaleza desinhibida de los puntos. Complete la banda trabajando de forma aleatoria medio punto de cojín en la parte superior de algunos de los primeros, pero esta vez en dirección contraria y usando una selección de hilos metálicos, seda floja y algodón perlé.

8. Las siguientes tres bandas se trabajan juntas. Borde la primera línea de puntos de cruz de brazo largo en lana 435 primero, entonces la banda de Gobelin en lana 607 y entonces repita la línea de cruces. Borde el detalle en punto lineal por encima y por debajo del Gobelin en hilo 024HL. Suavice la línea recta y decore la superficie con punto mosca en algodón perlé 552. Haga una línea de punto mosca sobre cuatro hilos de un lado a otro de las cruces de la parte inferior y el punto Gobelin alternando entre la primera fila de puntos.

9. Usando una hebra de lanas 864, 866 y 504, haga un punto de escapulario encuadrado en su propia

PANEL INDIO

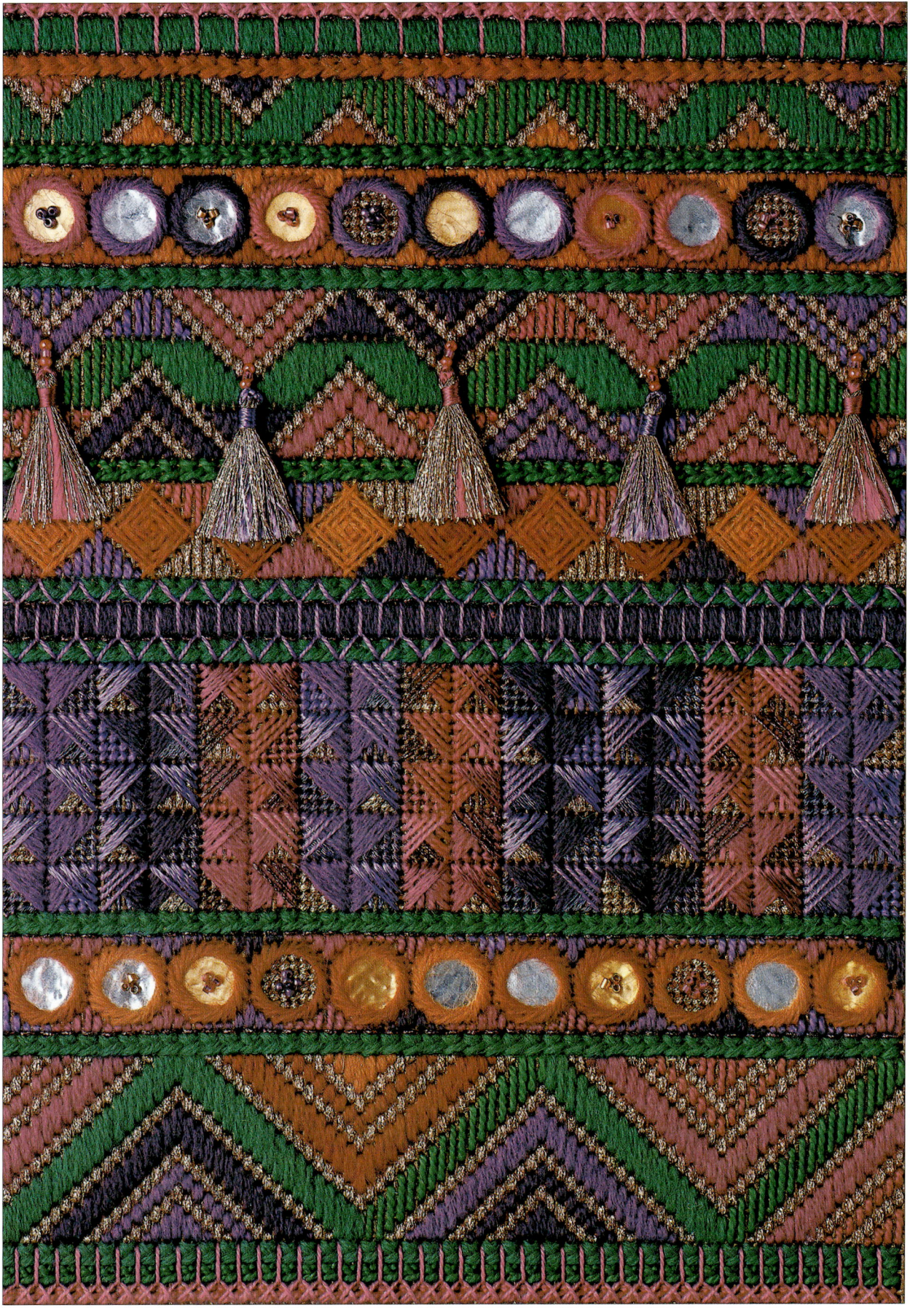

TÉCNICAS DE PUNTO CONTADO

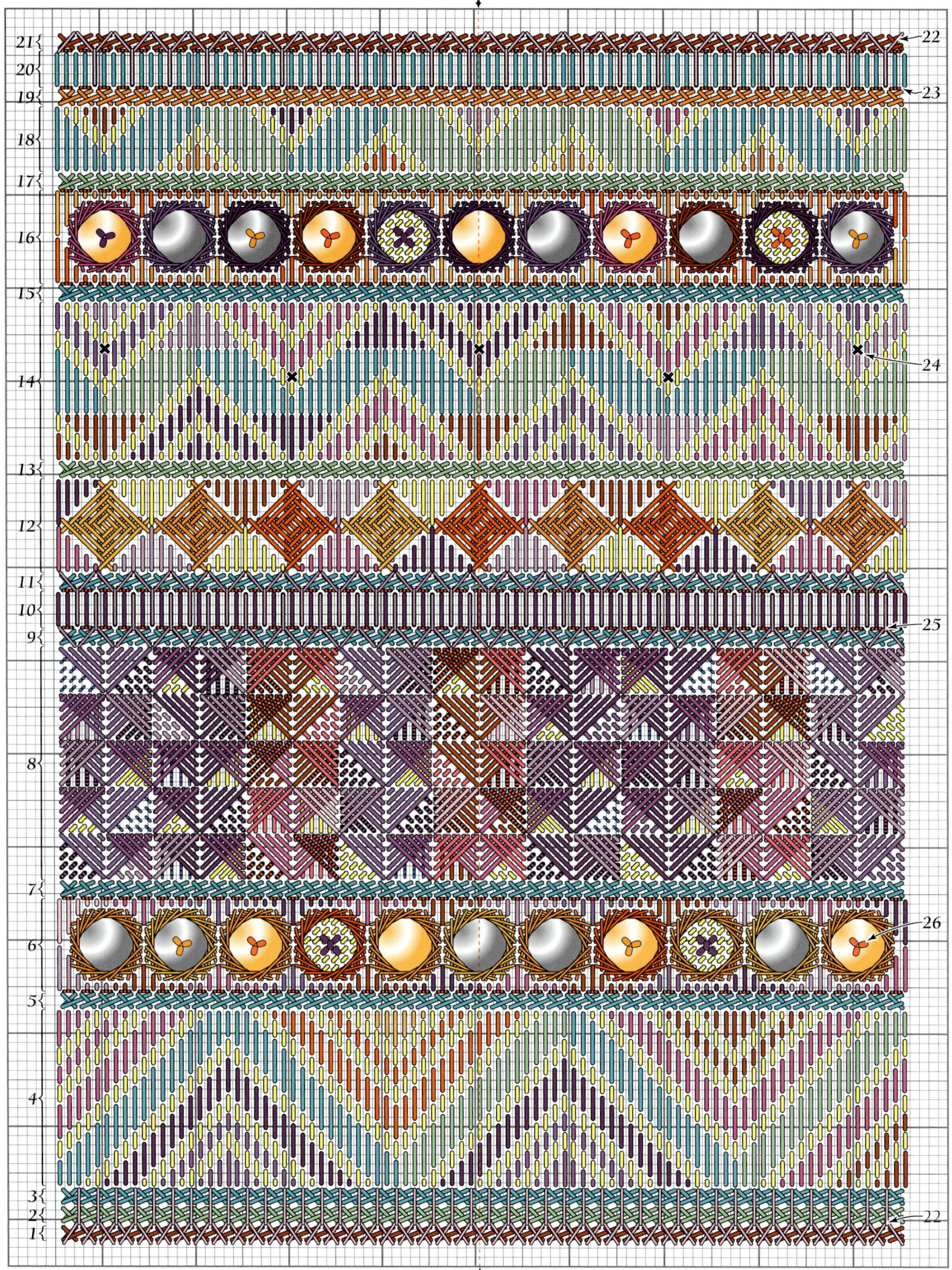

PANEL INDIO

LISTA DE CÓDIGOS DEL PANEL INDIO

- — *Algodón perlé DMC nº 5 en 911*
- — *Lana Appletons en 435*
- — *Hilo fino kreinik #8 en 024HL*
- — *Hilo medio kreinic #16 en 027*
- — *Algodón perlé DMC nº 8 en 552*
- — *Lana Appleton en 455*
- — *Lana Appleton en 607*
- — *Lana Appleton en 864*
- — *Lana Appleton en 866*
- — *Lana Appleton en 504*
- — *Lana Appleton en 804*
- — *Algodón perlé DMC nº 8 en 718*
- — *Algodón perlé DMC nº 5 en 915*
- — *DMC metálico en 5289*
- — *DMC rayón en 30552*
- — *Hilo fino kreinik #8 en 012*
- — *DMC rayón en 30915*
- ooo *Cuentas tamaño 11*
- ----- *Línea central*
- ● *22 cristales de shisha de 11 mm de diámetro.*

1 *Punto de cruz de brazo largo en DMC 915*
2 *Punto de cruz de brazo largo en DMC 911*
3 *Punto de cruz en Appletons 435*
4 *Contorno del punto Gobelin en Kreinik 027, zigzag en Appletons 435 y DMC 911. Otras formas en Appletons 804, 455, 864, 504, 607 y DMC 915*
5 *Punto de cruz de brazo largo en Appletons 435*
6 *Punto Jessica en Appletons 864, 866, 504. Contorno del punto Gobelin en Appletons 804, 455, 607 y DMC 915, 552, 718*
7 *Punto de cruz de brazo largo en Appletons 435*
8 *Medio punto de cojín en DMC 915 y Appletons 455, 607, 804. Complete con punto de tienda, gobelin y medio punto de cojín en una mezcla de kreinik 024HL, 012, 027 y DMC 915, 718, 552, 5289, 35552, 30915*
9 *Punto de cruz de brazo largo en Appletons 435*
10 *Punto Gobelin en Appletons 607*
11 *Punto de cruz de brazo largo en Appletons 435*
12 *Punto de escapulario cuadrado en Appletons 864, 866, 504. Triángulos en kreinik 027, DMC 915, 552 y Appletons 804, 455, 607*
13 *Punto de cruz de brazo largo en DMC 911*
14 *Contorno del punto Gobelin en kreinik 027. Banda principal en Appletons 435 y DMC 911. Otras formas en Appletons 804, 455, 607 y DMC 915, 552*
15 *Punto de cruz de brazo largo en Appletons 435*
16 *Punto Jessica en Appletons 804, 455, 607 y DMC 915. Contorno de punto gobelin en Appletons 864, 866, 504*
17 *Punto de cruz de brazo largo en DMC 911*
18 *Contorno de punto Gobelin en kreinik 027, zigzag en Appletons 435 y DMC 911, triángulos pequeños en Appletons 864, 866, 504, 455, 804, 607*
19 *Punto de cruz de brazo largo en Appletons 866*
20 *Punto gobelin en Appletons 435*
21 *Punto de cruz de brazo largo en DMC 915*
22 *Punto mosca en DMC 718*
23 *Punto lineal en kreinik 024HL*
24 *Marca la posición de las borlas*
25 *Punto mosca 5n DMC 552*
26 *La posición de las cuentas fijadas con punto de tienda*

Nota: necesitará 2 madejas de Appletons 435 y kreinik 027 y una madeja de todos los otros hilos

secuencia de color. Complete los espacios triangulares con puntos rectos en dos hebras de lana 455, 607, 804, algodón perlé 552, 915 e hilo 027.

10 Habiendo bordado la siguiente línea de puntos de cruz de brazo largo, empiece desde el centro de la banda 14, que consiste en triángulos o «prairie points». Fíjese en el esquema para la longitud de los puntos en cada triángulo, ya que varían. Use el hilo medio 027 para hacer el contorno de cada punto. Entonces rellene con algodón perlé 915 y 552 y dos hebras de lana 455, 607 y 804. Haga la línea de punto gobelin verde en perlé 911 y tres hebras de lana 435.

11 La banda superior de cristal shisha es una repetición de la primera serie con una fila de puntos de cruz de brazo largo con algodón perlé 915 y lanas 455, 607 y 804. Rellene detrás de los puntos Jessica con una combinación de lanas 864, 866 y 504. Acabe la banda con el detalle en punto lineal, que se trabaja usando el hilo fino 024HL.

12 La banda 18 es una versión en pequeño de la banda previa de triángulos o «prairie points». Borde el zigzag verde principal en algodón perlé 911 y tres hebras de lana 435 y use hilo 027 para hacer el contorno de cada punto como antes. Complete los triángulos con algodón perlé 915 y 522 y lanas 864, 866, 504, 804, 455 y 607, ya sea siguiendo el esquema o en su propia secuencia.

13 Acabe el diseño con una serie de puntos rectos Gobelin. Entonces haga dos líneas de punto de cruz de brazo largo en lana 866 por debajo y algodón perlé 915 por encima de los puntos Gobelin. Solápelas con una fila de un solo espacio de punto mosca sobre cuatro hilos en algodón perlé 718, para adornar la superficie de los puntos Gobelin y puntos de cruz de brazo largo.

14 Fije las borlas en los triángulos en un color que combine (ver páginas 26-27). Puede usar hilos con los que haya estado trabajando o hilos finos de bordado a máquina. Haga las borlas tan finas o tan gruesas como desee. Es mejor hacerlas un poco más grandes de lo que usted crea que es necesario y cortarlas una vez que se hayan cosido. Añada una cuantas cuentas pequeñas en el hilo cuando fije las borlas, para asegurarse que cuelguen adecuadamente.

15 Bloquee el trabajo (ver página 29). Entonces póngalo en un marco (ver página 32) o remátelo como si fuese un panel para un cojín exótico.

Trucos

- *Sustituya sus puntos favoritos, pero asegúrese de que encajan en los mismos espacios y el diseño mantiene su equilibrio.*
- *Rellene los puntos Jessica con tela de araña (ver página 99) o punto de tienda, doble cruz recta o puntos de ojo, si lo desea.*
- *Repita sus bandas favoritas para agrandar el bordado y convertirlo en un adorno para la pared.*
- *Sustituya los hilos que tiene, ya que solo se necesitan pequeñas cantidades excepto para el trenzado en bronce.*

TRABAJO ABIERTO

Trabajo estirado y vainica

Las técnicas de trabajo abierto cambian la estructura del tejido y una gran variedad de puntos lo enriquecen con efectos transparentes y una calidad similar al encaje. Uno de los tipos de bordado más antiguos y conocido originalmente como opus tiratum, *la vainica, es la base de muchas técnicas de bordado donde algunos de los hilos del tejido se sacan. Como esto debilita el tejido, los hilos que quedan se fortalecen y decoran con puntos de relleno, de tejido. Estas técnicas forman la unión entre el trabajo cortado y el trabajo de estirado de tejido, en el cual no se saca ningún hilo del tejido sino que se juntan con puntos de relleno para producir delicados efectos de encaje.*

La vainica no apareció en Inglaterra hasta el siglo XVI, cuando se usaba para decorar la ropa de casa. Se puede encontrar en muchos dechados del siglo XVII, en los que a menudo es usado con otras técnicas. Se usa en países como Armenia, Portugal y Sicilia pero se suele asociar más con los bordados escandinavos, donde se ha usado en ropa y lino en la iglesia desde el siglo XVIII. A mediados del siglo XVIII, esta técnica, conocida como Hedebo, empezó en el oeste de Copenhagen como un bordado de agricultores hecho en lino trabajado a mano. En la mayoría de los ejemplos encontrados anteriores a 1820, consistía de solamente un trabajo cortado y calado combinado con una gran cantidad de puntos superficiales. Entre el 1820 y mediados del siglo XIX se añadieron más rellenos de trabajo cortado basados en el trabajo italiano llamado reticella, puntos de lazo se añadieron a la vainica, aunque todavía permanecían los bordados superficiales. En el bordado Hedebo se traza el contorno de motivos geométricos como cuadrados, triángulos o estrellas con pequeños bloques de puntos de raso, conocidos como bloques kloster. Entonces algunos hilos de dentro del motivo se cortaban y se sacaban. Los hilos restantes se decoraban con cualquier sobrehilado. Este tipo de bordado se usaba para cuellos de camisas de lino, puños y para adornos para las paredes y frisos. En Suecia la vainica se conoce como Naversom o bordado de corteza de abedul, nombre que se le dio ya que en el método original se usaba un trozo de corteza de abedul como marco en el que se estiraba el tejido.

Trabajo en tejido estirado

Esta técnica es efectiva tanto en formas geométricas como en diseños florales con curva. Se trabaja mejor en un marco con una aguja gruesa e hilo fino. Los puntos se tensan juntando el tejido y dejando un agujero. Una aguja más grande de lo habitual se usa para agrandar el agujero. Los contornos de los motivos se pueden trabajar en el punto adecuado, como de cuatro lados, de raso y punto lineal, y rellenado con una gran variedad de puntos que se pueden juntar. Estos incluyen el chevron diagonal, punto ojo, punto haz, punto de panal punto de tres lados y punto ondulado. Los colores propios son más efectivos y el trabajo estirado a veces se combina con otros tipos de bordado en blanco y quilting. El mejor ejemplo es el trabajo Dresden (ver página 154).

Página opuesta: dechado zurcido. Inglaterra, finales del siglo XVIII. El tejido de lino fino está trabajado con seda rosa de hilo de lino blanco en el ojal, los rellenos, los puntos dobles y la vainica

Debajo: detalle de un tapete para la mesa. Mityline, Grecia, siglo XIX. En raso contado y los puntos estirados se trabajan sobre lino blanco apoyado en seda roja

TRABAJO ABIERTO

Arriba a la derecha: detalle de trabajo estirado en ropa de bebé, posiblemente entre 1830 y 1850. Irlandés (ver página 141)

Derecha: detalle de bordado Hedebo. Trabajo tradicional en lino con tejido vainica, puntos de raso y cadeneta en forma de planta y flor estilizada

Debajo: escudo Real Inglés por Lady Evelyn Stuart Murray, 1912. Trabajado en algodón blanco en batista con puntos de raso con rellenos de tejido

Sabemos que el tejido estirado fue muy usado en el Medio Este durante los siglos XIII y XIV, así como ejemplos con patrones geométricos que se han encontrado en Egipto. En Europa se trabajaba en los países productores de lino como Alemania y Dinamarca, donde se trabajaban diversas variantes de trabajo abierto sin cortar los hilos. Con el desarrollo de la mecanización, había disponibles nuevos materiales que se usaban para el trabajo estirado. Esta diversidad de tejidos asegura una gran variación en la calidad del bordado acabado. Por ejemplo, en algunas piezas españolas e italianas del siglo XVI, el tejido de lino forma los motivos o el patrón mientras que el fondo y los detalles son tejido estirado. Otros ejemplos trabajados en el lino más fino tenían mucha delicadez y eran llevados como pliegues enganchados a las gorras de las mujeres o volantes para las mangas.

Chalecos y delantales del siglo XVIII

En Gran Bretaña durante principios del siglo XVIII, los hombres llevaban largos chalecos debajo de abrigos oscuros que llegaban hasta las rodillas. Durante la década de 1730, hubo una moda de chalecos en lino blanco. Solían estar enriquecidos con una combinación de tejido estirado, colchaduras y puntos superficiales. Solo se trabajaban las dos partes de delante, normalmente con diseños de flores o de hojas. Se usaban los nudos franceses para añadir variedad a la textura del trabajo y algunos de los motivos tienen un contorno levantado en cordones y punto de ojal. Ocasionalmente, el trabajo levantado formaba el fondo de los motivos más que los propios motivos. Los botones también eran un aspecto decorativo, y estaban hechos de lino bordado en patrones de puntos pequeños o nudos franceses.

Durante mediados del siglo XVIII, los delantales estaban bordados de forma similar. No eran adornos funcionales, sino aspectos decorativos de los tejidos más finos. El diseño más usual era la puntilla con bordado más elaborado concentrado en el dobladillo y en los bordes. A veces se incluían pájaros exóticos. Algunos pueden haberse originado en la India, donde la muselina fina y con textura abierta se usaba más que el lino para el trabajo estirado. Un trabajo similar se usaba para decorar pañuelos durante los siglos XVIII y XIX, pero fue a principios del siglo XX cuando se hizo uno de los ejemplos más destacados.

Trabajo destacado

En 1905 en el pueblo belga de Malinas, Lady Evelyn Stuart Murray, la hija menor de John, duque de Atholl y una importante bordadora, decidieron trabajar en un panel del Escudo Real Británico.

Tenía el diseño dibujado por una dibujante profesional de Viena. Los escudos británicos están rodeados en un rollo de cardos, rosas y tréboles con las plumas del príncipe de Gales y el lema *Ich dien* (yo sirvo). Está trabajado en algodón blanco suave en la batista de cristal más fino en raso, raso rellenado y puntos con tejido de vainica rellenado. Lady Evelyn estaba interesada en el encaje y esto se refleja en el trabajo estirado, que es reminiscente de «Brussels Pint de Gaze». La pieza fue completada en 1912, pero antes de acabarse, lo mandó a la Escuela Real de Bordado para que lo tasasen.

Contrastes europeos

La mayoría del trabajo estirado hecho en el norte de Europa es monocromo, usualmente blanco, mientras en el este del Mediterráneo, en áreas como Turquía y Grecia, usan el trabajo estirado como contraste de seda llena de color y bordado en hilo metálico. En Armenia el algodón tejido a mano y los chales de muselina y las bufandas tienen un bordado de seda de muchos colores con áreas de trabajo estirado en hilos malva.

Durante los años 20 el bordado en Europa era de diseños mucho más altos y más aventurado que en Gran Bretaña. En Austria, el trabajo decorativo estirado, el lino y la red se usaba para diseños abstractos o descripciones de campesinos y santos en un estilo moderno. Gran Bretaña vio los inicios del trabajo más experimental de los bordadores como Marion Stoll que en 1926 usó puntos de tejido estirado como fondo para su panel trabajado en blanco llamado «Bailarín». Este diseño angular da la impresión de una figura femenina atrapada en la luz contra un fondo bastante vago y fuertes líneas diagonales le dan una sensación de movimiento.

Durante los años 30, 40 y principios de los 50, el trabajo estirado siguió siendo usado para aplicaciones más prácticas. En Francia y Bélgica se decoraban con trabajo estirado blusas finas de linón y lencería, pero se usaba más para la ropa de casa. Las sábanas suizas y las fundas de almohada estaban bordadas con formas de flores, con contornos en punto de raso y los centros con trabajo estirado. En Francia el lino para la mesa se producía con motivos con contornos con centros en tejido estirado. En Suecia el pájaro tradicional, la hoja y las formas geométricas se trabajaban en manteles y salvamanteles en hilo de lino que quede bien con el tejido de fondo. Se podrían comprar con los puntos estirados parcialmente como guía para bordadores principiantes. Con el uso creciente de lavadoras, secadoras y tejidos de cuidado fácil, el trabajo estirado y la vainica son ahora menos populares para las piezas domésticas.

Izquierda: hoja Sycamore, 1999, por Jenny L. Adin. Esta pieza incluye una variedad de trabajo estirado bordado en lino usando hilo de flor blanca. El contorno está trabajado en punto lineal

Debajo: detalle de un tapete de mesa por Kathleen Whyte, a principios de los años 50. El dorado pálido finlandés se ha trabajado en lino blanco e hilos de seda, con la inserción de la vainica

TRABAJO ABIERTO

Técnicas de punto estirado y vainica

Tanto el punto estirado como la vainica alteran la estructura del tejido. En la vainica, los hilos del tejido se juntan para crear espacios abiertos, que se decoran con puntos para producir efectos geométricos. En el punto estirado los puntos estiran del tejido para hacer patrones parecidos al encaje que se pueden usar para rellenar formas geométricas o libres.

Tejidos

Asegúrese de que elige un tejido ligeramente abierto para trabajar tejido estirado y enfatizar los patrones similares al encaje. La vainica se tiene que trabajar en un tejido fuerte, que puede ser de mayor peso si es necesario.

Las dos técnicas se trabajan bien en la ropa de casa y la vainica va especialmente bien para bordes de manteles y servilletas.

Agujas

Para las dos técnicas, use la aguja de tapicería la más grande posible que pasará fácilmente a través de los agujeros del tejido. Use las mismas agujas para retirar los hilos del tejido.

Hilos

Escoja un hilo que sea de peso similar a un hilo del tejido. Un hilo de lino o algodón será adecuado para trabajo estirado y use un hilo de perlé o algodón para la vainica.

Herramientas adicionales

El trabajo estirado se puede trabajar en un aro de bordado o en un marco, aunque el tejido no debería tensarse demasiado para permitir que los puntos estiren de los hilos de la forma adecuada. Sin embargo, para la vainica debería empezar con el tejido en sus manos mientras retira los hilos y haga el dobladillo. Pase el hilo a un aro, enganchado a los aros interior y exterior, o un marco para trabajar puntos decorativos.

Técnicas de trabajo estirado

El trabajo de tejido estirado se basa en la elección de puntos para hacer patrones particulares, así como en las áreas de diferente densidad para sacar el diseño. Es importante contar los hilos del tejido meticulosamente, ya que los puntos necesitan ser totalmente regulares para mostrar las texturas de la mejor forma.

Hay un gran número de puntos disponibles para el trabajo estirado, algunos de los cuales aparecen en las páginas 96-99 y su elección dependerá de si los puntos quedan bien en las formas de su diseño y si le proporcionan la densidad, la dirección y la textura que está buscando. Tenga en cuenta que los puntos delicados quedan mejor en un tejido fino con una cuenta alta, mientras que un trabajo a gran escala necesitará un tejido más fuerte.

Pasando el diseño

Primero tiene que encontrar las líneas centrales del tejido y marcarlas hilvanándolas como se describe en la página 28. Entonces, marque las líneas centrales en su diseño y trácelo en papel de tisú. Coloque el diseño en papel de tisú sobre el tejido con alfileres haciendo que coincidan las líneas centrales, y entonces pase el diseño usando puntos de calcado como se explica en la página 31. Estire del papel tisú para que queden a la intemperie los puntos e inserte el tejido en el marco. Ya está todo listo para empezar el bordado.

Empezando y acabando

Empiece el hilo de trabajo con un nudo. Deje 10 cm de longitud para pasarlos más tarde por detrás de los puntos, de forma que no se vea a través de los patrones (ver página 28). Empiece a trabajar la primera fila de puntos en medio de la zona que se ha de rellenar. Entonces, centre el patrón y haga una fila larga de puntos antes de trabajar un punto parcial para que encaje al final de cada fila. Trabaje todas las filas del mismo modo. Acabe pasando el hilo por detrás de los puntos.

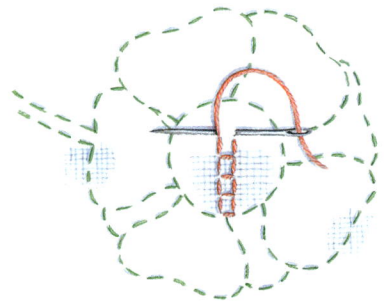

Empiece trabajando los primeros puntos en la zona que hay que rellenar

Secuencia de trabajo

Debería bordar primero los elementos superficiales y luego los elementos de fondo. Por ejemplo, si su diseño es una flor, trabaje primero el centro, los pétalos de arriba a continuación, después

TÉCNICAS DE PUNTO ESTIRADO Y VAINICA

los pétalos que quedan por debajo y finalmente el fondo.
Esto le ayudará a definir las formas en un diseño.
Cuando haya hecho todos los puntos del trabajo estirado elimine todos los hilos que usó para hilvanar y use cualquier punto para contorno donde sea apropiado.

Elimine los hilos que usó para hilvanar y borde alrededor del contorno

Técnicas de vainica

En la vainica los hilos de la urdimbre se sacan a lo largo de la longitud del tejido, mientras que los hilos de la trama se sacan a lo ancho. Esto tiene como resultado bordes abiertos y agujeros cuadrados donde se encuentran los bordes.
Los puntos de dobladillo se usan para fijar los bordes y juntar los hilos de tejido sobrantes en grupos de dos, tres o cuatro.
Los hilos cosidos se trabajan en los bordes, uniendo los grupos en más grupos y en los agujeros de los cuadrados en las esquinas.
Estas técnicas requieren una preparación cuidadosa y haber contado meticulosamente en el tejido para asegurarse de que el diseño funcionará.

Preparando el diseño
Primero debería decidir qué puntos quiere usar. Cada punto se trabaja sobre un número de grupos de hilos, de manera que debería contar cuántos grupos se deben hacer para el diseño. Practique los puntos y los bordes en papel para ver si quedan bien juntos, así como las dimensiones necesarias del tejido. Recuerde tener en cuenta los dobladillos.

Pasando el diseño
Usando una aguja de tapicería y un hilo que contraste, hilvane todos los bordes y las esquinas en el tejido. Si el tejido es muy largo márquelo con alfileres para evitar tener que recontar desde el principio si se equivoca. Saque todos los hilos que usó para hilvanar una vez haya acabado.

Sacando hilos
Tome una aguja de tapicería y levante uno de los hilos que hay que sacar desde el punto central a lo largo del borde. Corte el hilo y empiece a sacarlo desde el punto central. Saque el hilo hasta una distancia corta de la esquina y córtelo, dejando un cabo lo suficientemente largo como para volver a coserlo en el tejido.

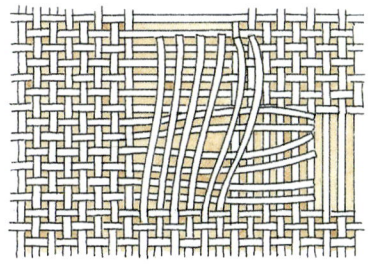

Corte los hilos y sáquelos la medida necesaria

Saque los hilos de uno en uno para evitar distorsionar el tejido. Cosa cada uno de nuevo en el tejido y entonces vuelva a coserlos sobre ellos mismos por encima y por debajo de los hilos que cruzan en punto de red de canasta para que no se desenmarañen. Mantenga la tensión constante

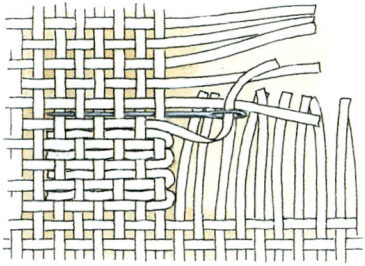

Vuelva a coser en los hilos sacados con una aguja de tapicería

para que los lados de las esquinas estén rectos.

Ceñir los bordes
Cosa un dobladillo a lo largo de los bordes envolviendo los hilos del tejido. Cosa el hilo que está usando para trabajar debajo de los puntos del dobladillo.
Ciña los dos bordes exteriores de las esquinas recosidas, empezando con unos cuantos puntos lineales y siguiendo con punto de ojal. Acabe cosiendo el hilo con el que está trabajando detrás de los puntos.

Puntos decorativos
Coloque el tejido en un marco de bordado y empiece a tejer el hilo por detrás de los puntos de ojal final de cada borde. Entonces, saque la aguja por el lugar necesario, que es a veces el centro del borde agujereado. Haga los puntos con una tensión constante. Acabe cosiendo el hilo dentro de los puntos de ojal al otro lado del borde.

Acabar el bordado
Cuando todos los puntos decorativos estén completos gire los dobladillos y coloque alfileres. Cosa el dobladillo y ensamble las esquinas.
En las siguientes páginas encontrará una selección de puntos para el trabajo estirado y la vainica.

TRABAJO ABIERTO

PUNTO CON BORDE EN CADENA

USOS: relleno

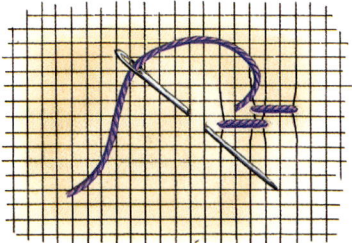

1 Haga un punto a lo largo de cuatro hilos. Baje dos hilos en diagonal y haga un segundo punto sobre cuatro hilos, empezando debajo y a la mitad del primer punto.

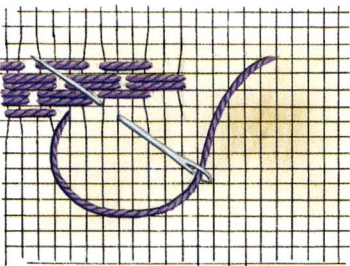

2 Para el tercer punto suba al mismo agujero donde acabó el primer punto y haga un punto sobre cuatro hilos. Haga el cuarto punto como el segundo y siga hasta el final de la fila.

3 Haga la siguiente fila en dirección contraria, colocando los puntos superiores en los mismos agujeros de la fila anterior para formar pares. Mantenga los puntos tensos todo el rato

PUNTO DE CUATRO LADOS

USOS: relleno

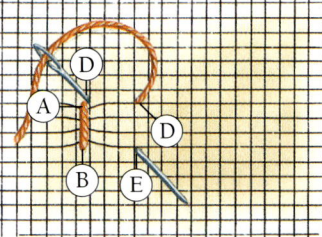

1 Haga un punto vertical hacia abajo de A a B. Suba la aguja por C en diagonal hacia la derecha. Haga un punto horizontal hacia D y suba por E en diagonal hacia la derecha.

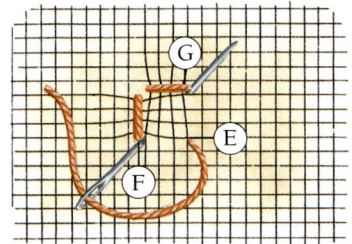

2 Haga un punto horizontal hacia la izquierda en F y suba la aguja por G hacia la derecha y empiece de nuevo.

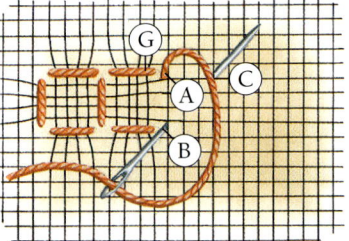

3 Repita la secuencia de punto desde el principio para hacer una fila de cuadrados unidos. Asegúrese de mantener los puntos tensos todo el rato.

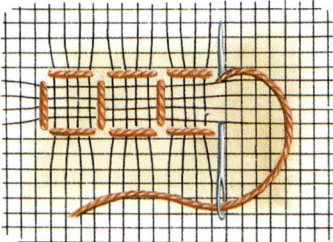

4 Al final de la fila, haga el cuarto lado del cuadrado y vuelva a subir la aguja en el mismo agujero en el que se empezó el último punto para empezar la siguiente fila.

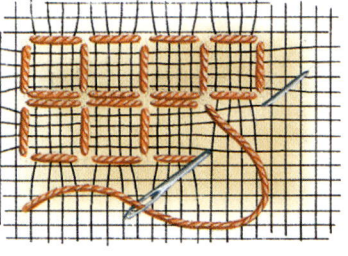

5 Haga la fila de abajo, invirtiendo las instrucciones para trabajar en la dirección contraria o gire el tejido para poder hacer los puntos exactamente igual que la fila anterior.

Los puntos de relleno como los puntos de cuatro lados se trabajan en filas para llenar una figura. Las filas pueden ir hacia arriba y abajo, en diagonal o de lado a lado, una fila en una dirección y la siguiente en dirección contraria. En las filas de retorno invierta la secuencia o gire el tejido para que los puntos se puedan trabajar siempre del mismo modo. La secuencia para cada punto hace que el hilo cuando esté tenso estire de los hilos del tejido y cree patrones característicos.

BANDA DIAGONAL ELEVADA

USOS: relleno

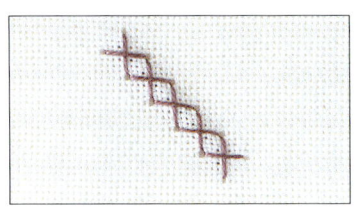

1 Haga un punto que cubra ocho hilos. Empiece el siguiente a media altura y a una distancia de cuatro puntos del anterior. Continúe trabajando puntos verticales en diagonal.

2 Gire el trabajo y vuelva a lo largo de la misma línea añadiendo puntos horizontales que cubran ocho hilos sobre cada punto vertical. Mantenga los puntos tensos.

Cuando la primera fila esté completa gire el bordado de nuevo para hacer la siguiente fila. Coloque el primer punto vertical a ocho hilos de distancia del primer punto vertical de la fila anterior. Complete la fila como antes de forma que los finales de cada punto de cruz usen el mismo agujero que los puntos de cruz de al lado. Aunque el punto se trabaja sobre ocho hilos del tejido en este ejemplo, también se puede hacer sobre cuatro o seis hilos.

TÉCNICAS DE PUNTO ESTIRADO Y VAINICA

PUNTO DE RELLENO DE RASO DIAGONAL

USOS: relleno

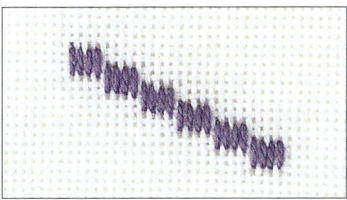

De izquierda a derecha haga cuatro puntos de raso verticalmente cubriendo cuatro hilos. Empiece cada nueva unidad de cuatro en el hilo de al lado y dos hilos abajo desde la última unidad.

PUNTO DE PANAL

USOS: relleno

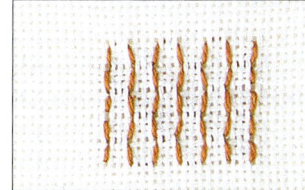

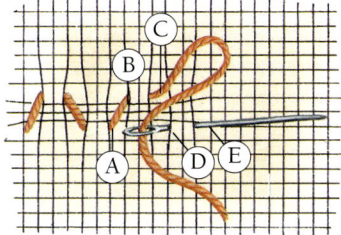

Haga un punto vertical de A a B. Suba la aguja en C tres hilos hacia la izquierda. Haga un punto vertical hacia D. Suba por E y repita, manteniendo los puntos tensos.

PUNTO DE HAZ

USOS: relleno

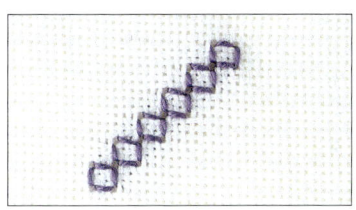

El punto de haz se trabaja en una línea diagonal desde la parte superior derecha hasta la parte inferior izquierda. Los puntos son siempre diagonales en el reverso, de manera que los hilos se juntan. El punto se hace sobre tres hilos de tejido en cada dirección en el siguiente ejemplo, pero también se podría trabajar sobre cuatro hilos.

1 Haga un punto horizontal de A a B. Suba la aguja por C y haga el segundo punto, bajando la aguja por D. Suba la aguja por E y repita el proceso.

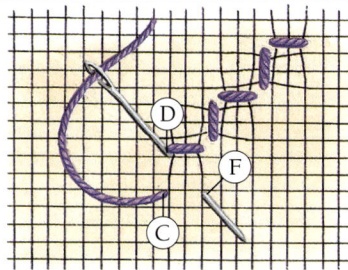

2 Al final de la fila, complete el punto de C a D. Suba la aguja por F. Trabaje a lo largo de la fila de retorno invirtiendo la secuencia o girando el bordado para trabajar del mismo modo.

PUNTO DE RELLENO DE ROLLO

USOS: relleno

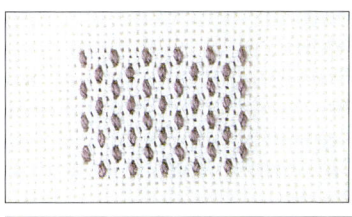

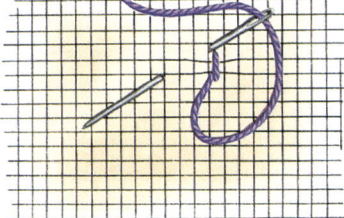

1 Haga dos puntos de raso verticales en los mismos agujeros sobre dos hilos. Haga el siguiente par de puntos en la misma fila cuatro hilos hacia la izquierda. Continúe hasta el final de la fila.

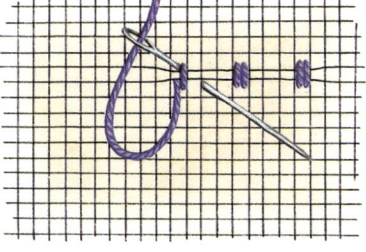

2 Para la siguiente fila suba dos hilos y haga el primer par de puntos de raso. Continúe centrando los pares entre los de la fila anterior.

Diseñe usted mismo

- Escoja una cuenta de tejido apropiada para la escala de los puntos y el diseño.
- Experimente con diversos puntos de relleno direccionales para dar la sensación de movimiento a un diseño.
- Use papel cuadriculado para preparar un esquema.

PUNTO LINEAL EN FORMA DE ARO

USOS: relleno

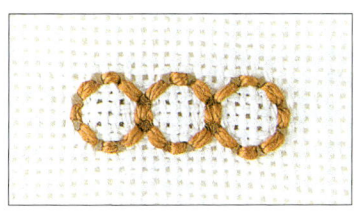

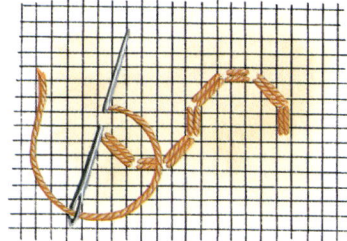

1 Haga dos puntos verticales sobre dos hilos entonces pares de punto lineal sobre dos hilos alrededor de la parte superior del primer aro. Continúe en la parte inferior del siguiente.

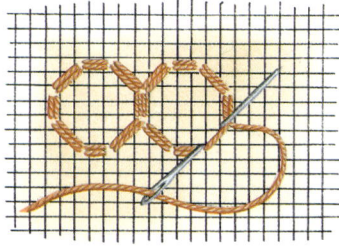

2 Al final de la fila, borde alrededor del último aro y borde a lo largo de la fila para completar los aros. Trabaje pares de puntos donde se crucen las líneas para dar cuatro puntos

97

TRABAJO ABIERTO

PUNTO DE DOBLADILLO

USOS: ceñir bordes, dobladillos

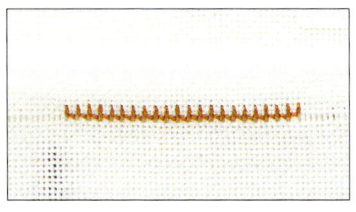

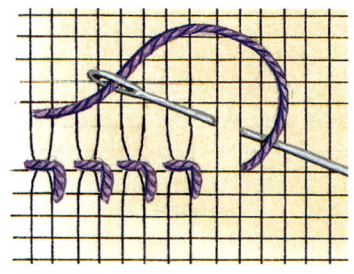

1 Trabaje de izquierda a derecha. Suba por el borde dejando suficiente hilo para fijarlo debajo de los puntos. Baje dos hilos del tejido por debajo y suba por el borde dos hilos hacia la derecha.

2 Trabaje en el sentido de las agujas del reloj alrededor de los dos hilos de la izquierda, con los puntos tensos y haciendo un bulto. Repita desde el punto vertical trabajando a lo largo del borde.

El punto de dobladillo se usa para fijar los bordes y hacer un bulto con los hilos en grupos de dos, tres o cuatro. Se pueden dejar planos pero también pueden formar la base para muchos patrones entrelazados y cosidos. Aquí el punto se trabaja en la parte derecha del tejido. También se puede usar para fijar un dobladillo, ya sea con un borde de vainica profunda o con una vainica de un solo hilo. Gire el dobladillo hacia detrás del trabajo y atrápelo con cada punto vertical.

PUNTO DE OJAL

USOS: bordes, contornos

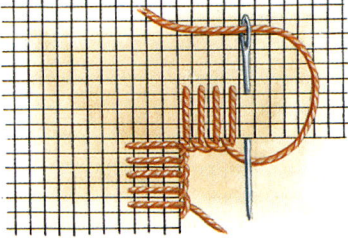

1 Fije el hilo y sáquelo por el borde que se está trabajando. Lleve la aguja hacia abajo a través del tejido y hacia arriba a través del lazo en el borde. Estire de la aguja y repita.

2 Gire una esquina interior trabajando el primer punto alrededor de la esquina en el ángulo correcto respecto al previo. Entonces estire de la aguja manteniendo el punto tenso.

Repita la secuencia de puntos juntos a los largo del borde asegurándose de que sean exactamente igual de largos y de que ocupan el mismo espacio. El punto de ojal es popular para acabar el borde de un tejido tanto en técnicas de punto contado como de punto no contado, porque es extremadamente resistente. Cuando el punto de ojal se trabaja con un espaciado más grande entre puntos es conocido como punto de manta.

BORDE ENTRELAZADO SIMPLE

OTROS NOMBRES: borde girado

USOS: borde

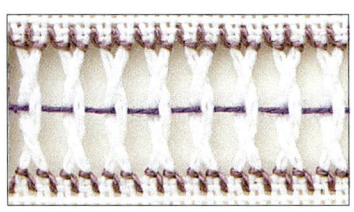

Antes del proceso de entrelazado pueda empezar debe fijar el hilo debajo de los puntos del ojal o la barra cosida en el borde a mano derecha. Una vez haya hecho esto saque la aguja a media altura del borde o de la barra. Ahora puede proceder con el entrelazado.

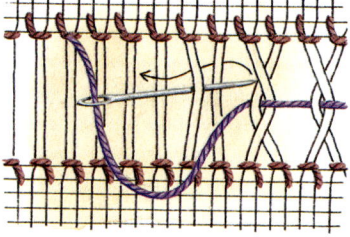

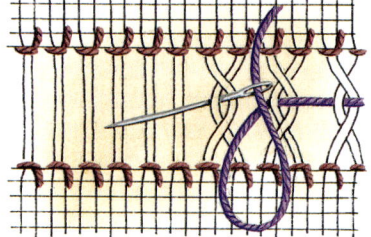

1 Trabajando de derecha a izquierda lleve el hilo sobre los dos primeros bultos de hilo del tejido. Saque la aguja hacia debajo del segundo bulto y sobre el primero.

2 Con la aguja entre los bultos, gírela en sentido contrario a las agujas del reloj para que el punto se encare a la izquierda y los bultos giren. Tire de la aguja y repita con el hilo tenso.

BORDE CON NUDO SIMPLE

USOS: borde

Saque el hilo a medio camino del borde o la barra. Lleve la aguja detrás de los tres primeros bultos. Envuelva el hilo en el sentido contrario a las agujas del reloj alrededor de la punta de la aguja. Meta la aguja a través del lazo, juntando los bultos y tensando el nudo. Repita anudando tres bultos juntos cada vez al final del borde y manteniendo el hilo tenso. Este borde de nudo simple es más efectivo cuando se trabaja sobre tres o cuatro bultos de hilos de tejido. Son posibles muchas variaciones. Por ejemplo, dos filas de nudos se pueden trabajar en un borde profundo para crear un patrón de formas de diamante. Las filas tienen que estar separadas por el mismo espacio, una por encima de la otra. En la fila inferior haga nudos alrededor de bultos de cuatro hilos. En la fila superior empiece haciendo un nudo alrededor de los dos primeros bultos desde la fila inferior. Entonces continúe anudando alrededor de cuatro bultos a lo largo del borde, dividiendo los bultos desde la fila de encima. Acabe con el último nudo alrededor de dos bultos. Este principio se puede usar también para variar el borde de entrelazado simple.

TÉCNICAS DE PUNTO ESTIRADO Y VAINICA

BARRAS

USOS: bordes, barras

El tejido es una alternativa al entrelazado para decorar bordes. El método más simple es juntar grupos de dos, tres o cuatro bultos del dobladillo para hacer barras verticales. Las barras también son muy útiles en calado (ver páginas 112-115). También se puede trabajar en tejidos de tramado liso perforando el tejido para ceñir un borde cortado como un ojo redondo en trabajo cortado (ver página 130) o bordado Ayrshire (ver página 145).

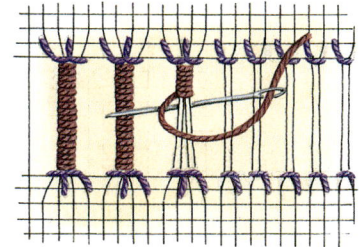

1 Envuelva el hilo en una capa sencilla alrededor de cuatro hilos del tejido manteniéndolo tenso. Llévelo a lo largo del reverso y envuelva en la dirección contraria.

En lugar de trabajar barras simples verticales, pruebe una variación simple. Antes de alcanzar el filo del borde, envuelva el doble de hilos del tejido. Entonces vuelva hacia atrás del borde, invirtiendo a la mitad de hilos para crear la segunda barra. Repita uniendo las parras en la parte superior e inferior del borde para crear un patrón en forma de V.

BARRAS ZURCIDAS

USOS: bordes, barras

Las barras zurcidas incluyen llevar la aguja por debajo y por encima para crear un efecto de tejido de cesta. Son muy efectivas en calado y trabajo cortado, así como vainica. Se pueden adornar con picots (ver páginas 114-115 y 130).

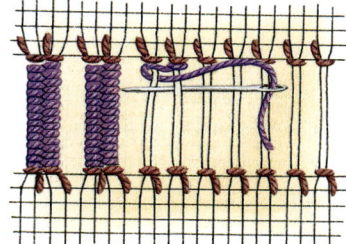

1 Vaya por detrás de dos bultos de hilos, después por delante a la izquierda. Vuelva la aguja por detrás de los bultos de la izquierda y por delante de los de la derecha. Teja hacia debajo.

Las barras zurcidas se pueden trabajar en muchas variaciones y también en combinación con las barras anteriores. Trate de unir un bulto de hilos a medio camino a lo largo del borde desde la parte de arriba hacia abajo. Entonces tome el siguiente bulto y haga una barra zurcida a lo largo de los dos para el resto de la distancia. Finalmente, pase la aguja discretamente a lo largo de la barra zurcida y cubra el resto del bulto de hilos sin trabajar.

TELA DE ARAÑA

USOS: relleno

Los puntos de relleno como la tela de araña se pueden usar para adornar los cuadrados abiertos que se forman donde las dos líneas de hilos sacados se unen, normalmente en vainica y calado (ver páginas 112-115 para rellenos similares). Los cuadrados tienen que ser ceñidos y formar barras que proporcionarán la base para el punto de relleno. También se pueden usar en técnicas de punto no contado como el trabajo cortado y Ayshire.

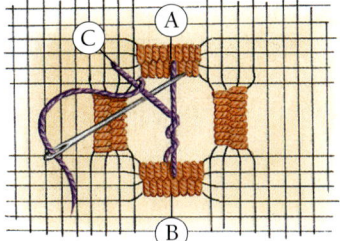

1 Fije el hilo y suba por A en medio de la barra superior. Baje por B y envuelva el hilo alrededor del radio hacia el centro. Baje por C y repita.

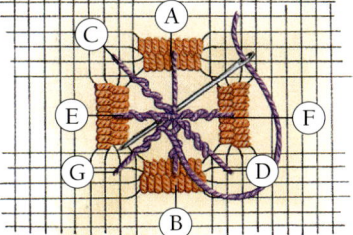

2 Siga la secuencia, envolviendo de nuevo hacia el centro en B a G. Entonces cruce el centro hacia atrás, junte los radios con un nudo y salga entre E y G.

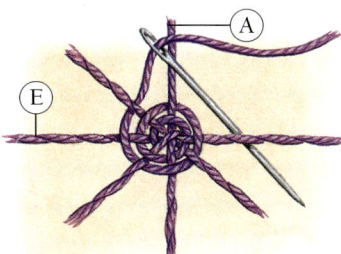

3 Teja el hilo sobre el radio E y por debajo y arriba alternando los radios en el sentido de las agujas del reloj. Cuando la tela tenga el tamaño deseado, acabe de tejer después del radio A.

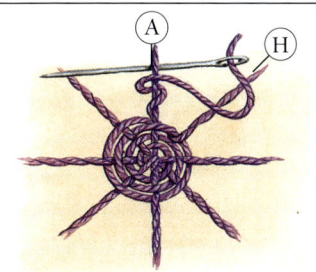

4 Suba a través del borde de la red y saque el último radio hacia H. Envuelva el hilo de nuevo hacia la red y hacia arriba para enrollar el hilo hacia A.

Este método muestra la tela de araña enrollada en seis radios antes de que el último se haya hecho y el primero se haya liado para acabar la unidad. Se puede hacer una red sencilla sobre cuatro radios tejidos diagonalmente. Lleve el hilo a lo largo de una diagonal y envuelva hacia el centro. Saque el hilo por el tercer radio, vuelva a envolver y repita por el cuarto radio. Teja la tela de araña. Finalmente envuelva el hilo a lo largo del primer radio.

Cojín con flores

El diseño de este cojín combina el frescor de las flores y el sutil color de las hojas del fondo. Los puntos estiran el tejido en detalles exquisitos, dándoles diferentes texturas, que animan el diseño y le dan un toque tridimensional. El diseño se ve realzado por los puntos stem que rodean cada flor. Diseño de Tracy Franklin

1. Calque el diseño a la vuelta, incluyendo las líneas centrales, en papel tisú. Encuentre las líneas centrales del tejido de lino. Enganche el papel al tejido con alfileres, uniendo las líneas centrales. Hilvane el papel en su posición a lo largo de las líneas centrales y elimine los alfileres.

2. Empezando en el centro, hilvane alrededor de todas las formas fijando bien el hilo. Elimine el hilo de las líneas centrales. Arranque el papel tisú dejando solamente el contorno hilvanado. Coloque el tejido en un marco de bordado.

3. Solamente necesitará una aguja de tapicería y dos hilos de algodón para los puntos de tejido estirado. Borde las flores empezando con la primera que hay en la parte superior derecha de diseño. Complete la mayoría de las hojas para esa flor y entonces proceda con el resto de las flores de acuerdo con los números del diagrama.

4. Borde el centro de cada flor primero. Cada centro se trabaja en uno de tres puntos diferentes en algodones 3033 y 3782 y dos centros se quedan sin bordar.

5. Borde los pétalos empezando con el que más se solape sobre el resto, acabando con el que quede más cubierto por el resto. Todos los pétalos se trabajan en uno de cuatro puntos diferentes en algodones 3033 y 3782, con algunas partes de los pétalos sin bordar. Acabe el punto final de cada fila que toque la zona en blanco haciendo el borde desigual.

6. Borde las hojas de cada flor antes de seguir con la siguiente flor. Todas se trabajan en punto de cuatro lados sobre dos hilos del tejido en algodón 832.

7. Cuando todas las flores y sus hojas principales estén completas, acabe el resto. Las hojas muy oscuras se trabajan en punto de cuatro lados sobre dos hilos del tejido en algodón 830. Trabaje el resto del fondo con punto de borde encadenado sobre cuatro hilos del tejido en algodón 3802.

8. Elimine todos los hilos que usó para hilvanar. Acabe el diseño trabajando los contornos alrededor de los centros de todas las flores, usando cuatro hebras de hilo de bordar.

9. Saque el bordado del aro y prénselo. Deje el trabajo boca arriba en la tela de fondo y trabajando desde el centro hacia fuera hilvane las dos capas juntas. Cuando estén perfectamente planas, hilvane alrededor del bordador a través de las dos capas. Corte los bordes a 1 cm.

Área de diseño
21,5 cm cuadrados

Materiales
50 cm cuadrados de lino blanco antiguo de cuenta 25

Hilos de bordado (ver lista del diagrama)

50 cm cuadrados de tejido beige

50 cm cuadrados de tela de fondo color crema

38 cm cuadrados de relleno de cojín

Equipamiento
Papel tisú y lápiz

Alfileres

Hilo de coser claro

Marco de bordado

Tijeras de bordado

Aguja de tapicería del tamaño 24

Aguja e hilo para rematar

10 Para hacer la funda del cojín corte cuatro tiras del tejido beige que mida cada una 8,5 cm de ancho y 40 cm de largo. Con los lados buenos juntos y uniendo los bordes, pegue una tira al trabajo con un alfiler por la línea hilvanada. Entonces haga una costura de un centímetro empezando y acabando a un centímetro de los bordes del tejido bordado. Cosa el resto de los bordes del mismo modo, asegurándose de que se unen bien en las esquinas. Sobrehile los bordes para juntarlos y presione los bordes abiertos.

11 Coloque el bordado ya bordeado boca abajo en una superficie plana. Arregle los bordes de forma que queden uno sobre el otro en las esquinas. Dibuje una línea desde donde se juntan las costuras hasta el borde de cada esquina. Entonces vuelva a arreglar los bordes de arriba dejándolos por debajo de su compañero. Dibuje una segunda línea en cada esquina de la misma forma.

12 Levante el tejido y ensamble una esquina, con los lados buenos juntos uniendo las líneas de lápiz. A continuación, coloque los alfileres en el sitio adecuado y cuidadosamente cosa la costura empezando en la esquina de la costura alrededor del bordado. Repita el proceso en las cuatro esquinas. A continuación proceda a cortar las costuras ensambladas. Sobrehile los bordes y finalmente prense las costuras abiertas.

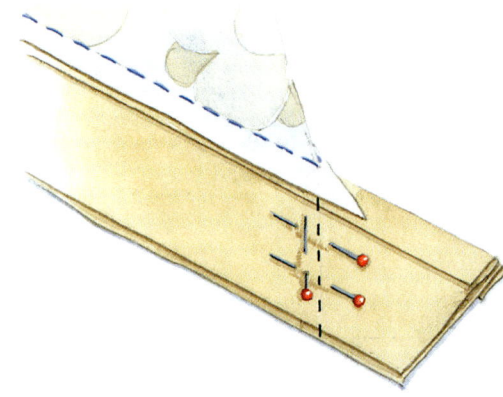

Coloque alfileres en los bordes asegurándose de que une las líneas diagonales

13 Ahora está preparado para completar la funda del cojín en su estilo preferido. Las instrucciones detalladas de cómo hacer una funda sencilla, en sobre, con botones o con cremallera las puede encontrar en las páginas 32-33. Este diseño particular se ha preparado para bordes de 6,5 cm de ancho con una costura de 1 cm dando 34,5 cm cuadrados a la funda del cojín. Finalmente inserte la almohadilla algo más grande dentro de la funda.

Marque una línea diagonal a 45 grados desde la esquina a la costura interior en cada borde

LISTA DE CÓDIGOS DE COJÍN DE FLORES

hilo de algodón DMC

A	Punto de 4 lados en 830 sobre dos hilos de tejido	K	K Tejido sin bordar
B	Punto de 4 lados en 832 sobre dos hilos de tejido		Punto stem en 3782
C	Borde encadenado en 3802		Punto stem en 3033
D	Punto de haz en 3782 sobre 3 hilos de tejido	- - - -	Patrón de relleno roto
E	Punto de haz en 3782 sobre 5 hilos de tejido		
F	Punto de raso diagonal en 3782 sobre 4 hilos de tejido		Nota: necesitará dos madejas de 3033
G	Punto de raso diagonal en 3782 sobre 6 hilos de tejido		y 3782 y una madeja de 830 y 832
H	Banda elevada diagonal en 3033		
I	Punto de panal en 3033 sobre tres hilos de tejido		
J	Punto de panal en 3033 sobre cinco hilos de tejido		

COJÍN CON FLORES

Diseño de Tracy Franklin

Tapete para la mesa

El diseño en vainica de este tapete es realmente imponente y la paciencia que tendrá que invertir para preparar y contar de forma precisa se verá bien recompensada. Está diseñado para que encaje en una mesa para seis, pero se puede reducir o agrandar para que valga para mesas de diferentes medidas, simplemente cortando o añadiendo partes del diseño. Los colores del tejido y los hilos son cálidos pero se pueden cambiar para adecuarlo a cualquier interior. Diseño de Tracy Franklin.

Materiales

2,5 x 1,5 m de tejido de tramado sencillo de color hueso de cuenta 19

Hilos de bordar (ver la lista del esquema)

Equipamiento

Alfileres

Hilo que haga contraste

Aguja de tapicería del tamaño 22

Aro de bordar

Aguja de canilla tamaño 22

Aguja de bordar tamaño 7

Agujas de bordar muy afiladas

1 Tómese su tiempo para estudiar el diagrama y los códigos de las páginas 106-107. Muestra un cuarto del diseño, por lo que se debe mover sobre la línea vertical y horizontal para repetir el diseño y crear el tapete completo.

2 Siguiendo el diagrama y la lista de los códigos, hilvane todo un lado largo del tejido para establecer el borde del trabajo acabado. Deje un trozo bastante generoso para el dobladillo y para ceñir los bordes. Ahora repita para establecer la línea base del borde corto a mano derecha.

3 Empiece a contar e hilvanar el diseño desde la primera esquina. Cuente cada grupo de hilos dos veces y márquelo con un alfiler antes de hilvanar y vuelva a contar de nuevo. Es fácil descontarse por lo que vale la pena perder un poco más de tiempo ahora para evitar cortar agujeros más tarde donde no debía hacerlo. Cuente ocho hilos para la cara del dobladillo y para el hilo que habrá que sacar e hilvane todo el tejido por los bordes largos y cortos.

4 Establezca el borde exterior de la vainica. Empiece contando una banda de 18 hilos a lo largo de los dos bordes e hilvane. Cuente 20 hilos por el otro lado del borde e hilvane.

5 El siguiente par de bordes en esta esquina están a algo de distancia y se empieza a contar desde la marca. Compruebe que el hueco entre el borde exterior y el siguiente en el lado largo es de 92 hilos, pero el correspondiente en el lado corto es de 52 hilos. Marque cada décimo hilo con un alfiler mientras esté contando hasta que esté seguro de que ha contado correctamente. Hilvane entonces los bordes exteriores en estos lados y saque los alfileres. Cuente 20 hilos para el ancho de los bordes e hilvane los bordes interiores.

6 Ahora avance a lo largo del lado largo del tejido. El siguiente borde está a 352 hilos y hay que contarlo con mucho cuidado. Use alfileres como antes para contar e hilvane el siguiente borde cuando esté seguro de que es el lugar correcto en el tejido.

7 Siga contando los huecos y los siguientes dos bordes como se muestra en el diagrama. Continúe trazando el resto del lado largo trabajando el diagrama en la dirección contraria. Asegúrese de que el hueco entre los dos bordes del medio es de 124 hilos en total.

8 Ahora ya ha establecido la longitud total del tapete, así que deje un poco de tela para el dobladillo y para ceñir los bordes laterales.

9 Ahora tiene que trazar el otro lado del diseño para completar el patrón simétrico. Desde el borde interior hilvanado en el lado largo del tejido cuente 26 hilos a lo largo del lado corto para encontrar el punto central. Continúe contando otros 26 hilos para establecer el próximo borde interior.

10 Hilvane este borde y luego el borde final de la misma forma que lo hizo antes a lo largo del tejido. Complete la cuenta para hilvanar los 18 hilos finales a lo largo del borde y los ocho hilos para el dobladillo.

11 Compruebe todas las líneas que ha hilvanado y asegúrese de que el diseño encaja correctamente. Corte el exceso de tejido del borde largo interior para hacerlo más manejable, pero dejando un trozo generoso para el dobladillo y para ceñirlo. Ciña todos los bordes del tejido para que no deshilachen cuando esté bordando.

12 Ahora saque los hilos a lo largo de cada borde y a lo largo de la línea del dobladillo. Corte los hilos en el medio de los bordes y sáquelos de una vez. Vuelva a cortarlo al final de los bordes, dejando suficiente para volver a tejerlo en la fábrica usando la aguja de bordado.

TRABAJO ABIERTO

13 Cosa el dobladillo a lo largo de todos los bordes usando la aguja de tapicería. Empiece y acabe de coser cuatro hilos de tejido desde los cuadrados de los hilos totalmente sacados y agrupe los hilos en pares. Los bordes a lo largo del tapete se trabajan en algodón perlé 221 y a lo ancho en algodón perlé 434.

14 Ponga el tejido en el aro de bordado para seguir con el resto del bordado. Empiece con el ojal a lo largo del final de cada borde, que se trabaja sobre tres hilos en algodón perlé 3041 con aguja de canilla.

15 Trabaje los lados sobrantes de los cuadrados sacados cosiendo sobre cuatro hilos sin coser usando algodón perlé 3041 y la aguja de canilla. Esto fortalecerá los bordes y le dará una base fuerte para hacer la tela de araña más tarde.

16 Ahora haga puntos para decorar los bordes, usando la aguja de bordar para pasar el algodón perlé a través de las barras tejidas para empezar y acabar, pero usando la aguja de canilla para trabajar los puntos. Un borde de nudos sencillos sobre dos bultos de hilos a lo largo de los bordes largos en algodón perlé 420 y 333. Las barras se trabajan sobre dos bultos de hilos de tejido a lo largo de los bordes cortos, usando algodón perlé 327.

17 Finalmente trabaje la tela de araña con la aguja de canilla en algodón perlé 333 y 420 alternando los colores a lo largo del tapete.

18 Una vez todos los puntos decorativos estén completados saque el aro de bordado. Gire y coloque alfileres en el dobladillo, ensamble las esquinas y cosa el dobladillo. Prense el tapete con una plancha.

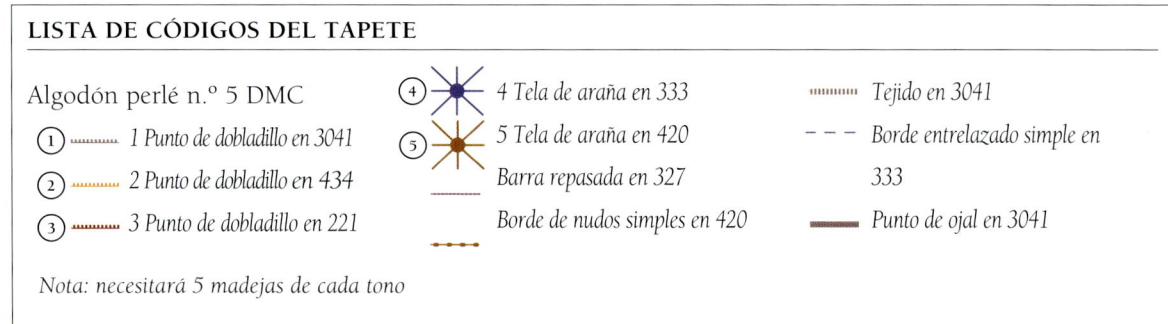

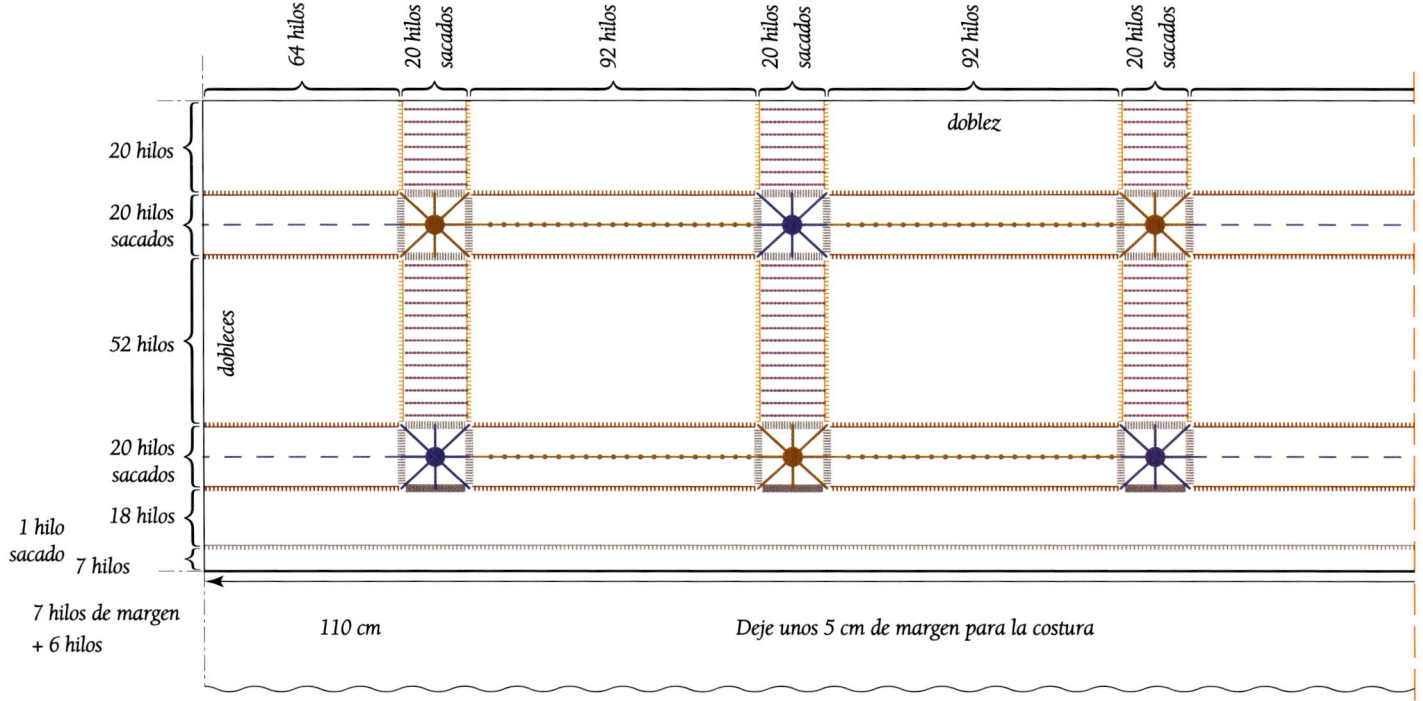

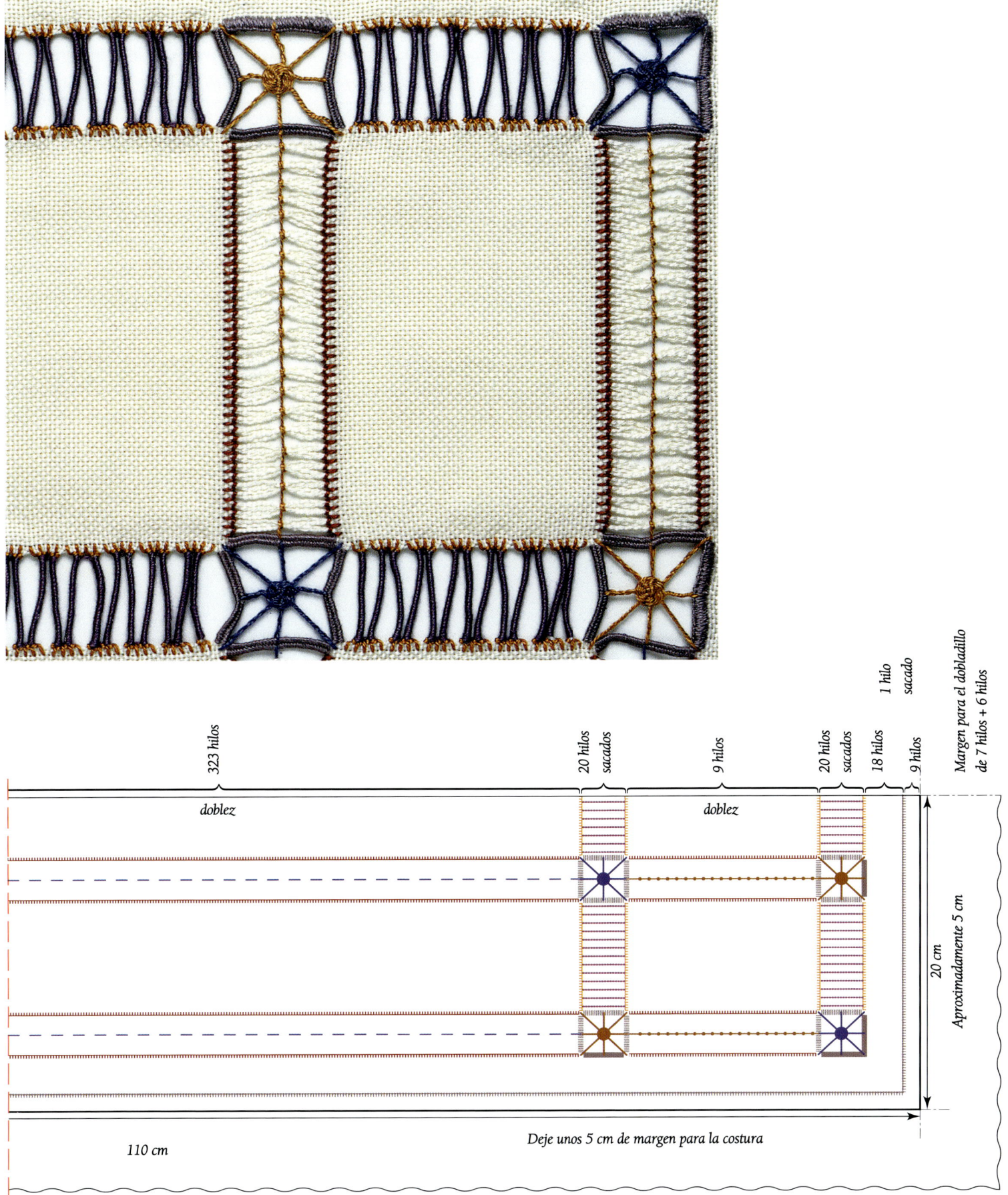

Calado

Desde tiempos de los vikingos, los noruegos han sido grandes viajeros y de este modo el bordado noruego, como todo el arte popular, muestra influencias del arte y el estilo de otros países y sigue un proceso de evolución correspondiente al desarrollo del diseño europeo. Los bordados populares se caracterizan por una particular combinación de punto, patrón y color repetido generación tras generación. Se incorporan el vestido nacional que debido a eso tiene un impacto en la forma del bordado. Sobre todo, se adaptan nuevos patrones de fuentes externas a los materiales locales, así como nuevas combinaciones de colores, dando su carácter nacional distintivo al bordado.

En diferentes partes de Noruega hay diferentes tradiciones de bordado. El este y el oeste de Telemark se caracterizan por su bordado en lana lleno de color, mientras que en el sur de Noruega y en los distritos de Gudbrandstalen, Sunnmore y Trondelag el «rosesaum» (bordado en rosa) era el más popular. Sin embargo en la costa oeste, el bordado en blanco en lino era el más popular.

Primeras tradiciones

Es bastante poco probable que el calado sea de origen nórdico. Desde las telas de los altares del siglo XVII con un trabajo exquisito, la influencia del bordado italiano de reticella es bastante clara. Por eso parece bastante probable que los diseños se extendieran hacia el norte desde Europa a través de ejemplos de trabajos y libros de patrones italianos y alemanes. Unos cuantos bordados tempranos se pueden datar antes de los siglos XVI y XVII. Sin embargo, es evidente por ejemplos existentes que el bordado popular más fino parece haber sido trabajado entre mediados del siglo XVIII y mediados del siglo XIX.

Las diversas comunidades rurales noruegas era completamente autónomas: las mujeres cultivaban su propio lino, compartían sus ovejas para la lana y recogían las verduras y hierbas para teñir. Convertían todos estos materiales, trabajando el hilo, tiñendo el lino y tejiendo el material para que fuesen bien para el propósito para el cual se necesitaban. El conocimiento de estos materiales era la base sobre la cual se fundaba el bordado local. Los tejidos decorados eran una parte importante de la vida local y las festividades. Se esperaba de las chicas jóvenes que pudiesen hacer un bordado ellas solas, así como la camisa de bodas de su novio. Como parte de su dote tendrían que entregar sábanas de lino bordadas, fundas de almohadas, manteles y toallas, así como sus propias camisas, blusas, delantales, pañuelos, chales y gorras de lino. Más tarde, bordarían para sus maridos y sus hijos, aunque se sabe según

Izquierda: tapete para la mesa. Calado. Noruega, siglo XX. El borde está en un diseño tradicional con un bordeado de fila doble de picots festoneados de ojales

documentos escritos que algunas mujeres también vendían sus bordados para ayudar en los ingresos familiares. En algunos distritos, había otros rituales relacionados con el bordado. Por ejemplo, la novia daba regalos bordados a su suegra y, en bautizos, las madrinas se los daban a sus ahijados. En estas ocasiones también se llevaban prendas bordadas.

El calado se trabajaba en lino, tejido en casa con un doble hilo característico tanto en la urdimbre como en la trama, y el bordado se trabajaba con lino hilado en casa.

Los patrones de losanges, triángulos, cruces y escaleras son característicos de esta técnica. El trabajo cortado, la vainica y varios tipos de punto de dobladillo se alternan con puntos de raso, formando

Página opuesta: Prenda tradicional noruega de Voss. La introducción de babero tiene patrones similares a las del bordado calado tradicional, pero está trabajado en abalorios y cuentas. La blusa está bordada en punto de cruz con hilo negro. Esta prenda popular se lleva con un delantal blanco con una banda ancha de calado en la parte inferior

TRABAJO ABIERTO

Derecha: tapete para mesa, por Else Paulsson. Oslo, 1939. Marrón oscuro, gris, hilos de lana marrón e hilos de algodón blanco trabajados en tejido de lino rojo anaranjado. Los puntos usados son de ojal, cadeneta, emboscado, relleno, de cruz y rumano con nudos franceses. La banda usa motivos convencionales simétricos (pájaros en bandas que florecen) a cada lado

Debajo: mantel. Calado. Noruega, 1934. El tejido de lino está trabajado con un hilo de lino blanco en ojo, doble haz, raso de cuatro lados y trabajo cortado. El borde geométrico consta de cuadrados, losanges y triángulos

a menudo rosas de ocho pétalos y formas triangulares, con punto de haz usado para dividir los patrones. En antiguos ejemplos se encuentra una combinación de punto de raso y punto de ojo. Hoy en día el calado se caracteriza por diseños de trabajo abierto en forma geométrica, bordados en tejido de tramado liso usando hilos de algodón o lino. Tradicionalmente se ha usado en bandas para adornar delantales, vestidos, la parte delantera que cubría los botones de las blusas, puños y cuellos, que se llevaban con chalecos rojos y faldas negras. Algunas de las inserciones de baberos, que quedan debajo de los chalecos, tienen patrones similares a los de calados en blanco, pero se trabajan con cuentas, piedras y trozos de metal. Siendo los dos resistentes y decorativos, el calado se sigue usando para la ropa de casa.

El trabajo en blanco también se realizaba en otras zonas del oeste de Noruega y en Trondelag. Por ejemplo, en Nordmore el corte geométrico y la vainica también se usaban, pero combinados con patrones de tallos, flores y hojas conocidos como «labsom». Sin embargo, el calado sigue siendo el más popular y el más conocido, aunque a mediados del siglo XIX, su supervivencia se vio amenazada por la industrialización y la introducción de tejidos

hechos a mano e hilos con teñido de anilina industrialmente más baratos pero de calidad inferior.

Resurgimiento del interés

El resurgimiento romántico del interés por la vida rural por parte de artistas de toda Europa durante las décadas de 1870 y 1880, trajo un reconocimiento de la importancia de los trabajos tradicionales respecto a la identidad nacional y llevó a un resurgimiento del interés en las artes textiles tradicionales. Inspiradas por William Morris y el movimiento de Arts and Crafts se crearon algunas organizaciones de manualidades en Noruega, Suecia y Dinamarca con la intención de reavivarlo. Esto llevó a un resurgimiento del interés en el calado y, por la década de los 30, mucha gente estaba produciendo productos bordados a mano para la creciente industria turística. Un mayor interés en los diseños modernos por parte de los arquitectos escandinavos, incluyendo Finlandia, llevó a la introducción de diseños de bordados más originales, la mayoría basados en el arte popular tradicional. La idea, en especial en Suecia, era diseñar artículos que estuviesen en consonancia con su época pero a la vez arraigados en las tradiciones antiguas.

En 1934, en Escocia surgieron diversos movimientos similares con la finalidad de incentivar el interés por el bordado y mejorar la calidad estándar de los diseños. Fundado por J&P Coats, en colaboración con la four art schools, se estableció el Needlework Development

Arriba: Cojín con bordado Hardanger sacado de una revista de 1950 sobre Hardanger, publicada por Coats Sewing Group

Izquierda: Bordado Hardanger de principios del siglo XX en una cinta de un delantal. Muestra un diseño tradicional en forma de diamante con una original profusión de decoración interior. Tiene un reborde de hilo

Scheme (NDS). Se puso en circulación una colección de bordados británicos y extranjeros para talleres de ciencia doméstica y de aprendizaje, institutos de mujeres y escuelas, así como en escuelas de Arte. Durante la década de los 50, se extendió a las organizaciones del resto de Gran Bretaña, con exhibiciones y folletos gratuitos regularmente disponibles. En 1961, la colección de NDS estaba formada por más de 3.500 bordados, para entonces se había reconocido que el esquema había alcanzado sus objetivos fundamentales y la colección se repartió entre diversas universidades, museos y organizaciones. Algunos diseños de trabajos europeos y escandinavos modernos de gran belleza tuvieron un profundo impacto en la colección de NSD y reflejaron un interés que se extendió en todos los ámbitos de las artes decorativas escandinavas durante los años 50. A lo largo de la década, el trabajo de bordado gozaba de gran popularidad y la preponderancia de pájaros bordados era una muestra de la gran influencia escandinava. Se adquirieron varias obras de bordados noruegos para la colección de NDS, entre las cuales destacaba un mantel Hardanger en 1934, que reflejaba el renovado interés que despertaba el deshilado de todo tipo. Algunas empresas comerciales publicaron numerosos folletos con fotografías de obras contemporáneas de Hardanger a las que llamaron Viking, Stavanger y Fiord, que también incluían instrucciones para realizar los diseños. Asimismo, se incentivaba a los amantes del bordado a no limitar sus esfuerzos al simple conocimiento técnico del punto.

La relativa facilidad del bloque Kloster y otros elementos del diseño de patrones tradicionales resulta engañosa y descansa sobre el control fundamental y entendimiento de la técnica básica. El Hardanger sigue creciendo con fuerza, no sólo en Noruega, sino especialmente en el norte de europa y América, donde las interpretaciones modernas todavía conservan el carácter de los diseños tradicionales, pero a su vez añaden hilos oscuros y cuentas que causan un buen efecto.

Debido al renacer del interés en vestidos tradicionales en los últimos diez años, el bordado Hardanger ha florecido también en Noruega. El día de la constitución, muchas personas expresan su orgullo nacional vistiendo trajes regionales, y hoy existe una próspera industria en hacer y bordar el «bunad», el recuperado traje folclórico. El bordado Hardanger en cuellos, puños, blusas y delantales ahora se confecciona como una pieza que se encaja, mientras que en el pasado existía más espontaneidad en las combinaciones de diferentes patrones y atesoraban herencias familiares combinadas con nuevas piezas. El hecho de que el oficio goce de tan buen estado de salud es gracias a aquellas mujeres que expresaban su creatividad a través del bordado y mantuvieron sus habilidades en buena forma, transmitiéndoselas a las generaciones siguientes.

Puntos y técnicas de calado

El calado es una técnica de estructura geométrica con una disciplina muy específica que da al bordado una belleza serena y subestimada. No es difícil de dominar si cuenta con mucho cuidado. Si le gusta puede trabajar en color pero con discreción, ya que la verdadera naturaleza del calado viene de un esquema de color restringido.

Diseñe usted mismo

- Trate de añadir cuentas o hilos teñidos por espacios para romper un poco el diseño y añadir interés.
- Use picots con puntos de relleno para suavizar el trabajo.
- Pruebe a usar ojales y una variedad de puntos estirados para aligerar y contrastar con los motivos y las zonas rellenadas.
- Use perlé número 5 u 8 para cuentas de 24 o menores; perlé 5, 8 o 12 para cuenta 25 y 26 y perlé 8 o 12 para cuentas de 27 a 32.

Tejidos

El bordado calado se trabaja en tejidos de tramado sencillo para que quede cuadrado el diseño acabado, así como para poder sacar los hilos cortados fácilmente, que son partes integrales de esta técnica. Con esta variedad de tejidos que van bien, ahora disponibles, puede usar cualquier tejido de buena calidad que le permita contar los hilos correctamente, incluyendo tejido calado o lienzo sencillo. Asegúrese de usar una lupa con el tejido más fino si cree que le hace falta. El lino y la mezcla de algodón y rayón (Lugana) se usaban para los proyectos en este capítulo, pero ambos diseños se pueden adaptar a otros tejidos y cuentas.

Agujas

Use agujas de tapicería despuntadas en tamaños que vayan bien para el grosor del hilo y no separen los hilos o agranden los agujeros del tejido de fondo: los tamaños 22, 24 o 26 son los más apropiados.

Hilos

Los hilos de algodón o lino son los más recomendables. Se usan dos pesos diferentes, dependiendo de la cuenta del tejido. Necesitará un hilo más grueso para los bloques kloster (que rodean el diseño), todos los motivos superficiales y algunos bordes para que los puntos queden juntos. El tejido, los puntos de relleno, puntos de hilo estirado y otros bordeados necesitarán un hilo más fino para enfatizar los efectos delicados.

Si usa colores, asegúrese de que quedan bien o de que contrastan con la tela de fondo. Recuerde la importancia de mostrar los patrones de relleno y no intente que los colores le quiten importancia a la técnica.

Disponible en un amplio abanico de colores, los hilos metálicos le darán viveza a su trabajo. Elija un hilo que sea flexible y no distorsione el bordado. Use un hilo algo más corto para prevenir que se desmenuce. Para crear un discreto efecto de brillo y darle más viveza al diseño use un hilo que sea muy fino y combine con un hilo del bordado.

Herramientas adicionales

Use un par de tijeras de bordar afiladas que corten cerca de la punta para cortar los hilos, para asegurarse de que se cortan cerca de los bloques de kloster.

Un estilete es útil para separar hilos, produciendo formas de ojos uniformes o simplemente para contar puntos o hilos.

No es estrictamente necesario usar un aro de bordar en la técnica de calado. Sin embargo, si prefiere trabajar en un marco úselo solamente para bordar en bloques de kloster. Necesitará controlar el trabajo en sus manos para rellenar los puntos y las técnicas de hilo estirado.

Técnicas de calado

Es fácil de entender el calado si lo trabaja metódicamente. En primer lugar los bloques de kloster dibujan el contorno del diseño, ciñendo y fortaleciendo los bordes de los espacios abiertos, creados cortando y sacando los hilos. Para acabar, se trabajan los rellenos decorativos dentro y alrededor de las parrillas sobrantes.

Preparando el diseño

Prepare el tejido (ver página 28). Le será de ayuda hilvanar las líneas centrales en ambas direcciones en un color y cualquier otra línea para guiarse en otro color. Haga las líneas de guía en múltiplos de cuatro para que correspondan con los hilos en los bloques kloster. Para diseños más grandes, hilvane una parrilla de cuadrados sobre el área de diseño del tejido para comprobar que los bloques de kloster estén alineados en todas las direcciones. Puede que encuentre fallos de cuentas. Asegúrese de que los bloques kloster se encuentran en secuencia por todo el diseño. Cualquier fallo a la hora de contar se debe rectificar entonces, antes de que ningún hilo se corte ni se saque.

Empezar a bordar

Empiece con el contorno de los bloques kloster, siguiendo un esquema. Si no, empiece tan cerca como pueda del centro y avance en su diseño desde ahí. Los contornos pueden ser en un ángulo, en línea recta o alrededor de un cuadrado. Complete cualquier bloque adicional, formando más detalles en el diseño.

Empiece a bordar con un nudo (ver página 28). Entonces acabe de coser los bloques kloster pasando el hilo al reverso del trabajo

PUNTOS Y TÉCNICAS DE CALADO

a través de los canales formados por los puntos rectos.
Pase un hilo a través del primer bloque y en el segundo bloque, haga un punto lineal por encima del hilo del medio. Aguante el punto y estire un poco del hilo para tensar el punto. Repita en el siguiente bloque, pase a través de un bloque más y entonces corte el hilo.
Una vez todos los bloques se hayan completado, borde todos los otros motivos, líneas y formas superficiales.

Cortar hilos
Ahora corte y saque hilos en las zonas diseñadas del diseño. Corte cuatro hilos contra cada bloque a menos que la dimensión de los bloques haya cambiado. Corte siempre contra el lado de los bloques, nunca contra el final abierto superior o inferior. Coloque las tijeras a la izquierda del bloque, inserte las puntas en el tejido y saque cuatro hilos en las hojas. Vuelva a comprobar el número de hilos que va a cortar. Córtelos todos a la vez, ya que es fácil cortar un hilo de más por error. Corte los hilos en un lado del diseño y gire el diseño para repetir en los otros lados.

Saque los hilos con mucho cuidado para que la parrilla no se estropee

Usando la punta de la aguja o un par de pinzas suelte los hilos de uno en uno para que la parrilla no se distorsione.

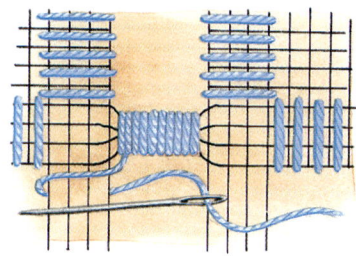
Pasando de una barra a la siguiente

Haciendo las barras
Ciña el resto de los hilos formando la parrilla. Se pueden unir tejiéndolos o haciendo ojales. Puede adornar las barras con nudos o picots.

Haciendo puntos de relleno
Los puntos de relleno se pueden usar para realzar la parrilla. Los puntos de relleno se deberían trabajar siempre en secuencia, ya sea en conjunción con el hilo con el que se están cosiendo las barras o después de haber completado todas las barras.
En las siguientes páginas encontrará los puntos que le servirán para la mayoría de los diseños de calado, así como los proyectos. Fíjese que la tela de araña (ver página 99) es otro punto de relleno que va bien con el calado.

Corte cuatro hilos de una vez

BLOQUES KLOSTER

USOS: contorno

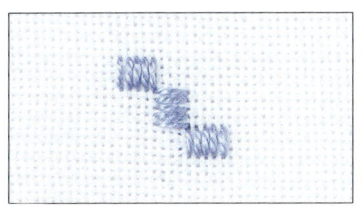

Los bloques kloster forman el contorno de un diseño. Se pueden trabajar en filas rectas o en ángulos siguiendo líneas diagonales. Cada bloque tiene cinco puntos sobre cuatro hilos del tejido, siempre en hilo más grueso. Borde a través de los agujeros del tejido y no separe los hilos. Empiece y acabe en un borde. Los puntos deben estar colocados en la superficie del tejido. Compruebe que los bloques quedan alineados entre ellos.

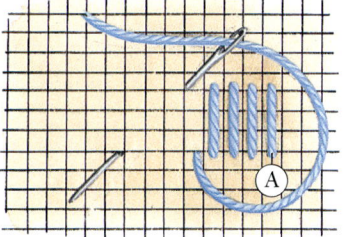

1 Suba por A. Haga un punto sobre cuatro hilos y cuatro puntos más, cada uno un hilo hacia la izquierda. Pase al siguiente bloque en fila recta, empezando cuatro hilos hacia la izquierda.

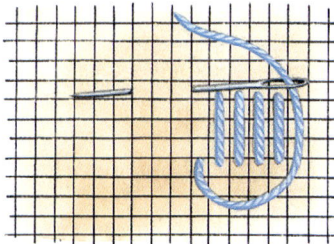

2 Para trabajar en diagonal, suba por el segundo cuatro hilos hacia la izquierda de la parte superior del primero. Borde en ángulos rectos respecto al primero. Alterne los bloques.

113

TRABAJO ABIERTO

ESTRELLA DE OCHO PUNTAS

USOS: motivo

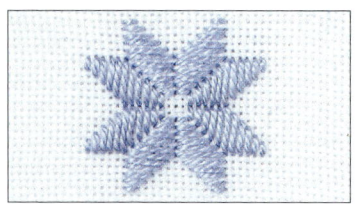

Empiece en A y trace puntos rectos para hacer el pétalo. Acabe en V y empiece la siguiente imagen formando una W. Se trabajan cuatro u ocho pétalos para media estrella o una estrella entera.

MOTIVO DE BARCO

USOS: motivo

Trabaje en la misma secuencia que la estrella, añadiendo la curva para hacer un motivo de barco. Pase la aguja por detrás del motivo para coser el segundo de un par como imagen reflejada.

HAZ DIAGONAL INVERTIDO

USOS: contorno, relleno

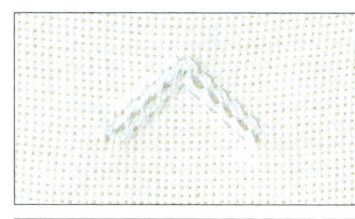

1 Suba la aguja por A y haga un punto hacia abajo sobre dos hilos en diagonal a A'. Suba por B y baje por B'. Repita empezando el siguiente punto en C hacia el fin de la línea.

2 Para un final de la línea ensamblado, haga el primer punto para el viaje de retorno de I a I' en los mismos agujeros que el punto anterior. Haga el segundo punto, subiendo por J.

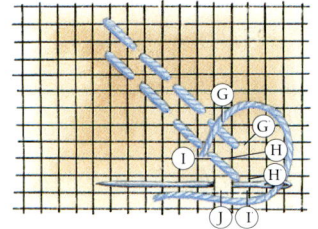

3 Para girar una esquina ensamblada, haga el primer punto en la nueva línea de A a A'. Empiece en el mismo agujero que el primer punto en la fila anterior. El segundo va de B a B'.

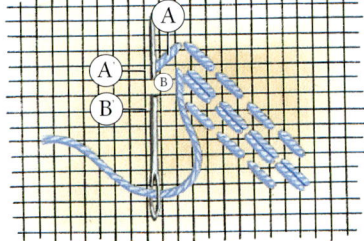

OJOS CUADRADOS

USOS: motivo

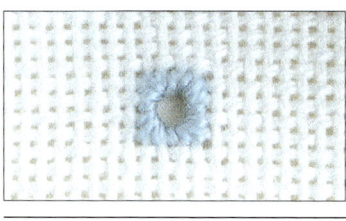

Suba la aguja por A y baje en el centro. Trabaje cada punto sobre dos hilos alrededor del cuadrado, bajando en el centro y estirando del hilo ligeramente para formar un agujero.

NUDO DE PICOT EN BARRA TEJIDA

USOS: relleno

Teja hacia el centro de la barra. Envuelva el hilo, siguiendo el sentido de las agujas del reloj, dos veces alrededor de la aguja. Baje la aguja por el medio de la barra y complete el tejido.

FILET CUADRADO

USOS: relleno

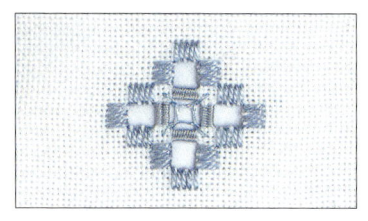

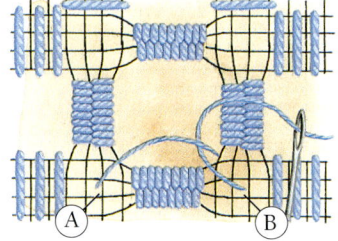

1 Trace las barras. Empiece el relleno subiendo por A. Pásela por detrás del tejido, suba por B y por debajo del aro formado. Repita y ajuste el lazo a medida que avance.

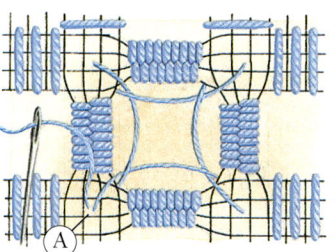

2 Repita alrededor del cuadrado. Lleve la aguja desde la cuarta esquina hasta el primer lazo, por debajo de la esquina y hacia fuera en A. Haga un punto lineal sobre un hilo para estabilizar el relleno.

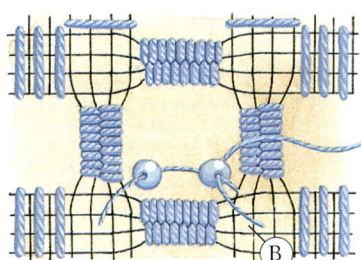

3 Para añadir cuentas, pase dos en el primer lazo. Suba por B y pase a través de la segunda cuenta. Pase la aguja por una tercera cuenta. Repita. Pase a través de la primera cuenta para completar.

PUNTOS Y TÉCNICAS DE CALADO

RELLENO DE OJO DE PALOMA

USOS: motivo, relleno

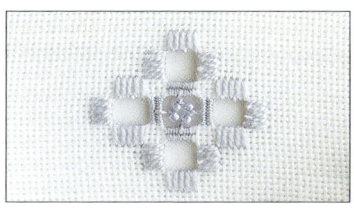

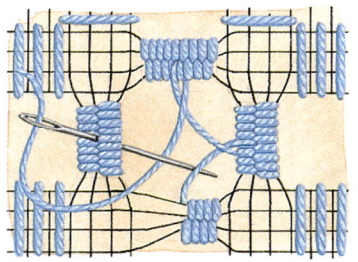

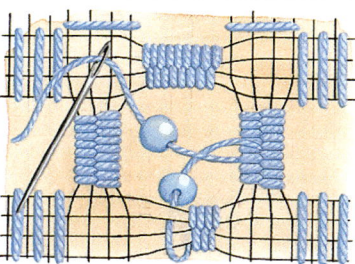

1 Suba la aguja por el medio de la cuarta barra. Bájela por dentro de la barra a la derecha y por encima del primer lazo. Ajuste el lazo de manera que quede curvado de forma atractiva.

2 Repita alrededor del cuadrado. Pase la aguja desde la última barra sobre el lazo como antes, pero por debajo del primer lazo. Baje por el medio de la barra y acabe de tejer.

3 Para añadirle cuentas, inserte una en el primer lazo. Salga de la segunda barra y entonces inserte la siguiente cuenta. Repita para añadir una cuenta a cada lazo separado.

MOTIVO CRUZ GRIEGA

USOS: motivo, relleno

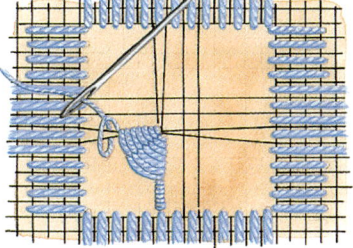

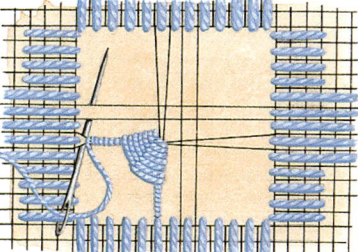

1 Junte dos hilos para formar la primera barra en el centro. Baje por los dos primeros hilos a la izquierda y suba. Estire del hilo hacia el centro y empiece a tejer las dos barras juntas.

2 Teja un patrón de ocho figuras, aflojando la tensión cuando vaya trabajando hacia fuera para hacer la forma de abanico. Junte los hilos en la segunda barra de nuevo hacia el borde.

3 Pase por debajo de los cuatro hilos de la izquierda y junte los dos de arriba hacia el centro como desde el principio. Repita hasta completar la cruz. Teja el final de la primera y la última barra.

RELLENO DIAGONAL DE CRUZ GRIEGA

USOS: relleno

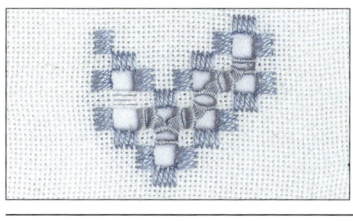

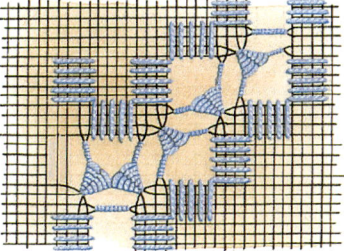

1 Para trabajar una diagonal, haga unidades en forma de abanico en una dirección. En una esquina haga un abanico y teja un segundo abanico, incorporando la barra entre ellos para hacer una pareja.

2 Gire el trabajo para completar el lado opuesto, haciendo una serie de unidades en forma de abanico en los hilos del tejido que no se han trabajado.

En zonas abiertas más anchas, la mitad de la cruz opuesta se puede trabajar para formar una cruz completa. Es necesario por eso bordar la fila opuesta en diagonal como antes, mejor que formar cada unidad individualmente.

PUNTO DE RELLENO DE BARRAS DIAGONALES GIRADAS Y NUDO PICOT

USOS: motivo simple, relleno

Este punto de relleno de combinación simple es la base para muchos patrones complicados encontrados tradicionalmente en el calado. Se trabaja para formar un motivo dentro de un cuadrado con 13 puntos de raso a cada lado. Cuatro puntos sobre cuatro hilos, en cada lado de cinco puntos sobre ocho hilos. Solo los hilos del tejido del tejido que estén trabajado con puntos cortos se cortan, dejando cuatro hilos del tejido de cada bloque de puntos largos para formar una cruz vertical.

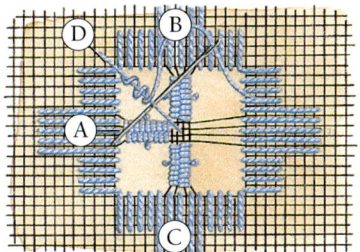

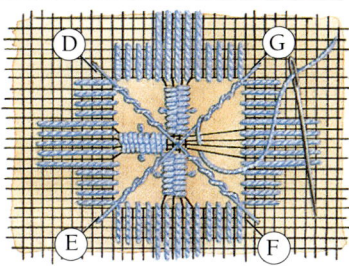

1 Teja la barra A, añadiendo picots, desde el borde, y la B desde el centro. Pase la aguja por detrás. Repita en la barra C. Tome un radio desde el centro a D. Envuélvalo para volver al centro.

2 Saque radios de las tres esquinas restantes en la secuencia mostrada, volviendo a enrollar el hilo a lo largo de cada uno. Salga por el centro y teja la barra final con sus picots.

115

TRABAJO ABIERTO

Banda Duvet

Dele a su funda Duvet un nuevo toque cortándola con esta banda bordada. Inspirada en los fascinantes patrones de los antiguos mosaicos, tres líneas diagonales de bloques kloster, encerrando ojos, forman un zigzag, alternando con tejido abierto. Este diseño minimalista quedará mejor sobre color blanco o un color contemporáneo. Se puede adaptar para que encaje en cualquier ropa de cama o funda de almohada. Diseño de Jill Carter

Área de diseño

136 cm + 10 cm de margen para la costura

Materiales

Banda de lino de cuenta 28 de 160 x 5 cm

Hilos de bordar (ver lista de códigos)

Funda duvet sencilla de 136 cm de ancho

Equipamiento

Hilo de coser tono pastel

Aguja de tapicería de tamaño 24

Tijeras de bordar

1. Prepare la banda de lino hilvanando las líneas central, horizontal y vertical usando hilo de color pastel (ver página 28).

2. Empiece a bordar usando algodón perlé nº 8. Siguiendo el esquema, empiece en el medio de la banda. Coloque el primer punto del bloque kloster dos hilos hacia la derecha del punto central y dos hilos debajo en A, a horcajadas de la línea central a lo largo. Trabaje hacia la izquierda, formando el diseño de bloque kloster de forma metódica. Use un hilo para un lado del diseño y otro hilo para el otro lado, que empieza en B, que está 16 hilos por debajo de A. Trabaje estas líneas en conjunción con otra para que pueda comprobar la precisión de su cuenta mientras avance.

3. Una vez que haya establecido la primera forma de V, hilvane una línea desde la parte superior y los bloques kloster inferiores a lo largo de la banda. Esto le servirá para que compruebe más tarde que sus bloques están todos bien alineados. Complete los bloques kloster. Borde con punto de raso (ver página 78) las estrellas usando algodón perlé nº 8 y entonces cambie el hilo a algodón perlé nº 12 para trabajar los ojos y los puntos de haz diagonal invertidos.

4. Gire la banda y trabaje hacia la derecha desde el centro de la misma forma y a la misma longitud.

5. Corte y saque los hilos de las formas de V, preparadas para tejer. Con algodón perlé nº 12, teja la parrilla empezando en C. Tendrá que girar el trabajo para que la punta de la V quede a la izquierda. Si se siente osado, haga algunos nudos o picots en las barras para adornarlas o puede hacerlo en uves alternadas. Acabe de tejer.

6. Acabe el trabajo con un borde de bloque kloster trabajado a cuatro hilos de distancia de la parte superior e inferior y usando algodón perlé nº 8 (que no está en el esquema). Una vez haya acabado de bordar, lave y planche la banda. Coloque su banda en la funda duvet a mano o a máquina (vea página 33).

Si prefiere usar una banda con una cuenta mayor, compruebe que sea lo suficientemente ancha para que quepa el diseño. Necesita al menos 44 hilos a lo ancho ya que el diseño ocupa 36 hilos. Cuando cambie las dimensiones del diseño para que encaje en un tejido de cuenta mayor, trabaje desde el centro hacia fuera como se recomendaba arriba y acabe en un punto apropiado del diseño. Si lo desea también puede dejar un pequeño espacio en blanco al final del diseño.

LISTA DE CÓDIGOS DE LA BANDA DUVET

algodón perlé DMC

- Bloque kloster nº 8 en color vainilla
- Estrella de ocho puntas nº 8 en color vainilla
- Línea de corte
- Ojo cuadrado nº 12 en color vainilla
- Haz diagonal invertido nº 12 en color vainilla
- Tejido y nudos picot nº 12 en color vainilla
- Líneas centrales

Nota: necesitará una madeja de cada hilo

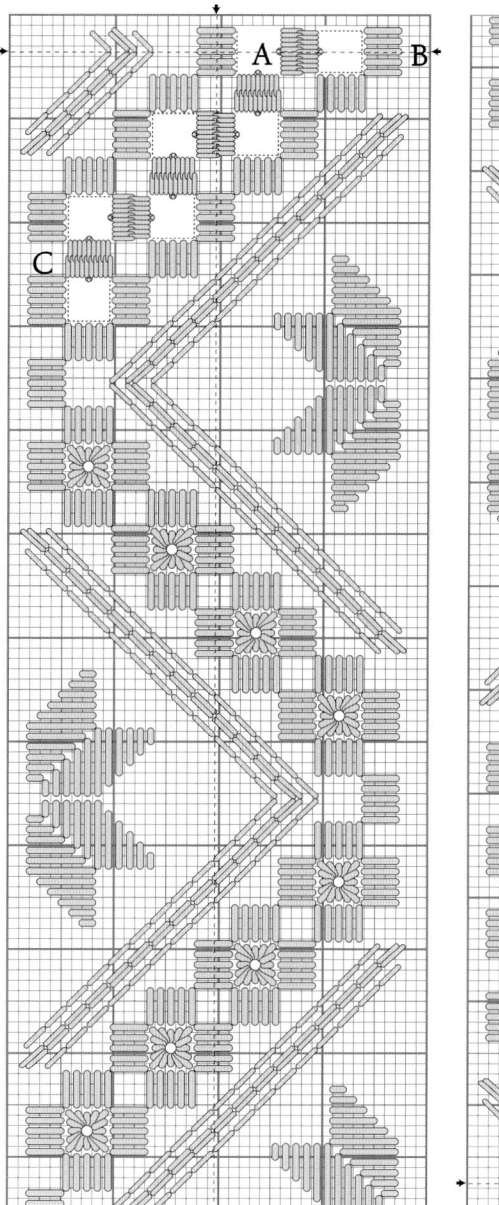
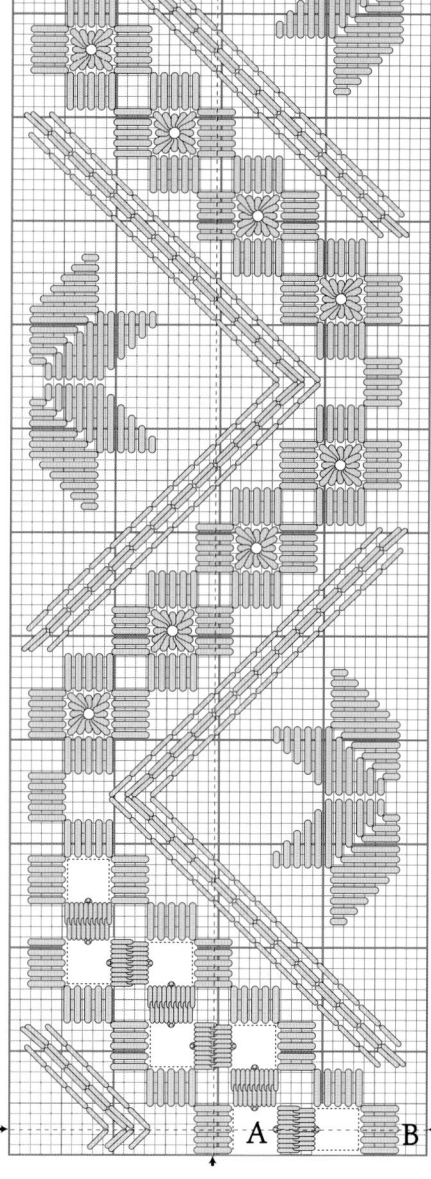

TRABAJO ABIERTO

INSPIRACIÓN Y DISEÑO:
precisión geométrica

La gloriosa Venecia con sus construcciones magníficas, su vibrante atmósfera y sus colores cálidos es un lugar perfecto para los soñadores, tanto los románticos como los bordadores.

La inspiración para el calado está en todos los sitios. En las fachadas de los edificios, dentro de los edificios o simplemente en contornos estructurales. La forma y el contorno se pueden ver en cualquier esquina y en ningún sitio como en la Basílica de San Marcos, que ha sido la inspiración para las dos piezas de calado de este capítulo. Dividida en la miríada de zonas modeladas, los mosaicos fueron colocados entre los siglos XI y XV. Diseñar en calado sigue los mismos principios que cualquier otro tipo de bordado, a pesar de que la técnica sea esencialmente geométrica. Corte, dibuje o calque una forma básica de su fuente de diseños, dejándola en líneas simples. Como los bloques kloster forman el contorno básico para el calado, interprete su dibujo en bloques kloster y en papel cuadriculado, tomando cada cuadrado como un bloque kloster. Use trazos rápidos para indicar la dirección de los bloques. En diagonal los bloques están conectados, pero en línea recta los bloques están separados a lado y lado por cuatro hilos.

Si está diseñando para encajar en un tamaño dado, las dimensiones son importantes y tendrá que ir comprobándolas a medida que trabaje.

INSPIRACIÓN Y DISEÑO: PRECISIÓN GEOMÉTRICA

Si multiplica el número de bloques que ha dibujado por cuatro obtendrá el número de hilos que ocupará el diseño (por ejemplo 7 bloques x 4 hilos = 28 hilos). Divida este número por la cuenta del tejido (para la cuenta 28 = 2,5 cm) para descubrir el ancho y el largo del motivo. Agrande o reduzca el motivo de acuerdo con las cuentas que haya hecho añadiendo o sustrayendo bloques. Es importante crear espacios para motivos superficiales o patrones para contrastar con los efectos del bordado. Las áreas sólidas de punto de raso dan profundidad y maximizan el juego de luz en las diferentes texturas.

Cuando haya establecido el contorno de los bloques pase el diseño a papel y marque las líneas con las que se quedaría una vez haya cortado y sacado los hilos apropiados. Esto le dará una impresión general de la forma acabada y de dónde irán los puntos de relleno. Las formas básicas simples se pueden invertir, reflejar, repetir y desarrollar para formar diseños complejos.

El diseño para la banda de la funda Duvet (ver páginas 116-117) se basa en un patrón de zigzag encontrado en los mosaicos. Para desarrollar este diseño para un borde más ancho pruebe con una imagen reflejada. Deje de lado los bloques kloster del medio y tendrá una forma de diamante más grande para un relleno como por ejemplo: ojo de paloma o filet cuadrado y una estrella de ocho puntas completa en los espacios alternados.

Para el dechado más avanzado (ver páginas 120-123), las bandas de han desarrollado de una variedad de patrones de mosaico y convertidas en un borde, formando un diseño geométrico más complejo.

Trabajar en un ordenador acelerará su proceso de diseño. Siga los mismos principios que cuando trabajaba con lápiz. Podrá girar, invertir, reflejar, aumentar, reducir de forma mucho más rápida.

Aunque Venecia sea la fuente del diseño para los dos proyectos de este episodio, puede que usted tenga una ciudad favorita que le gustaría usar como punto de partida. Recuerde, la inspiración está en sus manos.

TRABAJO ABIERTO

Dechado azul

Este dechado azul captura la esencia de los mosaicos del suelo de la Basílica de San Marcos en Venecia. El diseño se ha desarrollado de los patrones de la baldosa para dar una serie de efectos de bandas. Cosido en tonos pastel con brillos metálicos, la técnica de calado se explora un poco más allá incorporando cuentas en los rellenos. Aunque este diseño se trabaje en monocolor, también puede añadir más color. Diseño de Jill Carter

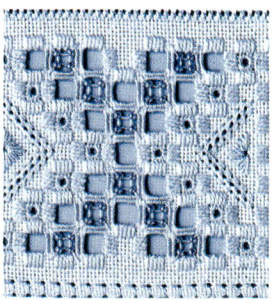

1 Ciña los bordes del lino e hilvane el centro vertical usando el hilo de color pastel (ver página 28).

2 Siguiendo el chart a la vuelta, empiece en A en la banda 2. Trace la primera línea de las formas de losange, que se forma repitiendo un pétalo de la estrella de ocho puntas. Coloque el primer punto del primer pétalo en la línea vertical central en A, 5,5 cm debajo del borde superior del tejido. Usando algodón perlé nº 8, borde la primera línea de pétalos en ambas direcciones, girando el trabajo si es necesario.

3 Complete la segunda línea de pétalos debajo para formar la banda en forma de losange como en el esquema. Trabaje los triángulos en punto de raso en la trenza y rellene los centros del losange con ojos diagonales en el mismo hilo de algodón perlé como antes, pero esta vez combinado con filamento mezclado.

4 Usando todavía la misma mezcla de algodón perlé y filamento combinado, haga los puntos de cuatro lados (ver página 96) de la banda 1 por encima de la línea de losanges y los dos bordes de puntos de dobladillo (ver página 98) por debajo en la banda 3, empezando en el borde de mano derecha. Entonces, saque cuatro hilos entre las dos líneas del dobladillo que valdrán para enfundar la cinta. Trabaje todas las siguientes bandas de puntos de cuatro lados, haga el dobladillo y las formas de losange de la misma forma y con la misma combinación de hilos que antes, pero en la secuencia del esquema.

5 Haga el contorno del diseño de la banda 4 usando algodón perlé nº 8 para los bloques kloster. Gire el trabajo hacia abajo para empezar en B, asegurándose de que este bloque de kloster central está alineado correctamente con la línea que ha hilvanado. Trabaje alrededor del diamante central para establecer el patrón, entonces pase los hilos a cada lado para completar el contorno del bloque kloster. No corte ningún hilo todavía.

6 Ahora complete todo el cuadrado y los ojos diagonales, así como el bordado superficial. Entonces corte los hilos del tejido dentro del contorno del bloque kloster como se muestra en el esquema.

7 Acabe las barras con algodón perlé nº 12 asegurándose de incluir los picots, los rellenos de filet cuadrados y los ojos de paloma en cada forma de diamante como se muestra en el esquema. Empiece cada línea diagonal de tejido sobre la esquina de arriba a la derecha y trabaje en escalones a la parte inferior izquierda, para asegurarse que la secuencia de los rellenos es la misma en cada espacio.

8 Si desea meter cuatro cuentas en el relleno del ojo de paloma, entonces seleccione una aguja de tapicería corta de tamaño diez para que quepa a través del agujero de la cuenta. Si no va bien esta aguja sustitúyala por una aguja de bordar fina que irá bien tanto para el hilo como para la cuenta. Tenga en cuenta que tendrá que continuar tejiendo con una aguja puntiaguda, por lo que asegúrese de no separar los hilos. Haga los rellenos y asegúrese de que todas las cuentas estén en el centro del cuadrado en la parte que hace lazo del tejido.

9 Trabaje la banda 10 del mismo modo que la banda 4, empezando desde el centro del bloque kloster en C, trabajando hacia fuera en ambas direcciones para formar el diseño del contorno del bloque kloster. Rellene la superficie del bordado como antes, incluyendo los haces diagonales invertidos y los ojos cuadrados antes de cortar ningún hilo. Puede trabajar el relleno sin cuentas si lo prefiere.

10 Corte los hilos del tejido dentro del contorno del bloque kloster como antes. Teja las barras y trabaje los filets cuadrados. Añada cuentas al relleno o trabaje sin cuentas si lo prefiere.

11 Coloque cuentas en medio de los ojos diagonales. Finalmente pase la cinta por una aguja de jareta y a través de los bordes del dobladillo. Fije con unos cuantos puntos lineales fuera del área del diseño.

12 Cuando se haya completado todo el bordado, lave y planche el bordado con cuidado. Estire de las líneas y deje el trabajo plano para que se seque. Entonces, coloque el bordado en una tabla sin ácido (ver página 32) antes de enmarcarlo.

Área de diseño
24 x 16,5 cm

Materiales
33 x 26 cm de tejido de lino de tramado liso azul de cuenta 25

Hilos de bordado y trenas (ver lista de códigos)

Cuentas iridiscentes (ver lista de códigos)

Cinta de seda o raso de 1m x 2,5 mm

Equipamiento
Hilo de coser tono pastel

Aguja de tapicería de tamaño 24

Tijeras de bordar

Aguja de tapicería corta de tamaño 10

Aguja de jareta

Tabla sin ácido para estirar el bordado

Hilo fuerte

Tabla para colocar el bordado y marco a su elección

LISTA DE CÓDIGOS DE DECHADO AZUL

- Punto de cuatro lados en algodón perlé DMC nº 12 en 3753 con filamento kreinik en 094
- Borde de pétalo de estrella en algodón perlé DMC nº 8 en 3753
- Ojo diagonal en algodón perlé DMC nº 12 en 3753 con filamento kreinik en 094
- Triángulo de punto de raso en hilo muy fino kreinik en 094
- Bloque kloster en algodón perlé DMC Nº en 3753
- Punto de dobladillo (con cuatro hilos de separación) en algodón perlé DMC nº 12 en 3753 con filamento kreinik en 094
- Línea central
- Cuentas iridiscentes DMC en tamaño 11 en 943761

- 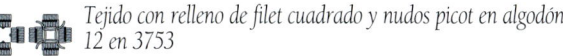 Tejido con relleno de filet cuadrado y nudos picot en algodón perlé DMC nº 12 en 3753
- Tejido con relleno de ojo de paloma y cuentas en algodón perlé DMC nº 12 en 3753
- Ojos cuadrados en algodón perlé DMC nº 12 en 3753 con filamento kreinik en 094
- 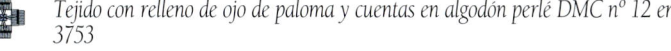 Haces diagonales invertidos en algodón perlé DMC nº 12 en 3753 con filamento kreinik en 094
- Tejido con relleno de filet cuadrado y cuentas en algodón perlé DMC nº 12 en 3753

Nota: necesitará una bola o madeja de cada tejido

Trabajo cortado

Originalmente conocido como opus scissum, *el trabajo cortado es una técnica en la que parte del tejido es cortado. En los primeros trabajos una malla de los hilos de tejido se deja como base para el patrón. Este bordado formó los inicios del encaje reticella hecho con aguja en el norte de Italia y muestra lo difícil que es distinguir dónde acaba el bordado y dónde empieza el encaje. El trabajo cortado se extendió al norte de Europa y, a pesar de que inicialmente se trabajó principalmente en conventos para ser usado en iglesias, se convirtió en un trabajo de uso doméstico y para ropa interior en los siglos XVI y XVII. En el trabajo cortado posterior, el tejido se corta para crear espacios abiertos, que más tarde se rodea y cruza con puntos de ojal.*

Al principio, el trabajo cortado estaba normalmente restringido al borde de la ropa y se puede ver en bordes de camisas y blusas en retratos del siglo XVI. Sin embargo, con la introducción de patrones de pergamino aparecieron formas más festoneadas, puntiagudas y redondas. El trabajo cortado elaborado se hizo particularmente popular para gorgueras. Estas formas llenas, redondas, inclinadas para enmarcar la cara eran de lino sostenido en una variedad de armazones conocidos como picadils. Algunos ejemplos eran llevados por Isabel I, la mayoría de ellos regalos de Año Nuevo de sus súbditos.

Aprender habilidades valoradas

El trabajo cortado estaba considerado una habilidad deseable para mujeres jóvenes y ellas desarrollaban su habilidad trabajando dechados. Los primeros ejemplos tenían muchos usos, ya que también eran ejemplos de puntos y patrones. Se almacenaban en cajas y se usaban como referencia en un tiempo en el que los libros de patrones aún no estaban disponibles. Tenían mucho valor para las bordadoras.

El aprendizaje empezaba a una edad temprana, quizás seis o siete años, cuando se trabajaría un simple dechado de patrones para bordes.

Página opuesta: detalle de dechado en trabajo blanco por Frances Cheyney. Inglaterra, 1664. Lino con hilo de lino en trabajo cortado y vainica con rellenos, puntos de ojal y trabajo levantado y rellenado

Izquierda: tapete de mesa. 1930-1950. Lazo veneciano trabajado en punto de ojal con figuras bailando

Derecha: pañuelo. Carrickmacross, Co. Monahan, Irlanda, 1880. Expuesto en la exhibición internacional de 1888

Debajo: Amapola, por Jenny L. Adin, 1999. Esta pieza está trabajada en lino irlandés fino usando hilo de algodón. Las técnicas usadas son broderie anglaise y trabajo cortado Richelieu con puntos arrastrados y de escalera

Cuando se dominaban los puntos básicos del bordado, una joven haría un dechado en trabajo cortado más complejo y técnico con hilos de lino blanco en tejido de lino blanco. La primera fila era bastante sencilla, entonces cada banda horizontal iba incrementando la dificultad, hasta que la última fila tenía cuadros completos sacados. Se cosía papel al reverso del tejido para aguantar los hilos mientras se trabajaba la última fila y se eliminaba cuando el diseño estaba completo. El papel también puede haber tenido el patrón dibujado para guiar a las jóvenes bordadoras. Los bordes del tejido cortado se remataban con puntos repasada el hilos en puente diagonales que se añadían al armazón básico horizontal y vertical. Se hacían patrones geométricos delicados y complicados usando lazos, picots y varios puntos de ojal.

A finales del siglo XVI, el trabajo cortado ya no era estrictamente geométrico sino que se solía combinar con vainica. Los efectos tridimensionales se incorporaban mediante relleno o trabajando piezas individuales como pétalos de flores, separadamente y fijándolos al dechado con solo unos cuantos puntos. Estos dechados tenían tan pocas filas como 6 o tantas como 24 pero solían ser de unos 50 cm de largo y entre 20,5 y 20,5 cm de ancho. El más complejo llevó dos años para ser completado y más tarde la técnica y los patrones se usaron para decorar ropa de cama, gorras, pañuelos, corbatas y ropa de bebé.

Especialidades regionales

Después de la hambruna en Irlanda en 1846, revivió un tipo de trabajo cortado en Carrickmacross como desahogo para los pobres, aunque no había conseguido florecer en la década de 1820. Toma su nombre de la zona y el diseño se dibujaba de la forma más fina en muselina, rodeado con barras repasadas, cortadas y unidas. A veces el borde se remataba con lazos. Se creó una escuela en Bruselas y los lazos guipure se usaban como fuentes para los diseños, que eran principalmente florales con hojas, tréboles y pergaminos. Este trabajo se sigue produciendo hoy en día.

Una de las formas más importantes de trabajo cortado que se desarrolló en Gran Bretaña a mediados del siglo XIX fue el «broderie anglaise» o el bordado en ojo. Patrones simples, osados y repetitivos se trabajaban con hilo de algodón suave en tejido de algodón blanco en una serie de agujeros redondos u ovalados. Los bordes de los agujeros están repasados o hechos ojales y el recordatorio del diseño está trabajado en puntos stem y rellenos. Este trabajo se usaba en enaguas y se podían comprar filas impresas para trabajar y usarlas para cortar. Los patrones estaban disponibles para cuellos y puños, algunos de los cuales estaban muy elaborados.

Sin embargo, el trabajo básico era simple y con el tiempo se empezaron a vender productos hechos a máquina en Suiza y Francia. A pesar de esto, el trabajo a mano seguía siendo muy popular y la broderie anglaise continuó siendo el corte favorito para la ropa interior. La revista *Woman's Life,* publicada el 4 de agosto de 1923, publica que para ir bien tiene que llevar algo bordado y que «si hace broderie anglaise en su lencería, y es a la vez elegante y bonito, entonces pruebe el efecto de hacerlo en sus colores favoritos. Estará sorprendida con el resultado; los colores elevan la vistosidad de su trabajo».

Hay formas parecidas pero más abiertas, como el trabajo Richelieu que se basaba en el trabajo cortado, pero al contrario que la broderie anglaise, se trabajaban ojales en el patrón antes de que el tejido se cortase una vez que se acabase el trabajo. Así como las barras tejidas o de ojales, para unir los espacios de tejido de fondo, se usaban picots de ojal y ruedas de ojal. En Hungría el trabajo cortado se combinaba con bordado en superficie negra en nudos de bullion en vestidos de mujeres y durante el siglo XIX la técnica se enseñó a las mujeres campesinas en Madeira. Combinado con el bordado superficial, se convirtió en una industria floreciente.

Auge y caída

A medida que la revolución industrial iba tomando cuerpo en Gran Bretaña, hubo varios esfuerzos para desarrollar industrias en zonas rurales para aliviar la pobreza y como alternativa al trabajo en fábrica de los pueblos. John Ruskin, que vivió en Lake Coniston, tuvo fuertes perspectivas en la justicia social y junto con Albert Fleming revivió la industria de lino de Langdale en Westmorland. Este lino se solía usar para bordados de trabajo cortado en patrones similares a los diseños geométricos de la antigua puntilla reticella. Se conocía como punto griego o punto-a-reticella y se convirtió en la especialidad de la zona. El bordado se trabajaba en hilos de seda o de lino en colchas, cojines y paneles de lino y también se conocieron como puntilla Ruskin. El éxito de la industria de Langdale animó a que se llevase a cabo un resurgimiento similar en Fisherton-de-la-mere, Wiltshire, donde un grupo de unos 40 bordadores produjo trabajos basados en el bordado italiano, incluyendo el trabajo cortado. El trabajo se vendió entre 1890 y 1923, la mayoría a través de la asociación Home Arts and Industries.

El trabajo cortado se siguió usando para la ropa de casa y se puede encontrar en muchas revistas de bordados de principios del siglo XX, pero la técnica también se explotó por muchos bordadores innovadores. Por ejemplo, en la exhibición de bordado moderno de 1932, y publicada en forma de libro como una edición especial de *The Studio,* Rebecca

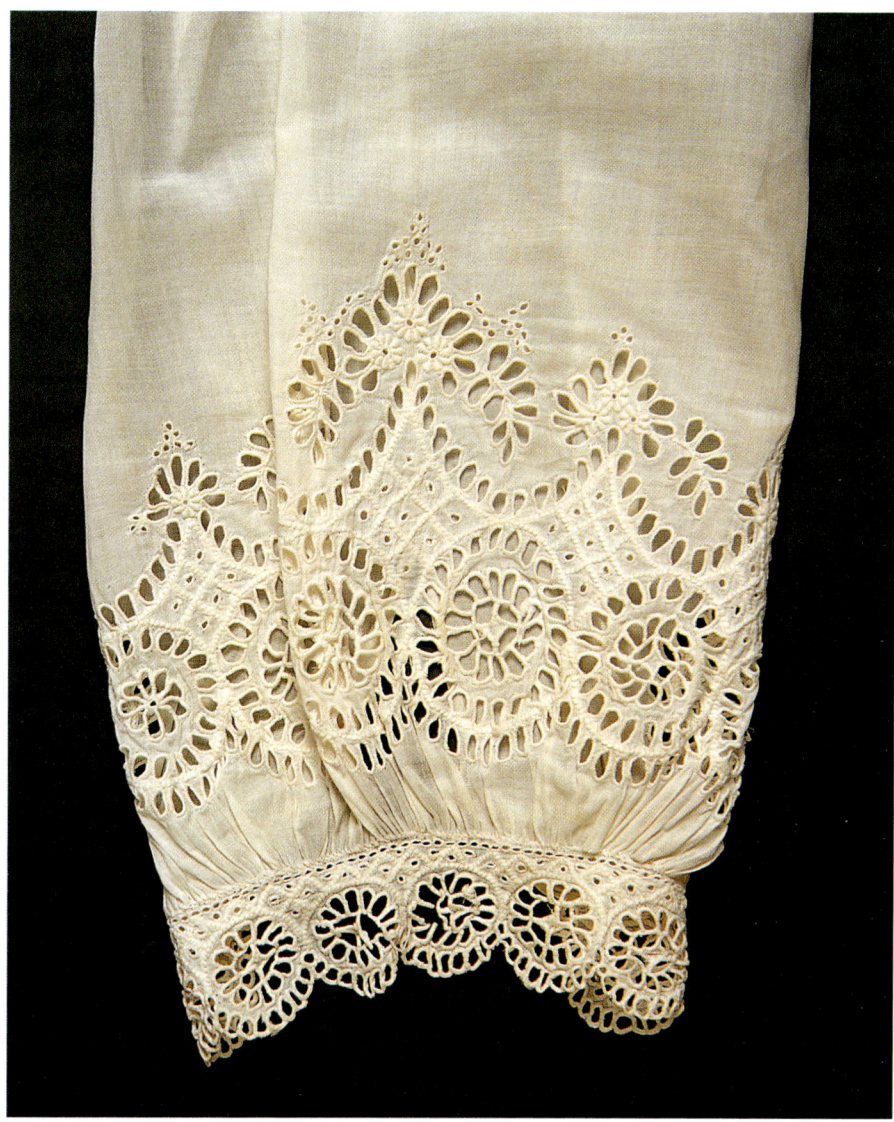

Arriba: manga, finales del siglo XVII, Gran Bretaña, diseño de broderie anglaise de círculos y flores

Crompton mostraba una decoración para la pared llamada *Simplicity* (Sencillez). El contorno de un ángel en un borde decorativo estaba trabajado sobre lino blanco en dos tonos de azul con zonas adicionales en blanco. Los bordes estaban bordados en hilo de aluminio enlazado en pequeños picots para atraer la luz. El punto de escapulario se usaba para sugerir pelo y otros pequeños detalles. El panel estaba enmarcado en plateado con bandas de espejo Art Deco entre las molduras.

Más recientemente, el proceso implicado en el punto de ojal se ve sustituido a veces por el punto de raso trabajado a máquina. Esto tiene la ventaja que el tejido se pude cortar a ambos lados del bordado para sugerir nuevos efectos. El trabajo cortado se trabaja hoy en día en capas de tejido transparente que se cortan o en ocasiones se queman para revelar diferentes colores y tejidos, y se combina con las pinturas de tejidos y el bordado a máquina así como a mano.

Puntos y técnicas de trabajo cortado

El trabajo cortado parece delicado e intrincado pero es sorprendentemente sencillo, y si deja los puntos bien proporcionados es fácil conseguir resultados sorprendentes y atractivos. Las formas características para cortar dan al trabajo alegría y también pueden formar bonitos bordes en el bordado. Los bordes hechos en forma de ojal, una parte característica de la técnica, hacen el trabajo robusto e ideal para decorar la ropa de casa.

Diseñe usted mismo

- Mire más allá de los temas tradicionales como flores, hojas, mariposas, etc. Puede que encuentre igual de inspiradoras a las conchas, los fósiles, peces, etc.
- Haga las formas sencillas, con líneas suaves y trate de evitar formas complicadas que puede que no queden bien.
- Añada puntos superficiales extra para complementar el trabajo cortado, pero no sobrecargue el diseño.

Tejidos

Es importante escoger un tejido firme con los hilos muy juntos que no se deshilache con facilidad. Hay una gran cantidad de tejidos, tanto naturales como sintéticos, como el algodón y el linón de algodón, el lino y las fibras mezcladas.

Algunos linos de mesa ya hechos también podrían ir bien, y podrían ahorrar una gran cantidad de trabajo, ya que ya vienen con el dobladillo y están disponibles en una gran cantidad de formas y tamaños, normalmente con servilletas a juego.

Agujas

Escoja una aguja de bordar puntiaguda y con el ojo grande que hará el agujero en el tejido lo suficientemente grande para que pase el hilo suavemente sin estirar ni arrastrar el tejido.

Hilos

La mayoría de los proyectos de trabajo cortado necesitan hilos como el algodón de bordar de seis hebras o coton à broder. Sin embargo, se pueden usar otros hilos como el algodón perlé, hilos metálicos finos, hilos de flor o incluso lanas finas crewel si está interesado en un trabajo más experimental.

El grosor y el tipo de hilo se deben de considerar siempre en relación con el tipo de tejido escogido. Por eso, el hilo de algodón suele ser la mejor elección ya que el número de hebras puede variar, se pueden mezclar los colores y se puede combinar con hilos metálicos.

Herramientas adicionales

Use un par de agujas de bordar muy afiladas y puntiagudas para cortar el tejido cuando el bordado esté completo. Un par de tijeras que no estén en buenas condiciones dañará el tejido y el resultado no será bueno.

Es muy recomendable el uso de un aro de bordado para que el tejido quede plano y no se estire ni se arrugue cuando se hagan las barras. Cubra siempre los dos aros del marco para darle mayor protección al tejido.

Use lápices de colores para pasar el diseño al tejido, ya que dejará muy pocas marcas y será visible a la hora de trabajar. Escoja colores que sean muy parecidos a los hilos que use. Tenga los lápices afilados y no los apriete demasiado.

Técnicas de trabajo cortado

Los elementos clave para un buen trabajo cortado son planear bien el orden del trabajo y asegurarse de cortar de forma muy precisa.

En su forma más simple, el trabajo está creado trazando una línea de puntos de ojal muy juntos alrededor del diseño de un motivo calcado en el tejido. Las líneas de puntos deben rodear completamente cualquier forma que se tenga que cortar y los bordes de los puntos de ojal, que dan un acabado más fuerte, deberían estar cerca de las zonas que se tienen que cortar.

Para adornar las líneas de punto de ojal y dar mayor interés al diseño, añada detalles hechos de doble punto de ojal, picots, barras y ojales. Estos puntos adicionales pueden incluir puntos superficiales, como puntos seeding (ver página 189), para añadir patrones con textura al tejido plano. Los nudos franceses y de bullion (ver páginas 205 y 146) son siempre útiles para realzar el uso de varios tipos de picots.

Reforzando los bordes

Empiece trabajando líneas de puntos correderos (ver página 63) en el hilo escogido alrededor de todas las líneas del diseño que tienen que ser rodeadas por las crestas del punto de ojal. Para un efecto más elevado, el punto corredero se puede trabajar también sobre las otras líneas del diseño. Esto fortalecerá el tejido que se cortará más tarde.

Haga una serie de puntos correderos para trazar el contorno

Haga una línea de punto de ojal alrededor de la forma (ver página 98). Adapte el punto de ojal normal manteniendo los puntos tan juntos como sea posible para formar una línea sólida de puntos sin huecos. Notará que al contrario de otras técnicas donde el punto se trabaja en un borde de corte ya existente, en el trabajo cortado

PUNTOS Y TÉCNICAS DE TRABAJO CORTADO

primero se cose la forma y luego se corta.

Asegúrese de que encierra el contorno del punto corredero y de que deja el borde del punto de ojal cerca de la forma que va a cortar. Un punto de ojal se suele trabajar de izquierda a derecha. Sin embargo, con un poco de práctica, se puede trabajar en cualquier dirección. Empiece el bordado haciendo un nudo en la superficie. Deje los puntos tensos y muy juntos.

Haga una línea de puntos de ojal sobre puntos correderos

Áreas de corte adyacentes

En algunos casos en los que las áreas de corte de un diseño van de lado a lado tendrá que trabajar una línea de puntos dobles de ojal para que las dos zonas de corte tenga un borde fuerte.

Como el nombre sugiere, un doble punto de ojal es simplemente una línea doble de punto de ojal. La primera línea se traba a lo largo de un borde del diseño, con los puntos algo separados de manera que los puntos de la segunda línea queden bien en los huecos. Puede que encuentre necesario girar el trabajo antes de empezar a bordar la segunda fila.

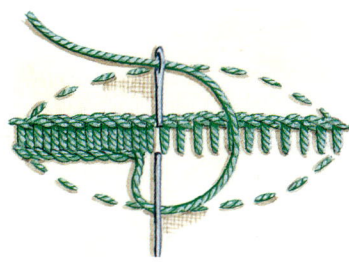

Trabaje la segunda fila de puntos entre los de la primera fila

Añadir barras

Las barras adornan un diseño, pero pueden ser necesarias para aguantar y fortalecer áreas que se cortarán, que necesitarán soporte extra cuando el tejido se corte. Es mejor trabajar las barras antes después de los puntos correderos pero antes de los puntos de ojal, por lo que los bordes de las barras queden escondidos de forma segura. Inserte la aguja a un lado de la forma que requiera la barra, lleve el hilo al lado contrario y vuelva a cogerlo al tejido. Repita una vez más para tener tres hilos sobre la superficie del tejido. Estos hilos formarán la base de las barras.

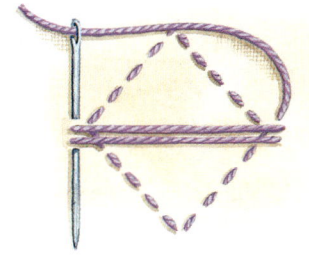

Pase tres hilos de un lado al otro de la forma para formar la base de la barra

Una vez que se haya colocado la base haga una línea de puntos de ojal sobre hilos de tres barras, teniendo mucho cuidado de no enganchar el tejido por debajo. Cuando trace una barra, tenga cuidado de no dejar que los puntos se líen alrededor de la barra.

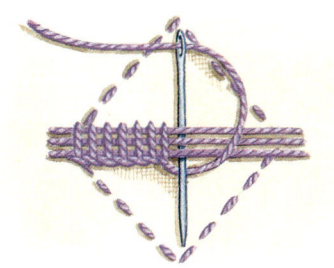

Trabaje una línea de punto de ojal sobre la base de la barra

Patrones de barras complejas

Una vez que domine la técnica para una barra sencilla, puede hacer patrones más complicados trabajando más de una barra a lo largo de un área que tenga que cortar. Estar barras se cruzarán entre ellas y pueden incluso tener ramificaciones que formen un patrón similar a una red.

Para ramificar las barras, empiece a trabajar una barra a lo largo de la zona que se cortará. Entonces, a medio camino, pase el hilo por encima del tejido al borde de la forma y atrápelo de forma segura al tejido. Haga la base entre la primera barra y el tejido como se describió anteriormente. Entonces, haga puntos de ojal a lo largo de esta barra. Continúe a lo largo de esta primera barra, trabajando otras ramificaciones del mismo modo y finalmente completa la primera barra.

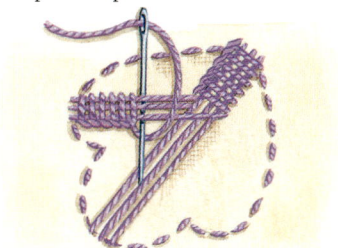

Ramifique las barras a otra para obtener un patrón en forma de red

Una variación simple al trabajar las barras ramificadas es trabajar más de una barra a lo largo del área que se tiene que cortar. Estas barras se pueden cruzar por encima de las otras como hacen en el diseño del proyecto de copos de nieve (ver página 134 - 137).

Más adornos

Una vez domine el punto de ojal, puede seguir aprendiendo y practicando otros puntos que enriquecerán y ensalzarán diseños simples. Pruebe varios picots en la siguiente página para decorar las barras o añadir pequeños ojales tradicionalmente asociados con el trabajo cortado.

Otros puntos superficiales, como el punto stem (ver página 206), hilo de pluma (ver página 205) y seeding (ver página 189) se pueden usar para complementar la técnica base en el tejido que lo rodean, como se muestra en los dos próximos proyectos.

129

PICOT CON LAZO

USOS: barras decorativas y bordes

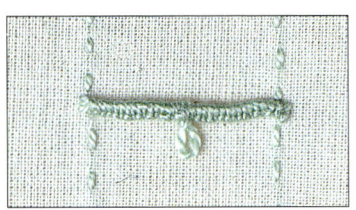

Se pueden incorporar varios tipos de picot al punto de ojal en el trabajo cortado para darle una decoración sutil en barras o alrededor de los bordes cortados. Los picots se colocan tradicionalmente en el medio de una barra o colocada a lo largo de un borde cortado, pero para un trabajo libre, experimental, se pueden trabajar al azar. Las instrucciones para el punto de ojal están en la página 98. Trabaje el punto después del picot firmemente para aguantar el picot en su lugar.

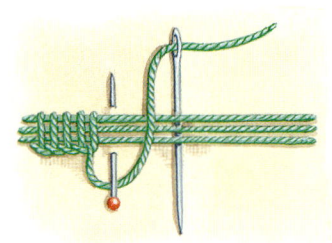

1 En la posición para el picot inserte un alfiler debajo de la barra, cerca del punto anterior. Pase el hilo por debajo, de izquierda a derecha y la aguja por debajo de la barra de arriba abajo.

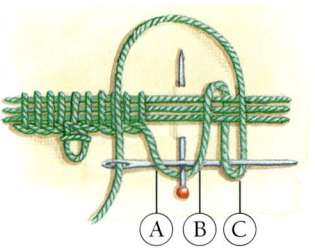

2 Pase la aguja por debajo del hilo en A, por encima de la aguja y debajo del hilo por B. Páselo por debajo y por encima del lazo del hilo en C. Estire. Tense el hilo para aguantar el pequeño lazo.

PICOT BULLION

USOS: barras decorativas y bordes

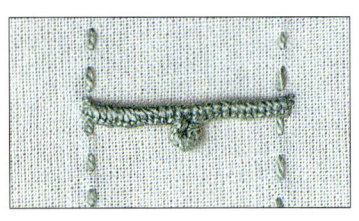

En la posición del picot, vuelva a pasar la aguja dentro del lazo del último punto de ojal. Gire el hilo alrededor de la aguja cinco o seis veces y entonces estire.

Izquierda: un bonito ejemplo de un picot bullion como aparece en el proyecto del mantel de lino de copos de nieve (ver páginas 134-137)

PICOT DE OJAL

USOS: barras decorativas y bordes

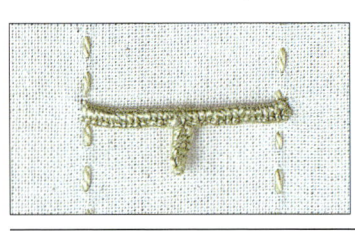

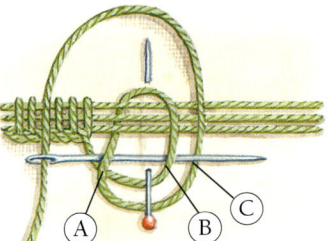

1 Inserte un alfiler por debajo de la barra donde quiera el picot. Pase el hilo por debajo hacia la derecha y por encima de la barra. Pase la aguja por debajo de arriba a abajo.

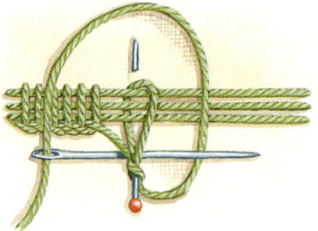

2 Estire de la aguja. Pase el hilo por debajo del alfiler y haga un lazo hacia arriba. Pase la aguja por debajo del hilo en A, por encima del alfiler, por debajo del hilo en B y por encima en C.

3 Estire del hilo y forme un nudo en la cabeza del picot. Haga puntos de ojal a lo largo del picot hasta llegar a la barra. Complete la barra y saque el alfiler.

OJO CUBIERTO

USOS: detalle abierto disperso

Haga pequeños puntos correderos alrededor de un pequeño círculo. Haga un agujero en el tejido con un estilete. Cubra los bordes con pequeños puntos, subiendo hacia fuera de los puntos correderos, dentro del agujero.

OJO DE OJAL

USOS: detalle abierto disperso

Haga puntos correderos alrededor del círculo pequeño y haga un agujero. Haga pequeños puntos de ojal por encima de los puntos correderos, de manera que los bordes en cresta queden en el borde exterior del ojal.

Almohada con lavanda

Cree un toque de lujo en su dormitorio con esta almohada encantadora, que está adornada con motivos de trabajo cortado muy simples. Este proyecto es ideal para un novato en esta técnica. El motivo floral de colores suaves se ha repetido tres veces a lo largo del tejido de tafetán y un borde en cinta de raso se ha añadido para cercar los motivos de lavanda. Diseño de Jane Iles

1. Planche el tejido de tafetán con un calor apropiado para eliminar cualquier arruga. Mida un rectángulo de 22 x 44 cm para indicar la posición exacta de la cinta del borde. Hilvane a lo largo de las líneas del borde y ciña los bordes del tejido con hilo de coser color crema para que no se deshilache.

Usando hilo de color crema, hilvane a lo largo de las cuatro líneas del borde del rectángulo

2. Calque el patrón del diseño del diagrama y haga tres fotocopias. Coloque los patrones fotocopiados debajo del tejido de tafetán para que estén igualmente colocados dentro del contorno y aguántelos con alfileres. El tejido es bastante fino por lo que podrá ver a través de él. Usando lápices de color verde y malva calque las líneas del diseño en el tejido.

3. Coloque un motivo centralmente dentro del aro de bordado y estire de la tela hasta que quede tirante, aunque no demasiado. Usando tres hilos de algodón, siga el diagrama para trazar el diseño. Asegúrese de que no pasa de una zona del diseño a otra por detrás del tejido.

4. Primero trace los tallos curvados en punto lineal. Entonces trabaje las hojas en forma de losange y los pétalos inferiores en punto de ojal con líneas iniciales de punto corredera para fortalecer las áreas que se cortarán. Alargue los puntos de ojal en los puntos de forma de hoja y de pétalo.

5. Continúe en las flores circulares más grandes, que tienen el contorno marcado primero en punto corredera y luego trabajado como agujeros de ojal granes. Trabaje las flores más pequeñas en las puntas de los tallos como ojos sencillos cubiertos. Trabaje los tres motivos del mismo modo.

6. Cuando el bordado esté completo saque el aro y prense el tejido cuidadosamente del revés. Usando un par de tijeras muy afiladas y trabajando por el reverso del bordado, recorte con cuidado las zonas que tenga que cortar. Marque estas zonas en el reverso si le es de ayuda. Tómese su tiempo y tenga mucho cuidado a la hora de cortar cada pequeño trozo de tejido. Es más fácil cortar cerca del bordado por el revés que por el derecho. Planche el tejido por el revés para eliminar cualquier arruga y para hacer que el diseño destaque en la superficie.

Área de diseño

10 x 15 cm

Materiales

Dos trozos de tejido de tafetán de 43 x 60 cm

Cinta de raso de color crema de 2,10 m x 1 cm

Tejido de algodón poliéster verde pálido

Relleno de almohadón suave. 40 x 57 cm

Equipamiento

Hilo de coser color crema

Papel de calcar y bolígrafo

Alfileres

Lápices de color verde pálido y malva pálido

Aro de bordado de madera forrado de 20 cm

Tijeras de bordar pequeñas, afiladas y puntiagudas

Estilete o aguja de jareta grande y puntiaguda

TRABAJO ABIERTO

LISTA DE CÓDIGOS DE LA ALMOHADA LAVANDA

Hilo de algodón DMC

- Ojo pequeño cubierto en 211
- Ojo pequeño cubierto en 3609
- Ojo pequeño cubierto en 554
- Ojo de ojal grande en 211
- Ojo de ojal grande en 3609
- Punto de ojal cerrado en 3364
- Punto de ojal cerrado en 966
- Punto de ojal cerrado en 3609
- Punto de ojal cerrado en 554
- Punto de ojal cerrado en 3836
- Punto lineal en 3364
- Punto lineal en 966

Nota: necesitará una madeja de cada color

7 Fije la cinta de raso a lo largo de los contornos previamente hilvanados a los bordes del tejido e hilvánelos. Entonces cosa a máquina la cinta en el tejido con el hilo de color crema.

8 Coloque la capa de tejido verde pálido debajo del trabajo cortado, de manera que se vea el color verde a través de los agujeros del tejido y coloque alfileres para juntarlos. Con los lados buenos juntos coloque el segundo trozo de tafetán sobre el tejido bordado. Deje un margen para la costura de 1,5 cm alrededor y cosa a máquina las costuras dejando una apertura de 20 cm a lo largo de un lado. Recorte la tela sobrante en las esquinas. Gírelo para que quede por el lado bueno, dándole forma a las esquinas. Inserte el relleno de la almohada, doble los lados abiertos y cósalos para cerrar (ver página 33).

Mantelería de copo de nieve

Este bonito diseño de copo de nieve pondrá a prueba las habilidades de los bordadores más seguros. Las fuertes formas abiertas dejan pasar la luz y, con una mezcla de hilos plateados y blancos, evocan el frío de un paisaje invernal. Se ha escogido un mantel con un borde festoneado para resaltar el copo de nieve en trabajo cortado y el juego se completa con un pequeño diseño de estrella para las servilletas. Diseño de Jane Iles

Mantel

1. Calque el patrón del diagrama usando papel de calcar. Si está creando su propio diseño es una buena idea trazar el dibujo en un trozo de papel primero. Entonces, colóquelo en un salvamanteles para cortar y use el bisturí para eliminar las zonas de trabajo cortado. Esto le permitirá comprobar si el diseño quedará bien así como para determinar qué líneas de bordado se pueden trabajar en punto de ojal cerrado y cuales se tienen que trabajar en punto de doble ojal.

2. Coloque el patrón calcado y engánchelo en una superficie plana y limpia para fijarlo en su lugar. Si lo desea puede almidonar el tejido para ayudarle a que se endurezca para trabajar y para darle un acabado mejor.

3. Coloque una esquina del mantel sobre el patrón, colocándolo a unos 10 cm de los dos bordes del tejido, de manera que pueda trabajar con él en un aro de bordado. Usando un lápiz de color azul pálido afilado pase el diseño al tejido. Asegúrese de que no pasa las líneas de puntos de pluma o puntos seeding al tejido, ya que son solamente para referencia. Para identificar las zonas del tejido que más tarde tendrán que ser eliminadas, márquelas ligeramente con un lápiz de color. También le ayudará a comprobar que la colocación del punto de ojal es correcta.

4. Coloque el trozo de tejido blanco cuadrado centralmente sobre el diseño calcado. Entonces coloque las dos capas de tejido con cuidado dentro de un aro de bordado y ténselas. Usando unas tijeras de bordar afiladas recorte en el centro del cuadrado de tejido que sobra y corte una ventana que sea lo suficientemente grande para trabajar el copo de nieve dentro. Esto evitará que el tejido del mantel se ensucie mientras trabaja.

5. Use dos hilos de algodón blanco para hacer todas las líneas de hilo corredera, colocándolas dentro de las líneas de diseño dobles en los lados cercanos a las zonas que se cortarán más tarde. Asegúrese de no pasar el hilo por detrás del tejido de una zona de bordado a otra, ya que los hilos se pueden ver cuando se corten las formas de trabajo cortado.

6. Haga las barras que se cruzan entre ellas usando una combinación de dos hebras de hilo blanco con una de hilo plateado. Empiece en una esquina de la forma del pentágono, subiendo el hilo a la zona colindante, donde más tarde se cubrirá en punto de ojal cerrado. Entonces baje la aguja a la esquina contraria y haga la barra en punto de ojal. Aguante la barra de hilo firmemente para evitar que los puntos se líen alrededor de la barra. Haga la otra barra diagonal del mismo modo. Finalmente, haga la tercera barra, enlazando el hilo alrededor de otras dos barras donde todas ellas se encuentran para sujetarlas juntas, antes de completarlo.

7. Usando los tres hilos de algodón blanco, haga las líneas del punto de doble ojal haciendo las formas circulares interior y exterior. Separe las primeras líneas de puntos ligeramente para que la segunda línea de puntos quede bien en medio. Esto hará que las barras queden bien y sean sólidas, con los bordes de los puntos a cada lado.

8. Cuando haga la línea exterior de punto de doble ojal en el círculo externo más grande, haga un picot bullion sencillo en los seis puntos, que quedarán en las formas cortadas.

9. Usando la combinación de un hilo plateado y dos blancos, haga las seis formas principales de diamante que salen del mismo centro del copo de nieve en punto de ojal cerrado. Empezando en el punto central del diseño, haga los puntos de forma que los bordes levantados queden alrededor del contorno de cada forma de diamante. Tendrá que alterar la longitud de las colas de los puntos para que queden en las esquinas puntiagudas. Recuerde también colocar los puntos separados alrededor de la sección exterior de cada diamante para dejar que los puntos interiores formen el punto de ojal doble que se trabajará ahí.

Area de diseño

Mantel: 20,5 cm cuadrados

Servilleta: 6 cm cuadrados

Materiales

Mantel prefabricado blanco de tejido muy cerrado

Servilletas prefabricadas que queden bien con el mantel

40 cm cuadrados de tejido de algodón blanco

Hilos de bordar (ver lista de códigos)

Equipamiento

Papel de calcar y bolígrafo

Salvamanteles para cortar

Bisturí

Cinta

Lápiz de color azul pálido

Aros de bordar forrados de 25 y 15 cm

Estilete o aguja de jareta larga

Tijeras de bordar pequeñas, afiladas y puntiagudas

10 Usando la misma mezcla de hilos blancos y plateados, trabaje las seis espuelas exteriores del diseño. Éstas se trabajan en una forma ligeramente diferente a las líneas anteriores del bordado. Empiece trabajando el punto de ojal cerrado desde el círculo exterior blanco, a lo largo de la espuela hasta que se ensanche en forma de diamante. Desde este punto separe los puntos ligeramente hasta que haya trabajado alrededor de la forma de diamante. Entonces trabaje el otro lado de la espuela de vuelta a donde empezó. Complete cada espuela trabajando una segunda fila de puntos para formar un punto de doble ojal alrededor del borde interior de la forma de diamante.

11 Complete las áreas sólidas de las formas de diamante estiradas con punto seeding repartido aleatoriamente (ver página 189).

12 Entonces, usando tres hebras de algodón blanco, trace líneas de punto e pluma (ver página 205) en los bordes exteriores del diseño. Empiece en el borde exterior de cada línea y trabaje hacia atrás hasta encontrar la línea de puntos blancos de doble ojal.

13 Haga varios ojos pequeños repartidos aleatoriamente alrededor del diseño de copo de nieve para completar el bordado.

14 Saque el aro de bordado así como el trozo de tejido de protección. Planche el mantel por el revés del motivo de copo de nieve, siguiendo siempre las instrucciones del fabricante, de manera que el bordado no parezca que esté en relieve por el lado bueno.

15 Usando un par de tijeras de bordar afiladas y puntiagudas, saque las zonas apropiadas del diseño. Trabaje con el lado del revés mirando hacia arriba, ya que es más fácil cortar cerca del bordado por este lado. Trabaje lentamente y con mucho cuidado de manera que no corte accidentalmente ninguna parte del bordado. Tenga cuidado cuando saque las formas de cinco lados, especialmente cerca de las barras de unión finas. Si los puntos de ojal se cortan accidentalmente cuando se están sacando las formas de tejido, deshaga con cuidado varios de los hilos a cada lado del hilo cortado. Fije los hilos cortados con cuidado. Entonces, usando una nueva longitud de hilo, vuelva a trazar los puntos que falten. Fije los hilos de inicio y de final dentro de los puntos a cada lado de la zona reparada.

16 Vuelva a planchar el diseño con cuidado. Si lo desea trabaje motivos adicionales del mismo modo en el resto de las esquinas del mantel.

Servilleta

1 Trace el diseño hilvanando una estrella de seis puntas, centrada atractivamente en una esquina en la servilleta. Estire la servilleta en un aro de bordar pequeño.

2 Usando tres hebras de hilo blanco, trace las líneas de punto de pluma, cada una desde el punto hasta el centro. Remate el diseño con un nudo francés (ver página 205) usando el mismo hilo.

3 Prense el bordado con cuidado como antes. Complete tantas servilletas como necesite para la familia e invitados.

LISTA DE CÓDIGOS PARA LA SERVILLETA COPO DE NIEVE

Hilo de algodón DMC

 Punto de pluma en B5200

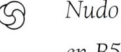 *Nudo francés en B5200*

Nota: necesitará pequeñas cantidades de hilo

MANTELERÍA DE COPO DE NIEVE

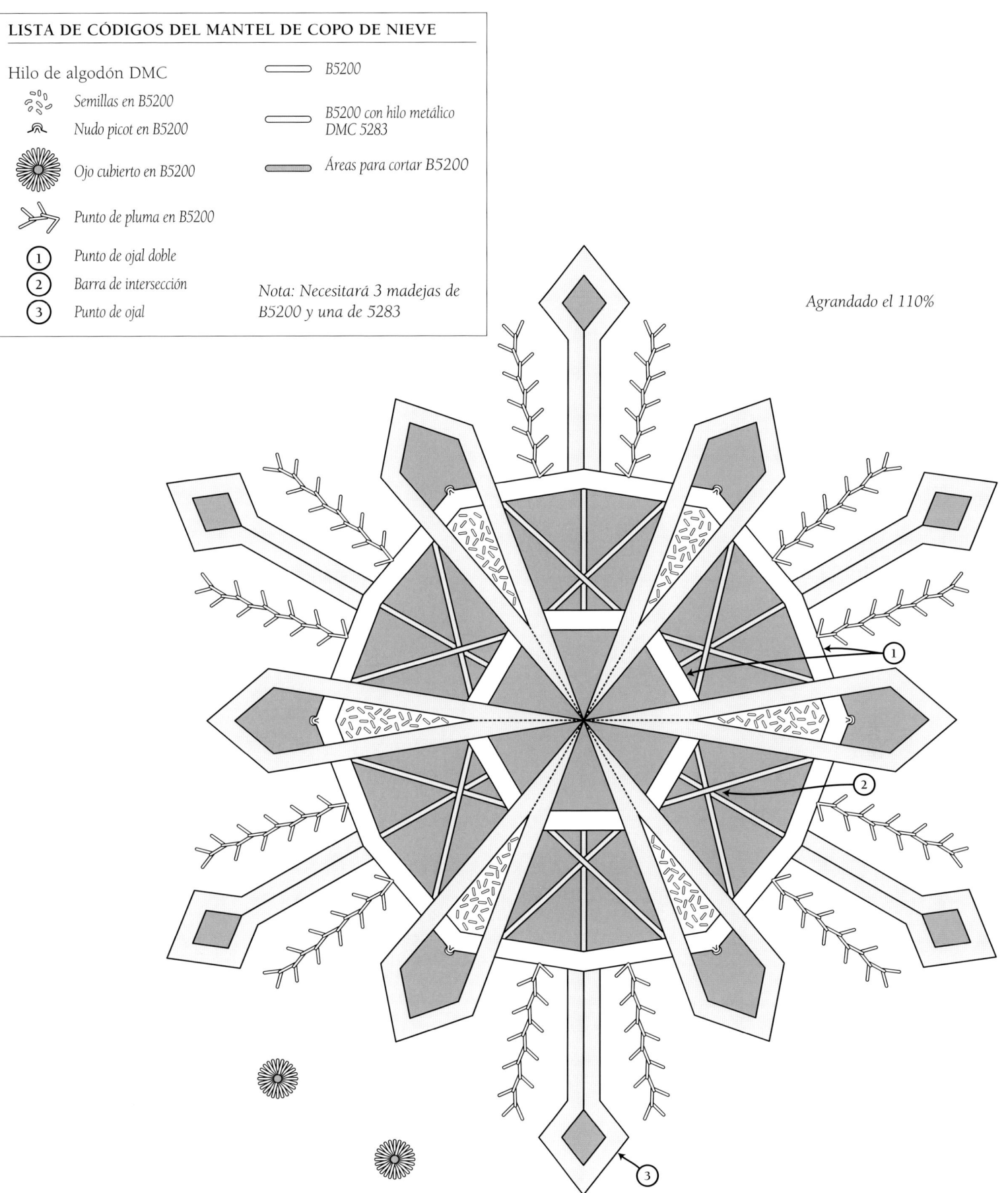

Agrandado el 110%

137

BORDADO SUPERFICIAL

Trabajo en blanco

Este término se refiere a cualquier tipo de bordado trabajado en hilo blanco sobre un fondo blanco e incluye el bordado superficial, trabajo estirado y vainica, trabajo cortado, etc. Sin embargo, se suele asociar especialmente con el bordado en algodón fino en muselina. El bordado en blanco sobre blanco requiere un tejido suave para enfatizar las texturas de los puntos y las zonas de contraste de sombra y luz creadas por los puntos y los hilos. Se han asociado diferentes tipos de trabajo en blanco con el bordado eclesiástico desde los inicios del bordado, pero el trabajo fino en muselina se empezó a desarrollar con pandereta. Entonces se incorporaron elementos de este trabajo al bordado en blanco más delicado como por ejemplo Ayrshire.

La pandereta es la técnica de hacer punto de cadeneta continuo en tejido fino o red usando un pequeño gancho metálico parecido al gancho de croché. El tejido se estira primero en un marco, originalmente circular, de ahí el nombre, de manera que se pueda trabajar por el revés. El gancho se aguanta en una mano por encima del tejido mientras que la otra, por debajo del marco, controla el hilo. El gancho se empuja a través el tejido y levanta el hilo a través el cual se estira en un lazo. El proceso se repite hasta formar una cadena. Esta técnica fue muy usada en China y el Sur de Asia antes del siglo XVIII pero se introdujo en Inglaterra hacia 1760. Se convirtió en una ocupación de moda para mujeres jóvenes y hay un famoso retrato de Madame Pompadour trabajando en su elaborado marco sobre 1764. En Gran Bretaña, las señoritas Waldegrave, las sobrinas de Orase Walpole, fueron pintadas en 1780 por Joshua Reynolds con una de ellas trabajando puntillas blancas en muselina en un marco de pandereta. También se conoce a Walpole por haber llevado un chaleco hecho en pandereta trabajado para él por lady Osary que puede que encontrase un diseño apropiado en una de las nuevas revistas para mujeres que empezaron a aparecer en la década de 1760 y 1770. Sin embargo, en este tiempo, los profesionales solo usaban la pandereta para técnicas de punto contado, bordado en oro y algodón y en la revista *Westminster Magazine* de 1774 encontramos la primera referencia británica a «los chalecos trabajados en pandereta con sedas de colores».

A finales del siglo XVIII, el creciente gusto neoclásico por los vestidos de muselina y la importación de muselinas finas bordadas de India transformaron la muselina trabajada en pandereta en una industria importante, que también era conocida como floreado. A medida que la mecanización del hilado progresó en 1793 en Paisley el ministro dijo que «en estos doce meses muchas mujeres han dejado de lado la rueda de hilar, ese útil instrumento de trabajo doméstico y se han aplicado al empleo más provechoso, elegante y fácil de la muselina».

Las escuelas lo enseñaban, combinándolo con el bordado de Dresden y el bordado floreciente español. Los trabajadores en pandereta recibían tres meses de formación que, cuando acababa, les permitía ganar cuatro chelines por semana. Producían muselina decorada delicadamente con flores y hojas.

En la década de 1820, los puntos de trabajo abierto se habían introducido en el centro de las flores y éstos se elaboraban gradualmente para incluir puntos de relleno de puntilla. El contorno del motivo se trabajaba en punto de raso antes de que el centro se agrandase con un estilete, entonces unos cuantos hilos se insertaban en la zona en la que el patrón se estaba trabajando, principalmente en punto de ojal.

Arriba: Parte frontal de ropa de bebé, posiblemente entre 1839-1860 y posiblemente irlandés. El diseño incluye imágenes de rimas infantiles

Página opuesta: Funda de jofaina para bebé. Trabajo Ayrshire, Messrs Madonald, Glasgow 1851. Expuesto en la exhibición internacional, Londres 1851

Izquierda: Corona de un gorro de bebé, trabajo Ayrshire, mediados del siglo XIX

BORDADO SUPERFICIAL

Sin embargo, no fue hasta la década de 1830 cuando este bordado fue conocido como trabajo Ayrshire, cuando el trabajo en pandereta ya se había pasado de moda y el gusto por los vestidos de muselina blanca había dado paso a algodón impreso y lanas finas. En los vestidos de mujeres el bordado en blanco quedaba relegado a grandes cuellos, puños y accesorios.

Trabajo Ayrshire exquisito

Glasgow, el centro de manufactura de algodón en el oeste de Escocia, se especializó en la producción de tejidos finos de alta calidad y se convirtió en el centro de la industria de la muselina floreada. Aquí los diseños se imprimían en el tejido, entonces con agujas e hilos eran llevados por un agente de los cuales había entre 400 y 500 a los trabajadores de los distritos circundantes. Muchos de los trabajadores estaban en Ayrshire, pero había muchos más trabajadores en Irlanda donde había un gran suministro de mano de obra femenina barata debido a los problemas en la agricultura y el fracaso de la cosecha de la patata. Cada diseño estaba estampado con el nombre de la compañía, el número del diseño y el número de horas que se habían necesitado para hacer la pieza. Unos diez días se necesitaban para hacer un cuello. El trabajo fino requería mucho tiempo y las mujeres tenían la fama de echarse güisqui en los ojos para poder trabajar durante muchas horas. Para ahorrar tiempo se usaba a los niños para enhebrar las agujas. Finalmente el agente recogería el trabajo y lo llevaría a Glasgow donde se cortaría, remataría y lavaría antes de exportarlo a América, Francia, Rusia, Alemania y Londres.

TRABAJO EN BLANCO

Los trabajadores producían collares, puños, gorras y otros pequeños artículos, pero lo más notable, en un tiempo en el que la mortalidad infantil era muy alta, era la atención que se prestaba a los bebés entre las clases medias y a sus ropas caramente decoradas. El corpiño, las mangas y las partes frontales de la ropa de los bebés estaba decorada de forma rica y a veces el diseño incluía pavos reales y otros pájaros exóticos entre rosas. Uno de los artículos más elaborados era una funda de cuna hecha especialmente para la exhibición de Messrs MacDonald, Glasgow. Era un trabajo virtuoso decorado con los emblemas nacionales de rosas, cardos, narcisos y tréboles, cada uno con diferentes puntos de relleno. Es posible que estuviese apoyado en seda de color para mostrar mejor las facultades del trabajo. El complicado borde festoneado estaba trabajado en punto de ojal. Un repaso de la exhibición describió los productos de la compañía de la siguiente forma: «Una gran proporción de los productos exhibidos por esta compañía es para los pequeños especimenes de la humanidad hacia quienes las madres están dispuestas a invertir grandes sumas y a decir verdad las ropas y en especial la colcha son bastante tentadoras».

Otros tipos de trabajo en blanco

Sin embargo, a través de una combinación de sobreproducción y la introducción de productos bordados a máquina, este fino trabajo en blanco pasó a estar disponible para un amplio mercado y por eso perdió su estatus y se pasó de moda. La caída de la industria se aceleró con la Guerra Civil americana, que redujo la entrada de algodón.

Otras formas de bordado floral blanco todavía florecieron y en Irlanda animó a aliviar la miseria causada por la hambruna de la patata durante la primera mitad del siglo XIX. El Mountmellick era una forma de bordado mucho más robusta en algodón suave y grueso en satén de algodón blanco. A diferencia de otras formas de trabajo en blanco, el Mountmellick no tiene hilos calados ni espacios abiertos. El bordado permanece principalmente en la superficie y normalmente consiste en zarzamoras de alta textura y flores como las flores de la pasión, así como flores y bayas locales. Se trabajaban en punto de raso con nudos bullion, gordian y francés así como puntos de cadeneta, de espina, coral, helecho, pluma, enrejado y de escapulario. Los diseños se trabajaban en colchas, pero también en artículos pequeños como pañuelos y estaban bordeadas con punto de ojal y franjas.

Como la puntilla de canilla se hacía tradicionalmente en Inglaterra, había pocas formas de bordados florecientes hechos durante el transcurso del siglo XIX. La excepción era el trabajo Coggeshall, que recibió el nombre de la villa de Essex donde se introdujo. Se trabajaba en algodón blanco sobre fondo de muselina y ocasionalmente se trabajaban los centros florales con rellenos de trabajo abierto y se usaba para decorar artículos de ropa como chales, capas, cuellos y volantes. Los diseños florales derivaban de las plantas del bosque y setos. En el punto máximo durante principios de la década de 1850 la industria dio empleo para más de 300 trabajadores, pero bajó en 1939.

Página opuesta, izquierda: página de un libro de dechados en muselina trabajada en tambor, Brown y Sharp, posiblemente finales del siglo XVIII

Página opuesta, derecha: Gorra de bebé, trabajo Ayrshire, mediados del siglo XIX

Esta página, izquierda: Workbasket Treasures, diseñado y trabajado por Jenny L. Adin, Inglaterra, 2000. El trabajo estirado y las vainicas se trabajan en zonas de lino simples y los patrones de punto corredero en red de algodón. Los puntos superficiales incluyen punto de raso, ojal, arrastrado y de escalera, así como la introducción de cuentas, nudos franceses y ojales, usando hilo de algodón

Esta página, derecha: Pañuelo, trabajo Mountmellick

Puntos y técnicas de trabajo en blanco

Aunque el Mountmellick y Ayshire tienen algunas cualidades diferentes, ambos son formas clásicas de trabajo en blanco. Bordado en blanco sobre blanco, ambos se basan en el contraste de texturas para el interés. El Mountmellick es fácil para un principiante, es resistente y se puede usar para la ropa de casa. El Ayrshire es mucho más fino, requiere más práctica y es mejor para los artículos más delicados como ropa para bautizos o puntillas para prendas de vestir.

Diseñe usted mismo

- *La inspiración tradicional viene de la naturaleza, por lo que experimente con formas de hojas, insectos y flores.*
- *Considere ideas sacadas de la arquitectura y estatuas de acero.*
- *Pruebe el diseño en papel de color pastel o blanco.*
- *Corte motivos de papel y muévalos alrededor del diseño para encontrar la colocación más efectiva.*

Tejidos
El Mountmellick se trabaja en tejido de algodón de estera pesada. La técnica Ayrshire se debería trabajar en linón de algodón.

Agujas
Use una aguja crewel para pasar los hilos más gruesos para bordado Mountmellick y una aguja fina de bordado para el trabajo Ayrshire.

Hilos
El bordado Mountmellick se trabaja usando hilos gruesos y finos de algodón para crear las texturas requeridas. El trabajo Ayrshire usa hilos más finos, como el hilo de algodón, ya que se basa en detalles y puntos delicados.

Herramientas adicionales
Para pasar los diseños al tejido use una caja de luz y un lápiz de color azul pálido o pintura. Debería evitar usar un lápiz de mina ya que hará que el hilo parezca gris. Para el trabajo Ayrshire el bordado es tan fino que puede que necesite una lupa.

Técnicas Mountmellick
El bordado mountmellick es una técnica atrevida, que muestra la textura hasta su punto máximo con una calidad que parece que los elementos cobren vida. Los puntos superficiales dan texturas desde suaves y en raso hasta anudado y girado. Los spray elaborados y tridimensionales van bien como diseños individuales, contrastando con el tejido de fondo. Los diseños originales se transfieren mejor por el método de punzado (ver página 31), ya que el tejido suele ser demasiado grueso para transparentarse. Si está bordando un proyecto grande, puede trabajar con un marco de colchadura, que es similar a un aro de bordado, pero que dado que es más profundo y más grande, sujeta más firmemente un tejido con más peso y tamaño. Los proyectos más pequeños requieren el uso de un marco de pizarra.

Técnicas Ayrshire
El trabajo Ayrshire es una técnica fina y delicada con zonas pequeñas de bordado sólido. Estas zonas contrastan con los puntos de relleno, que están situados en zonas abiertas y cortadas en el tejido y las zonas sin trabajar de la superficie.
Como el tejido usado es fino y transparente, el diseño se puede transferir usando una caja de luz. Para obtener los mejores resultados estire un trozo largo del tejido en un marco y corte trozos del tejido para prendas de vestir solamente después de haber acabado todo el bordado. Para pequeñas zonas de bordado, también puede usar un aro de bordado, forrado a ambos lados para mantener el tejido limpio.
Los siguientes puntos incluyen una selección de puntos de Mountmellick y Ayrshire. También encontrará punto corredero (ver página 63) que es un punto complementario muy útil.

PUNTO DE CRUZ

USOS: líneas

Haga un punto recto paralelo a la línea del diseño. Comience el siguiente a media altura del primero, con la misma longitud y paralelo. Repita, manteniendo los puntos alternados en dos líneas paralelas.

PUNTO DE ARRASTRE

USOS: líneas

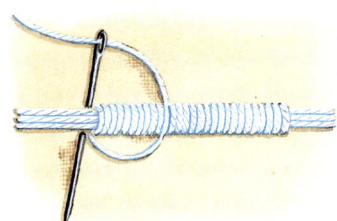

Deje tres hilos en la línea del diseño. Haga puntos rectos y muy juntos sobre los hilos hacia arriba y de vuelta a través del tejido en la línea del diseño. Pase los hilos en cada borde hacia la parte de atrás y fíjelos.

PUNTOS Y TÉCNICAS DE TRABAJO EN BLANCO

PUNTO DE RASO SOBRE PUNTO PARTIDO

USOS: relleno

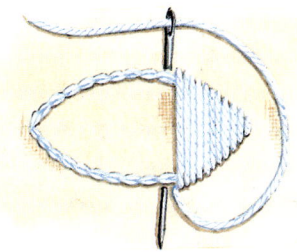

Suba la aguja en un borde de la forma fuera del contorno de punto partido. Repita manteniendo los puntos unidos y una tensión constante.

OJOS GRANDES CUBIERTOS

USOS: contornos

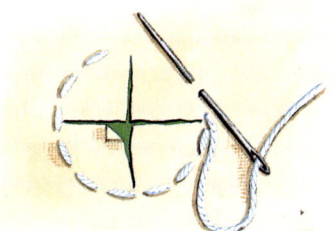

1 Trabaje punto corredero alrededor de la forma de ojo. Entonces, empiece desde el medio, corte el ojo vertical y horizontalmente hasta que alcance el punto corredero

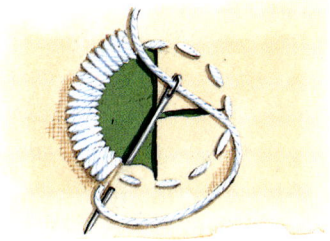

2 Doble el tejido cortado y entonces cubra para fijarlo, subiendo por fuera del punto corredero trabajado anteriormente y entonces dentro del agujero.

3 Corte cualquier material sobrante del reverso una vez haya acabado. Para hacer un ojo cuadrado, trabaje del mismo modo que en el ojo grande pero en forma cuadrada.

RUEDA DE PUNTO LINEAL

USOS: relleno

Los ojos grandes de cualquier forma proporcionan la base para los rellenos que se pueden trabajar dentro del ojo y añaden un detalle similar a la puntilla. Empiece los rellenos con una longitud de hilo separada. La rueda de punto lineal y un simple relleno de puntilla, dos de los métodos más fáciles se enseñan aquí, pero podría explorar rellenos de vainica más intrincados empezando con la tela de araña de la página 99 y los filet cuadrados y los rellenos de ojo de paloma en las páginas 114 – 115.

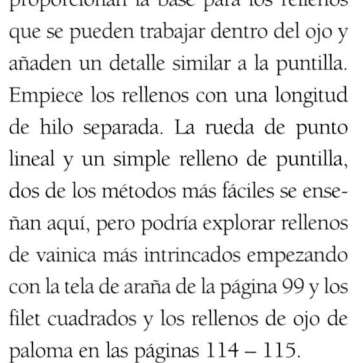

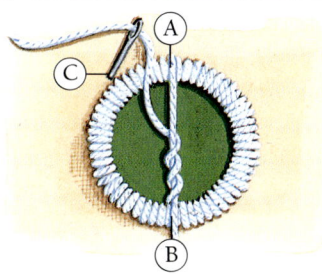

1 Fije el hilo, suba 1. Haga un radio vertical, bajando en B. Líe el hilo alrededor de B al punto central y haga otro radio bajando en C.

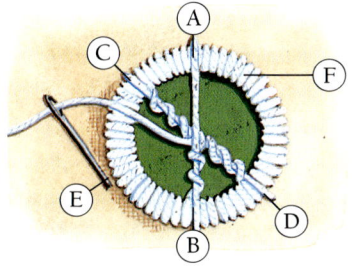

2 Envuelva hacia el centro a lo largo de C. Continúe, liando radios de D a E. Pase el radio final hacia F y envuelva de vuelta al centro. Todos los radios deberían estar separados a la misma distancia.

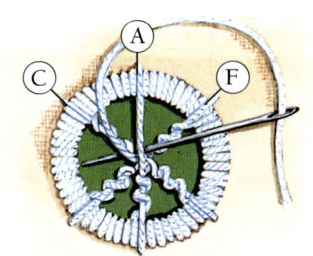

3 Para empezar la zona de punto lineal suba el hilo en el centro a la izquierda del radio A. Baje la aguja a la derecha del radio A y hacia arriba a la izquierda del radio C.

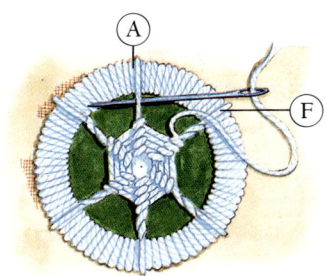

4 Teja en torno a los radios en el sentido contrario al reloj, pasando un punto lineal sobre uno y avanzando sobre dos. Acabe con un punto lineal sobre el radio F y suba a la izquierda del A.

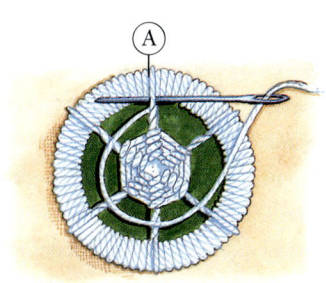

5 Para acabar el relleno, vuelva a liar el hilo en el radio A para cubrir el borde. Entonces, fije el hilo en el reverso debajo de los puntos repasados.

BORDADO SUPERFICIAL

RELLENO DE ENCAJE

USOS: relleno

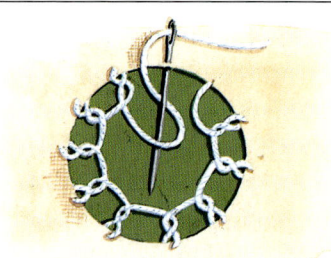

1 Fije el hilo en el borde cubierto. Baje la aguja hacia la derecha, por encima y por debajo del lazo. Estire hasta que el lazo tenga una profundidad de 2 mm. Haga puntos con la misma separación.

2 Cuando alcance el primer lazo, líe el hilo alrededor del círculo de lazos hasta que complete el primer aro.

3 Trabaje más aros, tensando los hilos hacia el centro para darles forma. Entonces envuelva el hilo a lo largo de los radios hacia el borde cubierto.

NUDO BULLION

USOS: detalle, relleno

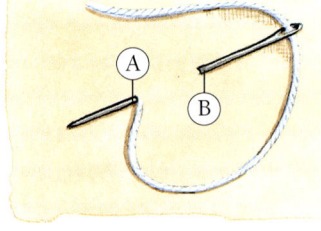
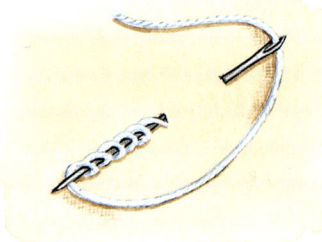
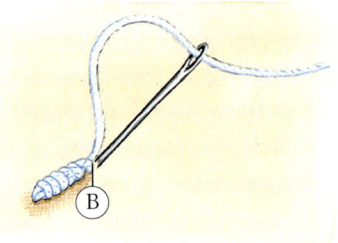

1 Suba hacia la superficie en A, un cabo del nudo bullion. Bájelo por el tejido en B, el otro cabo del nudo eventual, y de nuevo hacia arriba en el primer agujero en A.

2 Antes de meter la aguja, envuelva el hilo alrededor de la punta de la aguja unas cuantas veces, dependiendo de la longitud del nudo. Empuje la aguja a través del tejido.

3 Estire del hilo hacia B sin distorsionar los giros del hilo. Deje el hilo tenso y use la punta de la aguja para regular los giros a lo largo del nudo. Vuelva a insertar el hilo en B.

PUNTO MOUNTMELLICK

USOS: líneas, contornos, bordes

Ver también:
Punto stem (página 206)
Punto de raso (página 188)
Nudos franceses (página 205)
Punto de ojal (página 98)
Punto largo y corto (página 171)
Sombreado en tapiz (página 171)
Punto separado (página 171)

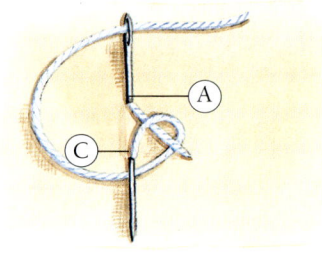

1 Suba la aguja por A y haga un punto diagonal hacia abajo a B, dejándolo plano en la superficie del tejido. Suba la aguja por C, a la izquierda de B y directamente por debajo de A.

2 Estire del hilo. Pase la aguja por encima del primer punto y pásela por debajo sin penetrar el tejido. Estire del hilo, sin estirar demasiado.

3 Vuelva a bajar la aguja en A y de nuevo hacia arriba directamente por debajo de C. Haga un lazo debajo de la punta de la aguja. Estire del hilo y que el nudo no quede demasiado tenso.

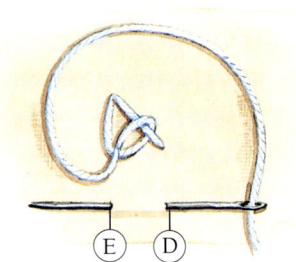

4 Continúe la secuencia, empezando en el siguiente nudo haciendo otro punto diagonal hacia D. Suba la aguja de nuevo en E y estire.

5 Continúe haciendo los nudos del mismo modo a lo largo de la línea, manteniendo una tensión continua aunque no demasiado fuerte.

Encima: punto Mountmellick trabajado hacia debajo de la línea del tallo principal (ver páginas 147-149)

Colcha Mountmellick

Este diseño para una colcha elegante en tonos blancos está sacado directamente de la naturaleza, manteniendo la fidelidad con la inspiración para un trabajo Mountmellick tradicional. Las rosas salvajes, zarzas, tallos que se entrelazan y hojas, trabajados en puntos de texturas ricas tienen una fuerte presencia. El diseño se podría colocar al azar por la colcha si prefiere o también se puede usar para otra ropa de casa. Diseño de Tracy A. Franklin

1 Fotocopie el diagrama de la página 148. Punce el diseño, incluyendo las líneas centrales, como se describe en la página 31.

2 Hilvane las dos líneas centrales de la colcha. Decida la posición de los motivos a lo largo de la línea vertical, dejando suficiente espacio para los bordes con la misma anchura en la zona superior e inferior. Entonces hilvane una línea alrededor de la colcha para marcar la posición del borde. Mida la distancia entre la línea del borde superior y la línea central de abajo e hilvane una línea justo entre las dos. Repita para hilvanar una línea final entre la línea central y la línea del borde inferior. En el punto en el que las dos últimas líneas se encuentren con el borde tendremos la posición para los cuatro motivos restantes. Adapte esta posición para que encaje con diferentes tamaños de colchas.

3 Enganche el diseño con alfileres en cada posición, uniendo con cuidado las líneas centrales y recordando que todo excepto el motivo central se fija desde las líneas del borde. Pinte el diseño en cada posición antes de moverlo a la siguiente.

4 Coloque el área de la colcha que se tiene que trabajar en un marco de bordar o de colchadura. Empiece a bordar usando hilo de algodón blanco y aguja de canilla. El diseño se trabaja desde las formas del fondo a las de arriba, para maximizar la cualidad tridimensional del bordado.

5 Trace los tallos sin omitir las pequeñas espinas, que están trabajadas en punto de raso y nudos franceses. Complete el fondo trabajando las hojas en punto de raso de un lado y nudos bullion dentro de un contorno en punto stem al otro lado de la hoja.

6 A continuación trabaje el tallo de la rosa en punto Mountmellick, con las espinas en punto de raso. Trabaje las hojas de este tallo en punto stem y punto de raso con nudos bullion como antes.

7 Trabaje las dos hojas de detrás de los pétalos de rosa a continuación. Las dos tienen un contorno en punto de ojal con un centro sin bordar.

8 Complete el motivo trabajando los pétalos de la rosa en punto largo y corto sobre un borde de punto partido, en el orden mostrado en el diagrama. Entonces rellene el centro de la rosa con nudos franceses.

9 Cuando haya acabado de bordar todos los motivos lave la colcha si es necesario. Prense la colcha con los motivos mirando hacia abajo sobre una superficie suave para no aplanar el bordado. Coloque la colcha sobre la cama.

Área de diseño

12 x 21 cm

Materiales

Una colcha sencilla

Hilo de bordar (ver lista de códigos del diagrama)

Equipamiento

Hilo de hilvanar pálido

Cinta métrica

Pintura azul pálida

Marco de bordar de al menos 25 cm de diámetro y 2,5 cm de profundidad

Aguja de canilla tamaño 20

LISTA DE CÓDIGOS PARA LA COLCHA MOUNTMELLICK

Ovillos de 50 g / 150 m de algodón Lyric 8/4

- ∞∞∞∞∞ Punto Mountmellick en blanco
- ------- Punto de ojal en blanco
- -·-·-·- Punto largo y corto sobre borde de punto partido en blanco
- ⊚ Nudo francés en blanco
- ········ Punto de raso en blanco
- — — Punto stem en blanco
- ⊥⊥⊥⊥⊥ Nudo bullion en blanco
- – – – Líneas centrales

Nota: necesitará dos ovillos para completar los siete motivos

Ropa de bautizo

Tres motivos exquisitos (una mariquita, una margarita y una mariposa) decoran esta ropa de bautizo encantadora. El bordado fino, usando técnicas tradicionales características del trabajo Ayrshire, es muy delicado. Los motivos se pueden colocar en cualquier patrón de ropa y es idóneo para cualquier otro traje para bebé o para niños pequeños. También podría romper con la tradición e intentar trabajar los motivos en colores. Diseño de Tracy A. Franklin

1 Corte las piezas del patrón para su ropa de bautizo y decida cómo desea colocar los motivos de mariquita, margarita y mariposa bordados.

2 Fotocopie las plantillas para los motivos de las páginas 152-153, haciendo copias separadas para cada repetición del motivo. Verá que también tiene la opción de hacer imágenes reflejadas de la margarita. Recorte con cuidado cada plantilla. Coloque cada plantilla en su posición en el patrón y fíjela.

3 Coloque el linón de algodón sobre una superficie limpia y plana y fije la pieza más grande del patrón sobre el bordado, dejando suficiente tejido alrededor de la pieza para la sección que se ceñirá y estirará en el marco. Hilvane alrededor de la forma del patrón. Coloque alfileres e hilvane alrededor de cada pieza del patrón para bordarlos del mismo modo, siempre dejando suficiente tejido para trabajar en el marco. Finalmente, antes de cortar nada del tejido, asegúrese de que el resto de las piezas del patrón, que no se van a bordar, cabrán en el tejido restante. Solo entonces, corte el tejido para las piezas bordadas, pero como un bloque incluyendo el margen para trabajar en el marco.

4 Saque los alfileres de las piezas del patrón del tejido. Sustitúyalas debajo del tejido, dentro de los contornos hilvanados y vuelva a colocarlos en su posición mediante alfileres. Coloque cada pieza del tejido que se va a bordar en una caja de luz y calque los contornos del diseño con un lápiz azul pálido.

5 Ciña los bordes de la sección del traje que se va a bordar y colóquelo en un marco. Si decide usar un aro de bordado forre los bordes para darle más protección al linón de algodón.

6 Borde los motivos siguiendo las instrucciones de las páginas 152-153. Cuando el bordado esté completo, retoque la ropa de bautizo de acuerdo con las instrucciones para el patrón que haya elegido.

Use el efecto espejo en la parte superior del traje así como en la parte de abajo

Dibuje líneas centrales en los patrones para poder colocar los motivos de forma simétrica

Área de diseño

Margarita: 3,5 x 5 cm

Mariquita: 2,5 x 3 cm

Mariposa: 4,5 x 3 cm

Materiales

El tejido de linón de algodón como se necesita para el patrón del traje, más un margen para poder trabajar en un marco

Hilo de bordar (ver la lista de códigos)

Equipamiento

Patrón de ropa de bautizo

Cinta

Hilo para coser que haga contraste

Lápiz azul pálido

Marco o aro de bordar

Agujas de bordar tamaños 8 y 10

Agujas de bordar finas y puntiagudas

Estilete

BORDADO SUPERFICIAL

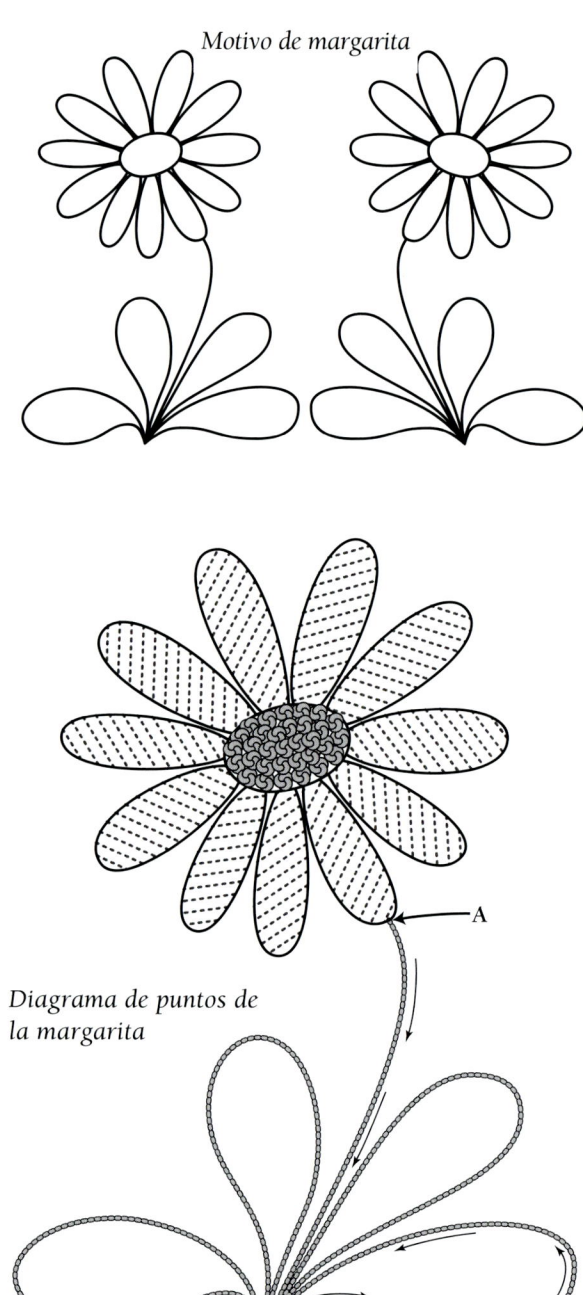

Motivo de margarita

Diagrama de puntos de la margarita

7 Hilvane tres hilos de algodón en una aguja de tamaño 8. Empiece con un nudo en el centro de la margarita. Pase esos hilos, la base para el punto arrastrado, a la superficie en el punto A del diagrama. Pase una hebra de hilo de algodón y haga punto arrastrado hasta la base del tallo.

8 Pase todos los hilos al reverso. Súbalos de nuevo en B para trabajar la hoja inferior derecha. Complete todas las hojas del mismo modo, ajustando los puntos de inicio de manera que las hojas queden bien y los puntos no dañen el tejido.

9 Use una hebra de algodón y haga punto partido alrededor del contorno de cada pétalo. Haga punto de raso de un lado a otro de cada pétalo en la dirección del diagrama.

10 Haga muchos nudos franceses con una hebra de hilo de algodón en el centro de la margarita, de manera que no se vea tejido de fondo.

11 Borde la mariquita usando una hebra de hilo de algodón. Empiece haciendo ojales. Haga un pequeño agujero en el tejido con un

ROPA DE BAUTIZO

Motivo de mariquita

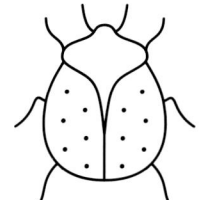

Motivo de mariposa

LISTA DE CÓDIGOS DE MARGARITA

Hilo de algodón DMC

- .... *Punto de raso sobre borde de punto partido en blanco*
- ━━━ *Punto arrastrado en blanco*
- ⊙ *Nudo francés en blanco*
- → *Dirección de los puntos*

Nota: necesitará dos madejas para completar 10 motivos

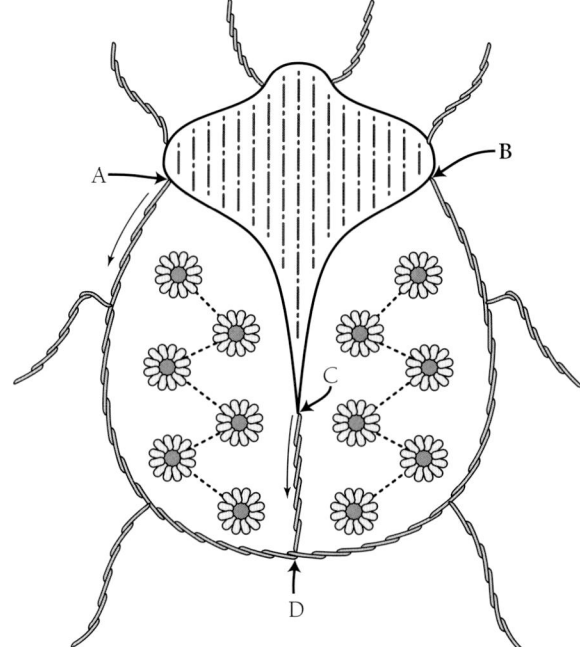

Diagrama de puntos de la mariquita

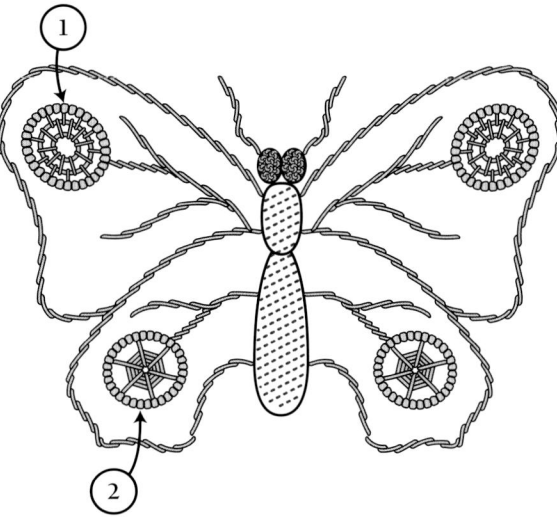

Diagrama de puntos de la mariposa

LISTA DE CÓDIGOS DE MARIQUITA

Hilo de algodón DMC

- —·—·— *Punto largo y corto sobre borde de punto partido en blanco*
- ～～～ *Punto stem en blanco*
- ✿ *Ojos en blanco*
- ········ *Hilo arrastrado en el reverso*
- → *Dirección de los puntos*

Nota: necesitará dos madejas para completar diez motivos

LISTA DE CÓDIGOS MARIPOSA

Hilo de algodón DMC

- —·—·— *Punto de raso sobre borde de punto partido en blanco*
- ～～～ *Punto stem en blanco*
- ⊙ *Nudo francés en blanco*
- ① *Relleno en ojo grande en blanco*
- ② *Rueda en punto lineal en ojo grande en blanco*

Nota: necesitará dos madejas para completar diez motivos

estilete para cada ojo a medida que lo vaya haciendo y entonces cubra antes de pasar al siguiente. Borde seis ojos en cada ala con la misma longitud de hilo, arrastrando el hilo solo una vez de un ojo al siguiente por el reverso. Esto evita que haya demasiados hilos y cabos que estropearían este bordado fino.

12 Haga punto stem alrededor del cuerpo y las piernas, empezando en el punto A. Borde cada pierna en orden, volviendo el hilo a lo largo de los puntos lineales al cuerpo. Acabe en el punto B. Haga punto partido alrededor de la cabeza de la mariquita, empezando en el punto C y trabaje punto stem a lo largo de las patas frontales y las antenas como antes.

13 Empezando en el centro en la parte superior de la cabeza y desplazándose hacia cada lado, haga puntos largos y cortos de un lado a otro de la zona. Suba fuera del contorno de punto partido y pase cada punto hacia las alas, manteniendo los hilos absolutamente verticales. Donde los bordes exteriores de la forma se estrechan, los puntos se convertirán en punto de raso trabajados de un contorno al otro. Cuando la cabeza esté completa, trabaje a lo largo de la línea central desde los puntos C a D como antes.

14 Borde la mariposa usando una hebra de hilo de algodón. Empezando con los círculos grandes en las alas superiores, cubra los grandes ojos y entonces trabaje el relleno en cada uno. Cubra los ojos grandes en las alas inferiores y entonces haga una rueda de punto lineal en cada uno.

15 Haga punto stem alrededor de las alas superiores y sus venas y entonces complete las alas inferiores del mismo modo.

16 Haga punto partido alrededor de la mitad inferior del cuerpo y entonces haga punto de raso en un ángulo sobre el contorno. Repita para la mitad superior del cuerpo. Finalmente, haga punto stem en las dos antenas y haga muchos nudos franceses en los dos ojos.

153

Trabajo sombreado

El trabajo sombreado usa tejidos a través de los cuales se pueden ver puntos o trozos de tejido, formando un efecto de sombra. Tradicionalmente blanco sobre blanco, pero actualmente a veces se trabaja usando tejido de color. El trabajo sombreado se combinaba con el bordado estirado en imitación de los caros encajes. Además de ser más barato también duraba más. La forma más notable de trabajo era el de Dresden de Sajonia y en la primera parte del siglo XVIII, se solía colocar en muselina cuando el traje original estaba estropeado por el uso.

Izquierda: borde de un trabajo en Dresden, primera mitad del siglo XVIII. Usando hilo de lino blanco sobre linón blanco, el trabajo sombreado está en punto de escapulario por el revés y los puntos de relleno están en punto de raso, trabajo estirado y punto contado. El bonito borde festoneado está trabajado en punto de ojal

Página opuesta: Ancestral Hearth *por Rosemary Campbell, detalle, 1991. Este gran panel estaba inspirado en la Edad de Piedra. Describe el hogar. Las capas, incluyendo trabajo sombreado se usan para añadir una sutil profundidad de color. El trabajo sombreado también se usaba para ensalzar la superficie*

Trabajado en muselina fina importada de India, el trabajo Dresden era una técnica precisa con motivos florales a menudo rodeados con punto de escapulario sombreado. Se usaba una gran variedad de puntos como la cadeneta, punto de raso, etc. Con numerosos rellenos como el haz, panal de cuatro lados, de tres lados, escalera, enrejado y puntos ondulados. Estos se combinaban con patrones rococó con flores, conchas y cintas usando los mismos diseños que los encajes, que vinieron de las sedas brocadas tejidas en Francia. El trabajo de Dresden se copió en Gran Bretaña, y en la década de 1750 se ofrecían premios por buenas imitaciones de trabajo Dresden por la Sociedad Art-Gallican en Inglaterra, la Sociedad Edinburgh y varias sociedades irlandesas. A veces se enseñaba en pequeñas escuelas y talleres en muchos pueblos y ciudades donde las chicas recibían hospedaje y las habilidades que les permitirían ganarse la vida. El diario *Glasgow Mercury* del 9 de enero de 1783 llevaba el siguiente anuncio: «Mrs Aid anuncia que está dejando su negocio y ruega que alguien le de empleo a sus hijas. Ellas enseñarán la costura en blanco y en color, Dresden, encaje etc. Y continuarán con la fabricación y venta de ropa».

Los emigrantes protestantes que se instalaron en Ballykennedy, Gracehill, durante la década de 1760 produjeron bordados finos incluyendo trabajo Dresden. De forma parecida muchos grupos religiosos incluyendo la Sociedad de los amigos y los curanderos enseñaron a bordar a las chicas y a pesar de que era principalmente simple costura, se producía algo de trabajo decorativo.

BORDADO SUPERFICIAL

Arriba: panel de mono, Kathleen Mann, 1934 aproximadamente. Varios puntos y sombreados están trabajados en este diseño

Hay dechados de trabajo Dresden en Pensilvania, por ejemplo, donde en el siglo XVIII los dechados que describían el motivo típicamente americano, una cesta de flores, era popular. Los tallos estaban en punto de cadeneta y las flores, hojas y los detalles de la cesta estaban rellenos con vainica o trabajo de Dresden. Alrededor del motivo central se solían incluir cuadrados o círculos con motivos florales, dando un acabado más fino al trabajo. Se trabajaban en seda blanca o hilo de lino en lino fino o algodón.

Trabajo Chikan

Es similar al trabajo Dresden, bordado con hilos de algodón en muselina fina blanca. Para su efecto depende del contraste de los distintos grosores de hilos para formar rellenos opacos y patrones similares a los encajes. Los principales puntos que se usaban eran más simples que los que se usaban en el trabajo Dresden e incluyen punto stem y punto lineal doble formando el trabajo sombreado, nudos franceses, punto de raso y de ojal con zonas de trabajo estirado. Una característica particular del trabajo son los puntos largos trabajados en punto corredero que le dan un toque fluido al diseño. Aunque el término Chikan aplicado al bordado en blanco no se conoció antes de principios del siglo XIX, hay una larga tradición de bordado en muselina blanca fina en India, que se puede ver en pinturas y en documentos. Sin embargo, es bastante probable que el bordado europeo del siglo XVIII influenciase el desarrollo del trabajo Chikan, que puede que se desarrollase como una alternativa barata a los tejidos más caros.

Aunque se llevaron a cabo formas de trabajo Chikan en Dacca y Calcuta, el mejor trabajo se realizó en Lucknow, que fue un importante centro cultural y artístico antes de la caída de la corte de los Nawabs de Oudh y el Motín de 1857. Sin embargo, la ciudad se recuperó como centro del comercio ayudado por la construcción del ferrocarril, y el trabajo Chikan parece haber florecido desde 1860. Por la década de 1880 tenía mucha reputación y ganó premios en varias exhibiciones internacionales. Se convirtió en una de las industrias más importantes de Lucknow y muchas de las firmas originales continúan hoy en día.

Actualmente, el trabajo Chikan se realiza en algodón producido industrialmente, o a veces con hilos de seda o rayón. Se usaban agujas gruesas crewel con ojo pequeño con hilo de algodón blanco. Para el trabajo estirado se suele sacar un hilo del borde ya que es más fuerte y se trabaja por el reverso. Ocasionalmente, se introducen hilos de colores, juntando dos colores para dar un efecto sombreado. El tejido no se trabaja en un marco sino que se estira con el dedo índice. El bordado se lleva a cabo por mujeres musulmanas, con sus hijas que aprenden a muy temprana edad a seguir con la tradición y la profesión. Sin embargo, los bordadores son los peor pagados de esta industria y viven en la pobreza.

Sheila Paine, una experta en este campo, ha observado que el bordado Chikan es único, en que cada uno de los seis puntos básicos se usa para un solo propósito. Por ejemplo, el punto de cadeneta nunca se usa para hacer un tallo o una hoja o una flor pequeñas, sino que se reserva para el contorno final de una flor o una hoja grandes. De modo similar, el número de hilos nunca varía. Otra peculiaridad del trabajo Chikan es que algunos puntos se trabajan por el reverso del tejido y otros por delante.

Los diseños se pasan al tejido con bloques de madera esculpidos usando tintes de varios árboles. Los diseños suelen consistir en motivos florales, hojas, etc. y solo en los trabajos más finos aparecen pájaros, elefantes, ciervos y peces. Diferentes bordadores trabajan las diferentes partes del diseño, pero sus ojos solo aguantan cinco horas de trabajo diarias. Se ha calculado que actualmente casi medio millón de habitantes de Lucknow son bordadores en trabajo Chikan. Sin embargo los maestros bordadores más finos murieron a principios de los años 80 y hoy en día, aunque todavía se realiza trabajo fino, la mayoría del trabajo Chikan producido es de baja calidad.

Trabajo experimental

La mayoría del trabajo sombreado realizado en Gran Bretaña durante el siglo XX se realizaba como deco-

TRABAJO SOMBREADO

ración para la ropa, principalmente ropa para niños y ropa interior femenina de seda fina. Durante finales de los años 20 y principios de los 30, la moda de los vestidos cortados en diagonal necesitaba tejidos más ligeros para la ropa interior femenina. La seda era popular pero cara y los nuevos tejidos como el rayón eran una alternativa bastante barata. La ropa interior se volvió más glamorosa y los conjuntos estaban a veces bordados con delicados motivos florales con sombreado. Al mismo tiempo, unos cuantos bordadores experimentaron con el trabajo sombreado para crear una nueva forma adecuada para los paneles de dibujos. Combinaban diferentes puntos y apliqué en gasa y los paneles estaban aumentados un centímetro desde detrás del marco de forma que las formas harían sombra para realzar el efecto general.

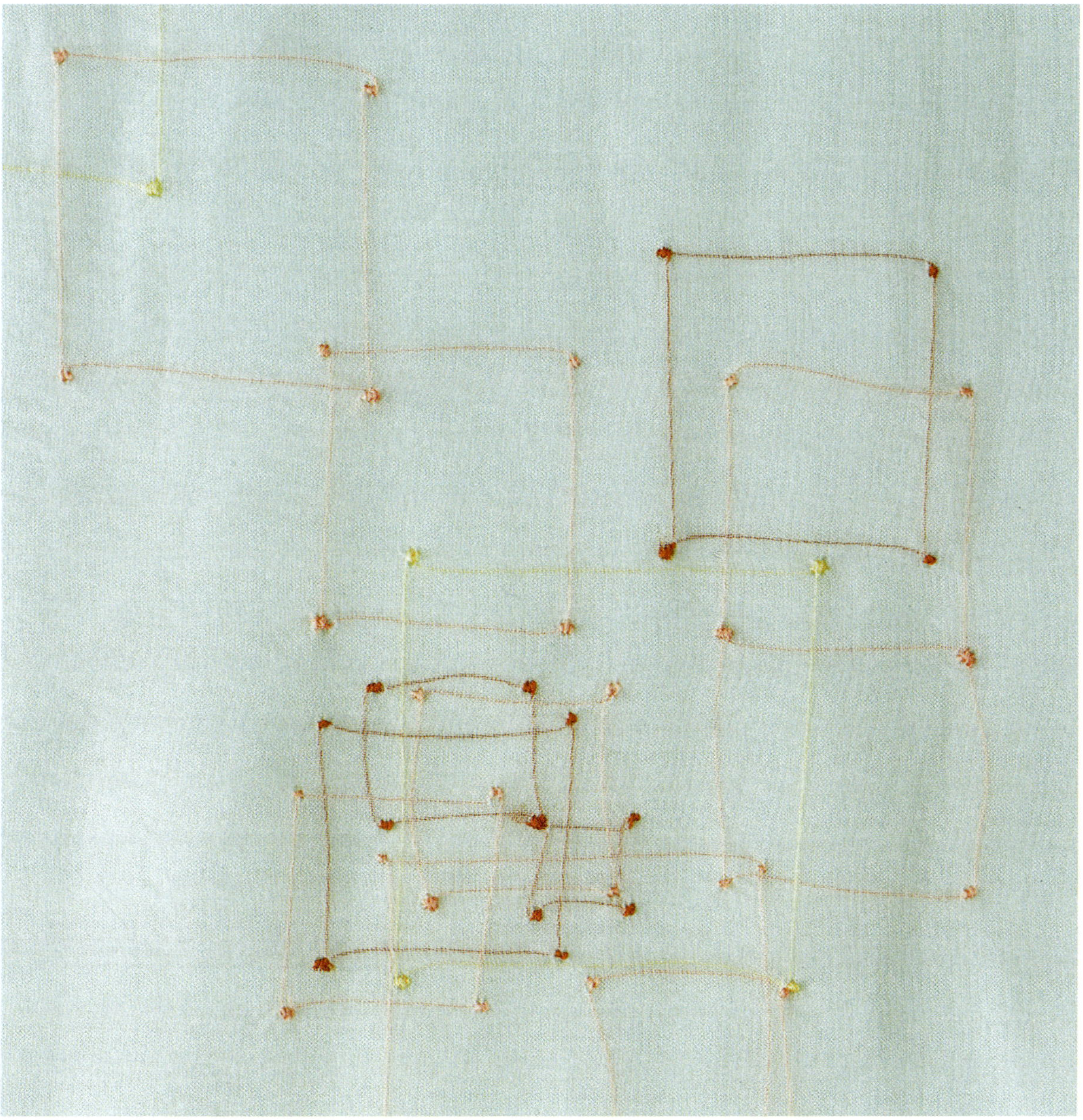

Arriba a la izquierda: fragmento de trabajo sombreado, Gran Bretaña, principios del siglo XX. Los motivos eran típicos de los que se trabajaban en las blusas de las mujeres y en la ropa interior

Izquierda: pieza moderna de Rebecca How, 2000. Tejido de seda trabajado en punto de raso usando hilos de seda

157

BORDADO SUPERFICIAL

Puntos y técnicas de trabajo sombreado

El bordado sombreado moderno se crea en tejido muy fino translúcido para dar un efecto delicado de puntos que están flotando en el tejido. Este efecto se consigue completamente con un punto llamado punto de escapulario cerrado o doble punto lineal. Este punto crea un contorno de punto lineal alrededor de las formas en la superficie del tejado, que se rellenan con el patrón punto de escapulario.

Tejidos

Para conseguir un efecto translúcido delicado de trabajo sombreado es esencial escoger el tejido con cuidado. Si tiene dudas lo mejor será que trabaje primero en un trozo de muestra. El tejido tiene que ser muy fino, casi transparente, y lo suficientemente fuerte para aguantar líneas de punto de escapulario cerrado o de doble punto lineal. Tejidos de tramado cerrado como organdí, organza, muselina o seda fina entre otros van bien.

Agujas

Seleccione una aguja de bordar puntiaguda, afilada y con el ojo grande que permita que el hilo pase suavemente a través del tejido sin tener que estirar y dañarlo.

Hilos

Los hilos como el algodón de bordar de seis hebras, el coton à broder y el algodón perlé nº 5 son adecuados para esta técnica. Considere con cuidado el grosor del hilo, ya que un hilo que sea demasiado grueso puede ser muy pesado y abultar demasiado con un tejido fino. Los hilos trenzados son particularmente buenos por esta razón. Con un poco de experimentación podrá usar diferentes tipos de hilo, como el hilo metálico o hilos de flor muy finos.

Colores blancos o suaves trabajados sobre tejidos blancos o pálidos dan un efecto delicado. Por el otro lado, los hilos de color brillante producen diseños chocantes ya que los contornos destacan en colores fuertes y los puntos de escapulario se pueden ver como sombras en tonos pastel por el lado bueno del tejido.

Herramientas adicionales

El uso de un aro de madera ceñida es altamente recomendable para conseguir y mantener una tensión constante. La combinación de usar un tejido muy delicado y una técnica que incluya bordar hacia delante y hacia detrás a lo largo del tejido podría hacer que se arrugase y se distorsionase si el trabajo se sujeta en la mano. Sin embargo, no tense demasiado un tejido delicado ya que se puede dañar y deformar con facilidad.

Use lápices de colores para pasar el contorno del diseño al tejido. Dibuje los contornos tan suavemente como pueda para que no se vean alrededor de los puntos.

Técnicas de sombreado

Al punto usado para el trabajo sombreado se le puede dar dos nombres dependiendo de la forma en que se trabaje. Se puede llamar doble punto lineal cuando se trabaje como dos líneas de punto lineal en la superficie del tejido, que están unidas por un cruce de puntos en el revés. También se puede llamar punto de escapulario doble, tomando su nombre del patrón de escapulario cruzado que es claramente visible a través de tejidos transparentes.

Es mejor trabajar mirando por el lado bueno para asegurarse de que las líneas de punto lineal estén bien hechas mientras que al

---

PUNTO DE ESCAPULARIO CERRADO

OTROS NOMBRES: doble punto lineal

USOS: contorno, relleno

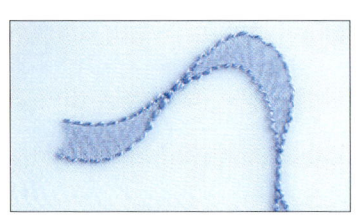

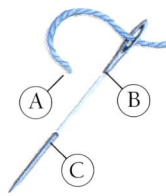

1 Suba la aguja en A. Haga un punto lineal corto y baje la aguja por B. Suba la aguja de nuevo diagonalmente hasta el lado opuesto del contorno en C.

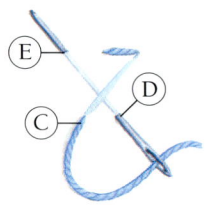

2 Haga un punto lineal corto de C a D y vuelva a cruzar la forma para subir la aguja por E. Mantenga los puntos con una longitud máxima de 2 m donde la forma lo permita.

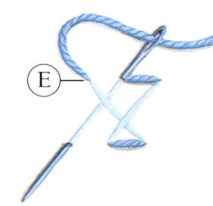

3 Haga un punto de E hacia el primer punto y baje la aguja por el mismo agujero. Continúe hasta llenar la forma. Normalmente es más cómodo trabajar de derecha a izquierda.

PUNTOS Y TÉCNICAS DE TRABAJO SOMBREADO

mismo tiempo puede ver el patrón de los puntos de escapulario que se está creando en la parte de abajo del tejido.

La pulcritud es la esencia de esta técnica ya que cualquier cabo suelto o uniones desordenadas se transparentan y no se pueden esconder en el reverso del tejido.

Empezar y acabar

Calque el diseño en el tejido translúcido y coloque el tejido con cuidado dentro de un aro.

Empiece con un nudo (ver página 28) por el lado bueno dentro del área del diseño y cerca de donde empezará a bordar. Corte y saque el hilo del lado bueno del tejido cuando el hilo esté ya fijado de forma segura. Acabe el hilo pasándolo a través de unos cuantos puntos por el revés del tejido, mejor cerca de una línea de dobles puntos lineales que a través de los puntos de escapulario. Entonces, corte el final. Compruebe que el bordado esté bien por el lado bueno.

Cuando haga los puntos tenga cuidado de no tirar demasiado del hilo para no hacer agujeros en el tejido.

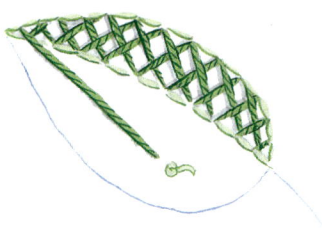

El reverso y el hilo fijado con un nudo

Trabajar diversas formas

No siempre es posible mantener los puntos de la misma longitud, porque las formas de los diseños a veces tienen curvas. Entonces tendrá que variar la longitud de las partes de punto lineal y de escapulario para rellenar las formas cuando se curven.

El tamaño de los puntos lineales en la curva interior de una forma será considerablemente más pequeño que los situados en la curva exterior. Este principio se ve más claro cuando trabaja alrededor de una forma de aro. Necesitará hacer puntos lineales alrededor del aro en una escala pequeña, de manera que los puntos más largos que estén localizados en el aro exterior no tengan que ser demasiado grandes.

Cuando la forma se vaya afilando hasta un punto, debe mantener

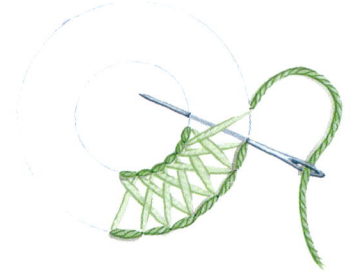

Variar la longitud de los puntos para que encaje alrededor de un aro

los puntos lineales de exactamente la misma longitud. Sin embargo, necesitará reducir la longitud de la parte de escapulario del punto para trabajar los puntos afilados de la forma.

Una forma puntiaguda puede llegar a acabar formando una sola

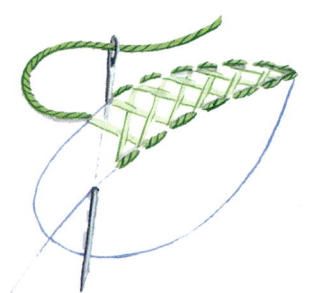

Punto de doble escapulario en una forma puntiaguda

línea como por ejemplo cuando una hoja se une al tallo. La parte de punto de escapulario disminuirá en tamaño para acabar desapareciendo. Cuando esto pase, todo el punto se puede reducir a una línea de punto lineal.

Trabajar dos formas juntas resultará en una línea doble de punto

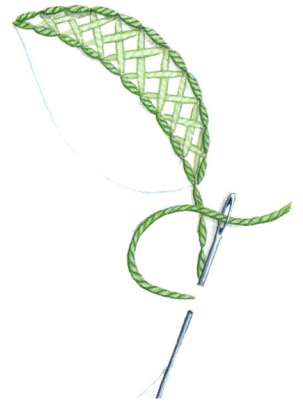

El punto de escapulario doble se convierte en un simple punto lineal

lineal que bajará hacia el centro de la forma general. Esto puede ser muy efectivo cuando se usen dos colores de hilo distintos. Es importante asegurarse de que la longitud de los puntos lineales es la misma en esta situación para que el trabajo quede bien proporcionado.

Para mantener las cualidades intrínsecas del trabajo sombrea-

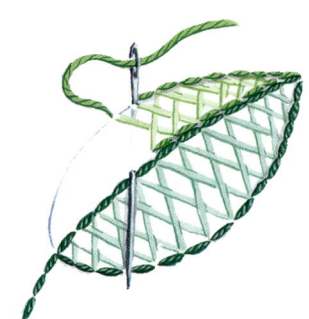

Trabajar dos formas adyacentes crea una doble fila de puntos lineales

do, no hay necesidad de adornar el diseño con otros numerosos puntos superficiales. Sin embargo, puede que encuentre un par de puntos de bordado superficial útiles, como el punto lineal (ver página 49) para hacer líneas sencillas y añadir fluidez y los nudos franceses (ver página 205) para añadir pequeños detalles al diseño.

Con ambos puntos, pero especialmente con los nudos, debe fijar los hilos con mucho cuidado detrás de los puntos trabajados.

Diseñe usted mismo

• Use formas simples que se puedan rellenar como hojas, pétalos, cintas, letras, siluetas y patrones geométricos sencillos.

• Mantenga el tamaño de los motivos pequeño, de manera que los puntos no sean demasiado grandes.

• Intente diseñar ideas en papel transparente trabajando en ambos lados del papel con lápices de color como si fuesen hilos.

159

BORDADO SUPERFICIAL

Paño con motivos florales

Este delicado paño transparente realzará cualquier habitación y dará un toque fresco al lado de una ventana. Es un proyecto ideal para cualquiera que no esté familiarizado con la técnica del sombreado. Necesita solamente seis motivos para crear el paño, pero también podría hacer solamente un motivo o usar menos repeticiones para una ventana más pequeña. Diseño de Jane Iles

Área de diseño

8 x 19 cm

Materiales

Tejido de unos dos metros de color crema tipo organdí (con los dobladillos cosidos)

Hilos de bordar (ver la lista de códigos)

Equipamiento

Alfileres

Lápices de color verde pálido y rosa pálido

Bastidor de 20 cm ceñido

Aguja de bordar de tamaño 6

Agujas de cortar o de bordar afiladas

1 Haga seis fotocopias del motivo. Planche el tejido con cuidado. Coloque el tejido sobre una superficie larga y plana y coloque los motivos al menos a 8 cm del borde, de manera que el bordado se pueda trabajar en el bastidor. Con cuidado coloque los motivos debajo del tejido y fíjelos con alfileres. Calque cada motivo de forma precisa en el tejido, usando lápices verde pálido y rosa. Coloque un motivo del diseño en el centro dentro del bastidor.

2 Siguiendo el diagrama, haga el sombreado usando tres hebras de hilo de algodón. Empiece con un nudo y fije los cabos del hilo en el revés. Asegúrese de que el reverso está bien ya que se verá por el lado bueno. Trabaje cada hoja en dos mitades, desde la punta al tallo o desde el tallo hasta la punta. Haga los tallos en punto lineales. Mantenga los puntos por el lado correcto incluso si es imposible decir dónde el punto lineal se convierte en punto de escapulario (doble punto lineal). Haga grupos de tres nudos franceses para hacer flores pequeñas.

3 Vuelva a colocar el bastidor para trabajar cada motivo repetido siguiendo el diagrama. Cuando esté completo, planche el tejido por el revés.

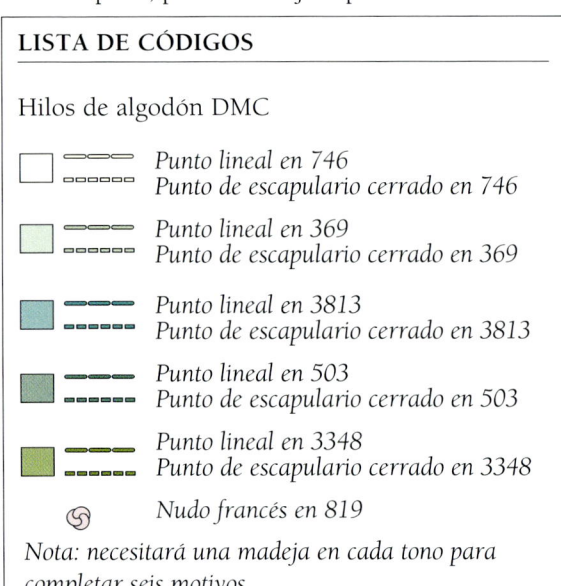

LISTA DE CÓDIGOS

Hilos de algodón DMC

- Punto lineal en 746
  Punto de escapulario cerrado en 746
- Punto lineal en 369
  Punto de escapulario cerrado en 369
- Punto lineal en 3813
  Punto de escapulario cerrado en 3813
- Punto lineal en 503
  Punto de escapulario cerrado en 503
- Punto lineal en 3348
  Punto de escapulario cerrado en 3348
- Nudo francés en 819

Nota: necesitará una madeja en cada tono para completar seis motivos

Manta de labor de retazos para bebé

Esta cómoda manta le echa un vistazo fresco a la técnica del sombreado. Los motivos se han bordado en una capa de tejido fino color crema, similar al organdí pero suficientemente bueno para la piel de un bebé, para hacer un diseño encantador en tonos pastel. Se le ha dado un fondo cálido de franela de lana. Podría adaptar el diseño fácilmente eligiendo sus motivos favoritos y añadiendo el nombre del bebé. Diseño de Jane Iles

1. Usando una fotocopiadora aumente cada motivo un 200% para que mida 17,5 cm cuadrados. Haga cuatro copias de cada diseño. Corte alrededor del borde de cada cuadrado.

2. Pegue dos hojas A2 de papel de 58 x 84 cm. Coloque los motivos centrados, dejando 1,5 cm entre cada cuadrado, entonces pegue los cuadrados en su posición. Recoloque los motivos ahora si lo desea.

3. Coloque el patrón en una superficie suave y larga. Entonces coloque el tejido transparente centrado encima, alineando el tejido con el patrón. El patrón se extenderá más allá de los bordes de la hoja del patrón. Use alfileres para fijarlo en su lugar, entonces calque cada motivo en el tejido usando los lápices de color afilados. Conserve el patrón para calcar los cuadrados más tarde.

4. Seleccione un motivo, entonces coloque el tejido cuidadosamente en un bastidor ceñido. Empiece con las formas de corazón, que son probablemente más fáciles de bordar, hasta que se sienta con confianza. Recuerde hacer la forma en punto de escapulario alrededor de las curvan interiores y exteriores y dentro de los puntos.

5. A continuación, haga las hojas y los tallos rectos del motivo verde. Borde los dobles puntos lineales alrededor del círculo interior del aro en este motivo mucho más pequeño que los de alrededor del círculo exterior.

6. Finalmente, haga los motivos de la cinta, que tienen unas cuantas formas de esquina, dentro de los cuales tienen que encajar los puntos. Para trabajar los cabos cortados de la cinta, empiece cosiendo un punto y acabando el hilo pulcramente cuando llegue a la parte más ancha de la cinta. Empiece de nuevo y cosa el otro punto de la cinta, pero esta vez continúe cosiendo toda la longitud de la cinta, uniendo los puntos donde las dos secciones se encuentren para que no se vea la unión.

7. Cuando el motivo esté completo, saque el tejido delicado del bastidor y recolóquelo para bordar otro motivo.

8. Cuando se hayan hecho todos los motivos, planche el tejido por el revés para eliminar cualquier arruga y aplanarlo una vez más.

9. Coloque el tejido transparente sobre el patrón de papel, alineado los motivos de la labor sombreada con los del papel de encima. Fíjelo con alfileres. Con el lápiz de color y una regla larga o un metro rígido, dibuje las líneas rectas con cuidado en el tejido, uniendo las líneas de un cuadrado a otro para obtener una parrilla de líneas dobles que se extienden a los bordes del tejido. Saque el tejido.

10. Corte el tejido de franela, eliminando los bordes, para que mida 67 cm de ancho por 86 de largo. Entonces colóquelo en una superficie lisa y plana.

Área de diseño
67 x 86 cm

Materiales
- 1m x 90 cm de tejido transparente y suave de color crema
- Hilos de bordado (ver lista de códigos)
- 90 x 70 cm de franela de color crema

Equipamiento
- Papel de trazado A2
- Cinta adhesiva clara
- Alfileres
- Lápices de color azul pálido, verde y rosa
- Bastidor de madera ceñido de 25 cm
- Aguja de bordar de 5 cm
- Tijeras de bordar o de cortar con la punta afilada
- Regla larga o metro rígido
- Hilo de hilvanar

Coloque los diversos motivos en una hoja de papel, dejando espacio para la parrilla alrededor de cada uno

BORDADO SUPERFICIAL

11 Coloque el tejido bordado centralmente, con el lado bueno hacia arriba, encima de la franela. Entonces fíjelo con alfileres en su lugar, trabajando desde el centro hacia fuera. Dejando las capas planas y cerca de la superficie de la labor, hilvanando de un lado al otro del área.

12 Corte alrededor de los bordes del tejido transparente, dejando un margen de 3 cm para el dobladillo más allá de los bordes de la franela. Usando hebras largas de algodón perlé nº 437, haga puntos correderos bien hechos e iguales (ver página 63) a lo largo de la red de líneas rectas para adornar el diseño y unir las dos capas de tejido. Empiece y acabe cada línea de puntos correderos en el borde dentro del margen para el dobladillo. No hay necesidad de fijar los hilos ya que quedarán bien cuando se haga el dobladillo al tejido.

13 Mida 1,5 cm desde la línea exterior de puntos correderos en cada borde de la manta y cosa una fila más para acabar la parrilla.

14 Doble un dobladillo doble alrededor del tejido transparente y gírelo hacia el revés de la manta para ceñir el borde de la franela. Doble el tejido fino en las esquinas en un ángulo de 90 grados. Entonces fíjelo con alfileres e hilvánelo antes de hacer pequeños puntos (ver página 33) a lo largo del dobladillo para fijarlo. Los puntos no deberían penetrar la franela ni verse por el lado bueno. Finalmente saque los puntos que hizo para hilvanar.

MANTA DE LABOR DE RETAZOS PARA BEBÉ

Aumente un 200%

Aumente un 200%

Aumente un 200%

Aumente un 200%

LISTA DE CÓDIGOS PARA LA MANTA DE BEBÉ

Algodón perlé DMC n.º 5

- Punto de escapulario cerrado en 899
- Punto de escapulario cerrado en 963
- Punto de escapulario cerrado en 761
- Punto de escapulario cerrado en 368
- Punto de escapulario cerrado en 472
- Punto de escapulario cerrado en 341
- Punto de escapulario cerrado en 747
- Punto corredero en 437

Nota: necesitará una madeja de cada tono

Sombreado en seda

La seda fue descubierta por los chinos hace unos 5.000 años, pero los detalles de cómo llegó a producirse y usarse en otros países es un velado misterio. Sin embargo, había sin duda muchos bordadores, entre las comunidades monásticas y seculares, haciendo labores en seda hacia el 900 a.C. Eran muy hábiles, ya que tenían ocho años de entrenamiento antes de que se les permitiera trabajar profesionalmente. Los hilos de seda trabajados en punto partidos se usaban para figuras en vainica, sus caras expresivas y el sombreado sutil de los trajes. Este trabajo, conocido como opus anglicanum, *se produjo durante los siguientes 600 años pero estuvo en su mejor momento entre 1250 y 1350.*

El *opus anglicanum* fue exportado a toda Europa, pero los mejor documentados y el ejemplo mejor reservado es la estola de la tumba de San Cuthbert en la catedral de Durham. Las inscripciones en el diseño muestran que fue comisionado por Aelfflaed, mujer de Edward the Elder, para el obispo Frithsan de Winchester entre 909 y 916. Ellos describen figuras nombradas de santos y profetas trabajados en punto stem y partido, con el fondo cubierto en hilos dorados.

Vestido de corte

El caro bordado en seda no se limitaba a las labores para la iglesia, sino que a lo largo de la historia ha añadido estatus a los vestidos de la gente adinerada. Los vestidos de la corte formales de principios del siglo XVIII tenían faldas anchas aguantadas sobre aros de huesos de ballena y colas que le daban una superficie ideal máxima en la cual mostrar el bordado en seda elaborado. Los que se llevaban en los aniversarios y bodas reales eran particularmente espléndidos, aunque los cortesanos tenían que tener cuidado de no ser demasiado ostentosos ya que podrían ser considerados un símbolo de «impertinencia y vanidad». Los delantales decorativos tenían mucho gusto y los bordados en seda entre 1710 y 1750 son particularmente encantadores. Son cortos pero anchos para cubrir las faldas y se agarran en la cintura. Normalmente de seda blanca o color crema, pero en ocasiones de otros colores, los diseños de bordados florales a veces incorporan botines o pergaminos e hilos metálicos plateados. Las flores, las hojas y los tallos se trabajan en puntos largo y corto, stem, partido y de raso.

Avanzado el siglo, los trajes de los hombres llevados en ceremonias eclipsaban a los de las mujeres. Trajes de terciopelo, se trabajaban con flores multicolores sutilmente sombreadas. Incluso los botones iban bordados en seda que fuese a juego con el tejido.

Pintado en aguja

A finales del siglo XVIII se introdujo el pintado en aguja usando hilos de seda retorcidos. Se requería mucha habilidad para el bordado colifichet reversible hecho en seda floja a través de papel grueso o pergamino. Estos pequeños bordados de flores, retratos, o sujetos religiosos o campesinos, raramente de un tamaño mayor que 15 cm, estaban enmarcados en cristal por los dos lados. Esta técnica probablemente vino de China durante el siglo XVII y se practicó en los conventos de Ursuline hasta principios del siglo XIX. Se trabajaban otras imágenes más grandes en imitación

Izquierda: Bordado, diseño Ajunta de Thomas Wardle en la década de 1880. Hilos de seda en líneas de punto largo o corto trabajado con hilos de seda envueltos de oro

Debajo: Manto de la virgen, *detalle, Whalley Abbey Dalmatic, siglo XV*

Página opuesta: detalle de un bolsillo de chaleco, posiblemente francés, alrededor de 1780. El bordado en seda floja en raso en punto partido, stem y rectos y nudos franceses

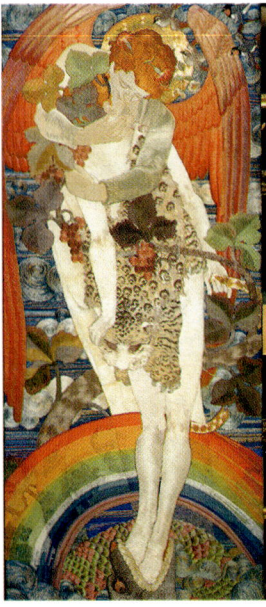

atractivo pero disfrutó de un renacimiento más tarde en el mismo siglo.

Thomas Wardle, un teñidor de seda que trabajó para William Morris, descubrió un método para blanquear seda India, «tussore», que lo hizo comercialmente viable. Tiñó hilos de seda floja con tintes vegetales para producir hilos lustrosos teñidos sutilmente. En 1879 o 1880 Elizabeth, su mujer, ideó un método para trabajar los hilos de seda floja en un fondo de seda teñida. El patrón impreso en seda acababa con la necesidad de transferir el diseño al tejido y se trabajaba en una variedad de puntos sencillos que incluían punto largo y corto, stem y de ojal y nudos franceses y muy enriquecidos por la adición de hilos dorados. Elizabeth y sus amigos formaron la Leek Embroidery Society (Sociedad de bordado de Leek) y promovió esta forma de arte a través de exhibiciones a las que se les daba considerable cobertura por parte de las revistas para mujeres.

Debido a la crítica prevaleciente de la pobreza del diseño estándar británico, se tenía mucho cuidado para usar solamente diseños de alta calidad. Importaron tejidos orientales influenciados por el gusto público, que animó a la Leek Society a usar diseños derivados del arte indio. Thomas Wardle visitó India en 1886 y volvió con diseños tomados de las pinturas en roca budistas, de 2.000 años de antigüedad, en las cuevas de Ajanta cerca de Bombay. El diseño de Ajanta de flores exóticas y pájaros se adaptó para el bordado y se convirtió en el diseño más famoso de la Leek Society. Se trabajó en azul oscuro, terracota y verde musgo sobre fondo de color crema con toques de luz en oro. Wardle tomó ideas del arte persa, cóptico y celta así como bordados históricos y las adaptó. Otros diseñadores, incluyendo a William Morris, produjeron diseños de bordado para la escuela Leek.

En 1883, Thomas abrió una tienda, en la calle New Bond, Londres, con un departamento especial para el bordado de Leek. Las piezas se podían comprar ya hechas o como juegos con un diseño pintado y los hilos de seda necesarios. En 1894, estos juegos estaban disponibles por catálogo. La sociedad Leek floreció durante más de 20 años y algún tiempo antes de 1890, se convirtió en una rama de la Royal School of Needlework (escuela real de tapicería). Sin embargo, con la muerte de Elizabeth en 1902 decayó.

La tapicería inspiró a muchos artistas a explorar el bordado. Phoebe Anna Traquair, una mujer irlandesa que vivía en Edinburgo, fue una artista y diseñadora consumada y un ejemplo a seguir en la Arts and Crafts Exhibition Society basada en la original de Londres. Trabajó como pintora, ilustradora, esmaltadora y encuadernadora de libros, y también produjo manuscritos iluminados, murales a grande escala e imponentes bordados.

de pinturas, los puntos de raso llanos, lisos largos y cortos reproduciendo pinceladas, Los sujetos se solían basar en pinturas populares y gravados de artistas famosos; otros describían figuras al lado de ruinas clásicas que apelaban al gusto neoclásico y romántico. Pinturas conmemorativas de duelos trabajadas en esta técnica fueron particularmente populares en los Estados Unidos. Los diseños se dibujaban profesionalmente en tejido de raso blanco y algunos detalles como el cielo, las caras y las manos se pintaban en acuarela y se dejaban totalmente sin bordar. Con la introducción de la labor en lana Berlín, el bordado en seda perdió su

SOMBREADO EN SEDA

Los más famosos son un conjunto de cuatro paneles titulados *The Progress of the Soul* (El progreso del alma), que representa las cuatro etapas de la vida espiritual del hombre y que fue hecho entre 1893 y 1902. Cada uno de ellos trabajado en sus ratos libres le llevó dos años. Miden aproximadamente 188 x 74 cm y están trabajados en seda de color e hilos de oro con puntos de raso tradicionales.

Renacimiento de habilidades

En Glasgow, Anne Macbeth se convirtió en directora del departamento de bordado de la School of Art en 1908. Abominaba la copia de pinturas populares en los bordados y la culpó del estancamiento del bordado en lana Berlín. Consideraba los paneles de figuras como el reto máximo para los bordadores e introdujo su propia forma distintiva de bordado en la cual se sugería la modelación de figuras y paños mediante bloques sólidos de color bordados con punto de raso en hilos lustrosos de seda floja. Se solía trabajar en raso color crema o blanco y la dirección de los bloques cambiaba para variar el reflejo de la luz y dar sustancia a la forma. Introdujo colores vivaces a su trabajo y también combinó una variedad de técnicas como los hilos gruesos de seda floja, encaje de aplicación, hilos metálicos y una gran variedad de puntos sencillos.

Bordado en seda china

La seda siempre ha sido cara y por eso ha disfrutado de un alto estatus, particularmente combinada con preciosos hilos metálicos. En ningún sitio era tan obvio como en el lejano este, especialmente en la corte imperial china, donde el dragón bordado en seda y las ropas de cortesanos eran llevados por el emperador, los mandarinos y otros dignatarios. Los dragones formaban el diseño principal con patrones de olas y nubes alrededor del dobladillo y en las mangas. El simbolismo era importante en la cultura china con el dragón de cinco garras como el motivo supremo, con el fuego marcando su carácter supernatural. Las flores, los pájaros, las bestias míticas y los cuerpos celestiales representan un amplio número de atributos, estaciones y creencias religiosas. Los colores también eran simbólicos, estando el amarillo reservado para el emperador y su familia. En la corte había una estricta jerarquía y los oficiales en ocasiones llevaban insignias bordadas con motivos para denotar su rango. Las mujeres en la corte también llevaban ropas bordadas como hacían los niños, los sacerdotes y los actores. A finales del siglo XIX y principios del siglo XX una gran cantidad de bordados chinos encontró su camino hacia el oeste vía puerto mercantil de Shangai. Los pequeños artículos como pares de mangas para bandas o puños a menudo eran enmarcados y colgados en las habitaciones de las clases medias.

Arriba: **Rey de la selva** *por Melisa Cheeseman, 1996. La técnica es seda natural en trabajo sombreado con hilos de algodón*

Izquierda: Un par de bandas de manga sin cortar, china, siglo XX. Seda con bordado en seda floja en puntos largo y corto, raso, corto y lineal

Página opuesta, arriba a la izquierda: **La victoria,** *por Phoebe Traquair, 1902. Seda e hilos de oro en raso. Este es el último de los cuatro paneles de la serie* **El progreso del alma**

Página opuesta, arriba a la derecha: **Obi,** *por Midori Matsushima, sobre 1980. Incorporando puntos largo y corto y japonés*

Página opuesta abajo: Detalle de la parte frontal de un altar, diseñado por Ann Macbeth, trabajado por Agnes E. P. Skene, 1909-10. Hilos de seda con hilos de seda dorados y plateados. Trabajados en puntos de raso, nudo, cadeneta, stem, recto, lago y corto y corredero con nudos franceses. Decorado con perlas y cuentas de cristal

Puntos y técnicas de sombreado en seda

El sombreado en seda es una forma de crear estudios de sujetos naturales a través del uso de puntos largos y cortos y la sutil mezcla de color. Se ha trabajado tradicionalmente en hilos de seda que, a causa de su brillo y a pesar de ser colocados en plano, le dan al bordado vitalidad y tridimensionalismo. Practique las bases dadas aquí y gane confianza para bordar sus propias imágenes.

Tejidos

Los tejidos de seda dan una riqueza que complementa a la técnica y están disponibles en una gran gama de colores, texturas y pesos. La seda ligera Habotai no va bien para esta técnica ya que es demasiado débil. La seda Dupion, por otro lado, es excelente siempre y cuando no tenga demasiadas irregularidades en los hilos. La seda de mobiliario se puede usar: generalmente cuanto más fino sea el tejido más recomendable es usar un tejido de fondo debajo de la seda para darle una superficie más firme sobre la que bordar.

Agujas

Use una aguja crewel para el punto largo y corto ya que el ojo más largo acomodará más hebras de hilo. El tamaño de la aguja dependerá del número de hilos usados para el diseño. Los tamaños 9 y 20 normalmente van bien para hilos de una sola hebra. Fíjese que es preferible usar una aguja que sea demasiado larga que una que sea demasiado fina, ya que el hilo no pasará tan rápidamente.

Hilos

Tradicionalmente se usaban hilos de seda y hoy en día todavía hay disponibles una bonita variedad de ellos. Sin embargo, no es siempre fácil conseguir una buena cantidad y son bastante caros. Por esta razón el hilo de algodón es un buen sustituto. Es una gran ventaja poder elegir el número de hebras que queremos utilizar y poder mezclar varios tonos en la aguja.

Técnicas de sombreado en seda

Se necesita un contorno fino para esta técnica por lo que para transferir el diseño use el método de agujerear o bien use papel carbón de costurero (ver página 31).

Preparando el tejido

El bordado debe de estirarse en un marco y el tejido fino de seda se debería colocar sobre un tejido de fondo (ver página 17). Los dos tejidos deberían quedar planos uno sobre el otro, por lo que cósalos alrededor del contorno del diseño. Esto evitará que los tejidos se encorven cuando se trabaje el punto largo y corto.

Primero fije con alfileres el tejido de seda sobre el de fondo. Hilvane una aguja crewel con una hebra de hilo de coser de algodón para unir el tejido de seda. Fije el hilo y clave la aguja verticalmen-

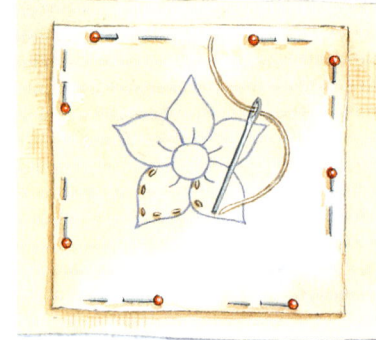

Fije la seda con alfileres en el tejido de fondo, entones cosa alrededor de las líneas del diseño

te hacia arriba y abajo a través de las dos capas de tejido.

Asegúrese de que los puntos están justo fuera del contorno

Repita alrededor a intervalos de 1 cm aproximadamente justo dentro de las líneas del diseño.

Preparar el bordado

Es una buena idea probar sus ideas para los tonos de color primero en un papel. Calque los contornos del diseño en papel y rellene las áreas con lápices de colores para ayudarle a decidir cuántos colores y tonos necesitará usar en el diseño final. Use los lápices para sombrear las distintas zonas en la misma dirección que tiene pensado bordarlas, para comprobar que sus ideas funcionen y usarlas como una guía más tarde.

Marque la secuencia en las que va a bordar cada zona en su diseño. Trabaje siempre las zonas del fondo primero, empezando con las zonas inferiores y trabajando hacia arriba. Esta secuencia da un sentido de perspectiva al bordado. Finalmente con un lápiz de tiza de costurero o con un lápiz marque ligeramente la dirección de los puntos, siguiendo los contornos del sujeto, dentro de cada zona. También marque los cambios de color en su

PUNTOS Y TÉCNICAS DE SOMBREADO EN SEDA

diseño para tener una guía a medida que vaya bordando.

Definiendo los contornos
Antes de empezar a bordar, los contornos del diseño se tienen que trabajar con punto partido, para darle a cada forma un borde distintivo. No haga el punto partido alrededor de todas las zonas a la vez. Haga el contorno de una forma, entonces rellene con punto largo y corto.

Perfeccionando el sombreado
Los puntos largos y cortos se trabajan de dos maneras distintas. Si hace todos en la misma dirección, con la línea del tejido formará una zona suave de color que es útil para zonas amplias y fondos.
Para sombrear el sujeto, necesita que los puntos parezcan más naturales y realcen las formas del diseño. Para hacer esto, adapte el punto largo y corto para darle dirección y crear sombreado natural. Es mejor empezar a bordar en una zona amplia del diseño, como puede ser el borde exterior de un pétalo, y yendo hacia abajo disminuir el número de punto en una zona estrecha, como puede ser la base de un pétalo, mejor que al contrario. Empiece en el borde superior en el centro de la forma y haga la primera fila de puntos hacia cada lado para establecer un patrón suave. Haga la primera fila alternando puntos largos y cortos, subiendo la aguja dentro de la zona del diseño y bajando por encima del borde de punto partido. Borde siempre en la dirección de sus guías.
Mantenga los puntos tan juntos como pueda, sin solaparlos. Si hace una buena primera fila de puntos en la dirección correcta las siguientes filas serán fáciles de hacer. Sus principales objetivos deben ser mantener una superficie lisa y graduar los tonos de forma sutil. Acuérdese de subir la aguja a través de los puntos anteriores y escalonar los puntos donde empiece para evitar hacer rallas o crestas.

> **Diseñe usted mismo**
> • *Tome sus propias fotos de flores y mire en catálogos y revistas de plantas.*
> • *Inspírese en tarjetas de felicitación, papel de regalo o fotografías.*
> • *Busque imágenes con líneas fuertes, formas simples y tonos que contrasten.*
> • *Pruebe a mezclar diferentes colores y tonos de hilo en la aguja.*
> • *Combine el sombreado en seda con otros puntos decorativos de bordado en superficie.*

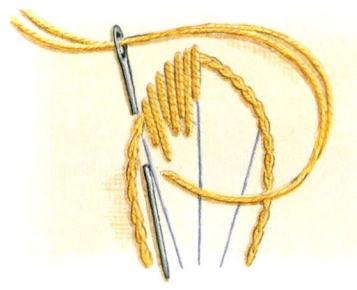

Use puntos cortos como cuñas para ayudarle a seguir la dirección y los largos para crear un acabado suave

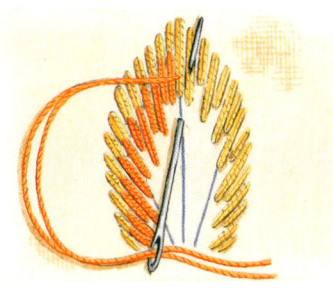

Trabaje filas subsiguientes asegurándose de que los puntos partan los puntos de la fila anterior

---

PUNTO PARTIDO

USOS: contorno, línea

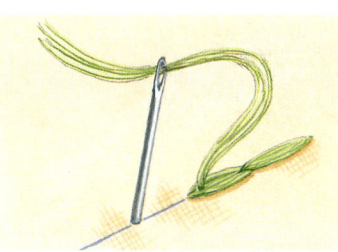

Suba la aguja a través del tejido y entonces haga un punto pequeño. A continuación, vuelva a subirla, separando los hilos en el primer punto mientras hace un segundo punto de la misma longitud. Repita la secuencia para completar las filas de puntos.

El punto partido se puede usar de forma funcional para definir el borde de formas sombreadas tanto en sombreado en seda como bordado crewel, donde quedará totalmente oculto. Sin embargo es un punto útil por sí mismo y también se puede usar decorativamente en formas más libres de bordado. Trabajado en líneas simples, el punto partido enfatizará tanto la linealidad como el movimiento de los diseños, o se puede usar para rellenar una forma.

Trabaje el punto partido alrededor del contorno de la forma, preparado para cubrirla con sombreado natural

---

PUNTO LARGO Y CORTO

OTROS NOMBRES: sombreado de tapicería (mostrado aquí), sombreado natural (mire encima)

USOS: relleno, fondo

1 Suba dentro de la forma. Haga un punto en ángulo recto respecto al borde, bajando hacia fuera del contorno. Haga un punto corto cerca del primero. Repita para acabar la fila.

2 En la siguiente fila suba a través de los bordes de los puntos en la primera fila separando los hilos. Haga puntos largos al azar. Cambie el color a su gusto para rellenar la forma.

Punto largo y corto mostrado en sus dos formas: sombreado natural y de tapicería

171

BORDADO SUPERFICIAL

Broche de hojas de otoño y escaramujo

Estos broches son un proyecto simple con el que empezar su viaje en el sombreado en seda. Lo suficientemente pequeño para ser completado rápidamente, abarca el punto largo y corto básico tanto en el sombreado de tapicería como en el sombreado natural. Cuando haya acabado de bordar estas pequeñas obras de arte se convierten en broches con tan solo un alfiler. De forma alternativa, se podrían montar en cartulina y enmarcar para colgarlos en la pared. Diseño de Samantha Bourne

Área de diseño

5 cm cuadrados

Materiales

23 cm cuadrados de calicó sin encoger

Hilos de bordar (ver lista de códigos del diagrama)

6 cm cuadrado de fieltro de color gris pálido y azul pálido

Equipamiento

Papel de calcar y lápiz

Papel carbón de costurero

Bastidor de 15 cm

Agujas crewel de tamaño 7 y 9

Tijeras de bordar

Agujas, alfileres e hilo para rematar

Hilos de coser para unir el fieltro

Barra de broche de 2,5 cm

Hojas de otoño

1 Calque el diseño del diagrama de abajo usando papel de calcar y un lápiz. Asegúrese de incluir una flecha direccional en el fondo y el cuadrado que marque el borde exterior del diseño. Coloque el calicó sobre una superficie plana y coloque el carbón de costurero encima. Entonces coloque su diseño calcado sobre el carbón de forma que la flecha de dirección corra a lo largo de las líneas del calicó. Usando el lápiz, dibuje el diseño con cuidado. Levante el papel de calcar y el papel de carbón para revelar el contorno claro del diseño.

2 Estire la pieza de calicó en el bastidor, estirando cuanto pueda para conseguir una superficie firme.

3 Empiece el bordado por el fondo. Use dos hilos de algodón azul pálido 828 y una aguja crewel tamaño 7 para bordar una línea de punto partido alrededor del perímetro del cuadrado del diseño. Siguiendo con dos hebras de hilo azul, rellene el fondo del diseño con sombreado de tapicería. Empiece en el centro superior del diseño y haga la primera fila de puntos desde el centro hacia los lados.

4 Con un lápiz dibuje la dirección de las líneas, fijándose en el diagrama. Usando una sola hebra de algodón marrón 920 y una aguja crewel tamaño 9, trabaje punto partido alrededor del borde exterior de la hoja. Trabaje la hoja en dos mitades a ambos lados del nervio central. Con una hebra de hilo marrón empiece en la punta central de la hoja y haga la primera fila de puntos alrededor del borde hacia abajo por un lado, siguiendo las líneas de dirección. Rellene la zona de marrón y luego repita en el otro lado. Complete el sombreado en hilo de algodón marrón dorado 729 haciendo el centro de la hoja en dos mitades, que se encuentran en el nervio central.

5 Para completar la hoja, añada un punto stem (ver página 206) al nervio y al tallo con dos hebras de hilo de algodón marrón oscuro 801 y una aguja crewel tamaño 7.

6 Corte la labor terminada por fuera del calicó, dejando un borde de un centímetro alrededor. Doble este exceso al revés, coloque un alfiler y cósalo (ver página 33).

7 Corte el cuadrado de 6 cm de fieltro gris pálido hasta que cubra el reverso del broche. Cosa la barra del broche usando un hilo de coser que quede bien. Entonces fije con alfileres el fieltro al reverso del broche y con cuidado cósalos usando puntos pequeños y bien hechos.

LISTA DE CÓDIGOS DE BROCHE DE HOJAS DE OTOÑO

Hilo de algodón DMC

① Sombreado de tapicería en 828

② Sombreado natural en 920

③ Sombreado natural en 729

④ Punto stem en 801

⟷ Dirección del sombreado

Nota: necesitará una madeja de cada tono

BORDADO SUPERFICIAL

Escaramujo

1. Calque el diseño del diagrama de abajo del mismo modo que la hoja de otoño, usando papel de calcar y papel de carbón de costurero. Estire el calicó en el bastidor.

2. Empiece bordando el fondo. Use dos hebras de hilo de algodón turquesa 3766 y una aguja crewel para trazar una línea de punto partido alrededor del perímetro cuadrado del diseño. Rellene el fondo para el diseño con sombreado de tapicería. Empiece en el centro superior del diseño y haga la primera fila de puntos desde el centro hacia los lados. Continúe cubriendo el fondo, manteniendo los puntos verticales a medida que trabaja alrededor de las formas del escaramujo y hoja. Deja una línea para el tallo.

3. Siguiendo el diagrama, calque la dirección del sombreado en lápiz en el calicó. Borde las hojas primero, después el tallo y finalmente la valla haciendo punto partido alrededor del borde de cada forma y rellenando después con sombreado natural antes de moverse a la siguiente. Empiece con una hebra del hilo verde más oscuro de algodón 987 en una aguja crewel de tamaño 9 y haga el contorno de las dos hojas pequeñas del escaramujo. Rellene las formas de las hojas con punto largo y corto, usando una sola hebra del mismo color, empezando en la punta de cada una y siguiendo hacia abajo.

4. Haga las otras hojas encima del escaramujo y las otras dos en el tallo, haciendo el contorno en punto partido con una sola hebra de color verde pálido, cambiando el color al verde oscuro 987 en la base.

5. Haga el tallo con dos hilos de verde oscuro, bordando a lo largo. Añada una fila corta de punto stem (ver página 206) desde la base del tallo hasta la mitad para crear una línea más gruesa.

6. Siga para bordar la valla. Primero haga el contorno con punto partido usando una sola hebra del hilo marrón 335. Empiece el sombreado en los puntos de la valla usando una sola hebra de marrón. Siga el diagrama haciendo los cambios de color para incorporar las zonas interiores de rojo y naranja a medida que se dirige hacia la base del escaramujo.

7. Saque la labor del bastidor y corte el calicó, dejando un borde de un centímetro alrededor. Doble el tejido sobrante, colóquele un alfiler y cósalo. Corte el cuadrado de fieltro azul pálido a la misma medida que el broche y cosa la barra del broche en el reverso con hilo que quede bien. Fije el fieltro con un alfiler en el reverso y cósalo.

Haga los contornos en punto partido y entonces haga la sombra de cada zona del diseño una vez el fondo esté completo

LISTA DE CÓDIGOS DE BROCHE DE ESCARAMUJO

Hilo de algodón DMC

① Sombreado de tapicería en 3766
② ③ Sombreado natural en 987
④ – ⑦ Sombreado natural en 3364
        Sombreado natural en 987
⑧ Punto stem en 987
⑨ Sombreado natural en 355
⑩ Sombreado natural en 817
⑪ Sombreado natural en 900
⟷ Dirección del sombreado

Nota: necesitará una madeja de cada tono

BROCHE DE ESCARAMUJO Y HOJAS DE OTOÑO

BORDADO SUPERFICIAL

INSPIRACIÓN Y DISEÑO:
colores sutiles de la naturaleza

La belleza natural de las flores ha inspirado a muchos bordadores, así como a otros artistas y diseñadores en todos los países y culturas a través de los siglos. La variedad de sus formas y sus tonos de color exquisitos les hace tratar un trabajo en muchos estilos de bordado, pero ninguna técnica es más apropiada que el sombreado en seda, especialmente cuando se borda en seda real: el brillo de los hilos atrapa la luz, los pétalos vocean y la flor bordada vuelve a la vida literalmente.

Tendrá sus propios favoritos con significancia especial en su vida, pero la idea original para el paño de pensamiento en las siguientes páginas vino del diseño de las baldosas que rodeaban una hoguera victoriana. Los victorianos daban significado a muchas flores, pero amaban el humilde pensamiento con su cara sonriente, como símbolo de felicidad y alegría. Es por eso que se encontraba en abundancia en la decoración de sus casas y, por supuesto, en sus jardines. El diseño simétrico refleja la influencia de Arts and Crafts con las flores estilizadas y hojas con tallos curvados. Podría encontrar la inspiración de otros artículos similares que encuentre en casa o en tiendas de antigüedades, incluyendo diseños en porcelana, baldosas y tejidos. Como alternativa busque imágenes de flores en revistas o en catálogos de

INSPIRACIÓN Y DISEÑO: COLORES SUTILES DE LA NATURALEZA

plantas que le darán gran cantidad de información detallada sobre las formas y los colores, o tome usted mismo las fotografías.

No tiene que saber dibujar para diseñar el bordado en seda. En vez de esto, calque sus imágenes favoritas. Páselas al papel y haga la composición a su gusto. Usar flores reales y una fotocopiadora le dará unos resultados excelentes. Asegúrese de que el cristal de la fotocopiadora está limpio, coloque las flores debajo de un papel y apriete fuertemente. Experimente con el tóner para dar resultados más claros e imprímalos para hacer su propia composición. También podría probar escanear flores reales o imágenes en su ordenador, imprimirlas en color para trabajar con ellas o para editar el diseño en la pantalla.

Con la imagen de la flor escogida delante suyo tiene toda la información que necesita para decidir los colores y la forma en la que debería bordar el diseño. Observe las pequeñas venas de los pétalos y las hojas ya que éstas le indicarán la dirección para el sombreado en cada parte del diseño.

Decidir los colores es el siguiente paso. Para un efecto realista, querrá reflejar los colores que la naturaleza le dio a las flores. Los pensamientos probablemente vienen en más variadas combinaciones de colores que cuando los victorianos los cultivaban. Sin embargo, después de mirar cantidad de imágenes diferentes de la flor, un recordatorio de la combinación clásica de dorados y rojos era el factor decisivo a la hora de escoger el esquema de color para el paño de pensamiento. Saque los hilos que siguen el esquema de color y compruebe que quedarán bien juntos.

Escoger el tejido para el fondo es igual de importante. Una seda pura de peso medio siempre va bien, pero también valdría la pena experimentar con sedas ásperas y con diferentes texturas o mezcladas con otras fibras. Aunque sea más difícil de pasar el diseño en un tejido con textura, el contraste con los hilos puede que valga la pena. Pintar, imprimir o teñir el tejido de fondo antes de bordar también le abre otras perspectivas y llevará el bordado a otro nivel de creatividad.

Paño de pensamiento

El diseño simple se lleva a la vida usando una paleta de hilos de seda vibrantes, que muestran sus mejores cualidades en el tejido de seda coloreado. El sombreado natural es la forma perfecta de realzar la forma de los pétalos y las hojas. Los nudos bullion añaden textura a los centros de la flor y el punto stem se usa para los tallos y las venas. El bordado resulta en un bonito paño o en una tapa para una caja especial. Diseño de Samantha Bourne

1 Calque el diseño del diagrama de la página 180 y redúzcalo al 75%. Coloque la seda en una superficie firme y fíjela con cinta. Entonces coloque un trozo de papel carbón de costurero encima de la seda y coloque el diseño calcado encima, cuadrándolo con la línea del tejido. Con el lápiz, repase el diseño. Levante el papel de calcar y el papel carbón para revelar el contorno del paño de pensamiento.

2 Coloque el trozo de calicó en una superficie plana y coloque la pieza de seda encima, estirando cualquier arruga.

3 Estire los tejidos en un bastidor, y estire para conseguir una superficie firme, con cuidado de mantener la tensión en los dos tejidos pareja. Para ceñir los tejidos y prevenir movimientos, cosa alrededor del diseño con un hilo que quede bien.

4 Con una aguja crewel de tamaño 7 y dos hebras de hilo de seda verde 107. Cosa a lo largo de las líneas del tallo, incluyendo las venas en las hojas.

5 Para empezar cada hoja, haga punto partido alrededor del borde de la hoja con una sola hebra de seda verde pálido 190 y aguja del 9. Repase las líneas de dirección usando un lápiz. Cuando esté haciendo el sombreado en puntos largos y cortos, haga cada hoja en dos mitades. Empiece cada hoja en la punta y con una hebra del hilo de seda verde pálido, haga la primera fila de puntos hacia un lado siguiendo las líneas de dirección lo más cerca que pueda antes de repetir por el otro lado. Continúe sombreando el resto de la hoja en dos mitades siguiendo los cambios de color mostrados en el diagrama para incorporar el verde 191 y el verde oscuro 192 y encontrarse a lo largo de la vena central. Haga el cáliz de alrededor del brote de la flor del mismo modo usando los mismos tonos de verde. Acabe el diseño de la hoja usando punto stem en las venas centrales con dos hilos del hilo verde 107 y una aguja crewel tamaño 7.

6 Las flores y el brote de la flor se trabajan usando una sola hebra de seda. Siga el diagrama para la secuencia en la que se han de trabajar los pétalos, recordando usar punto partido alrededor de cada pétalo en un color apropiado antes de hacer el punto largo y corto encima. No haga el contorno de puntos partidos alrededor de todas las flores de una vez. En lugar de esto haga el contorno de cada forma y complete el sombreado antes de seguir con la siguiente, ya que de este modo mejorará la definición y el resultado. Para acabar las dos caras abiertas de la flor, haga puntos largos y rectos en una sola hebra de seda negra 089 para crear el estambre. Entonces haga dos nudos bullion de un lado a otro en cada flor para crear los centros, usando solo una hebra de hilo de seda verde pálido 190.

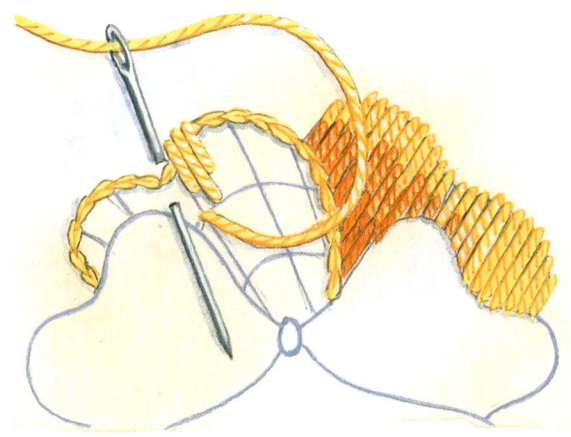

Complete las formas en el reverso antes de hacer las de arriba y siga las líneas de dirección

7 Saque el bordado del bastidor con cuidado y si es necesario, plánchelo por el revés para eliminar las arrugas. Corte un trozo de cartón que encaje en la apertura del marco y estire el bordado encima, asegurándose que el diseño esté colocado correctamente y atando el tejido en el reverso (ver página 32). Elija un fondo que complemente los colores del bordado y móntelo con el bordado en el marco.

Área de diseño
11,5 x 19,5 cm

Materiales
30 cm cuadrados de seda Dupion coloreada

30 cm cuadrados de calicó sin estirar

Hilos de bordar (ver la lista de códigos del diagrama)

Equipamiento
Papel de calcar y lápiz

Cinta

Papel carbón de costurero

Bastidor de 25 cm

Hilo de coser que vaya bien con el tejido

Agujas crewel de tamaño 7 y 9

Tijeras de bordar

Cartón rígido para estirar el bordado

Hilo fuerte para enlazar

Tabla y marco a su elección

BORDADO SUPERFICIAL

Reduzca al 75%

LISTA DE CÓDIGOS DEL PAÑO DE PENSAMIENTO

Hilo de algodón DMC

- ① Punto stem en 107
- ② – ⑤ Sombreado natural en 190, 191, 192
- ⑥ Sombreado natural 181
- ⑦ – ⑨ Sombreado natural en 153, 155, 181
- ⑩ – ⑫ Sombreado natural en 155, 181, 065, 038
- ⑬ Punto recto en 089
- ⑭ Nudo bullion en 190
- —·— Dirección del sombreado

Nota: necesitará una madeja de cada tono

180

PAÑO DE PENSAMIENTO

Labor crewel

La labor crewel se refiere a cualquier bordado en color trabajado en lana crewel, de tres cordones ligeramente girados, hilo de estambre normalmente vendido en madejas. Esta fuerte madeja ha estado disponible para los bordadores desde antes de la Edad Media y se sigue usando hasta ahora. El hilo se cose con una aguja crewel, que facilita el camino a través del tejido. El término crewel puede que derive de la palabra sajona cleow que significa bola de hilo. La victoria normanda sobre los anglosajones celebrada en la tapicería Bayeux es no solo uno de los bordados más famosos del mundo, sino el superviviente completo más antiguo del trabajo crewel.

Comisionado por el medio hermano de William the Conqueror (Guillermo el conquistador), Odo, obispo de Bayeux (1036-1097), la tapicería Bayeaux narra la historia de los acontecimientos que llevaron a la batalla de Hastings y la derrota del rey Harold en el año 1066. Mide 70 metros de largo por 50 centímetros de ancho. El bordado está trabajado en terracota, amarillo, piel de ante y lana crewel azul y verde en lino. Los dibujos, animados, tienen una sensación de movimiento muy real y los fuertes contrastes entre las zonas bordadas y no bordadas, entre los tonos claros y oscuros, que se añaden a la narrativa. Las inscripciones latinas ayudan a explicar los sucesos y los personajes. Sin embargo, no se usa la perspectiva, con marineros, soldados, sus barcos y caballos en la misma escala. A pesar de esto están mostrados con gran detalle y gestos y caras expresivas y es este detalle, de un período del que sobreviven tan pocos artefactos, lo que hace de este bordado un importante documento histórico. Se hizo en ocho secciones para permitir que mucha gente trabajase en él al mismo tiempo y las piezas se unieron cuando el bordado estuvo completo. Se cree que fue hecho en Kent entre 1076 y 1086.

Estos tapices narrativos se usaban para decorar habitaciones grandes, pero el bordado con herramientas también se usaba en las iglesias. Por ejemplo, *La Creación* del siglo XI de la catedral de Girona mide 3,6 x 4,5 m, está totalmente cubierta de bordado en lana con punto stem, cadeneta y punto de raso. En el centro aparece Jesucristo rodeado por escenas de la creación ríos del Paraíso y, en el borde, las cuatro estaciones, los meses, el sol y la luna. Los tapices de las iglesias islandesas y escandinavas del siglo XIV al XVI se trabajaban del mismo modo. En un tiempo en el que la mayoría de la gente era analfabeta, las imágenes narrativas como estas eran un método importante de transmitir información e ideas religiosas.

Arriba: Detalle de la tapicería Bayeux, Francia, del siglo XI. El bordado se trabaja en lino empleando lanas de colores tierra, cuero, azul y verde

El Este se encuentra con el Oeste

En el tiempo en el que se estaban formando las Compañías del Este de India de Holanda e Inglaterra en 1597 y 1600, el principal objeto del comercio era la pimienta y las especias, pero gradualmente se importaron pequeñas cantidades de tejidos exóticos a Europa desde India y China. Estos incluían sedas tejidas y bordadas y muselinas y calicós pintados e impresos. Los últimos tenían mayor valor, pero sus diseños blancos sobre un fondo de color no iban en la línea del gusto decorativo europeo y los agentes animaron a los mercantes de tejidos de India a adaptar sus diseños tradicionales para encajar en el mercado europeo.

El bordado como un arte

Durante la década de 1660 los diseños se enviaban desde Inglaterra a la gente que los imprimía en India para que los copiasen, pero como no estaban familiarizados con las plantas y los animales, los diseños se convirtieron en una mezcla de elementos orientales y occidentales. Los diseños resultantes llenos de color impresos en calicó tenían una gran influencia en el bordado inglés y a finales del siglo XVII estos diseños bordados estaban muy solicitados para colgaduras de la cama, fundas y cortinas.

Página opuesta: pájaro exótico, diseñado y bordado por Phillipa Turnbull

BORDADO SUPERFICIAL

Derecha: Cortina, Inglaterra, alrededor de 1700. El tejido de lino está bordado con lanas crewel en una gran variedad de puntos. El motivo del árbol en flor dominó el diseño de labor crewel desde mediados del siglo XVII hasta finales del siglo XIX

*Derecha: **Hares** (liebres), diseñado por William Blake y bordado por Mrs Thomas Butts, principios del siglo XIX*

Durante el siglo XVIII se desarrolló un gusto por diseños más delicados y el bordado crewell estaba sobre sombreado por el bordado de lana, aunque se usaba lana fina para la pintura con aguja como alternativa a la seda. Entre los exponentes con más éxito se encontraba Mrs Mary Knowles que reprodujo pinturas famosas. Su destacable autorretrato forma parte de la colección real y se puede ver en el palacio Kew. Otra bordadora de renombre era Mrs Butts, una amiga y patrona del artista William Blake quien dibujó sus dos diseños.

El bordado crewel disfrutó de un renacimiento cuando William Morris (1834-1896) reaccionó contra la labor Berlín tan llamativa y, después de su matrimonio en 1859, empezó a diseñar bordados para decorar su propia casa, Red House en Bexleyheath, Kent. Apreciaba la importancia de los bordados en el diseño de interiores y su finalidad era animar la sensación de belleza en casa. Fue autodidacta y enseñó a su mujer Jane, sus hijas y a otra gente deshaciendo bordados de finales del siglo XVII y estudiando ejemplos históricos en el recién fundado Museo South Kesington, hoy en día el Museo Victoria y Albert. Le gustaba la sensación de movimiento que se podía conseguir con el bordado crewel. También prefería los colores suaves de los tintes vegetales de las colgaduras del siglo XVII a los teñidos de anilina de la década de 1850. El trabajo crewel se prestaba a trabajos a grande y a pequeña escala y en la década de 1870 el departamento de bordado se convirtió en uno de los más exitosos del importante centro Morris and Co. Los bordadores podían adquirir juegos para bordar, que incluían lanas y pequeños diseños naturales característicos calcados en lino, o diseños con pequeñas secciones trabajadas para indicar los colores y los puntos. Este bordado era más refinado que la labor trabajada en Berlín. Pasó a ser conocida como tapicería artística y sería la moda de finales del siglo XIX.

Entre los numerosos ejemplos de Morris que inspirasen a los bordadores en crewel están los objetos de cama y la colcha trabajados en crewel en su nueva casa, Kelmscott Manor. Bordado entre 1891 y 1895 por su mujer, su hija May y otros, el diseño de enrejado está basado en un diseño en papel pintado de Morris. La cenefa está trabajada con uno de sus poemas y la colcha incluye una cita de otro.

Un gran número de organizaciones de tapicería se fundaron en la década de 1870 para promover un diseño mejor, pero la más prestigiosa era la Royal School of Art Needlework (escuela real de tapicería de arte) fundada en Londres en 1872. Sus intenciones eran promover el bordado como un arte y dar empleo a las mujeres pobres. La labor en crewel era la base de la enseñanza, ya que se consideraba lo mejor para practicar el bordado superficial y se produjeron grandes cantidades de labor en crewel para vender.

Los diseños eran comisionados por artistas muy considerados como William Morris, Burne-Jones y Walter Crane. En la década de 1880 se establecieron agencias en Philadelphia y Boston, así como en las ciudades más importantes de Gran Bretaña, incluyendo Glasgow.

La escuela de Glasgow

Fue en la escuela de arte de Glasgow entre 1894 y 1908 donde las ideas de William Morris se iban a desarrollar de una forma más innovadora e influyente a través de las lecciones de Jessie Newbery. Formaba un fuerte sentido de diseño en sus estudiantes, fomentando un fuerte sentido lineal. Le gustaba el contraste de líneas curvas con rectas, de horizontales con verticales e intentó hacer espacios definidos de forma muy bonita, que ella consideraba tan importantes como el patrón. Usaba formas de plantas estilizadas como vainas de guisantes, flores de guisantes y rosas trabajadas en lanas crewel en lino sin mezclar en puntos de raso, largos y cortos y stem. Se trabajaban en cojines y cortinas, incluyendo a veces versos de poemas y combinados con tapicería. Los colores usados en la escuela de arte de Glasgow eran diferentes de los usados en el resto de los sitios. Preferían el gris perla, plateados, rosa y lila, pero lo más distintivo era su uso del verde, el blanco y el violeta. Jessie Newbery y muchos de sus estudiantes eran sufragistas militantes e intentaban dar un toque político al uso de esos colores.

En la década de 1920, en la posguerra de la Primera Guerra Mundial, existía el deseo en Gran Bretaña de preservar su propia identidad y mostraban cierta reticencia a cualquier cosa extranjera que supusiese nuevas ideas en arquitectura y diseño. Esto llevó a un renacimiento de los estilos jacobinos y Tudor en las casas, los muebles y los bordados. Se publicaron muchos patrones «jacobinos» para la labor crewel así como juegos para cojines que estaban disponibles en muchos lugares, pero estos no tenían ni la viveza ni el color de los diseños del siglo XVII ni la originalidad de los diseños Morris. La técnica estándar de bordado había decaído y la labor crewel quedó desfasada en Gran Bretaña. Sin embargo, en América, donde se seguía trabajando y era de buena calidad y con mucha influencia de los patrones tradicionales ingleses, el diseño estaba a veces trabajado menos densamente mostrando más tela de fondo, dando un efecto más ligero. Más recientemente, la labor crewel se ha combinado de forma experimental con la labor en lienzo, encaje de aplicación, labor con cuentas y bordado a máquina.

Izquierda: funda de cojín, diseñada y trabajada por Jessie Newbery, alrededor de 1900. El tejido de lana se trabaja con hilos de lana en puntos de raso, largos y cortos y stem con un borde cosido. La inscripción «Under every grief and pine runs a pine with silken twine» es un verso de William Blake

Puntos y técnicas de labor crewel

La belleza de la labor crewel es que es una técnica en la cual incluso el bordador más modesto se puede convertir en un artista y progresar de forma sorprendentemente rápida una vez domine la base. Se usan los colores sutiles de lana con puntos largos y cortos para dar un sombreado realista a las imágenes de la naturaleza estilizadas. Este suave sombreado se realza con otra línea y el contorno exterior y los puntos de relleno para dar un colorido rico y hacer un trabajo con mucha textura.

> **Diseñe usted mismo**
> - Estudie una pieza histórica de labor en crewel y fíjese en los puntos, los colores y los sujetos que se usaron.
> - Diseñe con tres o cuatro tonos de un color fresco como el verde menta y el mismo número de un color cálido como el terracota, entonces añada uno que destaque, como el escarlata.

Tejido
Para trabajar la labor en crewel de un modo tradicional necesitará un tejido de lino especial, también conocido como «Jacobino». Para un trabajo más venturoso debería usar otros de tejidos de peso de tapicería, pero en un tramado más denso para aguantar el pesado bordado en lana.

Agujas
Use una aguja crewel de tamaño 2. Su punta afilada y su cuerpo gordo le garantizarán que la aguja haga un agujero en el tejido lo suficientemente grande para que pase la lana a través sin hacerse un bulto, que estropearía la labor.

Hilos
El bordado crewel se trabaja con lana de dos cordones que nunca deberían separarse. Hay mucha variedad, ofreciendo tonos muy parecidos a los colores antiguos y suaves. Estos son muy difíciles de distinguir por lo que elija el color con el que quiere trabajar en cualquier momento y tenga todos sus hilos bien organizados y etiquetados.

Herramientas adicionales
Un bastidor o un marco son esenciales y le irá bien tener uno que no tenga que aguantar, para poder trabajar con las dos manos, una por encima y la otra por debajo del bordado. Esto, y clavar la aguja formando un ángulo de 90 grados con el tejido, le ayudará a desarrollar un buen ritmo y hará que los puntos queden bien. Asegúrese de que el tejido quede tenso en el marco y vuélvalo a tensar si es necesario. No tiene que sacar el tejido del marco entre sesiones porque el lino es muy robusto, pero afloje un poco la tensión del tejido para que se relaje y vuélvalo a tensar antes de usarlo.

Algunos diseños de labores en crewel son bastante grandes, por lo que si está usando un bastidor tendrá que usar un tisú blanco para proteger el bordado. Coloque el papel tisú encima de la zona bordada antes de recolocar el aro exterior, entonces arranque cualquier trozo de tisú que cubra la nueva zona de trabajo.

Técnicas de labor crewel
El punto largo y corto (ver página 171) tiene el secreto de la mezcla gradual de color, que es tan característico de la labor crewel. Debería familiarizarse con este tipo de punto para obtener el máximo rendimiento de sus diseños.

Sombreado suave
El punto largo y corto básico se usa exactamente del mismo modo que para el sombreado en seda (ver página 171). Una forma se rellena con dos o más filas de punto largo y corto, siendo el borde entre las filas indistinto y aleatorio, dejando que los tonos se mezclen formando otro. El suave efecto de sombreado se crea cambiando a un tono que sea no muy diferente del color básico de cada fila en cada fila de puntos. De este modo puede graduar los tonos de un color de claro a oscuro en solo tres o cuatro filas y sin límites visibles entre colores.

Para realzar los efectos de este sombreado suave, recuerde bordar a través de los puntos de la fila anterior y llevar el punto a una zona sin bordar. La primera fila se trabaja en dirección contraria, llevando el hilo dentro de la forma y sacando el hilo por el borde de la forma.

Puede, por supuesto, mezclar dos colores completamente diferentes usando este tipo de punto, pero tenga en cuenta que los cambios sutiles siempre son más fáciles de trabajar.

Transferir el diseño
La mejor forma de transferir el diseño al lino es usando una caja de luz (ver página 30). Necesitará asegurarse de que el tejido tiene un contorno fuerte y que se verá a través del tejido y lo podrá repasar con un lápiz de color pálido.

Fijando el hilo
Para empezar a bordar con un solo hilo, fíjelo con un nudo (ver página 28) dentro de una forma que trabajará más tarde. Entonces, haga unos cuantos puntos pequeños para fijar el hilo más firmemente de manera que pueda cortar el nudo una vez que haya hecho unos cuantos puntos en el diseño.

PUNTOS Y TÉCNICAS DE LABOR CREWEL

Si necesita usar una longitud doble de hilo, empiece con un lazo (ver página 28). Para acabar el hilo haga unos cuantos puntos en una zona sin trabajar o páselo por detrás de los puntos.

Elegir un punto de inicio

Puede empezar en cualquier lugar, pero haga primero las zonas del fondo y escoja una de las formas más sencillas. En un fondo simple, todos los puntos se trabajan en dirección vertical, como el sombreado de tapicería. Empiece en el borde superior de la forma, colocando el primer punto a medio camino de la parte más alta. Entonces continúe bordando la primera fila de puntos largos y cortos hacia el borde más cercano de la forma, adaptando la longitud de los puntos para seguir los contornos del borde. Varíe la longitud de los puntos, manteniéndolos paralelos y lo suficientemente juntos para esconder el contorno hecho a lápiz.

Cuando haya alcanzado el final de la forma, vuelva al punto de inicio y vuelva en dirección contraria para completar la primera fila de puntos.

Para hacer la siguiente enhebre el

Haga el primer punto y vuelva a la izquierda; vuelva a principio y vaya hacia la derecha

segundo tono de lana y empiece cerca del punto original en la primera fila. Suba la aguja a través del punto de encima y bájela en la zona sin bordar, de manera que los colores se mezclen. Trabaje en la misma secuencia que antes, primero a un borde y entonces al otro borde de la forma desde el punto de inicio, haciendo los puntos con largadas aleatorias. Continúe bordando las siguientes filas con diferentes tonos para cubrir el borde inferior y completar la forma.

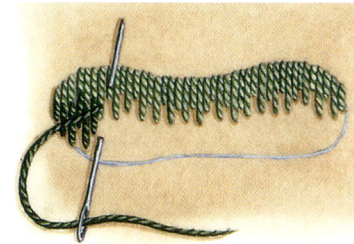

Suba la aguja a través de los puntos en la fila anterior

Pasando de sombreado suave a forma simple

Una vez domine la técnica para zonas simples trabajadas en una sola dirección (normalmente hacia la base de una colina o el tallo de una flor o una hoja) desarrolle sus habilidades con las formas curvadas descritas abajo.

Empiece con el primer punto en la parte superior y entonces trabaje la primera fila hacia abajo por el contorno hacia la base. Use puntos largos para establecer la dirección del sombreado y los cortos para rellenar los huecos cuando cambie la dirección. Repita en el otro lado.

Use los puntos largos para marcar la dirección del sombreado dentro de la forma

Para la siguiente fila, elija un tono diferente. Suba el primer punto a través del primer punto de la fila anterior.

Recuerde subir a través de los puntos de la fila anterior

Haga los puntos de longitud aleatoria hacia el centro en una mitad de la forma. Repita en el otro lado, bajando los puntos a lo largo de la misma línea para rellenar la forma. En la última fila baje los puntos a lo largo de la línea central como si fuese la vena de la hoja.

Haga la última fila de puntos bajando por la línea central

Haciendo formas más complejas

Algunas formas necesitan más práctica. Haga la primera fila con un contorno desde la punta hacia cada lado de la forma. Donde la forma se curve añada puntos cortos extra para rellenar los espacios y permitir que los puntos largos converjan en un espacio decreciente.

Punto corto para rellenar una curva convexa, dejando que los puntos largos converjan

---

Consejos

• Empiece con un punto fácil. Un tejido blanco siempre impresiona y es bueno ver unas cuantas zonas hechas.

• Si su lana se está estropeando o se está desgastando es que es demasiado larga.

• Mida su lana desde el codo hasta la punta de su dedo pequeño, una vez para una sola hebra y dos para doble hebra, y será una medida ideal.

BORDADO SUPERFICIAL

Donde una forma se curve hacia dentro, coloque los puntos un poco hacia fuera en el interior de la forma, subiendo el hilo un poco desde el punto anterior. Asegúrese de que los puntos siguen estando muy juntos en el borde exterior de la forma.

base de los diseños tradicionales. Esto parece complicado pero es bastante sencillo si se hace de forma simétrica.

Los puntos largos y rectos se hacen primero entrecruzados. Éstos se envuelven más tarde con puntos. Estos puntos pueden ser pequeños y rectos o pequeñas cruces y los espacios entre los hilos se pueden llenar con puntos como el nudo francés. Combine los colores para que encajen con su diseño.

Dos parrillas crean una textura rica de cuadrados y diamantes en dos verdes debajo de los puntos

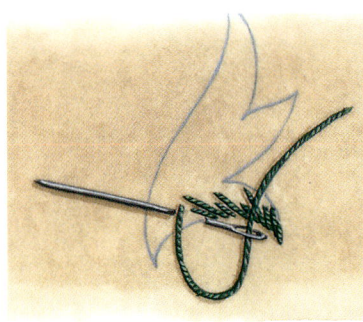

Saque un poco los puntos en el interior para rellenar la curva cóncava

Labor tendida y emboscada

Otra característica de la labor crewel es el relleno que a veces se ve en las formas de montecillo en la

Cuatro tonos de azul crean u efecto tridimensional, en contraste con el amarillo

El bordado crewel es un verdadero festín de texturas y necesitará otros puntos para conseguir los efectos de elevación en sus diseños.

Los puntos lineales se usan para hacer líneas que fluyan: eche un vistazo al punto stem (ver página 206), punto partido (ver página 171) así como al punto de cadeneta (ver página 205). Otros puntos que dan textura, como los nudos bullion (ver página 146), punto de ojal (ver página 98) y el punto de armiño también realzarán su labor.

PUNTO DE RASO

OTROS NOMBRES: punto Gobelin (ver página 78)

USOS: forma sólida

El punto largo y corto no es el único que se puede usar para rellenar bloques de color sólido en labor crewel. El punto de raso es también característico de esta técnica, es fácil de usar y usa un solo color en cualquier forma pequeña. Se puede trabajar plano, levantado sobre un borde de punto partido (ver página 145) o relleno (ver debajo) y es útil en otras técnicas como el calado, la labor en blanco y el bordado libre. Conserve siempre los puntos suaves y con una tensión constante.

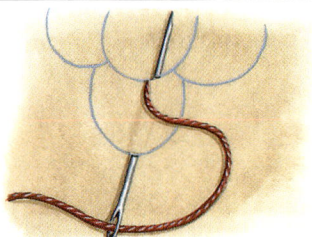

1 Haga siempre el primer punto a través del centro de la forma para establecer la dirección. Suba en el borde interior y haga un punto recto hacia el borde exterior.

2 Empiece el segundo punto cerca del

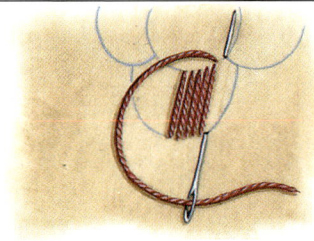

primero. Todos los puntos tienen que estar hechos de lado en lado para cubrir un lado de la forma y entonces el otro. Los puntos se pueden trabajar formando un ángulo si después se mantienen paralelos los unos con los otros.

PUNTO DE RELLENO

USOS: forma sólida

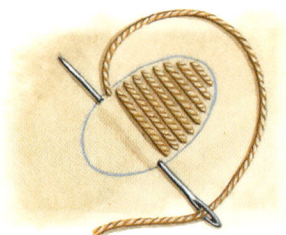

1 Haga un primer punto de raso a través del centro de la forma lo suficientemente alejado hacia el centro como para que quepan más capas de puntos. Haga puntos paralelos en una dirección, entonces en la otra para cubrir.

2 Haga otra capa a 45 grados de la primera, empezando de nuevo en el centro de la forma. Empiece y acabe los puntos fuera de la primera capa de relleno y dentro de la línea del diseño.

3 Añada una tercera capa de relleno formando un ángulo con la última y entonces la capa final en la dirección que quiera que se vea. Asegúrese de que los puntos finales cubren la línea del diseño.

PUNTOS Y TÉCNICAS DE LABOR CREWEL

PUNTO DE PISTILO

USOS: relleno, detalle

El punto pistilo es realmente un nudo francés en un tallo. Este particular punto se podría usar en una masa para producir estilizados pétalos o individualmente para hacer estambres para labores en crewel. Por supuesto, el punto de pistilo se puede usar más libremente en labores experimentales si se desea. Probablemente le ayudará practicar nudos franceses (ver página 205) antes de lanzarse con el punto de pistilo.

1 Suba el hilo a través del tejido donde quiera que esté la base del tallo. Entonces, enrolle el hilo dos veces alrededor de la aguja.

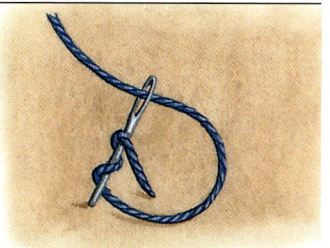

2 Pase la aguja hacia debajo por donde quiera que quede el nudo, cerca del punto de inicio. Con solo la punta en el tejido, estire de la lana para dejar bien el nudo. Pase la aguja.

PUNTO SEEDING

USOS: relleno

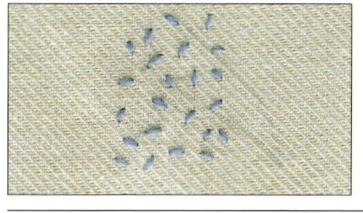

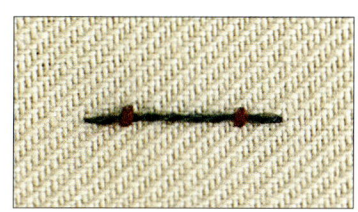

Suba la aguja y haga un punto pequeño en cualquier dirección. Repita para hacer puntos similares del mismo tamaño, trabajándolos en grupos o repartiéndolos para llenar una zona.

EMBOSCADO SIMPLE

USOS: línea

Suba un hilo y déjelo encima del hilo. Suba otro hilo y haga un punto en ángulo recto con el hilo que dejó. Repita a intervalos. Pase el hilo hacia el reverso.

PUNTO MOSCA CERRADO

USOS: relleno, línea, motivo simple

El punto básico mosca abierto (ver página 205) es un punto simple enlazado que se puede trabajar de muchas maneras en labor crewel y otras técnicas. Úselo solo, como relleno esparcido o haga una línea como relleno. El punto mosca cerrado que se explica aquí, donde los lazos individuales se trabajan muy juntos, es una variación atractiva. Hace formas de hojas que parecen punto de raso con una vena central que crece a medida que completa el lazo.

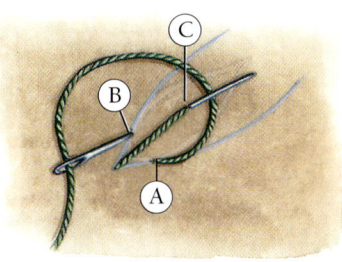

1 Haga un punto recto a lo largo de la línea central del diseño. Suba por A, baje por B y vuelva a subir por C, sin estirar de la aguja. Pase el hilo por debajo de la punta de la aguja.

2 Estire de la aguja a través y fije el lazo en V con un punto corto a lo largo de la línea central. Haga la siguiente V de la misma anchura y cerca de la última. Repita hasta el final de la línea central.

LABOR TENDIDA Y EMBOSCADA SIMPLE

USOS: relleno, abierto

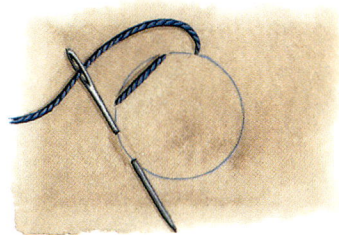

1 Haga el primer punto que dejará sobre el tejido en un borde de la forma, de un lado del contorno al otro. Suba por el borde exterior y haga puntos paralelos de un lado a otro de la forma.

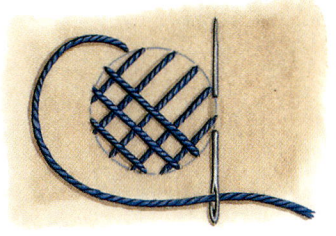

2 Repita haciendo puntos paralelos en la dirección opuesta formando ángulos rectos con la primera capa. Empiece cada punto en el mismo lado de la forma donde acabó el punto anterior.

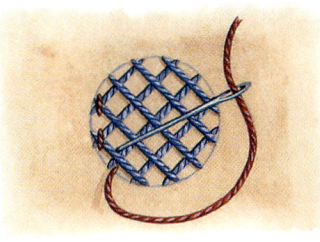

3 Haga puntos rectos bajando la línea de uniones a un lado de la forma. Trabaje a lo largo de la próxima línea y continúe hasta completar la forma. Adorne con nudos franceses.

BORDADO SUPERFICIAL

El ciervo Glamis

Este histórico diseño se inspiró en el juego de colgaduras de cama del castillo Glamis, Escocia, que fue bordado en 1683 por la tercera condesa de Strathmore para la cama del rey Malcolm. El diseño se trabaja en dos puntos tradicionales, punto largo y corto con un sombreado suave y nudos franceses, que le introducirán a las cualidades especiales del bordado crewel. Diseño de Phillipa Turnbull

Área de diseño
18 cm cuadrados

Materiales
28 cm cuadrados de lino jacobino

Hilos de bordar (ver lista de códigos del diagrama)

Equipamiento
Lápiz de color pálido

Marco de manos libres

Aguja crewel de tamaño 2

Tijeras de bordar

Alfileres

Caja de madera con un hueco de 20 cm cuadrados

Hilo fuerte para enlazar

1 Calque el diseño en el tejido de lino usando una caja de luz (ver página 30). Repase los contornos con un lápiz de color pálido. Diferencie las líneas más gruesas en el diagrama, que denotan los bordes más sólidos alrededor de diferentes partes del ciervo, y las líneas más finas, que muestran dónde un tono se mezcla con otro. Estire el tejido en marco de bordar.

2 Hilvane una longitud de 30-38 cm de lana de tres cordones amarilla 693 y empiece la labor en el montecillo del fondo. Haga un nudo sencillo y baje la aguja a través del lino. Suba la aguja a unos 2,5 cm de donde desee empezar, dentro de la forma que quiera bordar, y haga tres puntos seeding pequeños para fijar el hilo. Haga el primer punto de 1,5 cm en A en la parte superior central del montecillo en frente de las patas traseras del ciervo. Empiece el punto dentro de la forma y bájelo para cubrir el contorno.

3 Siga la fila superior con puntos largos y cortos aleatorios hacia la izquierda, rellenando la banda superior del montecillo como se muestra en la página 187. Cuando los puntos alcancen el contorno del montecillo de delante, haga puntos de raso para completar la forma en la que está trabajando. Empiece de nuevo hacia la derecha del primer punto y complete la fila superior de la pezuña del ciervo.

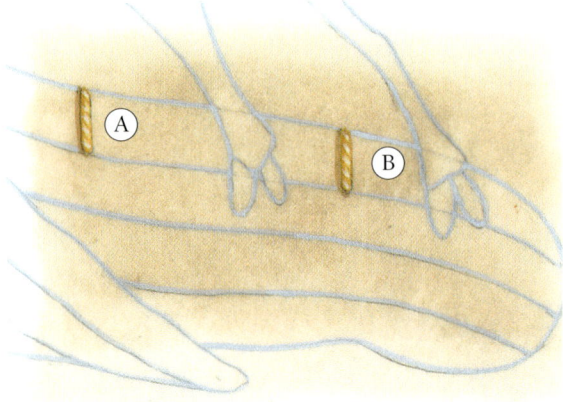

Empiece en A y complete la fila superior de puntos en frente de las patas del ciervo, antes de trasladarse para empezar de nuevo en B

4 Ahora empiece a bordar de nuevo en B en el centro de la zona entre las pezuñas traseras del ciervo. Rellene la banda superior del montecillo con puntos largos y cortos del mismo modo que antes. Finalmente, complete la forma hacia la derecha de la última pezuña del ciervo.

5 Una vez haya completado la última fila de puntos, vuelva a enhebrar su aguja con lana verde menta 353. Empiece la segunda banda de color directamente debajo del primer punto en la primera fila, subiendo a través de ese punto y haciendo el nuevo punto de aproximadamente 1,5 cm de largo. Continúe la segunda fila hacia la izquierda, haciendo puntos de longitud aleatoria hasta que se conviertan en puntos de raso de nuevo para seguir a lo largo del borde del montecillo de enfrente. Complete la fila hacia la derecha del primer punto, trabajando alrededor de las pezuñas del ciervo.

6 Complete las siguientes dos bandas de color usando primero una lana de color verde más claro 463 y después verde más oscuro 157, del mismo modo que el segundo color. Cuando haga la banda inferior, asegúrese siempre de bajar cada punto al contorno para darle un acabado bonito al borde inferior. Entonces, trabaje el montecillo de delante del mismo modo, usando la misma combinación de colores.

7 Ahora, empiece a bordar la parte trasera del ciervo, usando la lana marrón más oscura 905. Coloque el primer punto en medio de la parte de atrás del cuello del ciervo, para ayudarle a establecer el ángulo del punto en una dirección recta antes de empezar a encontrarse curvas más dificultosas. Fíjese en la dirección del sombreado en el diagrama y haga sus puntos en ese ángulo. Puede que le sea de bastante ayuda dibujar líneas de lápiz en su tejido para mostrarle la dirección del sombreado a seguir. Siga hasta completar la primera fila de puntos largos y cortos a lo largo de la espalda del ciervo hasta llegar a la cola, alterando los ángulos y colocando los puntos para trabajar alrededor de la forma. Haga más filas del mismo color para completar la primera banda del sombreado.

BORDADO SUPERFICIAL

192

LISTA DE CÓDIGOS DEL CIERVO

Lana crewel Appletons

1. *1 Sombreado suave en 905*
2. *2 Sombreado suave en 766*
3. *3 Sombreado suave en 901*
4. *4 Sombreado suave en 693*
5. *5 Sombreado suave en 353*
6. *6 Sombreado suave en 643*
7. *7 Sombreado suave en 157*
8. *8 Nudo francés en 901 y 766*
9. *9 Sombreado suave en la pupila en 905, sobre el ojo en 901*
10. *10 Punto recto en 905*

Líneas de dirección para puntos largos y cortos

Nota: necesitará una madeja de cada tono

8 Siga con la cabeza del ciervo, los costados y las patas, que se trabajan en lana jengibre 766. Suba los puntos a través de los existentes en la fila anterior y varíe la longitud de los nuevos puntos. Mantenga los puntos en la segunda fila aleatorios donde se mezclen con el siguiente color y acábelos en el contorno cuando llenen la forma del diseño.

9 Complete las partes principales del cuerpo del ciervo haciendo el pecho, el estómago y el interior de las piernas, usando lana del color del ciervo 901.

10 Cubra la zona de la pezuña con lana de color marrón oscuro 905, asegurándose de que dé un efecto de estar un poco elevado usando un buen número de puntos agrupados de forma densa.

11 Para hacer el ojo del ciervo, haga punto de raso sobre la forma, usando la lana del color del ciervo 901. Complete el ojo con la pupila, bordando unos cuantos puntos rectos en lana oscura 905.

12 Siga con la boca del ciervo, que se trabaja con un punto recto usando marrón oscuro 905. Haga dos pequeños puntos rectos en la punta de la nariz del mismo color. La cara del ciervo ya está completa.

13 Para hacer los cuernos, use lana jengibre 766 y haga nudos franceses (ver página 205) a lo largo de las líneas de los cuernos. Entonces, rodee estas líneas con una fila sencilla de nudos franceses usando lana 901.

14 Saque el bordado acabado del marco. Fije el tejido, con el tejido hacia arriba para ponerlo recto (ver página 29). Pulverice un poco de agua destilada. No se preocupe por usar demasiada agua y asegúrese de que el tejido queda bien humedecido. Déjelo secar de forma natural, lo que le llevará unos tres días, y verá como el lino se endereza hasta quedar con un acabado perfecto.

15 Corte el tejido para que encaje en la tabla de la apertura de la caja, con un margen para enlazarlo. Estire el bordado sobre la tabla y enlácelo en el reverso. Inserte el bordado en la apertura de la caja siguiendo las instrucciones del fabricante con cuidado. Una caja con la tapa rellena sería un buen complemento al bordado crewel.

BORDADO SUPERFICIAL

INSPIRACIÓN Y DISEÑO:
imágenes intemporales

Las casas de campo y los castillos son una fuente de inspiración para los nuevos diseñadores en labor crewel. No hace falta ser un conocido bordador o un estudioso para poder admirar las más famosas técnicas pasadas, ya que sobreviven en colgaduras de camas y otros artículos que están disponibles para todos los públicos. Mirando a la riqueza del material mostrado, se sentirá transportado en el tiempo. Se empezará a preguntar sobre la vida de los diseñadores y bordadores originales y cómo lo que les rodeaba y otras influencias en sus vidas dieron forma a las magníficas imágenes que crearon, para producir un bordado que ha sido admirado durante los últimos 300 años.

La labor crewel, en su forma tradicional, ha llamado la atención de diseñadores de tejidos y papel pintado desde que William Morris se inspiró en ésta. Los bordadores contemporáneos también están atraídos por el color, la textura, la variedad de los puntos, la belleza y la cualidad intemporal del trabajo original.

El medio del bordado nos ha enseñado que hay muchas cosas que compartimos con nuestros predecesores: un gran amor por la naturaleza y las formas naturales que es tan fuerte que es llevado a cabo en una forma tangible a través del bordado. Nuestra fascinación con la variedad conseguida con diferentes puntos, texturas y combinaciones inusuales de colo-

INSPIRACIÓN Y DISEÑO: IMÁGENES INTEMPORALES

res sirven para subrayar nuestra empatía hacia nuestros compañeros bordadores a través de los siglos y nuestra admiración por su obra.

El paño del árbol de la vida diseñado para esta sección muestra algunas de las imágenes más chocantes y más bonitas que se han encontrado a través de los años. La mayoría fueron dibujadas en la primera mitad del siglo XVII y reunidas en un estilo típico de la labor crewel, aunque intentando agradar a los gustos más modernos. Alrededor del roble hay viñas con uvas colgando; flores delicadas; un clavel, que simbolizaba el apoyo al catolicismo en el siglo XVIII; hojas de acanto, que representan la influencia de las imágenes de India; y finalmente, las hojas y las bellotas del roble inglés.

El paño también nos muestra un perro y un par de liebres. Una escena de caza hubiese parecido demasiado movida en comparación con la tranquilidad de las otras imágenes, por lo que en lugar de cazar el perro está distraído con una flor. Las liebres, en cambio, están alerta y listas para huir.

Así pues, cuando encuentre una obra histórica que le inspire, estúdiela tanto como pueda y si puede obtenga alguna postal de la imagen para poder llevársela a casa. Amplíe sus ideas recogiendo otras imágenes relacionadas con gravados antiguos, tarjetas de felicitación, papel de regalo o incluso fotografías de mascotas que haya en su entorno. Sobre todo fíjese en cómo se combinan los colores en sus fuentes de inspiración, para poder trasladarlo a la gran cantidad de lanas que hay a su disposición.

Las imágenes históricas que se escogieron para el panel sirven para transmitir en cualquier momento una historia intemporal. Las hojas y las flores siempre se moverán con el viento; los perros siempre han cazado y cazarán liebres. Los árboles viven durante cientos de años, al igual que la labor crewel, y el panel refleja lo más típico de este tipo de labor: la compilación de diseños jacobinos y de otros tipos de diseños a través de los años, que son tan relevantes hoy como lo eran hace cientos de años.

Paño del árbol de la vida

Este bonito paño muestra algunas de las imágenes más típicas de la labor crewel. El legendario árbol de la vida sale de un paisaje de montes e irrumpe en la vida con flores y hojas estilizadas. También se muestran un perro de caza y liebres. La imagen del paño es extremadamente evocativa en la profundidad de sus fuertes colores y el equilibrio de las formas sólidas y delicadas. Diseño de Philippa Turnbull

1. Una de las mayores satisfacciones de la labor crewel es que le permite el placer de decidir qué parte del diseño quiere bordar primero. Primero, estire el lino en el marco, atrapándolo en un lado del marco si es necesario (ver páginas 16-17).

2. Decida dónde quiere empezar, teniendo en mente las orientaciones. Es aconsejable empezar en la esquina superior contraria a su mano dominante, para evitar descansar su mano sobre zonas que ya estén bordadas. Empiece con el fondo y continúe con las imágenes que hay en la capa superior. Asegúrese también de que empieza con un punto fácil como el punto stem (ver página 206) en los tallos de la viña para poder establecer el diseño rápidamente.

3. Un orden de trabajo recomendado sería bordar los tallos y las hojas de las viñas de fondo y completar las uvas. Haga las flores azules en forma de estrella después de haber bordado los tallos y las hojas y complételas con nudos franceses (ver página 205) en los centros.

4. Trabaje hacia abajo del diseño, asegurándose de que borda los tallos antes que las hojas y las bellotas que están encima. Haga los puntos de relleno en las flores antes de hacer los contornos. Añada los toques de acabado de los ojos y narices y nudos franceses una vez todos los animales relevantes, las bellotas y las flores hayan sido bordadas.

5. Cuando el bordado esté completo sáquelo del marco. Estire el tejido con el diseño hacia arriba (ver página 29). Moje el tejido y déjelo secar de forma natural.

6. Corte el tejido al tamaño de la tabla que se ha cortado para que quepa en la apertura del marco, dejando un margen para enlazarlo en el reverso. Coloque el bordado en el marco.

Área de diseño
43 x 58 cm

Materiales
60 x 75 cm de lino jacobino

Hilos de bordar (ver lista de códigos del esquema)

Cuentas negras (ver lista de códigos del esquema)

Equipamiento
Marco para manos libres

Aguja crewel de tamaño 2

Tijeras de bordar

Tabla para estirar el bordado

Hilo fuerte para enlazar

Marco a su elección

BORDADO SUPERFICIAL

Aumentar un 170%

PAÑO DEL ÁRBOL DE LA VIDA

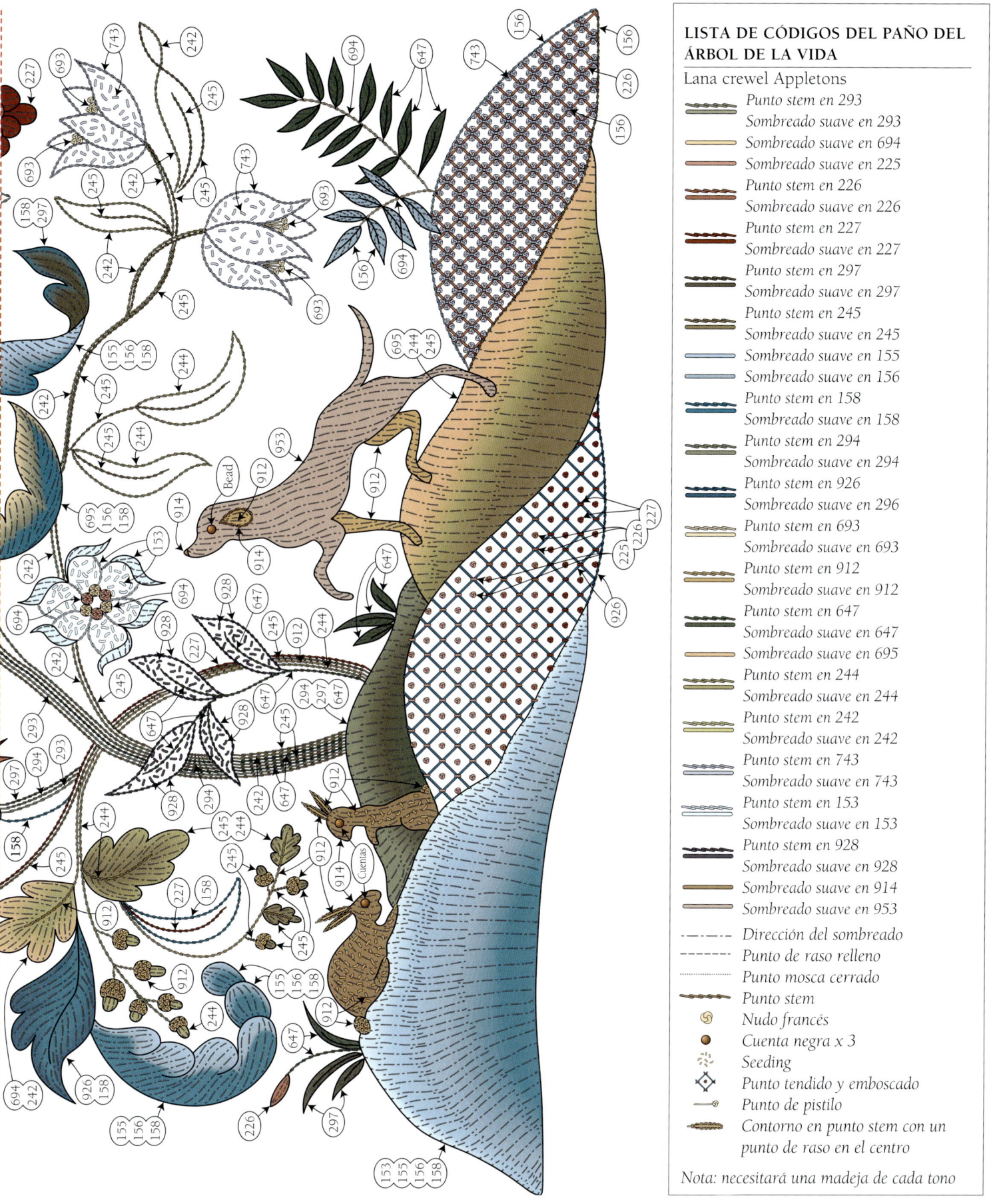

LISTA DE CÓDIGOS DEL PAÑO DEL ÁRBOL DE LA VIDA

Lana crewel Appletons

- Punto stem en 293
- Sombreado suave en 293
- Sombreado suave en 694
- Sombreado suave en 225
- Punto stem en 226
- Sombreado suave en 226
- Punto stem en 227
- Sombreado suave en 227
- Punto stem en 297
- Sombreado suave en 297
- Punto stem en 245
- Sombreado suave en 245
- Sombreado suave en 155
- Sombreado suave en 156
- Punto stem en 158
- Sombreado suave en 158
- Punto stem en 294
- Sombreado suave en 294
- Punto stem en 926
- Sombreado suave en 296
- Punto stem en 693
- Sombreado suave en 693
- Punto stem en 912
- Sombreado suave en 912
- Punto stem en 647
- Sombreado suave en 647
- Sombreado suave en 695
- Punto stem en 244
- Sombreado suave en 244
- Punto stem en 242
- Sombreado suave en 242
- Punto stem en 743
- Sombreado suave en 743
- Punto stem en 153
- Sombreado suave en 153
- Punto stem en 928
- Sombreado suave en 928
- Sombreado suave en 914
- Sombreado suave en 953
- Dirección del sombreado
- Punto de raso relleno
- Punto mosca cerrado
- Punto stem
- Nudo francés
- Cuenta negra x 3
- Seeding
- Punto tendido y emboscado
- Punto de pistilo
- Contorno en punto stem con un punto de raso en el centro

Nota: necesitará una madeja de cada tono

199

Bordado libre

El bordado libre se puede concebir como lo contrario de las técnicas de punto contado y se ha usado desde el principio. Por ejemplo, los bordados peruanos hechos entre el año 500 a.C. y el 200 d.C., mucho tiempo antes de la civilización Inca, encontrados en las cuevas de Paracas que se usaban para enterrar gente usaban los puntos de bordado de forma libre. Incorporan punto de cadeneta fino en filas que estén cosidas, en contraste con las texturas de zonas de puntos de lazo. Las lanas multicolores se trabajaban sobre tejidos de algodón en diferentes direcciones para crear serpientes de dos cabezas, figuras y pájaros. Sin embargo, es con las labores del siglo XX con lo que normalmente se asocia el bordado libre.

En Gran Bretaña, en los años inmediatamente posteriores a la Primera Guerra Mundial, no había ninguno de los desarrollos de arte que se estaban dando en el continente, donde la guerra parecía haber dado un ímpetu a un nuevo estilo de arquitectura y diseño. Aunque este movimiento moderno tuvo impacto en el diseño en Gran Bretaña, inicialmente se miraban con cierta sospecha, donde no había habido ningún cambio político como los había habido en el continente y existía el deseo de volver a los idílicos días de la era Eduardiana. El resultado, en Gran Bretaña, fue una continuación nostálgica de la tradición Arts and Crafts establecida por William Morris. En el bordado esto se manifestó en forma de dependencia en los estilos jacobinos e isabelinos, particularmente entre bordadores aficionados. Entre los bordadores profesionales, las ideas estaban cambiando gradualmente y se estaban dando cuenta de la pobreza de los diseños. Los esfuerzos individuales como los de Mary Hogarth y Rebecca Crompton, directora de la Escuela de arte Croydon, para remediar la situación, tendrían efecto en la década de 1930 cuando el bordado se estaba usando en una nueva forma para destacar el diseño.

Un acercamiento fresco

Rebecca Crompton ideó un acercamiento radicalmente nuevo al bordado como arte creativo a principios de los años 20. Este acercamiento abandonaba la imitación de estilos históricos o copias de otros trabajos y se basaba en los puntos trabajados de forma espontánea. En su *Plea for Freedom* (Defensa de la libertad) publicado en 1936, afirmaba que su objetivo era «acabar con algunas ideas sobre el diseño, especialmente como se enseñaban en las escuelas, y animar a dar más vitalidad a las labores hechas por niños y otros». Estaba reaccionando contra la precisión técnica ya que creía que la técnica o el trabajo técnico era solo un aspecto del bordado que, sin un buen diseño, resultaba estéril.

También creía que el bordado debería reflejar la vida moderna y en esto era apoyada por muchos artículos publicados que señalaban que el mejor trabajo del pasado no imitaba a otros trabajos anteriores.

En 1932 en el Museo Victoria and Albert se llevó a cabo una exposición de Bordado Moderno. Llevó nuevas ideas al público y en un período de grave depresión económica, animó a la gente a decorar la casa y enfatizaba la necesidad de un buen diseño.

Izquierda: Icaro, *por Kathleen Whyte, detalle, 1932. Esta pieza está trabajada en una gran variedad de puntos que incluyen punto rumano y de escapulario, que se usan para las alas y las plumas. El contorno del cuerpo y las lanas de colores están realizados en graduaciones de tono*

Página opuesta: Glimpses (vistazos), *por Dorothy Tucker, 2000. Bordado libre a mano trabajado en sedas, inspirado en un campo de ranúnculo visto entre las vigas de un cobertizo*

La pieza de Rebecca Crompton titulada *Creación de Flores* fue un ejemplo práctico de la idea de que la técnica debería estar al servicio del diseño. Lo describía como «un experimento en texturas, tonos y colores sin dibujo previo». El fondo era de lienzo abierto con una variedad de tejidos aplicados que incluían el lino, el tisú plateado, la lana verde, el raso blanco, Vyella escarlata, cintas de terciopelo y una red con botones plateados y trenza. En esta base se trabajaron puntos en gris y negro, que incluían punto de raso, punto corredero, punto de Creta, hilvanado, etc.

De las piezas exhibidas, la de Rebecca Crompton provocó un gran debate y violentó a los más tradicionales. Animó a la gente a romper las reglas y a hacer puntos de forma rápida e informal. Como cada vez más mujeres buscaban trabajo fuera de casa y por lo tanto tenían menos tiempo para sus cosas, vio la necesidad de encontrar un método de bordado más rápido. Aunque el bordado a máquina estaba impactando gradualmente, el bordado a mano todavía estaba muy bien considerado. Muchos de sus estudiantes adaptaron este método de trabajo liberador, aunque algunos aspectos del estilo que desarrollaron en la década de 1930 se convirtieron en un cliché. Los puntos se trabajaban frecuentemente en forma de redes que se solapaban como un contorno con líneas diagonales. Los colores utilizados eran normalmente bastante monótonos pero con acentos llamativos de rosa y amarillo.

En la década de los 50, los puntos trabajados libremente se usaban en formas simplificadas casi gráficas, en las que las imágenes figurativas se colocaban centradas. Otro diseño distintivo común a este período que explota el uso libre de puntos es el círculo explosivo. Aunque algunas de estas formas se basaban en formas naturales observadas directamente, como por ejemplo los dientes de león, otras se basaban en análisis microscópicos. Esta idea se puede conectar a los nuevos desarrollos científicos en microbiología y se puede ver como un reflejo de la preocupación de la gente sobre las explosiones de pruebas nucleares.

Tiempo de cambio

La década de los 60 trajo más diseños abstractos basados en semillas y en frutas y vegetales explorando sus cualidades geométricas y asimétricas. Las frutas y los vegetales más interesantes estaban entonces disponibles en una variedad mayor debido al auge del transporte y de los viajes. Los resultados eran a veces llamativos, como los patrones impresos en tejidos y los dibujos de muchos libros que ofrecían ayuda para diseñar a los menos experimentados. Combinaciones de naranja, rosa y marrones o verde oliva se hicieron muy populares.

Los límites entre las diferentes técnicas y formas de arte estaban desapareciendo. El concepto de bordado se amplió para incluir más usos inventivos de hilos y materiales y absorbió más influencias del arte fino. Pero, al mismo tiempo, el aumento de la experimentación trajo más investigación en los fundamentos del bordado, dicho de otra forma, en los puntos.

Los bordadores eran animados para investigar el potencial de un simple punto a través de la repetición y la distorsión, variando la escala y la tensión en un intento de desarrollar nuevas relaciones entre el hilo y el fondo. Como los hilos pueden crear diferentes cualidades y puntos, exploraron las características de los hilos: textura, flexibilidad, suavidad, rugosidad o el grado de giro. Esta exploración se puede ver en *White Waves* de Kathleen Whyte, 1968, en el cual trabajaba de forma libre cadeneta rosette, cadeneta crestada y la cadeneta en cable en una gran variedad de hilos blancos que incluían el lino y el nylon para crear un movimiento fluido. El fondo es naranja. En esta labor la afinidad entre el uso de hilos en el bordado y el dibujo o hacer marcas en el papel con ceras, lápiz o bolígrafo queda clara. El diseño se basaba en un boceto en tiza y se construyó sobre papel tisú en papel marrón. Este trabajo creativo usa el ritmo, la armonía y el balance, así como el contraste. Durante la década de los 60 y los 70 las fuentes de ideas no tenían ningún límite: el ritmo repetitivo de carritos en el supermercado, fósiles, reflejos, grupos de pájaros en la playa o notas musicales.

Durante la década de los 70 y los 80 el bordado libre se usaba a veces para crear paisajes atmosféricos,

Derecha: Parábola, *por Lilian Dring, 1941. Esta pieza nos muestra principalmente puntos blanket, mosca y corredero. Los materiales del fondo están unidos con punto de escapulario. Para dibujar los aviones, las conchas y los globos de encima de las casas se han usado hilos de seda, de lana y de algodón, cordón, abalorios, cuentas, lentejuelas, botones, piel, red y lino*

BORDADO LIBRE

especialmente cuando se trabajaba en un tejido pintado o teñido por espacios, que se podía ver a través de la textura de los puntos. A veces, el fondo tenía bordes deshilachados o quemados. Sin embargo, el punto solo se siguió usando de forma efectiva como mostró Veronica Togneri en su pequeño paño *On the Dunes* (en las dunas), el cual sugiere el movimiento de las ondas de arena a través de puntos rectos trabajados de forma libre.

Más recientemente los pequeños fragmentos de tejidos transparentes, lazos, papel o seda aplicados de forma libre se han combinado con el bordado a máquina y puntos a mano trabajados libremente para crear textura. Aunque a veces parece que el bordado a máquina sea el dominante, el placer de bordar a mano sigue muy presente en los bordadores, tanto experimentados como novatos. La satisfacción de trabajar con textura y color en puntos rítmicos es un fuerte incentivo para posteriores exploraciones. El potencial del punto es infinito.

Arriba: On the Dunes, *por Verónica Togneri, 1979. Esta pieza está trabajada en lino usando hilos de seda y de lana*

Izquierda: Chal, norte de India, siglo XIX. Este chal está bordado con varios puntos, incluyendo cadeneta en un diseño que describe a mujeres y a cazadores a caballo. Durante el siglo XIX, los chales de Cachemira se decoraban libremente en patrones densos trabajados a punto de cruz. Hoy en día muchos de los diseños todavía se trabajan de forma libre en un punto de cadeneta continuo usando un gancho fino

203

Puntos y técnicas de bordado libre

El bordado libre es un término relativamente moderno que se refiere a hacer los puntos a mano libremente en el tejido. Casi cualquier punto de otras técnicas tradicionales se puede usar, pero a veces solamente unos cuantos puntos sencillos serán más efectivos. Explore los puntos para conocer las cualidades que le darán a su trabajo ya sea sensación de movimiento, un patrón esparcido o localizado, o un simple toque de color.

> **Consejo**
>
> *Para desenrollar el hilo con el que está trabajando, gire la labor hacia abajo dejando que la aguja cuelgue para que se desenrolle.*

Tejidos

Un gran número de tejidos de buena calidad están disponibles para el bordado de estilo libre. Estos van desde los más finos, casi transparentes como el linón y la muselina hasta el dril de algodón y los linos más pesados. Incluso el fieltro puede ser una buena elección.

Un tejido liso le dará la libertad para añadir color en el fondo antes de empezar a bordar. Los algodones sin teñir como los tejidos de calicó son un buen punto de inicio.

El peso y la fuerza de los tejidos puede que no sean necesarios por sí mismos para pasar los hilos de bordar y puede que tenga que usar un tejido de fondo detrás de su tejido. El algodón blanco fino suele ser el mejor, ya que da fuerza pero no hace bulto. A veces, sin embargo, es más efectivo usar una capa doble del tejido escogido, por ejemplo para retener la cualidad semitransparente del tejido.

Agujas

Generalmente, las agujas crewel se usan para esta técnica. El ojo de la aguja debería ser lo suficientemente grande para que pase el hilo de forma holgada y permitir que un hilo doble pase fácilmente a través del tejido.

Hilos

Casi cualquier hilo se puede usar en el bordado libre, siempre y cuando se pueda hilvanar en una aguja y sea adecuado para el tejido.

El efecto de los puntos se puede alterar variando su tamaño y cambiando el peso y el tipo de hilo; pruébelo para ver los efectos. La elección del hilo depende de cómo se va a usar la labor. Las piezas que requieren un lavado bastante frecuente deberían ser bordadas con hilo de algodón que resista bien el lavado, mientras que las piezas puramente decorativas se podrían bordar con sedas o lanas finas.

Herramientas adicionales

Use siempre un marco o un bastidor para mantener el tejido tenso mientras borda. Lo más importante es usar uno lo suficientemente grande para permitir cantidad de tejido alrededor del bordado y no tener que mover el marco sobre zonas bordadas.

Técnicas de bordado libre

Asegúrese de que el tejido está prensado y liso antes de transferir el diseño. Sea cual sea el método que usa (ver páginas 30-31) transfiera siempre el patrón completo antes de empezar a bordar.

Empezando a bordar

Es una buena idea trabajar de forma continua mejor que empezar en diferentes sitios para darle continuidad y ritmo a lo largo del bordado.

El hilo no debería de ser más largo de 50 cm o se podría enrollar y hacerse nudos. Empiece el bordado por delante con pequeños puntos correderos (ver página 63). Nunca use un nudo para fijar el hilo, en lugar de esto deje el hilo en el bordado terminado. Los puntos aislados como los nudos franceses pueden suponer un problema, especialmente porque no debería pasar un hilo a lo largo del reverso de un área que no se va a bordar. Esto podría estropear la tensión y se podría transparentar a través del tejido. En lugar de esto, deje una longitud del hilo hasta que haya acabado el punto y pase el hilo a través de los hilos del punto en el reverso antes de cortarlo.

Acabando el bordado

Para acabar el bordado haga unos cuantos puntos pequeños que se cubrirán con el siguiente hilo o gire la labor y pase el hilo por el reverso de los puntos. Antes de sacar el bordado del marco asegúrese de que todas las líneas del diseño están cubiertas y corte todos los hilos una vez estén fijados.

Los puntos que se muestran en esta sección van desde los puntos de contorno y bordeado más simples hasta los de relleno y decorativos. Son solo un punto de inicio y se pueden adaptar y combinar de varias formas. Otros puntos, como el seeding (página 189), nudos bullion (página 146), punto lineal (página 49), punto de raso (página 188) y punto de hoja (página 80) se pueden usar en el bordado libre.

PUNTOS Y TÉCNICAS DE BORDADO LIBRE

PUNTO DE CADENETA

USOS: contorno, relleno

1 Suba el hilo hacia la superficie. Inserte la aguja en el mismo agujero y vuelva a subir en una distancia de un punto. No estire de la aguja pero enrolle el hilo debajo de la punta.

2 Estire de la aguja y repita, empezando el siguiente punto en el último agujero. Se puede hacer un punto de cadeneta fijando un lazo con un pequeño punto recto.

NUDO FRANCÉS

USOS: relleno, detalle

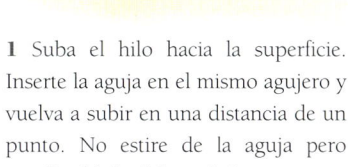

1 Suba el hilo a la superficie. Aguante la aguja en una mano y el hilo con la otra. Enrolle el hilo alrededor de la aguja dos veces, o más para nudos más grandes.

2 Inserte la aguja en el agujero de inicio (o en el siguiente agujero para evitar que se cuele el nudo). Estire para formar un nudo y fíjelo con un pequeño punto en el reverso.

PUNTO MOSCA

USOS: borde, relleno, motivo

1 Suba la aguja por A, entonces bájela por B, asegurándose de no estirar de la aguja a través del tejido. Vuelva a subir por C, por encima del hilo del primer punto y estire.

2 Afloje un poco la tensión para hacer un lazo en forma de V bajando a C. Haga un punto corto vertical para fijar el lazo. El punto mosca se puede trabajar por separado o como punto mosca cerrado (ver página 189).

PUNTO DE PLUMA

USOS: línea, borde

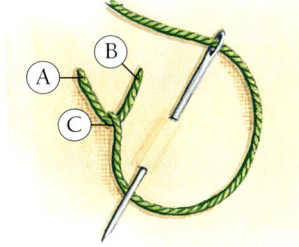

1 Trabajando desde abajo, suba por A y baje por B. Mantenga el hilo flojo. Suba por C a una distancia igual que abajo. Pase la aguja por encima del lazo y estire hacia abajo.

2 El siguiente punto, trabajado del mismo modo, caerá naturalmente a la derecha del primero. Continúe, haciendo más puntos, por debajo de los dos primeros y trabajando hacia abajo.

Diseñe usted mismo

- *Mire líneas rectas, repitiendo rizos y círculos y fíjese en cómo son de efectivos variando las distancias, agrupados, o serpenteando a lo largo del diseño.*
- *Los espacios entre las formas son tan importantes como las mismas formas.*
- *Para inspiración mire las ramas en invierno contra el cielo, los rizos de las olas o la huella de una serpiente en la arena.*
- *Escoja una forma simple como una hoja o un pétalo y experimente trabajando alrededor de los contornos en diferentes puntos y usando diferentes rellenos para añadir textura y contraste.*
- *Pruebe diferentes combinaciones de colores. Los colores claros y frescos dan aspecto moderno mientras que los tonos más ricos le darán un toque más tradicional.*

BORDADO SUPERFICIAL

PUNTO RECTO

OTROS NOMBRES: punto plano aislado

USOS: línea, detalle

El punto recto es el más fácil de todos los puntos y forma el componente básico para muchos de los otros puntos, incluyendo el punto de cruz (ver página 49). Los puntos rectos simples se pueden colocar solapados, verticalmente, horizontalmente o diagonalmente, incluso agrupados de formas diferentes para crear formas simples. Son muy versátiles y podría hacer una labor completa usando solamente estos puntos.

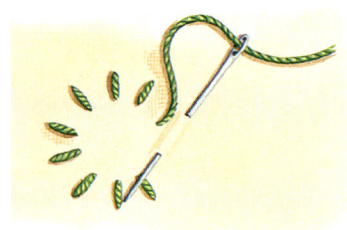

1 Para hacer las formas circulares, suba la aguja en cualquier punto de cualquier círculo y haga un punto recto en la superficie radiando. Repita los puntos a intervalos regulares.

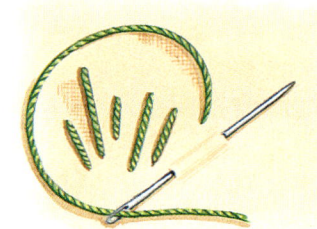

2 Los puntos rectos se pueden trabajar de forma aleatoria, en diferentes longitudes creando formas más libres. Trabajado de forma bastante junta, formarán punto de raso (ver página 188) que servirá para rellenar formas sólidas.

PUNTO STEM

OTROS NOMBRES: punto crewel

USOS: línea, contorno

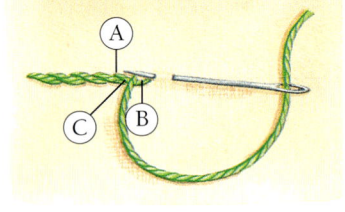

Haga un punto recto de A a B. Aguántelo con el dedo. Suba por C a medio camino del primer punto para hacer el siguiente. Continúe, manteniendo los puntos con la misma longitud.

PUNTO STEM ENVUELTO

USOS: línea, contorno

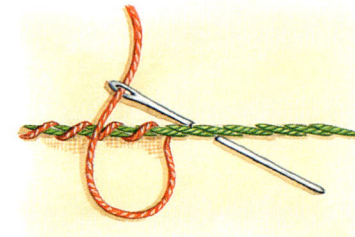

Haga una línea de punto stem. Suba un hilo que contraste bajo el final del punto. Pase la aguja por debajo sin tomar tejido, envolviendo el hilo regularmente.

PUNTO CORREDERO ENVUELTO

OTROS NOMBRES: Cordonnet

USOS: línea, contorno

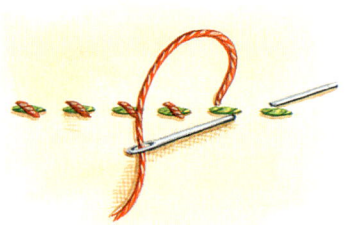

Haga una fila de puntos correderos (ver página 63). Suba un hilo de contraste al final del primer punto. Vaya a través del tejido por debajo del primer punto, envolviendo el hilo.

PUNTO CORREDERO ENLAZADO

USOS: contorno, borde

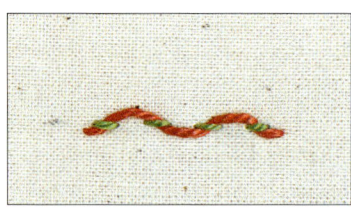

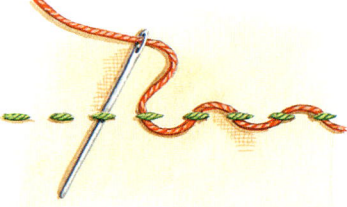

Trabajando de derecha a izquierda con una aguja de punta redonda, teja hilo que contraste por arriba y abajo a través de la fila de puntos correderos (ver página 63). Ajuste la tensión para hacer lazos.

PUNTO DE ARMIÑO

USOS: relleno, motivo simple

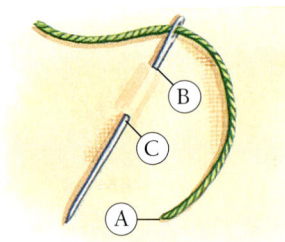

1 Suba por A y haga un punto vertical largo hacia B, aguantando el punto con un dedo. Suba el hilo de nuevo por C, como una tercera parte de la distancia en diagonal hacia abajo a la izquierda.

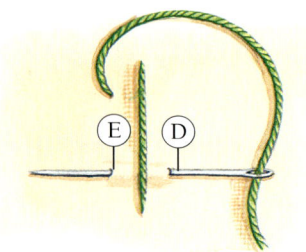

2 Haga un punto diagonal largo, por encima del primero vertical, hacia D. Saque la aguja de nuevo en E, recto hacia la izquierda de D y en vertical hacia abajo desde C.

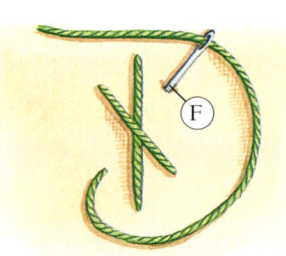

3 Haga el punto diagonal largo final sobre los otros hacia F al mismo nivel que C y directamente hacia arriba desde D. Esto hace un punto aislado, que puede repetir para hacer el relleno.

PUNTOS Y TÉCNICAS DE BORDADO LIBRE

CADENETA ROSETTE

USOS: contorno, borde, rellenoa

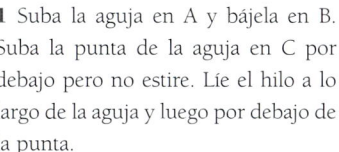
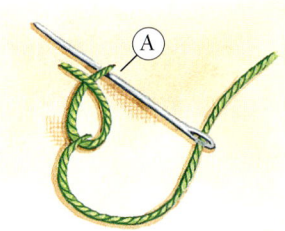
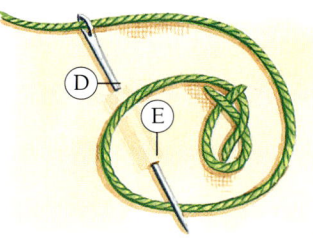

1 Suba la aguja en A y bájela en B. Suba la punta de la aguja en C por debajo pero no estire. Líe el hilo a lo largo de la aguja y luego por debajo de la punta.

2 Ahora estire de la aguja para formar un lazo. Entonces pase la aguja por debajo del hilo entre el giro y A, asegurándose de no perforar el tejido.

3 Estire del hilo y ajuste la tensión. Inserte la aguja en D a una distancia de un punto a lo ancho y saque la aguja en E, lista para hacer el lazo para el siguiente punto.

PUNTO DE RASPA

USOS: relleno

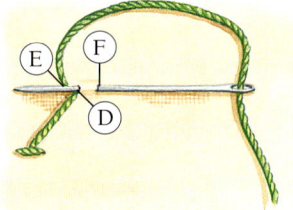
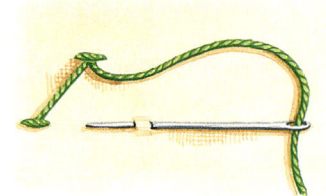

1 Trabaje de izq. a dra. en dos líneas paralelas. Dé una puntada en la parte inferior de A hasta B. Suba a C en mitad de la primera puntada. Dé una puntada diagonal hasta D. Suba hasta E.

2 Dé una segunda puntada horizontal a lo largo de la línea superior hasta F. Baje hasta D, en el mimo agujero del final de la primera puntada. Mantenga la aguja debajo de la puntada horizontal.

3 Dé otra puntada diagonal en la línea inferior, igual que la primera. Realice la misma secuencia que antes, con las puntadas de la misma longitud y ángulo.

PUNTO DE ESPINA

USOS: línea, borde

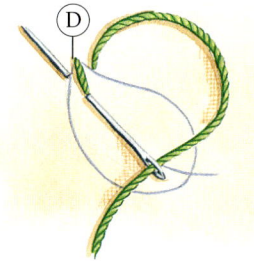
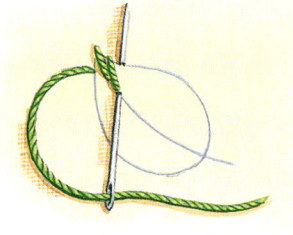

1 Suba en A, típicamente la punta de una forma de hoja. Haga un punto recto corto a lo largo de la línea central de la forma hacia B. Suba la aguja de nuevo en C, a lo largo del contorno desde A.

2 Haga un punto desbordante hacia debajo de la línea central y justo debajo del primer punto. Suba la aguja de nuevo en D, a lo largo del otro lado del contorno desde A.

3 Haga el punto desbordante en este lado de la forma del mismo modo, acabando justo más allá de la línea central. Los puntos se empiezan a solapar ligeramente sobre la línea central.

ESPIGA DE TRIGO

USOS: línea, borde

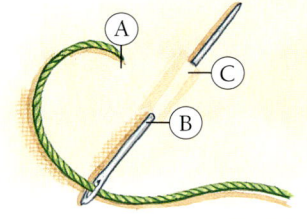
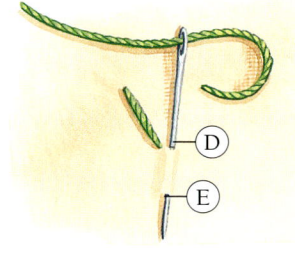
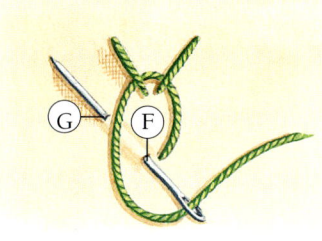

1 Suba el hilo por A y trace un punto recto en diagonal hacia B. Suba la aguja en C, al mismo nivel que A y a la misma distancia de B.

2 Estire el hilo y trace otro punto en diagonal hacia D, de forma que complete una forma de V ligeramente abierta, directamente por encima de B. Estire la aguja.

3 Sin perforar el tejido, pase la aguja y el hilo debajo de los dos puntos rectos. Insértela en F y sáquela en G directamente por encima de A. Continúe para completar más puntos.

207

BORDADO SUPERFICIAL

Cojín con hojas

Este diseño con sus hojas en colores naturales y el énfasis en las texturas del hilo y el lino, captura el espíritu moderno del diseño. El tono cremoso y el suave brillo del perlé se podrían bordar sobre cualquier tejido o podría probarlo sobre algo ligero para una transformación dinámica. El diseño es rápido de bordar y los hilos perlé son fáciles de usar. Un proyecto ideal para principiantes. Diseño de Lesley Teare

Área de diseño

21 x 19 cm

Materiales

Tejido de lino de 1 x 0,5 m

25 cm cuadrados de tejido de algodón blanco fino

Hilos de bordar (ver lista de códigos del diagrama)

Relleno de almohadón de 35,5 cm cuadrados

Equipamiento

Tijeras de costurero

Lápiz de color pálido

Marco para estirar

Aguja crewel tamaño 3 o 9

Tijeras de bordar

Alfileres

Hilo de coser y aguja para rematar

1. Corte el tejido de lino para hacer un cuadrado de 50 cm cuadrados para el bordado. Reserve la otra pieza para el reverso de la funda. Transfiera el diseño al centro del tejido de lino usando su método preferido (ver páginas 30-31). Entonces, cosa el lino sobre el tejido de algodón blanco (ver página 17) y estire los dos tejidos en un marco de estirar asegurándose de que las líneas del tejido están rectas.

2. Para todo el bordado use longitudes de 45 cm de hilo para evitar que se enrede. Empiece trabajando el punto de cadeneta en las hojas más grandes. Fíjese en la dirección del bordado mostrada en el diagrama y borde las hojas grandes desde la base hasta la punta en cada lado.

3. Una vez haya acabado todas las hojas, haga punto stem desde la rama principal a lo largo de las otras ramas hasta las puntas de las hojas como si creciesen. Intente mantener los puntos tan parejos como pueda y siga la línea del diseño.

4. A continuación, borde las hojas pequeñas con puntos de raso (ver página 188) juntos. Siguiendo las líneas de dirección del diagrama, asegúrese de que todos los puntos estén paralelos. En la punta de las hojas, la punta de la aguja se puede colocar debajo del punto anterior para dar un aspecto más afilado.

5. Acabe el bordado haciendo nudos franceses. Como el algodón perlé es bastante grueso, se debería liar tan solo una vez alrededor de la aguja.

6. Saque el tejido del marco y plánchelo si es necesario, siempre siguiendo las instrucciones del fabricante. Remátelo como una funda de cojín normal siguiendo las instrucciones de la página 33, inserte el relleno del cojín y ciérrelo cosiendo.

LISTA DE CÓDIGOS DEL COJÍN DE HOJAS

Algodón perlé n.º 5 DMC

━━━	Punto de raso en 746
～～～	Punto stem en 746
⊂⊃⊂⊃	Punto de cadeneta en 746
◉	Nudo francés en 746
──▶	Dirección del bordado
------	Dirección del sombreado

Nota: necesitará una madeja de cada tono

BORDADO SUPERFICIAL

210

Paño de amapolas

Este panel colorido captura la belleza de un prado de verano lleno de amapolas delicadas, margaritas y pasto de vacas. Se usan tan solo unos cuantos puntos simples de bordado sobre un fondo de calicó pintado para crear esta imagen que le recordará siempre el glorioso sol en los días de verano. También podría adaptar esta idea para bordar un panel de flores de su propio jardín o su lugar favorito del campo. Diseño de Lesley Teare

1 Corte un cuadrado de tejido de calicó que sea lo suficientemente grande para estirarlo en el marco que haya elegido.

2 Calque el diagrama del diseño de la página 213, incluyendo las líneas partidas grises que indican las zonal principales de colores. Transfiera las líneas rotas y las formas de las amapolas principales en el calicó, usando un lápiz de color pálido.

3 Estire el calicó en el marco de bordar, asegurándose de que las líneas queden rectas.

4 Coloque las pinturas azul grisáceo 13 y amarillo primario 01 en diferentes platillos, reservando uno para mezclarlas. Antes de empezar a pintar directamente sobre el calicó, pruebe los colores en un trozo de tela. Aplique los colores al tejido, en unos cuantos sitios a la vez para que pueda ver cómo de fuertes son los colores y hasta dónde se extienden en el tejido. Intente diluir los colores con agua y mezclándolo, pinte en su tela de muestra. Recuerde que siempre puede fortalecer el color si es demasiado pálido pero una vez esté en el tejido no se puede quitar.

5 Antes de empezar a pintar el fondo para su paño, tome nota de las zonas donde ha de pintar. Las líneas rotas calcadas del diagrama le dan unas guías muy básicas de las áreas para el cielo, las zonas medias y las frontales. Aplique los colores de forma que se mezclen entre las zonas y suavicen los bordes. Como preparación final, humedezca ligeramente el calicó en la zona del diseño, pero asegúrese de no mojar la flor.

6 Empiece a pintar el cielo en un tono azul pálido. Tenga en cuenta que el azul grisáceo es un color muy fuerte, por lo que disuélvalo en un poco de agua y pruébelo en un trozo de calicó. A medida que aplique la pintura, deje algo de calicó sin pintura para dar la impresión de nubes. Entonces pinte la media distancia usando amarillo primario. Puede usar esta pintura sin diluir, ya que se suavizará en el calicó mojado.

7 A continuación pinte el fondo, aplicando diferentes tonos para dar una mezcla de colores suaves. Use una base de amarillo primario diluido y añada pequeñas cantidades de gris azulado y violeta 10. Una vez que haya acabado de pintar el fondo seque el calicó con un secador de pelo.

8 Mezcle unas cuantas gotas de azul 12 en pintura primaria amarilla diluida en un plato y a continuación añada unas cuantas gotas de violeta. Compruebe el color probándolo en un trozo de calicó. A continuación añada la impresión de hierba en el fondo y los árboles en la parte superior del diseño, asegurándose de que retiene las zonas claras y oscuras. El calicó se puede mojar en cualquier momento para conseguir un efecto más suave y puede añadir más amarillo o azul para variar los tonos.

Área de diseño

17,5 x 12, 5 cm

Materiales

50 cm de calicó

Pinturas para tejido (ver la lista de códigos de pinturas y puntos del diagrama)

50 cm de tejido de algodón blanco fino

Hilos de bordar (ver lista de códigos del diagrama)

Equipamiento

Tijeras de costurero

Papel de calcar y bolígrafo

Marco de bordar

Tres platos para mezclar pinturas

Pinceles para pintar

Agujas crewel tamaño 3 o 9

Cartón rígido para estirar el bordado

Hilo fuerte para enlazar

Tabla para montar el bordado y marco a su elección

Colores para seda de Pebeo

Seta

① 13

② 01

③ 01, 10, 12, 13

Divida su paño en las diferentes zonas pintadas

BORDADO SUPERFICIAL

Haga pruebas en calicó cuadrado

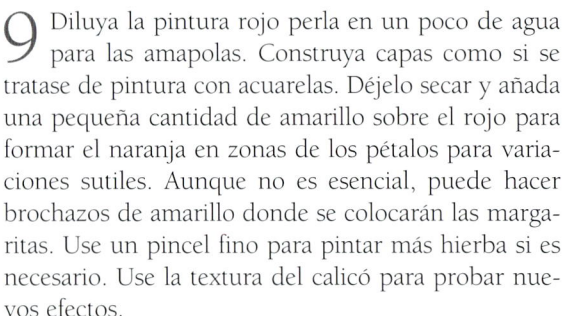

Pinte el fondo y continúe con los detalles

9 Diluya la pintura rojo perla en un poco de agua para las amapolas. Construya capas como si se tratase de pintura con acuarelas. Déjelo secar y añada una pequeña cantidad de amarillo sobre el rojo para formar el naranja en zonas de los pétalos para variaciones sutiles. Aunque no es esencial, puede hacer brochazos de amarillo donde se colocarán las margaritas. Use un pincel fino para pintar más hierba si es necesario. Use la textura del calicó para probar nuevos efectos.

10 Dé por acabado el fondo cuando le parezca y proceda a fijar los tintes. Para hacer esto planche el reverso del calicó durante un par de minutos, asegurándose de seguir las instrucciones del fabricante.

11 Si necesita ponerle un fondo al calicó, sáquelo del marco e hilvane el tejido de algodón blanco en su lugar (ver página 17). Estire los dos tejidos en el marco y siga con el bordado.

12 Siguiendo el diagrama de la página opuesta, use una hebra de hilo rojo 854 y haga pequeños puntos lineales alrededor de los bordes de la amapola para crear el contorno de las figuras pintadas. Añada los centros de las amapolas, con unos cuantos puntos rectos en una hebra de hilo verde 1058. Finalmente haga los estambres alrededor de cada centro con puntos rectos y nudos franceses usando hilo metálico 5287.

13 Borde la hierba que está debajo de las margaritas en punto mosca, usando una hebra de verde 988 o 1058 y varíe el tamaño y el ángulo de los puntos para añadir realismo al diseño del paisaje.

14 Haga las margaritas con puntos rectos usando dos hebras de amarillo 3821 para los centros y dos hebras de color blanco para los pétalos.

15 Usando una hebra de algodón verde 988 haga las pequeñas hojas usando punto de raspa. Estos puntos se pueden trabajar tan juntos o tan abiertos como prefiera.

16 Puede adaptar este diseño fácilmente tomando sus propias decisiones sobre qué colores e hilos quiere usar en cada lugar. Como norma general, use tonos más claros en un fondo oscuro y tonos más oscuros en un fondo claro. La mezcla exacta de hilos mates, brillantes o metálicos puede ser impactante en el efecto del paño una vez acabado.

17 Haga punto stem con dos hebras de hilo de algodón verde 988 para los tallos de las margaritas y añada las hierbas altas de la derecha con puntos mosca en una hebra del hilo de algodón amarillo 165.

18 Para formar los tallos del pasto para vacas, haga pequeños puntos correderos usando una hebra de hilo de algodón amarillo 165. Entonces

PAÑO DE AMAPOLAS

CÓDIGOS DEL PAÑO DE AMAPOLA

- Punto stab en hilo de algodón DMC 165
- Punto recto en hilo de algodón blanco DMC
- Punto recto en hilo Anchor 1058
- Punto recto hilo de algodón DMC 3821
- Punto corredero pequeño en hilo de algodón DMC 165
- Punto corredero pequeño en hilo de algodón DMC 988
- Punto mosca en hilo de algodón DMC 165
- Punto mosca en hilo de algodón DMC 988
- Punto mosca en Anchor 1058
- Nudo francés en hilo de algodón blanco DMC
- Nudo francés en hilo metálico DMC 5287
- Punto de raspa en hilo de algodón DMC 988
- Punto corredero en hilo de algodón DMC 165
- Punto lineal en hilo Anchor 854
- Punto stem en hilo de algodón DMC 988
- Pebeo Setacolour perla en 46 y Setasilk en 01V

Nota: necesitará una madeja de cada color

haga pequeños puntos con dos hebras del mismo color para hacer las semillas. También puede usar cuentas para representar las semillas y los centros de las flores. Finalmente, añada nudos franceses en dos hebras de color blanco para las margaritas que estén más a lo lejos.

19 Asegúrese de que ha acabado el diseño antes de sacarlo del marco. Podría seguir el diagrama de forma explícita o alterarlo ligeramente. El objetivo principal es crear una composición que sea bonita a la vista, por lo que construya las zonas de hierbas y flores para que mantengan un equilibrio, usando los espacios pero no sobrecargando la superficie.

20 Cuando esté satisfecho con el resultado final, saque el bordado del marco. Si es necesario plánchelo con una plancha templada por el reverso. Estire el bordado sobre un trozo de cartón rígido cortado a la medida de la apertura del marco que haya escogido y enlácelo por el reverso. Enmarque el bordado.

Bordado a máquina

La introducción de máquinas capaces de bordar es relativamente reciente. La primera fue inventada por Josue Heilmann en 1828 y la patente fue adquirida por Henry Houldsworth, quien se convirtió en el principal productor en Gran Bretaña. Otras máquinas industriales se desarrollaron en Suiza en la década de 1840 y, aunque el bordado era criticado por sus motivos repetitivos, con tejido y trabajo de buena calidad, se hizo popular. En 1865, se inventa la máquina Schiffli que hace que la labor en blanco bordada a mano decaiga. La palabra Schiffli es un préstamo del alemán para decir lanzadera. El trabajo estaba totalmente automatizado y se estaban creando muchos efectos diferentes.

Hacia 1900, en Francia se fabricó la Cornely y más tarde fue seguida por la máquina irlandesa de Singer. Las dos ofrecían innovadores y anchos puntos de zigzag y su uso es muy común desde entonces.

Estas máquinas industriales se usaban principalmente para hacer adornos para prendas de vestir, aunque durante la Primera Guerra Mundial una seria depresión económica afectó a la industria suiza. El organdí de algodón se introdujo sobre 1913 y los suizos empezaron a bordar postales ahí. Los diseños eran simples, con flores o las banderas aliadas, y algunas tenían bolsillos con una solapa para introducir mensajes. Eran enviadas por las tropas a sus familias y muchas todavía conservan estos recuerdos.

Innovación y escepticismo

El bordado a mano se había estancado después de la guerra y estaba más preocupado por la perfección técnica de los bordados patrones basados mayoritariamente en diseños históricos, que en ideas innovadoras o buenos diseños. Sin embargo, había una tendencia creativa a expresar la modernidad en las artes finas decorativas y la arquitectura durante la década de los 20. El bordado también fue afectado por la nueva importancia que se le dio al diseño contemporáneo y la necesidad de encontrar nuevas formas de expresión. Fue en este tiempo cuando la idea de usar máquinas para el bordado creativo se desarrolló entre unos cuantos bordadores a mano. Era la era de las máquinas: las máquinas fueron celebradas en las pinturas de los futuristas y en el arte gráfico, ya que no parecía que hubiese un modo más apropiado de expresar las ideas en el bordado que usando la máquina de coser. Sin embargo, el bordado a máquina continuó estando asociado a los productos comerciales y su uso se veía como una amenaza al bordado a mano tradicional, y siguió siendo una técnica muy controvertida durante muchos años.

A principios de siglo, la compañía de máquinas de coser Singer anunció sus máquinas reproduciendo pinturas en bordado a máquina y a través de abanicos decorativos y prendas de vestir hechas por sus empleados más habilidosos del departamento de bordado. Publicaron un manual en 1911 y dieron clases a aficionados que tenían ganas de aprender las posibilidades decorativas de la máquina. Éstas funcionaban mediante un pedal y hacían punto recto, pero con la práctica se podían conseguir buenos resultados y efectos. En un principio, se imitaban algunas técnicas del bordado a mano pero gradualmente se probaron efectos más arriesgados.

Una de las primeras en destacar por su uso y en promover el bordado a máquina fue Dorothy Benson, que fue a trabajar al departamento de bordado de Singer a la edad de 14 años en 1916 y permaneció allí hasta que se jubiló en 1962. Más tarde trabajó en el departamento de formación donde se entrenaba a profesores en el uso de la máquina doméstica, que podía imitar 47 puntos y métodos de bordado y 41 variedades de encajes hechos a mano sin uso de complementos especiales. Produjo muchas labores diseñadas por otros, en organdí o voile, que muestran el delicado punteado lineal. También introdujo a Rebecca Crompton en el uso de la máquina y a veces trabajaba con ella, demostrando el potencial de la máquina en sus lecciones.

Izquierda: cubierta para tetera diseñada por Rebecca Crompton, posiblemente trabajada por Dorothy Benson, 1938. Bordado a máquina en hilo negro, rosa y verde sobre seda blanca en un diseño de un caballo y flores

Página opuesta: Detalle en diagonal, por Jan Beaney, 1997. Inspirado en los paisajes de Creta, trabajado sobre tejido soluble con puntos a mano

Arriba: **Madonna and Child** (*Virgen y niño*), *por Peggy Thomas, 1952. Bordado a máquina en hilos de seda negra y verde sobre seda artificial*

Abajo: **The Adoration of Magi** (*La adoración de Magi*), *por Susan Riley, 1961. Fondo dorado, gasa aplicada y nailon con bordado a máquina en algodón e hilos de lana y cordón dorado*

Había un considerable rechazo hacia el bordado a máquina ya que era visto como una amenaza al bordado a mano. Más tarde, en la década de los 40 y principios de los 50, las dos mujeres publicaron libros sobre bordado a máquina animando a los aficionados a considerarlo como una técnica adicional válida que podría realizar su labor y se podría usar en conjunción con las técnicas de bordado a mano.

Crecimiento del entusiasmo

Uno de los proyectos llevados a cabo por el Needlework Development Scheme (Grupo de desarrollo de la tapicería) a finales de la década de los 40 era estudiar modos en los que los diseños dibujados se pudiesen interpretar en bordados con más éxito. Se descubrió que las interpretaciones a máquina mantenían mejor el espíritu y el detalle del diseño. La flexibilidad y la velocidad de la máquina en manos de un bordador experimentado podían capturar la línea espontánea de los dibujos. En 1950 se incluyeron en la exhibición de arte de Gran Bretaña. Una publicación titulada *Experiment in Embroidery Design* (Experimentos en diseños de bordados) incluía fotografías de ambos diseños y de las labores acabadas. Durante la década de los 50 hubo un interés creciente en el uso del bordado a máquina, tanto por sí mismo como combinado con el bordado a mano.

El bordado libre a máquina ofrece la mejor oportunidad para labores creativas. El trabajo estirado y cortado se puede trabajar sobre organdí, con bastante tensión abajo y más flojo arriba. Los hilos enlazados se pueden ver a través del tejido transparente como la labor sombreada. La práctica es esencial para controlar la máquina, que crea una línea más continua que un bolígrafo. Sin embargo, el punto recto puede ser efectivo como herramienta para dibujar y se produjeron muchos diseños lindares fluidos. La mayoría de éstos eran paños decorativos más que piezas del mobiliario, ya que el gusto del diseño de interiores había cambiado a un aspecto de influencia escandinava más ordenado y perfilado que se deshacía de tejidos innecesarios.

Durante los años 60 y 70, bordadores como Joy Clucas produjeron libros sobre técnica y diseño que crearon un amplio interés. Entre los más influyentes se encontraban Christine Risley, que enseñó en el colegio Goldsmith, Londres, donde se estaban realizando labores muy innovadoras. El número creciente de publicaciones, junto con la introducción de la máquina de coser doméstica, aumentó la popularidad de la técnica. La aguja oscilatoria le dio mayor potencial al bordado a máquina y redujo el énfasis en la línea. El punto de raso se podía trabajar más rápido, la anchura del punto se podía variar fácilmente para formar bloques de color sólido o efectos de púas si se cosía en ángulos y los hilos emboscados y los cordones se convirtieron en otra posibilidad. A medida que el bordado a máquina se hizo más popular, hubo disponibles mayor variedad de hilos, incluyendo hilos sintéticos. La introducción del tejido disoluble le dio más popularidad. El bordado a máquina sobre un tejido que se disuelve para formar un nuevo tejido requiere un punto corredero de máquina para sujetarlo, pero también se pueden introducir zonas de zigzag para variar la textura. De este modo, los efectos en forma de lazo, delicados, eran conseguidos por artistas como Robin Giddings, a finales de los años 70. La muselina desvaneciente ha sido reemplazada por tejidos solubles en agua caliente y fría sin dejar residuos, mientras que más recientemente el termoplástico se cose a máquina y se usa para crear formas tridimensionales.

Fascinación con las superficies

Durante la década de los 80, al aumentar el interés por las superficies, los bordadores siguieron experimentando. El punto envuelto a máquina o superficies trabajadas en zigzag a máquina de forma aleatoria crean un fondo con textura rápidamente, y variando la tensión entre los hilos superiores e inferiores y mezclando diferentes hilos se puede conseguir una textura rica y efectos sutiles. También se pueden trabajar las formas de modo tan pesado que adquieran efectos casi tridimensionales. Artistas como Alice Kettle trabajan libre e intuitivamente, sin el tejido estirado en un marco o sin estar siempre delimitadas por un formato geométrico. Esto permite que el ritmo del punto creado moviendo el tejido hacia delante y hacia detrás debajo de la aguja pueda distorsionar el tejido. Sus figuras a tamaño real no están delimitadas, sino construidas de forma directa en secciones. Esta absorción con las superficies provocó la introducción de otros materiales, más notablemente el fieltro y el papel, que son fáciles de controlar en combinación con el bordado a máquina. Eran populares los cursos de labores con papel y una gran variedad de papeles hechos a mano estaban disponibles, desde finos tisús clavados con pétalos de flores para darle grosor, a papel reciclado más pesado. Los bordadores se empezaron a preocupar con las texturas de las superficies de la naturaleza, como el lino o las rocas cubiertas de musgo, u objetos artificiales como la pintura escamada de una puerta vieja pelándose, o el metal rústico. Cuando una pieza trabajada en lino desvaneciente está completa, se plancha, haciendo que la muselina se desintegre. Como los fragmentos de la muselina se pegan a los puntos hechos a máquina, la textura de la superficie aumenta y los bordadores aprovecharon esta propiedad para crear superficies más realzadas.

Los avances tecnológicos continúan y hoy en día los artistas textiles y los estudiantes usan diseños computerizados, exploran el potencial de máquinas programadas electrónicamente para producir puntos particulares y se pueden combinar con las imágenes impresas digitalmente. Los mejores resultados, igual que con el resto de las técnicas, siguen siendo el perfecto equilibrio entre buena técnica y buenos diseños.

Debajo: Little Egret's Song *(La canción de las pequeñas garzas), por Linda Miller, 2000. Bordado a máquina trabajado de forma densa en una variedad de hilos*

Imagen inferior: Life Cycle *(Ciclo de vida), detalle, por Alison King, 2000. En este tríptico inspirado en las piedras que están de pie, papel hecho a mano y fieltro se combinan con punto de máquina y pintura acrílica*

Puntos y técnicas de bordado a máquina

La gente a menudo piensa que el bordado a máquina consiste solamente en usar patrones automáticos o que necesita una máquina cara computerizada. Ninguna de las dos cosas es verdad y todas las máquinas de coser eléctricas, cualquiera que sea la marca y la edad, producirá bonitos bordados a mano. Con un poco de práctica, se sorprenderá con los diferentes efectos que puede conseguir con su propia máquina.

Consejos

- *Compruebe que la máquina está enhebrada correctamente y la bobina está en su lugar, enrollada suavemente.*
- *Asegúrese de que el tejido está estirado en el bastidor.*
- *Coloque una aguja nueva.*
- *Si el hilo superior se rompe, reduzca la tensión ligeramente y compruebe que la aguja sea lo suficientemente grande para que el hilo no se deshilache.*
- *Si la aguja se rompe compruebe que estuviese insertada lo más arriba posible, y que el bastidor no dobló la aguja.*
- *Haga que la máquina funcione a una velocidad constante.*
- *Mueva el bastidor suavemente sin dar tirones o sin parar y empezar constantemente.*

La máquina

Tenga siempre su máquina en una habitación templada y asegúrese de que está limpia y engrasada, tomando como referencia el manual de instrucciones. Después de engrasarla, borde sobre un trozo de tela para evitar que queden restos de aceite que le puedan estropear la labor. Asegúrese también de que le hace un mantenimiento de forma regular.

Si tiene suerte de poder escoger una máquina nueva, le daremos unos consejos para que tenga en cuenta si quiere bordar a máquina. Considere una máquina con punto recto y en zigzag. Este tipo de máquina se suele llamar máquina de aguja oscilante. También debería poder ajustar la tensión de la bobina. Fíjese en los patrones ya preparados, porque algunos son realmente inútiles. Finalmente, puede que quiera investigar diseños de patrones computerizados. Esto no es realmente necesario pero puede que le sea útil para hacer letras o diseños de motivos preparados.

Bobinas

Aunque algunas bobinas le vendrán con la máquina, necesitará algunas más. Para almacenar las bobinas sería bueno que se hiciese con una caja especial que venden en la mayoría de las mercerías.

Nunca esté tentado en envolver un hilo sobre otro y enrolle siempre una bobina vacía para cada nuevo color.

Agujas

A diferencia de las agujas de bordado a mano, las agujas de bordar a máquina se despuntan muy rápidamente y pueden hacer que la máquina se salte puntos. Coloque una aguja nueva cada cinco horas de bordado aproximadamente y saque las viejas con cuidado. Tenga una reserva de agujas de tamaño 90, 100 y 110 (a veces vendidas como agujas para tejanos), así como agujas dobles y agujas especiales de ojo largo para hilos metálicos.

Pies

Asegúrese de comprobar si tiene un pie de zurcir para su máquina. Algunos modelos van con uno estándar pero puede adquirir uno directamente donde la haya comprado. Hay una gran variedad de pies disponibles para producir efectos especiales para la mayoría de las máquinas.

Hilos

Hay una gran variedad de bonitos hilos de bordar para máquina que pueden transformar su labor literalmente. La mayoría son hilos de rayón, que dan un efecto brillante, pero también los hay sombreados, jaspeados y metálicos.

Tejidos

Hay una gran variedad de tejidos no demasiado ligeros, como el calicó de medio peso o el algodón, que es ideal para sus primeras labores a máquina. A medida que gane confianza puede explorar y experimentar con el resto de tejidos disponibles.

Marcos

Necesitará un bastidor para mantener el tejido tenso mientras borde. Use uno estrecho que quepa debajo de la aguja o un aro de muelle metálico fabricado específicamente para bordar a máquina.

Técnicas básicas

Un buen conocimiento de su máquina es la clave del éxito, por lo que léase el manual si no está seguro de alguna característica. Empiece a bordar haciendo efectos que puede crear usando la máquina de forma normal, que es con el pie de presión de un modo normal y los alimentadores subidos. En esta situación no necesita usar un bastidor. Hilvane la máquina, llevando el hilo de la bobina a la superficie del tejido como es habitual. Con la máquina configurada de este modo, está restringido tan solo a líneas de puntos rectas o ligeramente curvadas, pero puede conseguir una gran variedad de efectos atractivos.

Aunque se recomienda el algodón o el calicó para practicar, pruebe también en otros tipos de tejido. En terciopelo por ejemplo, los puntos se hunden en el tejido, mientras que un efecto totalmente opuesto se conseguirá bordando sobre un tejido de tramado abierto. Antes de empezar a bordar asegúrese de que está familiarizado con el controlador de longitud del hilo y cómo se maneja en su máquina.

PUNTOS Y TÉCNICAS DE BORDADO A MÁQUINA

Punto recto
Haga líneas de punto recto, cambiando la longitud del punto de muy cortos a la longitud máxima.

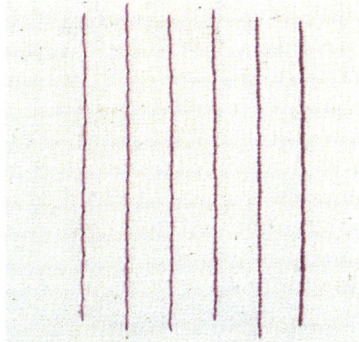

Para variar el efecto de líneas rectas, haga líneas agrupadas, cambiando la longitud del punto en algunas zonas y el hilo superior para dar diferentes bloques de color.

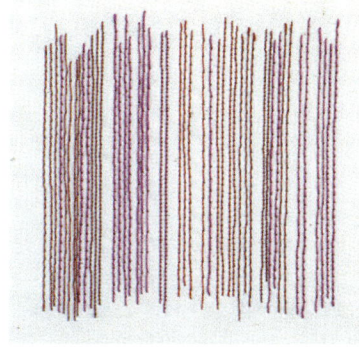

Usando hilos más gruesos
Cambie la aguja a una de tamaño 110 y reduzca la tensión de arriba un poco. Entonces hilvane la máquina con un hilo grueso, como por ejemplo lana fina, rayón sin liar o incluso hilo metálico de tres cordones. Borde lentamente.

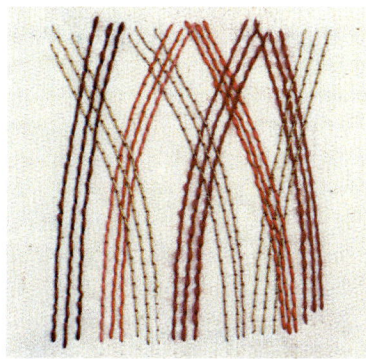

Punto zigzag
Escoja una aguja de tamaño 90 y seleccione la función de zigzag en su máquina. Empiece a bordar varias líneas, cambiando la anchura del punto desde la anchura mínima hasta la máxima mientras borda. Repita, esta vez cambiando la longitud de los puntos. En una gran cantidad de máquinas de coser también puede cambiar la posición de la aguja, lo que le dará un efecto diferente a su bordado.

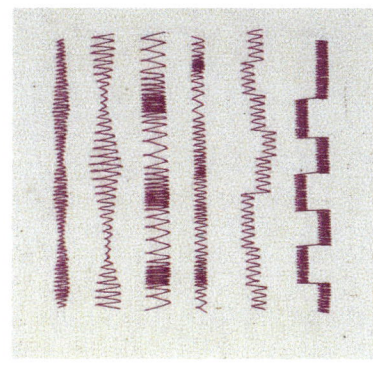

Usando patrones automáticos
La mayoría de las máquinas de bordar tienen una gran variedad de puntos programados, así como una selección de patrones decorativos. Intente formar patrones atractivos en el tejido colocando cintas de organza sobre el calicó antes de empezar a bordar por ejemplo. Realice algunos de los patrones, primero como líneas simples y después añadiendo un patrón sobre otro. Cambie la anchura o la longitud del punto para uno de los patrones o también puede que quiera cambiar el color para el segundo patrón.

Efectos con una aguja doble
Todas las agujas admiten agujas dobles y es muy divertido bordar con ellas. Lea en su manual cómo hilvanar y ajustar la aguja para conseguir cada efecto. Trate de bordar una parrilla con líneas dejando espacios pequeños de malla metálica.

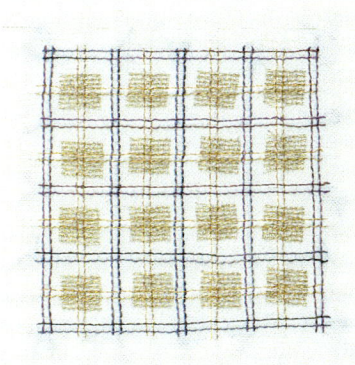

Usando el pie para trenzar
El pie para trenzar tiene un agujero a través del cual puede enhebrar una cinta o hilos más gruesos. Esto le permitirá emboscarlos a su elección usando punto recto o un punto en zigzag estrecho.

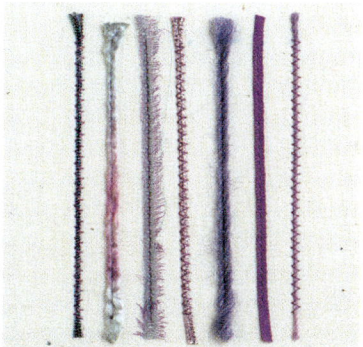

Líneas rectas para líneas hilvanadas de sastre
Un pie de hilvanar de sastre se suele usar para hacer las marcas de líneas hilvanadas en costura, pero se puede usar también para bordar. Afloje la tensión de la parte superior un poco y seleccione una longitud de punto corta. Haga líneas rectas de puntos. Entonces, si corta los lazos del hilo obtendrá un efecto de espiga, pero tendrá que pasarle un poco de adhesivo

219

BORDADO SUPERFICIAL

en el reverso para evitar que se desenmarañe.

Pruebe a usar hilo de rayón, entonces cambie por hilo metálico para añadirle otro efecto. También puede hilvanar la máquina con dos hilos en la parte superior pasando dos hilos a través de las guías y la aguja.

Bordado libre a máquina

Con un pie de zurcir y los alimentadores bajados su máquina será más versátil. Con la máquina configurada de este modo podrá bordar en cualquier dirección y siguiendo cualquier patrón.

Antes de empezar a bordar estire el tejido en un bastidor y enhebre su máquina como es normal.

Saque el pie de presionar y cámbielo por un pie de zurcir. Entonces baje y cubra los alimentadores. Si tiene alguna duda asegúrese de comprobar cómo se hace en el manual de instrucciones.

Configure la máquina para punto recto, con la longitud y la anchura del punto configuradas en 0. Coloque el marco debajo de la aguja, con el tejido tocando la base de la máquina, y baje el pie de presionar. Lleve el hilo de la bobina a la superficie girando la rueda hacia usted, de manera que la aguja baje hacia el tejido y vuelva a su posición más alta. A medida que la aguja baje, el hilo inferior es llevado a la superficie.

A continuación haga funcionar la máquina a máxima velocidad, asegurándose de que mueve el marco lentamente. Le llevará un tiempo acostumbrarse al hecho de que está controlando cómo y dónde borda, pero muy pronto se dará cuenta de lo divertido que es.

Punto corredero libre

Con la máquina configurada de esta manera mueva el bastidor hacia usted y luego lejos de usted haciendo líneas cortas de puntos correderos. Pruebe a mover el marco suavemente, haciendo los puntos bastante pequeños. Con un poco más de confianza pruebe a hacer un patrón de curvas.

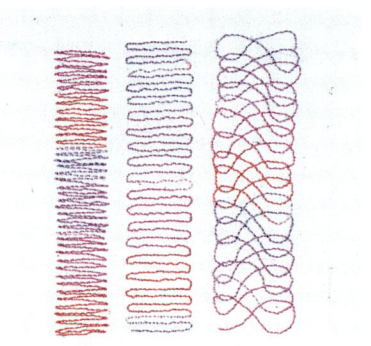

Punto zigzag libre

Configure la máquina en función zigzag con una anchura de punto entre media y alta. Entonces, mueva el bastidor hacia usted y lejos de usted, solapando los puntos. Moviendo el marco lentamente, hará un grupo concentrado de punto de raso. Trabajar en curvas forma un patrón muy diferente. Pruebe a mover el bastidor lentamente de lado a lado para crear el efecto de hierba o agua.

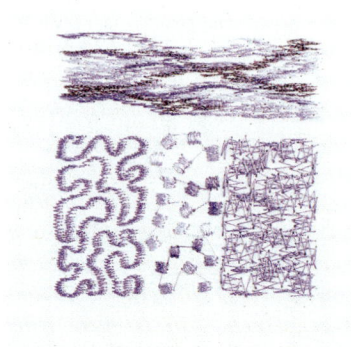

Punto Vermicelli

El punto Vermicelli es un patrón serpenteante de punto corredero libre donde las líneas no se cruzan entre ellas. Para hacer este punto primero configure la máquina para punto recto y la anchura de punto a 0. Entonces usando una red fusible de enlace haga pequeños cuadros de organza en un tejido de calicó. Practique puntos Vermicelli alrededor de las formas del cuadrado y cubra el fondo. Use un hilo sombreado o jaspeado para obtener un aspecto incluso más efectivo.

Punto envuelto

Este particular punto es una línea de punto corredero libre más pesado y con más textura. El punto envuelto se consigue alterando la tensión que lleva lazos desde la bobina inferior hasta la superficie, cubriendo completamente el hilo superior. Enhebre la máquina con un hilo de color diferente en la bobina y empiece a bordar moviendo el marco incluso más lentamente y haciendo que la máquina funcione a una velocidad superior.

Aumentando gradualmente la tensión de su máquina, el color del hilo en la bobina inferior saldrá eventualmente a la superficie. En la mayoría de las máquinas de coser, este método es suficiente para conseguir un punto envuelto. Sin embargo, si ve que esto no da como resultado una línea completa del color de la bobina inferior, puede que sea necesario aflojar la tensión de la bobina inferior.

PUNTOS Y TÉCNICAS DE BORDADO A MÁQUINA

Punto de cable (recto)
Líe un hilo más grueso como algodón perlé nº 5, lana fina o hilo crochet en la bobina a mano. Enhebre la máquina con un hilo normal arriba. Recuerde que su labor está bocabajo, por lo que la parte de abajo del tejido muestra el bordado. Haga una fila de puntos para que el hilo más grueso quede emboscado en el tejido quedando por debajo.
Afloje la tensión de la bobina un poco y pruebe con otra línea de puntos. Empezarán a aparecer pequeñas coladuras y cuanto más floja sea la tensión más aparecerán. No afloje demasiado el tornillo o se puede salir. Para un efecto con más textura es posible desviar la tensión de la bobina pero recuerde bordar muy lentamente y parar si la máquina parece que protesta.

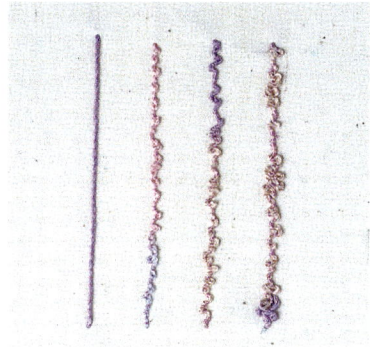

Punto de cable (curvado)
Se pueden hacer patrones encantadores con el punto de cable variando simplemente la tensión inferior y combinándolo con punto envuelto y punto corredero libre. Primero haga el punto de cable. Entonces saque el tejido del bastidor y gírelo. Vuelva a estirarlo en el bastidor y añada las líneas de puntos en curvas.

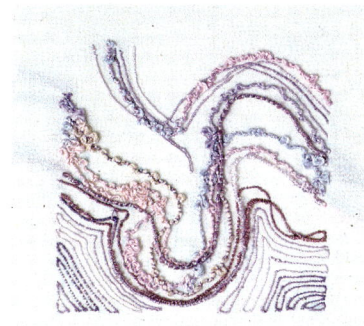

Hilos emboscados
Primero configure la máquina para punto corredero libre con tensión normal en el carrete y la bobina. Coloque un hilo grueso en la superficie del tejido y aguántelo en su lugar por detrás y por delante de la máquina. A continuación, baje la aguja en medio del hilo y borde a lo largo del hilo. Cambie a una configuración de zigzag, con un punto de anchura media o alta y embosque el hilo en el tejido, yendo los puntos por encima del hilo.

Cintas emboscadas
Las cintas estrechas y las trencillas están disponibles en una gran variedad de colores. Para emboscarlas en el tejido use puntos correderos libres. Para conseguir mayor adorno, trate de utilizar una malla metálica, papel pintado y organza colocada en el calicó con cintas doradas formando un patrón de parrilla.

Tejidos disolubles
Hay un gran número de tejidos disolubles (ver página 23), pero el más popular puede que sea el de agua fría, que parece plástico fino. Una vez que el tejido está disuelto, el bordado que queda parece una red de puntos entrelazados.
Coloque el tejido disoluble en el bastidor, enhebre la máquina y configúrela para punto corredero libre. Recuerde mientras borda el conectar cada línea de puntos con otra. De no ser así, cuando el tejido se disuelva, el bordado también se deshará. Una parrilla cuadrada puede ser un punto de inicio perfecto, rellenando alguno de los espacios con pequeños círculos que se solapen.
Cuando el bordado esté acabado, sáquelo del bastidor y corte el tejido disoluble justo por fuera del bordado. A continuación, coloque el tejido en un cuenco llano de agua tibia y déjelo durante unos 10 minutos para que el tejido se disuelva. Sáquelo, aclárelo en agua y colóquelo en papel de cocina para que se seque.

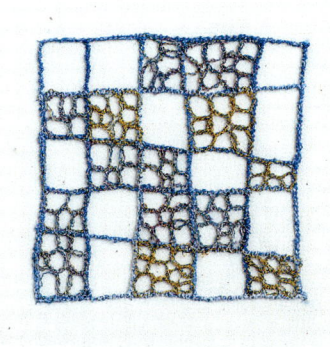

> **Alterando la tensión de la bobina**
>
> *Coloque el tornillo de control de tensión en la caja de la bobina, y haga una nota del ángulo de la muesca en la cabeza del tornillo, de forma que siempre pueda devolver la tensión a su punto inicial. Para aumentar la tensión, gire el tornillo en el sentido de las agujas del reloj y para aflojarla, al contrario.*

221

BORDADO SUPERFICIAL

Cojín de terciopelo

Este rico y lujoso cojín, que usa terciopelo y patrones automáticos bordados de forma muy atractiva, encaja perfectamente para un aprendiz en el bordado a máquina. Por supuesto que puede elegir el color del esquema para complementar su propia decoración. El terciopelo no es difícil de usar de este modo y puede que tenga retales que le sobren de haber hecho cortinas por ejemplo. La adición de sus propias trenzas hechas a máquina añade un toque de originalidad. Diseño de Pamela Watts

Área de diseño
28 cm cuadrados

Materiales
Terciopelo en dos o tres tonos de rojo para hacer cuadrados de 16 x 7 cm

40 cm cuadrados de calicó

Hilo de bordar a máquina en colores que estén acordes con el diseño y metálicos

Hilo de bordar más grueso en colores que estén acordes con el diseño, como algodón perlé, lanas y metálicos

30 cm cuadrados de relleno de almohadón

Equipamiento
7 cm cuadrados de cartulina

Lápiz o bolígrafo para marcar el tejido

Tijeras de costurero.

Alfileres

Aguja e hilo para rematar

1 Coloque la cartulina en el revés de las pequeñas piezas de terciopelo y dibuje alrededor de la forma con un lápiz o un bolígrafo para marcar el tejido. Saque la cartulina y corte el tejido en la forma dibujada. Haga un total de 16 cuadrados, usando terciopelo de diferentes colores. Tenga en cuenta que la dirección del pelo alterará el color, por lo que, con solo dos o tres terciopelos, puede conseguir una gran variedad de colores. Coloque los cuadrados en una parrilla de 4 x 4 sobre el tejido de fondo de calicó con los bordes tocándose y fíjelos temporalmente con un alfiler.

2 Enhebre la máquina con un color que vaya acorde al diseño y entonces borde usando punto recto alrededor de cada cuadrado de terciopelo, tan cerca del borde como sea posible. Entonces, practique algunas

Haga dos líneas horizontales y dos verticales de un lado al otro de cada cuadrado de terciopelo.

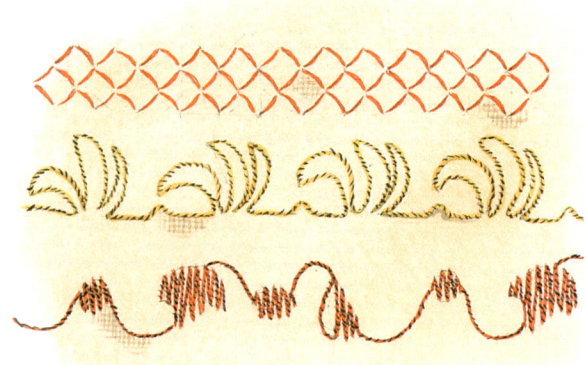

Practique diferentes diseños automáticos antes de realizar el suyo propio

de las utilidades y los patrones automáticos de su máquina en un trozo suelto de calicó.

3 Habiendo seleccionado sus patrones, haga una línea vertical curvada sobre cuatro piezas de terciopelo. Repita tres líneas verticales más en el resto de piezas.

4 Escoja otro patrón y con otro color de hilo borde las mismas piezas de terciopelo en líneas verticales, variando el patrón de las curvas. Entonces, cambiando el patrón y el color del hilo de nuevo, haga líneas curvas similares en horizontal.

Seleccione el patrón de triple zigzag en su máquina para realizar las trencillas

5 Para hacer trencillas decorativas, debería seleccionar en primer lugar la utilidad de triple zigzag en su máquina y enhebrar la máquina con un hilo acorde al resto del diseño.

6 A continuación haga una selección de hilos de bordar más gruesos que estén en armonía con los terciopelos. Coloque cuatro o cinco hilos, dependiendo de su grosor, de lado a lado de la base de la máquina.

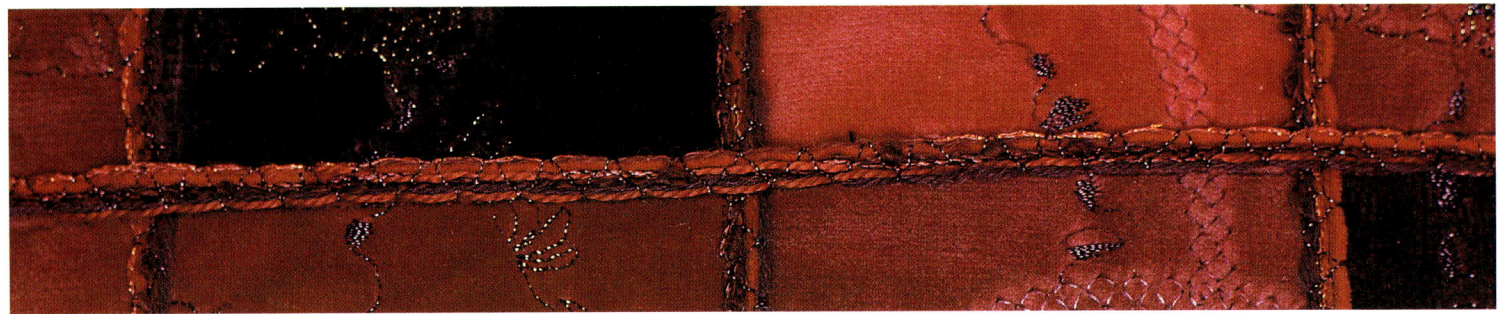

Entonces, aguantándolos firmemente por detrás y por delante de la máquina, borde con el programa de triple zigzag para fijarlos formando una trencilla.

Borde, haciendo zigzag, los hilos de bordar más gruesos para fijarlos formando una trencilla

Haga unas diez trencillas de unos 30 cm de longitud. En la práctica encontrará mucho más conveniente hacer trencillas más largas y luego cortarlas al tamaño apropiado una vez el bordado esté completo.

7 Coloque una de las trencillas sobre los bordes del terciopelo, entre dos líneas de cuadrados. Entonces borde el centro de la trencilla usando punto recto. Aplique una longitud de trencilla a lo largo de las líneas interiores del patrón de parrilla y entonces borde largadas adicionales alrededor de los cuatro bordes exteriores del diseño. La parte frontal del cojín ya está completa.

8 Para rematar el cojín, necesitará hacer primero dos largos de trencilla como se describió anteriormente, midiendo cada una 1,25 metros de longitud para los bordes. Entonces, hilvane o coloque alfileres a una de las trencillas de la parte frontal de la funda del cojín, colocándolo borde con borde con la trencilla que ya está ahí. Bórdelos con punto zigzag, girando los bordes de la trencilla hacia abajo y júntelos bien.

9 Mida las dimensiones de la parte frontal de la funda del cojín y transfiéralas al cuadrado de terciopelo que se usará para la parte trasera de la funda. A continuación hilvane o ponga alfileres la segunda trencilla en su posición a lo largo del borde interior del contorno. Fíjela en su lugar con puntadas a máquina, doblando los bordes de la trencilla hacia debajo para que queden bien al unirlos.

10 Gire el margen para la costura hacia debajo en la parte frontal y trasera a mano, cosiendo las trencillas de cada pieza. Deje una apertura en un lado e inserte el relleno. Finalmente cosa la apertura para cerrar el cojín.

11 Cuando necesite limpiar el cojín en seco, descosa un trozo para sacar el relleno. Una vez seco, vuelva a colocar el relleno y cosa el cojín para cerrarlo.

Bolso de noche

Este maravilloso bolso pequeño de tarde nos muestra la técnica excitante de bordar sobre tejido disoluble. El contorno de este delicado bordado con fondo de seda negra está realizado con cuentas para aportar un aire de elegancia sofisticada. Será un accesorio perfecto para cualquier traje de noche, por lo tanto escoja un esquema de colores que conjunte con su vestido de noche favorito. Diseño de Pamela Watts

1. Haga su selección de organzas, hilos, trencillas y cintas en tonos complementarios. Puede escoger tonos que sean bastante brillantes para el tejido y los hilos ya que el color tiende a volverse menos intenso. Una mezcla de rosas brillantes y suaves, violetas y turquesas, con plata se usaron para el bolso motrado aquí. Si duda sobre su elección de colores, haga primero una muestra.

2. Doble la pieza de tejido disoluble por la mitad, sin cortarlo, para hacer un cuadrado de 20 x 20 cm.

3. Calque el diseño para el bolso del diagrama de la página 227, incluyendo las líneas verticales. Corte alrededor del contorno para hacer un patrón de papel. Coloque el patrón debajo de una lado del tejido disoluble y calque todas las líneas.

4. Corte pequeños trozos de tejido de organza en diferentes colores y colóquelos entre las dos capas de tejido disoluble, dentro de las tres bandas del patrón. Entonces coloque los tejidos en un bastidor.

5. Prepare la máquina para punto recto libre, cambiando el pie de presión por un pie de zurcir y bajando los alimentadores. Entonces enhebre el carrete y la bobina de la máquina con uno de los colores que ha escogido entre sus hilos de bordar a máquina.

6. Trabaje zonas de punto corredero libre en un patrón aleatorio de círculos y curvas, conectando y solapando cada línea con otra dentro de cada una de las tres bandas. Asegúrese de que borda un poco más densamente alrededor de los bordes del bolso para que mantenga la forma. Cambie el color del hilo en el carrete superior a intervalos regulares e integre una zona de color en la siguiente zona. Es muy recomendable mantener el mismo color en la bobina durante toda la labor.

7. Decida si quiere hacer otra pieza de puntilla bordada a máquina para la parte de atrás del bolso. Podría ser una repetición de las tres bandas verticales o también podría hacer una pieza de puntilla que encaje en la forma exacta del bolso, usando el contorno del patrón de la página 227. Necesitará otra pieza de tejido disoluble que mida 40 x 20 cm si decide hacer la segunda pieza de puntilla.

8. Una vez haya sacado la puntilla del bastidor, corte el exceso de tejido disoluble, cerca del bordado. Entonces coloque las piezas de tejido disoluble en un plato llano de agua tibia y déjelo ahí durante unos 10 minutos. Saque las piezas de puntilla y enjuáguelas en agua fría. Deles la forma, comprobándolo contra el patrón y colóquelas en papel de cocina para que se sequen.

9. Coloque el patrón de papel en el tejido de seda negra y calque alrededor de la forma con un lápiz para marcar tejidos o con lápiz blanco. Entonces corte el tejido, asegurándose de que añade un margen de 1 cm alrededor del contorno calcado. Prepare una segunda pieza de seda para usarla también para la parte trasera del bolso.

10. Gire el tejido hacia abajo alrededor de todo el contorno e hilvane el dobladillo por el reverso en los dos trozos de seda. Cuando la puntilla esté seca, cosa cada pieza en su lugar en la seda, de forma que llegue a los bordes del bolso. Si aparecen pequeños agujeros en la puntilla, se pueden coser o juntar fijando la puntilla al fondo de seda.

11. Para hacer las asas del bolso, seleccione ocho longitudes de hilo de bordar grueso, trencilla fina o cinta. Corte cada uno para que mida aproximadamente 60 cm de longitud.

12. Configure la máquina para zig zag libre y enhébrela con uno de los colores que se usaron anteriormente en la puntilla. Entonces empiece a bordar a lo largo de cada hilo, trencilla

Área de diseño

11 x 10,5 cm

Materiales

40 x 20 cm de tejido disoluble en agua fría

Trozos de organza en varios colores

Hilos de bordar a máquina en colores acordes con el diseño y metálicos

30 cm cuadrados de seda negra

Hilos de bordar más gruesos y trencillas finas o cintas en colores acordes con el diseño.

Cuentas de tamaño 10 u 11

Equipamiento

Papel de calcar y lápiz

Tijeras de papel

Bolígrafo para fieltro

Bastidor

Pie de zurcir

Papel de cocina

Lápiz para marcar la tela o lápiz blanco

Hilo de hilvanar

Red fusible con reverso de papel

Pergamino de cocción o papel de silicona no adhesivo

Aguja de bordar tamaño 10 e hilo de coser para rematar

BOLSO DE NOCHE

o cinta, teniendo en cuenta que tendrá que pasar el hilo más grueso por debajo de la aguja.

13 Junte todos los cordones del asa y hágales un nudo, a unos 10 cm de cada borde. Fije los cabos de los cordones dentro de los dobladillos del bolso raspándolos a mano, un grupo de cordones a mano izquierda de la parte frontal del bolso y el otro a mano derecha de la sección posterior del bolso.

14 Coloque el patrón de papel en una pieza de la misma organza usada en el bordado de las puntillas y dibuje alrededor la forma con un lápiz flojo. Entonces, corte la organza, asegurándose de que deja 1 cm de margen alrededor del contorno. Prepare una segunda pieza del mismo modo.

15 Para mayor pulcritud y estabilidad corte dos piezas más de seda negra, esta vez un poco más pequeñas que el patrón de papel y, usando red fusible de reverso de papel, plánchela en el revés de la organza. Proteja el tejido cubriéndolo con un trozo de pergamino o de papel de silicona no adhesivo.

16 Gire el margen para el dobladillo de la organza sobre los bordes de la seda negra e hilvane. Repita con la segunda pieza. Entonces coloque una de las dos piezas en el revés de la parte frontal del bolso, colocando los cabos de los cordones en medio. Cosa. Del mismo modo, una la segunda pieza a la parte trasera del bolso y saque los puntos que hizo para hilvanar.

17 Hilvane la parte frontal y trasera del bolso, alineando los lados para que encajen perfectamente. Escoja unas cuantas cuentas de los colores que usó para la puntilla. Entonces, con la aguja de bordar, repase los bordes de las dos partes del bolso añadiendo una cuenta con cada segundo punto y rmatando los hilos de forma segura.

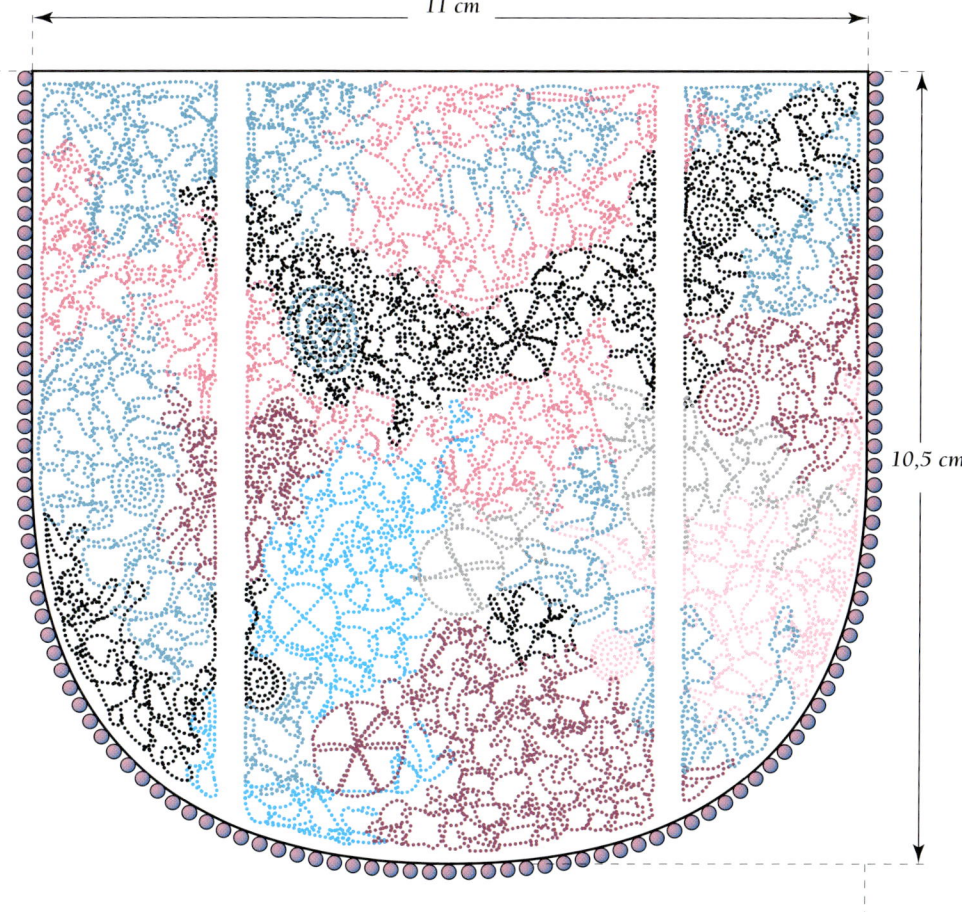

11 cm

10,5 cm

ADORNANDO LA SUPERFICIE

Labor en relieve

Los orígenes exactos de la labor en relieve son desconocidos, pero surgió como una forma inglesa particular de hacer un bordado tridimensional en el siglo XVII. Era doméstico, no profesional, bordado por mujeres jóvenes adineradas, sobre todo en el período entre 1650 y 1680. Esta labor adornaba principalmente artículos para el hogar, como cofrecitos o marcos de espejos, pero también era usado como demostración de las habilidades de la mujer, incorporando técnicas elaboradas de bordado y el trabajo más elaborado y fino.

Arriba: Portadedales, Inglaterra, finales del siglo XVII

Página opuesta: Parte trasera de un cofrecito, Inglaterra, sobre 1650-1680. El hombre está aguantando una Biblia; el niño, un pájaro tallado en madera y la mujer, una flor. La labor está levantada y rellenada, con hilos de seda y metálicos, cuentas y puntillas

Debajo: Paño, Inglaterra, segunda mitad del siglo XVII. Trabajo levantado y rellenado sobre fondo de raso. Los diversos símbolos heráldicos alrededor del hombre y de la mujer sugieren que puede que fuese un paño elaborado para celebrar un compromiso o una boda

El trabajo levantado o en relieve solía ser la culminación de la formación de una chica como bordadora. Para conseguir un nivel alto de bordado durante el siglo XVII la formación empezaba a una edad muy temprana y era la parte más importante de la educación de una dama. Las chicas a veces aprendían a bordar en el colegio pero muchas hijas de aristócratas eran enseñadas en casa. El primer ejercicio era un dechado estrecho de bandas horizontales trabajadas en puntos simples con patrones para bordes, alfabetos y números. Este formato se estableció hacia 1630 y aunque la forma usual cambió mas tarde a un cuadrado, éste fue el estándar durante casi 200 años. A menudo, las iniciales y, ocasionalmente, el nombre se incluían, pero antes de mediados del siglo XVII solo raramente la fecha.

Muchos paneles pictóricos se dibujarían en un trozo de tejido, normalmente raso blanco que, una vez completado, se llevaría a un ebanista para que lo colocase en una vitrina o un cofrecito. Cada dibujo por los lados, la parte superior y la parte frontal de los cajones se montarían de forma separada en madera y los bordes escondidos bajo trencillas. Finalmente, se encajaban los mangos de plata y los pies de madera. La parte superior estaba embisagrada y en el interior había divisiones para botes de perfume o para tinta y una pluma. A veces se colocaba un espejo debajo de la tapa y, en raras ocasiones, la representación de un jardín tridimensional. Las cajas que sobreviven o los cofrecitos son de una construcción similar y muchas tienen el mismo compartimiento secreto. El primer ejemplo fechado está en la galería Whitworth, Manchester, y contiene una carta escrita por Hanna Smith en 1657 que explica la construcción de su vitrina: «Tenía casi 12 años; cuando fui hice un borde de mi vitrina en Oxford… y mi vitrina se acabó en el 1656 en Londres». Aunque a veces se trabaja en hilos de seda muchos de estos cofrecitos estaban trabajados predominantemente haciendo labor en relieve.

Cofrecitos de excelencia

Las imágenes de labor en relieve se podían hacer individualmente, primero cortadas en el lino, bordadas sobre cartulina y rellenadas con lana, pelo de caballo, hilos de lino o lo que tuviesen disponible. El papel se pegaba en el reverso para evitar que se deshilachase y después se cosía la figura al fondo. Las caras eran de seda rellena o raso bordado pegado sobre cartón, o a veces modelada en cera. Las manos solían ser de madera, pintadas o cubiertas con raso, aunque también se podían hacer con alambre o con hilo enrollado. Las piernas se cubrían con puntos, ya que los calcetines y las prendas de vestir eran piezas de tejido bordadas exquisitamente o hechas con puntilla. Las figuras detalladas a veces se adornaban con pelo real y como contraste se añadían cuentas, perlas y plumas. Para crear una mayor sensación de profundidad y perspectiva, el contorno de las figuras a veces se trabajaba en seda antes de añadir las figuras.

231

ADORNANDO LA SUPERFICIE

Derecha: **Huerta de manzanos**, *por Salley Mavor, finales de los años 80. Este paño tiene unas cualidades infantiles y se creó originalmente como ilustración para un libro*

El fondo estaba cubierto con muchos motivos: orugas, mariposas y otros insectos en labor en relieve. Las flores, especialmente las rosas, también podían ser tridimensionales. Los pétalos trabajados individualmente en punto de ojal separado y luego colocados. A veces se combinaban varias técnicas en una sola pieza, y la variedad es descrita por John Taylor en su poema «Prayse of the Needle» (Elogio de la aguja), que era la introducción a *The Needle's Excellency* (La excelencia de la aguja), un pequeño volumen de patrones de bordado publicado en Londres en 1631. Se usaban sujetos rurales y clásicos pero los principales eran los bíblicos, ya que la Biblia era un objeto central en la vida, especialmente en la ética protestante. La primera traducción inglesa disponible de la Biblia fue autorizada por James VI y publicada en 1611, aunque se importaron muchas Biblias ilustradas con anterioridad del norte de Europa siguiendo la reforma. Éstas proporcionaban inspiración para muchos diseños de bordados y la importancia que se le daba a la fidelidad y la familia se reflejaba en la elección de los sujetos.

Otras piezas decorativas

Algunas chicas preferían elaborar marcos para espejos en lugar de cofrecitos. El cristal de espejo era muy caro y había empezado a aparecer en casa de familias adineradas. Los marcos eran a veces de caparazón de tortuga y la labor en relieve se dividía a menudo en pequeños compartimentos en la parte superior e inferior. En los dos lados había figuras con ropas elegantes que tenían una similitud remarcable con Caterina de Braganza y Carlos II, que volvió del exilio en 1660. Algunos espejos disponían de pies y se colocaban en el tocador. Para protegerlos tenían fundas rellenas que a veces estaban decoradas con labor en relieve con cuentas.

Los paños de imágenes en raso blanco también eran populares en esta época y a veces muestran un hombre y una mujer en un jardín de recreo. El hombre normalmente lleva su sombrero y la mujer normalmente está aguantando un libro o la Biblia o le ofrece una flor. En la distancia puede haber una casa de campo o un castillo con mica transparente y brillante para las ventanas y están al otro lado de una elaborada fuente y gruta, elementos muy elegantes de los jardines.

A veces hay un cenador con plantas de olor suave y una pareja rodeada de flores y bestias con significados simbólicos. Estos paños puede que celebren un compromiso o una boda con la pareja en el jardín del amor, pero el jardín también puede representar el paraíso. Había dobles sentidos en todas partes y los entendían la gente culta de la época.

Los detalles de labor en relieve se añadían a menudo a los paños de labor en lienzo. O si se deseaba una simple figura menos levantada, como por ejemplo una manzana, el tejido se cortaba por detrás y se introduciría el relleno en ese espacio antes de volver a coser el tejido. También se hacían figuras completamente tridimensionales. Sobreviven algunos pájaros con los cuerpos rellenos, cubiertos en punto de ojal, con plumas de alas trabajadas de forma separada y añadidas para formar un bolsillo para guardar un dedal. Las patas eran de alambres con hilo enrollado.

Renacimiento del siglo XX

Durante la década de los 50 y los 60, se exploran nuevos acercamientos a la tapicería como reacción a los rigores de la guerra, incluyendo la labor tridimensional en el bordado, aplique y la escultura blanda. También había interés en las figuras que iban desde miniaturas hasta figuras en tamaño real, pero no fue hasta mediados de los años 80 que hubo un renacimiento del interés en las técnicas y puntos del trabajo en relieve original.

Ha habido muchos bordadores que han hecho un uso distintivo del bordado en relieve. Por ejemplo, en América, Salley Mavor se inspiró en el arte popular y crear escenas rurales domésticas. Éstas tienen mucho color y textura, que los consigue a través del uso extensivo de los tejidos de tapicería de lana y lino y el uso directo de puntos simples. La claridad del diseño y el uso de colores que contrastan realzan la técnica. En Gran Bretaña, a mediados de los 80, Barbara y Roy Hirst volvieron a despertar el interés en la técnica a través de sus escrituras, sus clases y sus labores que tienen un toque cuidadoso y de humor en su atención a los detalles. Hacen un uso particularmente efectivo de los puntos trabajados sobre formas rellenas en sujetos que van desde escenas históricas a pasatiempos modernos.

Arriba: **Mr Brassica y amigo**, *por Barbara y Roy Hirst, 1955. Esta pieza, trabajada en calicó teñido, combina la labor en relieve tradicional con el bordado a máquina libre*

Abajo: **Pescando bajo las estrellas**, *por Jane Rowe, 1998. En sus sueños, el pescador moldea su red con cordones de zapatos dorados y de plata. Los arenques pintados se ríen en las olas trabajadas con cuentas*

Puntos y técnicas de labor en relieve

La labor en relieve es un mundo tridimensional de bordados en el cual puede introducir gente, flora y fauna, así como muchos otros elementos de su alrededor. Los componentes levantados se pueden hacer en una gran variedad de formas y después se añaden al fondo llano bordado, por lo que es importante planear el orden en el que va a trabajar para no dañar piezas delicadas. Aprenda las técnicas básicas y deje correr su imaginación.

Diseñe usted mismo

- *Consiga tarjetas y fotos de sujetos que le llamen la atención.*
- *Calque los elementos principales en su diseño y muévalos alrededor para hacer una composición que sea de su agrado.*
- *Calcule qué zonas serán llanas y cuáles levantadas.*
- *Tenga una hoja en la que anote los hilos y los puntos que va a usar y el orden de trabajo que tiene planeado.*
- *Marque los detalles importantes en el tejido en bolígrafo soluble en agua para poderlo eliminar fácilmente después.*

Tejidos

Es ideal usar un tejido fuerte como el calicó o la seda para aguantar el peso de la labor levantada y los elementos que se mantienen firmes mediante alambres que son característicos de la labor en relieve.

Es una buena idea colocar una pieza de fondo de seda o muselina tratando los dos tejidos como uno. Coloree el fondo con pintura de seda o para planchar. Esto le ayudará a establecer el fondo.

Agujas

Haga la labor con una aguja de punta redonda o de tapicería para evitar separar los hilos. También necesitará agujas de bordado y afiladas para técnicas que perforen el tejido.

Hilos

Se puede usar una gran variedad de hilos, pero los mejores resultados se obtienen con un hilo girado como la seda 100/3 o dentelles 70/80.

Herramientas adicionales

Trabaje en su diseño principal y los elementos separados en un bastidor o marco, pero debería trabajar los rellenos en la mano. Necesitará fieltro y algodón para rellenar las formas, así como unas pinzas puntiagudas, que le serán de mucha ayuda. También necesitará alambre para construir algunas formas y para algunos bordes. Use siempre papel de calcar pesado, de buena calidad, para calcar los contornos.

Técnicas de relleno

Debería trabajar el fondo tanto como le fuese posible antes de aplicar las formas levantadas y otros elementos delicados que podrían resultar dañados.

Aplicar piezas de bordado

Haga el contorno de la forma en calicó y entonces haga puntos agrupados muy densamente como por ejemplo nudos franceses (ver página 205) dentro del contorno. Corte la forma dejando un margen para poder doblar. Cósalo en su lugar, girando el borde hacia abajo, subiendo a través del tejido de fondo y bajando por el motivo.

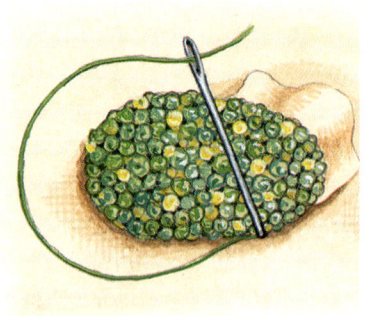

Haga unos cuantos nudos más para ocultar cualquier borde que no esté del todo bien

Rellenar piezas levantadas

Primero corte una pieza de fieltro con la forma adecuada y colóquelo en el tejido. Fíjelo con puntos que vayan hacia abajo en el fieltro, dejando una pequeña apertura para el relleno. Entonces inserte la cantidad de seda de relleno y cierre la apertura. Ahora se puede añadir un trozo de bordado o un trozo de tela. Corte la pieza ligeramente más grande que la original, ya que habrá que rellenarla. Entonces, fíjela con unas cuantas puntadas como hizo anteriormente.

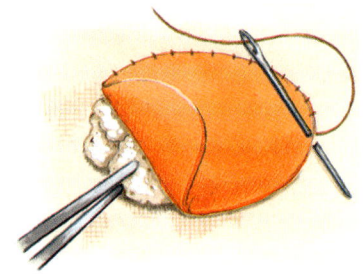

Fije el fieltro con unas puntadas e inserte el relleno

Rellenar formas bajas

Hilvane un trozo de calicó en el revés del tejido. A continuación haga el contorno de la forma requerida en punto corredero y entonces corte el calicó. Gire la labor, haga una apertura en el tejido e inserte el relleno. Finalmente cosa la apertura y borde por encima de la forma para añadir textura.

Inserte el relleno en la cara y fíjelo al fondo

Inserte el relleno y entonces cierre la apertura con unos puntos
Rellenar formas con bordes duros. Corte la forma deseada. Pinte la forma para que se mezcle con el fondo. Fije la forma en su lugar con punto de raso (ver página 188).

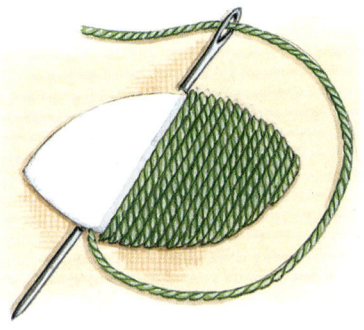

Lie los puntos rectos y luego embósquelos con pequeños puntos

Haciendo caras
Corte una pieza ovalada de calicó ligeramente más grande que la cara que necesite. Haga puntos alrededor del borde y júntelos de forma que el borde se gire hacia arriba. Acabe los dos cabos de hilo de forma segura. Inserte el relleno en la forma. Cosa la cara en su lugar en el fondo. Borde los detalles de la cara en hilo fino y oscuro. Finalmente añada hebras de pelo y cósalo como desee.

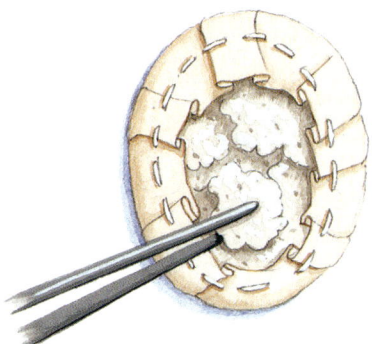

Cosa el motivo doblando los bordes hacia abajo

Técnicas de envoltura
Son útiles para crear formas lineales finamente detalladas, como manos y accesorios personales.

Envolver hilos
Esta técnica tiene el aspecto de nudos bullion pero se puede usar donde sea difícil conseguir hacer los nudos. Haga un punto recto largo de la longitud deseada sin perforar el tejido. Finalmente fije el hilo con pequeños puntos emboscados (ver página 189).

Use punto de raso para cubrir la forma

Hacer las manos
Líe 2 cm de cinco alambres de 5 cm. Fije con cola cada dedo. Junte cuatro alambres para empezar la mano y entonces añada el quinto alambre para hacer el pulgar. Líe la mano y el brazo hasta el tamaño deseado.

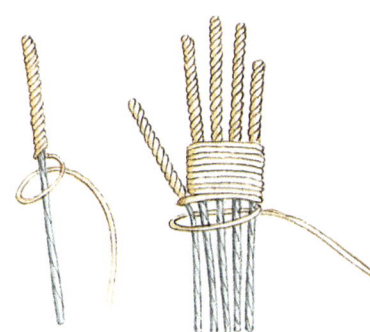

Una cinco alambres enrollados en hilo para los dedos y el pulgar

Técnicas enlazadas
Estas técnicas producen el tejido en varios patrones que se puede usar para encajar en una cierta forma. El encaje se hace en un relleno hecho de forma especial pero muy fácil. Cuando se acaba se saca el encaje del relleno cortando los puntos que lo unen entre las capas de calicó y se cose en su lugar en el bordado.

Hacer un relleno enlazado
Corte un trozo de calicó de 25 cm cuadrados. Dóblelo por la mitad, junte los bordes y cósalos. Calque la forma en una hoja de papel de calcar con un bolígrafo adecuado. Es posible usar una forma rectangular para practicar los puntos pero habrá requerimientos especiales de forma para un diseño real. Hilvane el papel al calicó.
Doble una longitud de hilo lo suficientemente larga para ir alrededor del contorno calcado. Coloque el cabo en lazado en un lugar donde

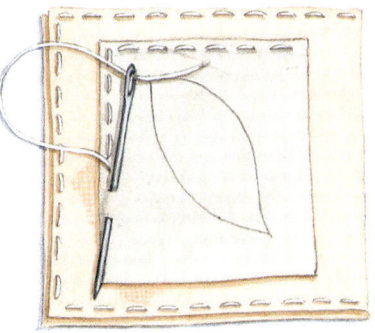

Hilvane la forma calcada en el calicó

más tarde sea cubierto por puntos, empezando ahí. Una el hilo con puntadas a intervalos de 2 mm con hilo de hilvanar. Cuando haya completado el contorno pase los dos cabos del hilo a través del lazo y divídalos. Únalos por dos centímetros.

Fije la puntilla al contorno y acabe de forma segura

ADORNANDO LA SUPERFICIE

Acabar y terminar hilos

La puntilla se trabaja de un lado al otro, empezando en la parte superior de la forma. Fijar el primer hilo introduciéndolo por el lado del contorno cosido. Si desea introducir un segundo color, fije el hilo del mismo modo en el lugar en el que empezará a bordar.

Es posible trabajar con dos colores cuando los puntos están acordonados. Trabaje cada hilo con una aguja.

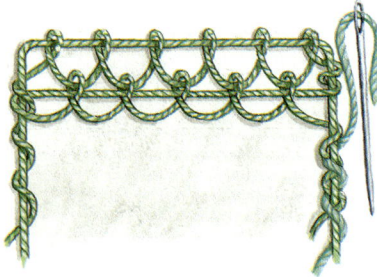

Fije un doble hilo alrededor del contorno y cósalo bien

Una vez haya completado la forma, puede seguir liando el hilo sobre cada lazo de la última fila, igual que en el contorno inferior. Recuerde que todos los lados estarán cubiertos por puntos.

Realice una lazada en el borde y asegúrela bien

Rellenar una forma irregular

Es bastante probable que la forma que quiera hacer sea curvada o que tenga zonal más anchas que otras. En este caso debe de aumentar o disminuir puntos para adecuarse a la forma.

Para aumentar haga un punto extra en la zona en la que se ensancha. Si la forma sube a la vez que se expande hacia fuera, debe añadir puntos en los lazos a lo largo de la fila.

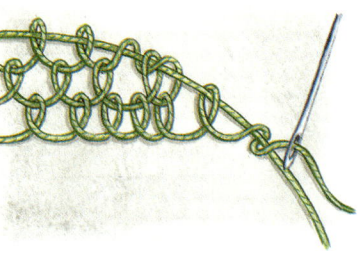

Añada puntos extra a lo largo de la fila y en el borde

Para disminuir no haga un punto en la zona en la que se estrecha y si la forma disminuye muy rápidamente no haga unos cuantos lazos cuando llegue a la siguiente fila.

No haga algunos puntos en la fila y en el borde

Bordar los lados

Antes de sacar la puntilla del relleno debe acabar los bordes. Para hacer esto coloque una doble longitud de hilo que sea lo suficientemente largo para dar la vuelta por el contorno. Entonces, usando una aguja afilada, haga punto de ojal cerrado (ver página 98) alrededor del borde, levantando el contorno y rellenando hilos con cada punto. También puede introducir una longitud de alambre en el relleno para modelar el borde si lo desea.

Para unir un hilo nuevo, empiece en el último nudo, continúe cosiendo sobre los cabos del hilo nuevo y el viejo durante unos 2

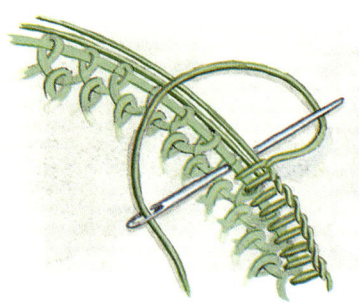

Usando una aguja afilada, haga puntos de ojal a lo largo del borde

cm y córtelos. Haga punto de ojal alrededor y corte los hilos de relleno sobrantes. Una el último punto al primero y deje el hilo para colocar la puntilla de fondo más tarde.

Organizar su trabajo

Es aconsejable no sacar las piezas de puntilla del relleno hasta que esté listo para colocarlas en su proyecto, ya que es muy fácil que se estropeen. Puede que también encuentre conveniente trabajar varias piezas de puntilla, ya que cabrán todas en un mismo relleno, especialmente si son figuras del mismo proyecto.

Tómese tiempo para revalorar el trabajo mientras progresa. Compare las ideas originales de su plan con el trabajo que está haciendo. Puede que considere las variaciones parte del proyecto, quizás dándole un detalle adicional para realzar la escena, recolocando otro componente o incluso eliminándolo.

En la siguiente página aparece una selección de puntos con los que empezar. Hay muchos más puntos que explorar y quizás quiera usar puntos de bordado superficial de otras técnicas sobre fondos de sus diseños.

PUNTOS Y TÉCNICAS DE LABOR EN RELIEVE

PUNTO DE BRUSELAS SENCILLO

USOS: relleno abierto

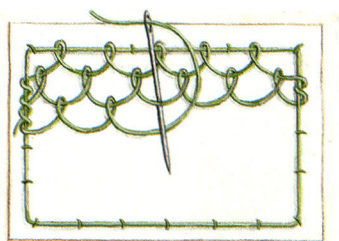

Haga puntos de ojal a la misma distancia (ver página 98), de izquierda a derecha, en el borde superior. Entrelácelo alrededor del borde y vuelva, invirtiendo el punto, con uno en cada lazo de arriba.

PUNTO HOLLIE

USOS: relleno, ligero

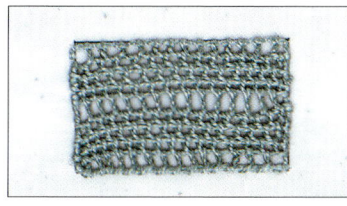

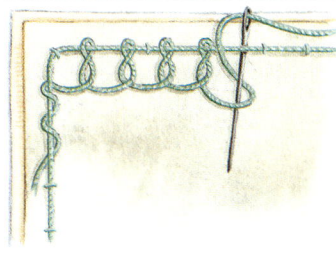

De izquierda a derecha, vaya por encima y por debajo del contorno superior, y por encima y por debajo de los lazos del hilo. Ténselo. Continúe, haciendo filas alternas como para punto de Bruselas simple.

VARIACIÓN DE PUNTO DE GUISANTE

USOS: relleno, abierto

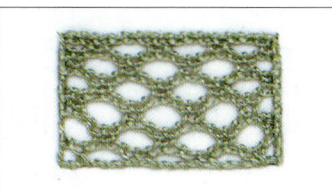

Haga una fila de punto de Bruselas simple. En la siguiente, borde en dos lazos y deje dos libres. A continuación, haga un punto entre los dos lazos y tres en el lazo largo. Repita las dos últimas filas.

PUNTO DE BRUSELAS ENCORDONADO SENCILLO

USOS: relleno denso

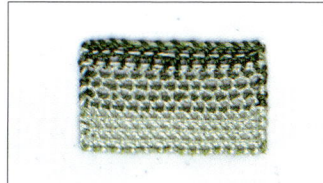

Haga una fila simple de punto de Bruselas. Vuelva a llevar el hilo a la izquierda, enlazándolo alrededor de cada borde. Repita, trabajando sobre los lazos y el cordón que ha vuelto.

PICOT TEJIDO

USOS: detalle con textura

1 Inserte un alfiler en el tejido. Suba por A, detrás del alfiler y baje por B. Suba por C. Pase el hilo por detrás del alfiler. Y cosa por debajo del hilo A sobre el central y por debajo del hilo B.

2 Vuelva a pasar la aguja en la dirección contraria, pasando por encima, por debajo y por encima de los hilos de base. Estire del hilo, manteniendo la forma triangular del picot.

3 Continúe cosiendo manteniendo los hilos bastante cerca hasta que alcance el tejido. Tense de forma constante. Si queda demasiado flojo quedará mal, y si estira mucho quedará deformado.

EMBOSCADO COLGANTE

USOS: textura, sin cortar, cortado o recortado

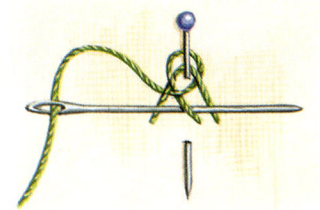

Empezando en la parte inferior de la forma, haga filas de lazos cosiendo uno o más hilos en el tejido de fondo. Añada más filas para formar una pila de lazos.

PUNTO TERCIOPELO

USOS: textura

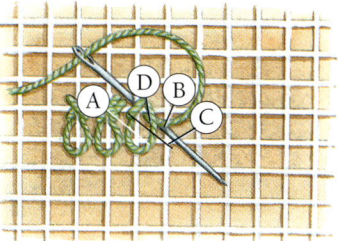

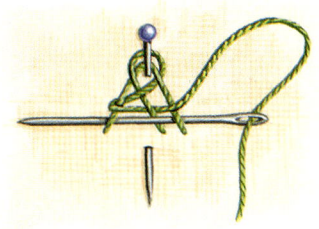

1 Trabaje sobre lona, suba a A y baje a B. Repita dejando que cuelgue el hilo como una honda y saque la aguja por C. Baje a D y suba otra vez hasta C, preparándose para la siguiente punzada.

237

ADORNANDO LA SUPERFICIE

Escarabajo

Este magnífico escarabajo introduce dos elementos importantes de la labor en relieve: el relleno levantado y la puntilla. Se sienta, con su cuerpo de piel dorada relleno, sobre un fondo con una hoja pintada delicadamente, bordada en punto stem y decora la tapa de una aljofaina para objetos especiales. Si levanta con cuidado sus alas brillantes, parece que vaya a salir volando. Diseño de Jane Rowe

Área de diseño

5 x 7 cm

Materiales

Pinturas para transferir el dibujo (ver lista de códigos del diagrama)

20 cm cuadrados de seda

15 x 8 cm de fieltro beige

5 cm cuadrados de piel dorada

Hilo de bordar y cuentas (ver lista de códigos del diagrama)

Pequeña cantidad de algodón de relleno

25 cm de alambre verde oscuro de calibre 34

Equipamiento

Papel de calcar y bolígrafo

Tijeras de papel

Pergamino

Papel tisú

Alfileres

Aguja afilada

Hilo para hilvanar

Bastidor de 12,5 cm

Aguja de bordar

Tijeras de bordar

Hilo de coser beige

Almohadilla de puntilla (ver página 235)

Aguja de punta redonda

Aljofaina redonda con una apertura de 8,5 cm

1 Calque el contorno de la hoja del diagrama en la página 240 y transfiéralo a un trozo de papel. Dé una pasada con las pinturas en el reverso del tejido para dar un efecto más agradable, llevando los colores más allá del contorno. Corte la forma de la hoja y pase la pintura a un trozo de tejido suelto. Coloque el lado coloreado hacia abajo, sobre el tejido. Proteja los dos con un trozo de pergamino y fije el color con una plancha templada siguiendo las instrucciones del fabricante. Si está contento con el color, repita el proceso en el tejido de seda.

2 Calque el cuerpo y el contorno de la hoja en el trozo de papel tisú. Entonces, fije con alfileres el tisú e hilvane alrededor del contorno del cuerpo. Una vez esté completado esto, saque el tisú.

3 Estire el tejido de seda en el bastidor. Con una hebra de algodón 734, haga punto stem (página 206) alrededor de la forma de hoja y añada pequeños puntos rectos, que vayan desde el cuerpo al borde de la hoja.

4 Corte una tira de fieltro de 15 x 2,5 cm, enróllelo y fíjelo con unos cuantos puntos (ver abajo). A continuación, corte la forma del cuerpo en fieltro. Coloque el contorno hilvanado sobre el tejido de seda y cosa alrededor del borde con hilo de coser beige. Deje una apertura e inserte primero un poco de algodón de relleno a lo largo de los bordes y luego el rollo de fieltro hasta que la forma quede rellena de forma invariable. Continúe cosiendo para cerrar la apertura, rellenando alrededor del rollo de fieltro, hasta que la forma quede toda igualmente rellena. A continuación saque los hilos que usó para hilvanar.

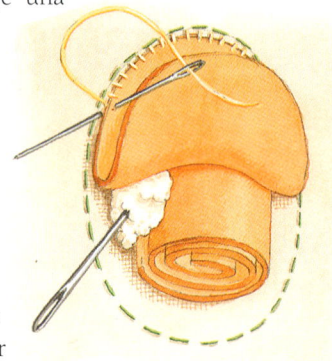

5 Corte una forma de cuerpo ligeramente más grande usando el trozo de piel dorada y entonces cósala sobre el cuerpo, asegurándose de cubrir el fieltro completamente.

6 Ahora haga cada pierna. Trabajando con hilo 482 y, siguiendo el diagrama, haga punto recto para cada segmento de cada pierna y entonces entrelace cada punto. Embosque los hilos enrollados con el mismo hilo.

7 Calque el contorno del élitro sobre papel de calcar de buena calidad e hilvánelo en la almohadilla de puntilla. Con una aguja afilada e hilo de coser, embosque el contorno con un hilo de seda verde oscuro W585 de doble longitud, empezando en la línea superior del cuello.

8 Haga el élitro, usando una aguja de punta redonda, seda W585 para el punto de Bruselas simple y Astro2 para el cordón de retorno. Empiece la primera fila de puntos en A en el diagrama y baje hacia B. También añada el cordón de retorno en A. Continúe, disminuyendo puntos para adecuarse a la forma y colocando las filas de forma que la última acabe en la línea central en X. Añada cualquier hilo nuevo en el borde del cuello.

9 Haga la otra mitad del élitro del mismo modo, empezando en C y acabando la primera fila en D. Cuando acabe este lado, envuelva las dos mitades del élitro y acabe con pulcritud.

10 Dé forma al alambre de alrededor de élitro (ver abajo). Pase los cabos a través de la almohadilla de puntilla en A y C para evitar que se enganchen en hilos. Coloque una doble longitud de hilo de seda verde oscura a lo largo del alambre. Cosa el borde

usando hilo de seda W585 e incorporando el contorno emboscado, el alambre y los hilos de relleno alrededor del contorno en A, B, C y D. Siga cosiendo el contorno a lo largo del borde del cuello que no tiene el alambre. Deje los cabos de los hilos para engancharlo al tejido de seda más tarde.

11 Saque el élitro de la almohadilla de puntilla. Una el primer centímetro y medio de las alas a la seda para estabilizarlas. Entonces, pase el alambre y los cabos de los hilos a través hacia el reverso y fíjelos de forma segura bajo el cuerpo.

12 Ahora acabe la cabeza del escarabajo. Haga dos antenas de la misma forma que las patas, añadiendo un nudo francés (ver página 205) en las puntas con hilo de algodón 734. Fije la cuenta en su lugar para la cabeza.

13 Para colocar el escarabajo en la aljofaina, siga las instrucciones de montaje y de enmarcado del fabricante.

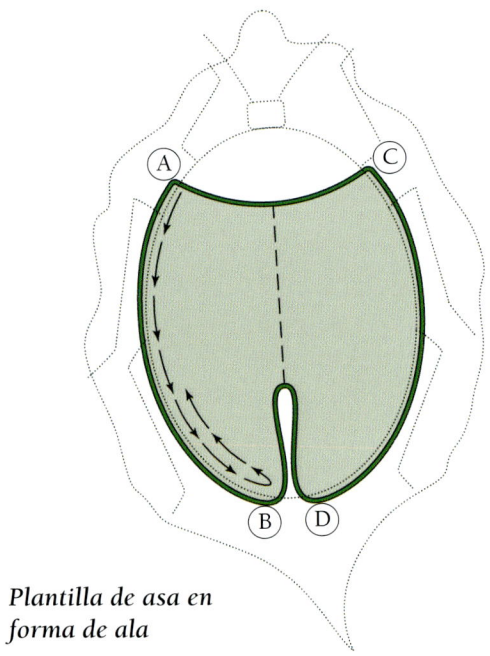

Plantilla de asa en forma de ala

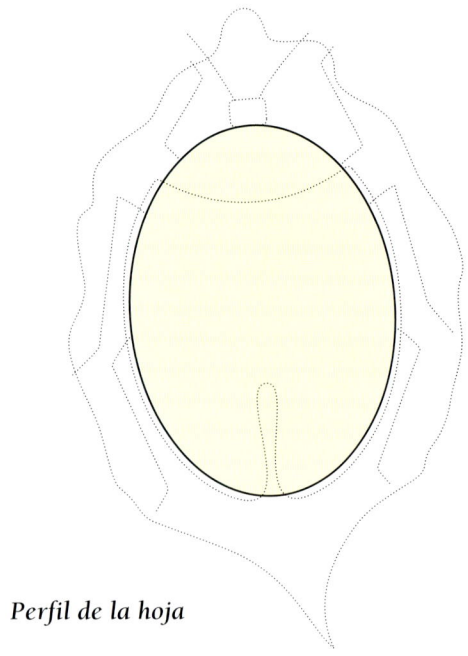

Perfil de la hoja

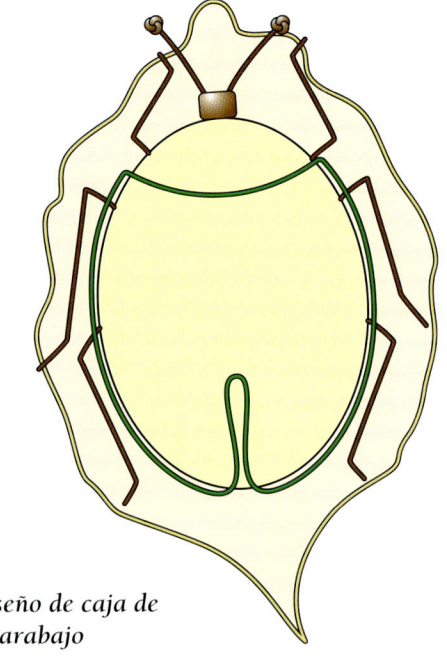

Diseño de caja de escarabajo

LISTA DE CÓDIGOS PARA EL ESCARABAJO

- Punto envuelto en Madeira 40 en 482
- Contorno del élitro en seda Mulberry W585
- Punto stem en hilo de algodón DMC en 734
- Nudos franceses en hilo de algodón DMC en 734
- Cuenta Mill Hill 05081
- Forma del cuerpo
- Dirección del bordado en el élitro
- Punto de Bruselas acordonado simple en seda Mulberry W585 y Madeira Ástro en 2
- Hoja pintada en pinturas para planchado Deka en 471, 483 y 485

Nota: necesitará una madeja de cada tono

Paño de laguna tranquila

Tres elegantes aves zancudas, un flamenco y dos garzas, están comiendo tranquilamente en esta tranquila laguna. Mezcle una variedad de hilos, rayón, algodón y seda, para conseguir un fondo con una textura que inspire tranquilidad y le lleve a una orilla con bordados muy elaborados. A medida que gane confianza a la hora de diseñar su propia labor en relieve podría elegir su propio esquema de colores y crear texturas adicionales. Diseño de Jane Rowe

1. Calque los elementos principales del diagrama de la página 245, incluyendo el contorno del paño, las formas de los pájaros, las montañas, las pequeñas islas, las zonas de agua azul y las zonas de vegetación principales. Guarde este diseño calcado como si fuese el original y utilícelo para hacer notas.

2. Vuelva a calcar el diseño, esta vez incluyendo las dos montañas más distantes y las zonas de agua azul, y vuelva a transferir esta imagen a una hoja de papel. En el reverso, pinte estos elementos del diseño con pintura. Diluya el marrón y el verde para dar una imagen desdibujada para las montañas distantes y diluya también el azul del agua.

3. Pruebe la imagen colocando el lado de color hacia abajo sobre un trozo de tejido suelto, protegiéndolos con un trozo de pergamino y fije el color con una plancha templada siguiendo las instrucciones del fabricante. Si queda contento con el color, repita el proceso sobre el calicó con un bolígrafo soluble en agua. Estire el calicó en el bastidor.

4. Fije su dibujo sobre una ventana o sobre una caja de luz y entonces fije el fondo de calicó encima. Marque los contornos para las montañas más cercanas, las islas, los pájaros y las esquinas del paño en el tejido con un bolígrafo soluble en agua. Estire el calicó en el bastidor.

5. Haga calcos separados de las dos montañas más cercanas y cálquelos. Corte las formas en fieltro gris y cósalas en su posición en el calicó, rellenándolas con algodón. Elimine las marcas del bolígrafo a medida que coloque las formas. Vuelva a cortar las formas, esta vez un poco más grandes, en la piel de color gris claro y fíjelas sobre el fieltro con una hebra de algodón 3072.

6. Haga patrones para las dos islas en la media distancia y córtelas en tela rígida. Colóquelos sobre los contornos en el calicó hilvanando con dos o tres puntos largos.

7. Enhebre una aguja de bordar con una hebra de los hilos de algodón 370 y 644, y de rayón 30503 y 30739. Haga puntos de raso (ver página 188), mezclando los tonos, sobre las montañas rellenas. Con hilo de seda S611, haga sombras profundas bajo las montañas en punto recto.

8. Haga patrones para las formas de cuerpo en fieltro de los contornos de la página 244. Corte estas formas en fieltro blanco y cósalas sobre el calicó, rellenándolas con algodón y, en los pájaros 1 y 2, deje aperturas para insertar las patas de alambre más tarde. Con los cuerpos de fieltro relleno en su posición, será más fácil estimar la posición de los puntos para el agua.

Empiece a darle forma al cuerpo del pájaro 3 con fieltro, relleno con algodón

9. Añada las líneas principales de los puntos superficiales en la distancia. Con una hebra de rayón 30503 haga 10 u 11 puntos rectos debajo de los que están debajo de la montaña en el fieltro. Continúe usando zigzag hasta justo arriba de la isla de abajo. Ahora trabaje al otro lado del diseño, haciendo unos 20 puntos mosca rectos y largos (ver página 205) hasta justo encima de la isla en la derecha. Añada un zigzag en el borde de la zona de agua azul. Todos estos puntos deben ser horizontales para mantener el aspecto calmado del diseño.

Área de diseño

17 x 18 cm

Materiales

Pinturas (ver lista de códigos del diagrama)

25 cm cuadrados de calicó

6 x 5 cm de fieltro gris

Pequeña cantidad de algodón de relleno

6 x 5 cm de piel gris

Hilos de bordar (ver la lista de códigos del diagrama)

10 cm cuadrados de tela rígida

25 cm cuadrados de fieltro blanco

15 cm de alambre de calibre 34

Alambre de calibre 30 o 32

Equipamiento

Papel de calcar y bolígrafo

Pergamino

Cinta

Bolígrafo soluble en agua

Bastidor

Tijeras de papel

Hilos de coser blanco y gris

Agujas de bordar y de punta redonda

Tijeras de bordar

Hilo para hilvanar

Almohadilla de puntilla (ver página 235)

Alfileres

Cartón firme para estirar el bordado

Hilo fuerte para enlazar

Marco a su elección

ADORNANDO LA SUPERFICIE

10 Ahora añada un sombreado más sutil para intensificar esta área de distancia añadiendo puntos rectos usando una hebra de algodón 370 y 644 y rayón 30739, fijándose siempre en el diagrama.

11 Usando el patrón corte una forma de cuerpo para el pájaro 3 en piel gris, un poco más grande que la forma de fieltro. Cosa la piel sobre el fieltro, usando una hebra de hilo de algodón 3072 y eliminando las marcas del bolígrafo. Entonces enrolle puntos rectos usando dos hebras de seda W777 para las patas y los dedos. Deje los detalles de la cabeza para más tarde.

12 Haga punto de raso sobre las islas con seda F823 y con el mismo hilo haga puntos rectos en seda R143, F433 y S558 alrededor de las dos islas. Añada puntos rectos y nudos franceses en punto hilo 2907 para completar las balsas de los arrecifes para el pájaro.

13 Ahora complete las ondulaciones de agua en el fondo. Para hacer esto use una hebra de rayón 30503 y haga puntos rectos en zigzag casi debajo de la orilla. Intensifique el efecto añadiendo puntos rectos con hilo de seda S558 y puntos mosca con seda W819. Más tarde se pueden añadir más puntos, cuando haya colocado algún detalle de la orilla.

14 Prepare una almohadilla de puntilla para las alas y para el resto de los cuerpos. Calque todos los contornos y fije el papel en la almohadilla, fijándose en que los cuerpos estén bocabajo. Cosa el contorno con hilo de algodón 3072, empezando en la X del esquema. Haga la forma en punto Bruselas sencillo en dentelles 120, empezando a lo largo del borde superior de A a B, disminuyendo hacia la izquierda para formar la espalda y aumentando en la derecha para formar la cabeza. Déjese un punto en medio de la forma si es necesario para acomodar la curva. No hay necesidad de bordar la parte superior del cuerpo ya que más tarde la cubriremos con el ala. No hace falta bordar los bordes en estas figuras.

15 Cosa el contorno para el pájaro 1 con seda 275. Complete la forma del cuerpo del mismo modo y siguiendo con el mismo hilo.

16 Del mismo modo que en el paso 15, siga con el bordado en las alas para cada pájaro en punto simple de Bruselas acordonado. Use seda W777 para el pájaro 1 y dentelles 120 para los pájaros 2 y 3. Asegúrese de que empieza a lo largo de los bordes superiores de A a B, disminuyendo en cada final.

17 Los bordes de las alas se acaban de diferentes formas antes de sacar las formas de la almohadilla. Simplemente cosa alrededor del ala para el pájaro 3 usando una hebra de hilo de algodón 3072. Los bordes inferiores de las alas de los pájaros 1 y 2 contienen alambre parcialmente desde B a T. Corte una longitud de alambre ligeramente más largo que la distancia de B, alrededor de A, a T en el esquema del pájaro 2. Borde alrededor de la forma en hilo de algodón 3072, incorporando hilos de relleno 3072 también, el contorno y el alambre en el lugar apropiado. Coloque el alambre y cosa el borde del ala para el pájaro 1 del mismo modo, usando seda W777.

18 Corte el alambre a la medida para las patas de los pájaros 1 y 2, dejando un trozo dentro de los cuerpos. Doble el alambre en la forma apropiada. Enrolle las patas para el pájaro 1 con una hebra de hilo de algodón 3706 y para el pájaro 2 con seda W702, dejando cabos largos de hilo para fijar las patas.

19 Fije las patas liadas en posición insertando la parte superior del alambre a través del lado abierto del fieltro, debajo del algodón y rematando el hilo de forma segura. Pase el borde inferior del alambre a través del calicó y fíjelo. Embosque las piernas a intervalos regulares con puntos pequeños hechos con el mismo hilo. Haga puntos rectos con el mismo hilo para hacer los cuatro dedos en cada pata. Fije y complete todas las piernas del mismo modo.

Inserte el alambre enrollado debajo del cuerpo y fíjelo

Forma del cuerpo

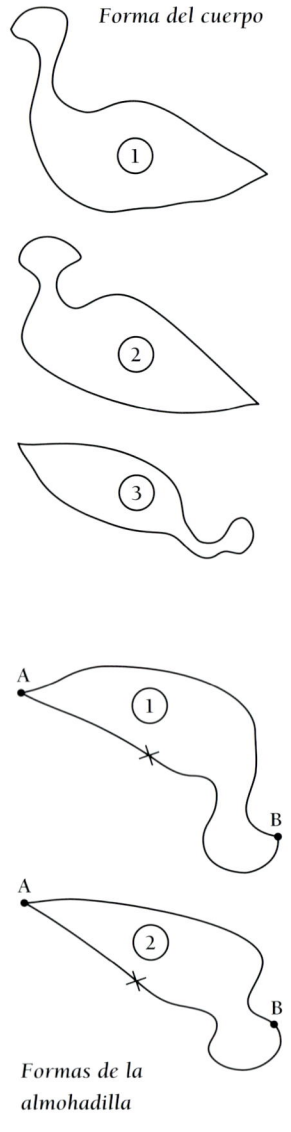

Formas de la almohadilla

Formas de las alas

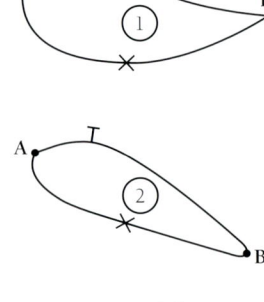

20 Saque las formas de la almohadilla y fije los cuerpos con alfileres en posición. Fije el calicó usando hilo que sea acorde con el diseño. Cosa en cada lazo a lo largo de los bordes que se verán, pero fije ligeramente los que estarán escondidos. Fije los bordes superiores de las alas del mismo modo, fijando los bordes de los alambres en el reverso.

21 Calque las formas de los terraplenes en el fondo del diagrama. Haga tres detalles, bordándolos en el calicó con hilos de algodón 3862, 731, 2841 y rayón 30469. Deje los detalles de lado hasta más tarde.

22 Ahora borde el fondo de la orilla, construyendo una textura densa. Empezando en la izquierda, añada puntos rectos horizontales mezclando rayón 30841 y una hebra de hilos de algodón 470, 731, 734 y 2841. Haga puntos rectos para los grupos de juncos en una hebra de hilos de algodón 469, 731 y 2841. Con los mismos hilos líe los juncos más cercanos para conseguir mayor definición.

23 En el lado izquierdo, líe tres picots en seda S558 y dos picots en S4200 directamente sobre el calicó. Borde dos detalles más pequeños en la posición y haga bloques de nudos franceses en S558 y S4200 en la base de los juncos.

24 En el lado derecho teja dos picos en seda S4200 y un tercero en una hebra de hilo de algodón 2841. Coloque el tercer detalle, añadiendo puntos franceses en una hebra de 731 y 2841. Haga más nudos franceses en S4200 debajo de los pies del pájaro.

25 Complete la cabeza de cada pájaro haciendo tres puntos rectos para los picos y un nudo francés para los ojos en W702. Añada plumas sobre las cabezas de los pájaros 2 y 3 con puntos rectos en dentelles 120. Añada más puntos rectos y mosca al lago entre los pájaros 1 y 2 en seda S558 y W819.

26 Saque el bordado acabado del marco. Corte la tabla para que quepa en la apertura de su marco y coloque una capa de fieltro antes de enlazar el bordado encima. Coloque el paño en un marco, sin cristal, o llévelo a un enmarcador profesional.

PAÑO DE LAGUNA TRANQUILA

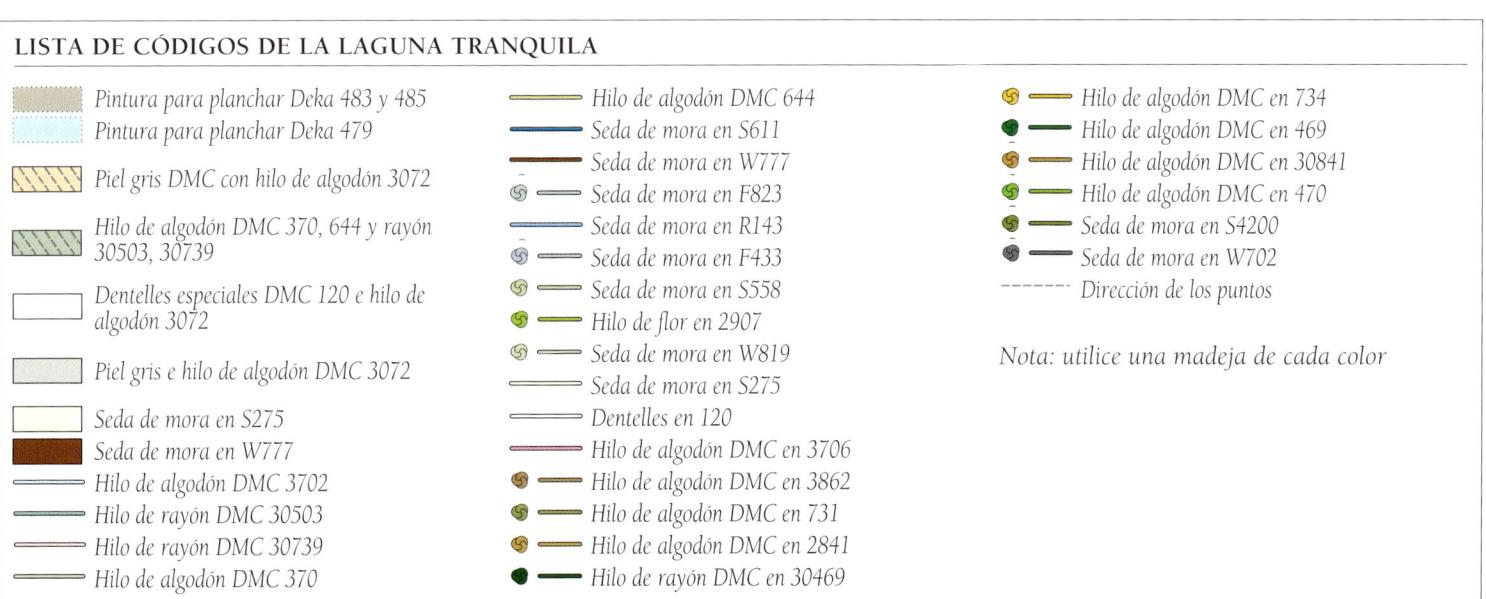

LISTA DE CÓDIGOS DE LA LAGUNA TRANQUILA

Pintura para planchar Deka 483 y 485	Hilo de algodón DMC 644	Hilo de algodón DMC en 734
Pintura para planchar Deka 479	Seda de mora en S611	Hilo de algodón DMC en 469
Piel gris DMC con hilo de algodón 3072	Seda de mora en W777	Hilo de algodón DMC en 30841
Hilo de algodón DMC 370, 644 y rayón 30503, 30739	Seda de mora en F823	Hilo de algodón DMC en 470
	Seda de mora en R143	Seda de mora en S4200
Dentelles especiales DMC 120 e hilo de algodón 3072	Seda de mora en F433	Seda de mora en W702
	Seda de mora en S558	Dirección de los puntos
Piel gris e hilo de algodón DMC 3072	Hilo de flor en 2907	
	Seda de mora en W819	Nota: utilice una madeja de cada color
Seda de mora en S275	Seda de mora en S275	
Seda de mora en W777	Dentelles en 120	
Hilo de algodón DMC 3702	Hilo de algodón DMC en 3706	
Hilo de rayón DMC 30503	Hilo de algodón DMC en 3862	
Hilo de rayón DMC 30739	Hilo de algodón DMC en 731	
Hilo de algodón DMC 370	Hilo de algodón DMC en 2841	
	Hilo de rayón DMC en 30469	

INSPIRACIÓN Y DISEÑO:
historias bordadas animadas

La naturaleza en todas sus formas, desde flores hasta escenarios a gran escala, ha inspirado a los bordadores durante cientos de años. El estuario de un río puede parecer una fuente de inspiración poco probable, pero como sucede a menudo, lo improbable suele suceder y en este caso sirvió como inspiración para la laguna tranquila. Al principio parecía desierto pero entonces unas cuantas aves zancudas se pudieron ver comiendo tranquilamente.

La impresión fue de auténtica paz y serenidad, y muchos de los elementos parecían ideales para la interpretación en labor en relieve. Sin embargo, otro escenario reforzaría esta sensación de tranquilidad, por lo que se decidió colocar los tres pájaros en una laguna, con montañas distantes, dando mayor sensación de tranquilidad.

La siguiente etapa fue hacer un diseño a grosso modo que sería la base para una composición satisfactoria. Se necesitó algo de búsqueda para obtener algunos detalles correctos y, en este caso, libros de pájaros y revistas nos proporcionaron la información necesaria sobre los hábitos, el hábitat, la postura, etc. Como lo que se quería destacar era la sensación de tranquilidad se eliminó un poco el desorden. Se decidieron las zonas de bordado y labor levantada, acompañado de un buen dibujo con notas sobre la textura y los hilos. La labor en relieve comprende una variedad de elementos y estilos, muchos de los cuales se pueden

INSPIRACIÓN Y DISEÑO: HISTORIAS BORDADAS ANIMADAS

trabajar en cualquier momento. Sin embargo, un esquema general es esencial para planear el orden en el cual se pueden hacer y se pueden aplicar con seguridad sin dañar la labor.

A medida que avance en el bordado, el plan inicial será su punto de referencia y probablemente incluirá notas sobre los hilos y los componentes que desea incluir, así como cualquier idea que le venga a la mente, que pueda realzar el diseño.

Iniciarse en la labor en relieve puede causarle algo de miedo. Un acercamiento excitante es buscar una imagen inspiradora, así que empiece a hacerse con postales, dibujos o recortes de revistas sobre los tipos de sujetos que le interesan.

Para mucha gente, el diseño es algo que hay que evitar. Si siente que el dibujo no es su fuerte, corte las formas de los elementos importantes. También puede calcar varias veces y éstas se pueden mover hasta que quede satisfecho con su colocación, evitando tocarlo constantemente y la falta de satisfacción con el proceso en sí.

Una vez tenga la base del bordado, concéntrese en lo que quiere decir y tome las medidas oportunas para que su diseño no quede apagado. Piense en una historia sin palabras, algunas fotografías o dibujos no necesitan palabras. Por ejemplo, en un proyecto en el que aparezca gente o criaturas, querrá que parezcan tan vitales como sea posible, cosa que se consigue más fácilmente si les hace que hagan algo. Añada elementos a la historia que quiere contar. Por ejemplo, en una escena de jardín, añada herramientas y tiestos, así como arbustos y plantas. A veces es necesario investigar un poco para darle autenticidad. Si el sujeto está inmerso en una faena especializada, busque qué tipo de equipamiento usa, el ambiente de trabajo, etc.

El bordador que es nuevo en la labor en relieve encontrará que pequeños artículos que haga para incluir en el bordado pueden ser muy satisfactorios debido a su pequeña escala. No solo intrigan al espectador, sino que el montaje final, una vez todos los elementos están bordados y colocados, es muy satisfactorio y ve que vale la pena el esfuerzo.

Bordado con cinta

Desde finales del siglo XV, las cintas de seda han tenido una amplia variedad de usos. Al principio las cintas eran extremadamente caras y se producían principalmente en Francia. La seda sin refinar era importada de Italia por las sedadoras que la convertían en cintas. Era una forma especial de tejer, que se hacía en un telar muy estrecho hasta que el proceso se aceleró a principios del siglo XVII, con la invención de un telar con 12 lanzaderas paralelas para tejer múltiples cintas. En Londres, las sedadoras se concentraban en Cheapside, donde se podía comprar joyería y ropa decorativa. Fuera de los pueblos principales, las cintas eran vendidas por vendedores ambulantes que viajaban vendiendo mercería y textiles.

Los guantes eran un artículo de ropa muy importante tanto para los hombres como para las mujeres. Simbolizaban amistad y lealtad y se regalaban para Año Nuevo como agradecimiento por un servicio o a invitados en bodas. Durante el siglo XVI y la primera mitad del siglo XVII, los puños y los guanteletes solían tener un bordado muy recargado. La costura que unía el guante solía estar escondida con puntilla o cintas de seda. Desde 1660 hasta principios de la década de los 70, se hizo un gran uso de las cintas de seda coloreadas en guantes cortos con solo un puño estrecho. Éstos a veces tenían escárpelas de cinta levantadas cosidas a los dedos y al reverso de la mano.

Estos finos objetos de seda

Durante mediados del siglo XVII, se usaban las cintas en profusión para cortar los calzones de los hombres. Estos calzones eran unos pantalones cortos, muy anchos con tanto como 230 m de cinta alrededor de la cintura y de los dobladillos de las piernas. Hay caricaturas que muestran la imagen exagerada de hombres llevando estos calzones y cintas adicionales colgando del pelo. John Evelyn describió la moda habiendo visto «una cosa de seda fina… que tenía tanta cinta sobre él que podría haber saqueado seis tiendas o podría abastecer veinte vendedores ambulantes: todo su cuerpo estaba vestido como un muñeco». Anteriormente, Charles I intentó prohibir llevar puntillas de oro y plata y cintas durante la Guerra Civil, pero la legislación lo ignoró.

Sin embargo, no fue hasta que los tejedores de Huguenot se extendieron de Spitalfields en Londres hasta zonas como Macclesfield y Coventry, que las cintas de seda se empezaron a producir en cantidades lo suficientemente grandes para que la mayoría de la gente se pudiese hacer con ellas. A principios del siglo XVIII Daniel Defoe, en su viaje por el país, dijo que «Coventry tenía un gran comercio de tammies (un tipo especial de seda) y en tejer cintas». Hacia 1821, casi un cuarto de la población del pueblo eran tejedores de cintas. Por este tiempo, tanto los telares planos como los Jacquard se estaban utilizando para producir una variedad de cintas que hoy en día es bastante inimaginable.

Página opuesta: Chaleco de hombre, entre 1835-1845

Izquierda: Guantes de hombre, 1660-1690

ADORNANDO LA SUPERFICIE

Arriba a la izquierda: Cartera o libro de bolsillo, 1780-1880. Esta pieza está hecha de papel cubierto con crêpe de seda blanco, bordado con cordones, cintas de seda rosa y lentejuelas. La imagen central es una urna clásica

Arriba a la derecha: Detalle de un bolso, hacia 1835. El tejido de seda está adornado con flores de seda en rojo y crema. Los tallos están trabajados en cintas de seda

Durante el siglo XVIII, las cintas se usaban en gorros, vestidos, abanicos y bolsos. La forma más habitual de bordado en cinta era en las bolsas de trabajo de las mujeres con bordado de raso en crema con motivos florales típicos del diseño rococó.

Un aumento de popularidad

Pero fue durante la década de 1820 y 1830 cuando el bordado en cinta se hizo más popular. Se introdujeron las cintas estrechas de seda, llamadas «chinas» en el comercio, en colores brillantes a lo largo y ancho de la cinta. Éstas se podían utilizar en lienzos en lugar de los hilos de lana para dar textura, para cuyo caso se necesitaba una aguja de tapicería. La cinta, que era de 3 mm de ancho, se usaba para flores pequeñas o cereales, con hilo de canilla y cinta para las hojas.

El bordado en cinta fue introducido en el *Handbook of Useful and Ornamental Amusements* (Manual de entretenimientos útiles y ornamentales), que se publicó en 1845. Era una forma de bordado muy imaginativa, dado el amplio repertorio de decoración que se puede hacer, incluyendo objetos bordados por mujeres de clases más adineradas.

Cuando el Berlín se convirtió en la moda principal, la labor en cinta decayó, pero revivió durante la década de 1880 para adornos en casa. Suiza se convirtió en el principal centro de producción de cinta, donde con el crecimiento de la competencia se introdujeron más bordadores. El bordado en cintas de seda pasó a ser conocido como «Labor rococó» por los diseños del siglo XVIII. La edición de 1882 del *The Dictionary of Needlework, an Encyclopaedia of Artistic, Plain and Fancy Needlework* (Diccionario de tapicería, una enciclopedia de la tapicería artística, sencilla e imaginativa) da instrucciones para la labor que describe como «cuando se trabaja en pequeños patrones da un aspecto antiguo que no se mantiene cuando se aumenta». Las cintas «China» también se usaban para la labor en cinta trenzada y la cinta «China» se describía en el diccionario como: «Un nombre moderno dado a un tipo de vainica, en el cual las cintas de colores China se utilizan en lugar de los hilos de algodón. Va bien para cualquier material de lino o algodón, lo suficientemente basto para permitir que se saquen los hilos fácilmente, y es útil para manteles y cojines para las sillas. Es muy fácil de realizar».

BORDADO CON CINTA

En América durante finales del siglo XVIII, los indios nativos americanos también usaban el bordado en cinta.

Las tribus de los lagos empleaban técnicas appliqué europeas en cintas de seda con sus propios diseños. Las usaban para decorar mantas, polainas, mocasines y trajes para bailar con diseños florales o geométricos. Las cintas tuvieron un renacimiento en América en los años 20 con la publicación de Ribbon Art: *How to Make Hundreds of Dainty and Practical Things of Ribbons* (Arte en cinta: Cómo hacer cientos de cosas preciosas y prácticas con cintas). Se tuvo en cuenta a los bebés, con sus cestas, gorritos y mantas adornados con cintas. La lencería también fue influida con las camisolas, las bragas y un sostén realizado enteramente en cinta, así como portaligas también realizados en cinta.

Sin embargo, se necesitaba poca habilidad a la hora de bordar, ya que los artículos sólo requerían habilidades manualidades y se sugería el pegamento para elaborar una decoración más compleja para un gorro o un vestido.

Al mismo tiempo en Inglaterra, la Escuela de Bordado de Manchester resucitó la forma tradicional de bordado en un artículo de su publicación *Needlecraft*. En la introducción se describían algunas de las nuevas cintas disponibles, incluyendo el Picotee, que estaba patentado por WM Briggs & Co. de Manchester. Esta particular cinta tenía solo un borde serrado y estaba disponible en tres colores: blanco con un serrado escarlata, amarillo pálido con un borde carmesí y rosa con un borde en color rubí. Estas cintas eran ideales para hacer flores y se incluían instrucciones con información sobre los colores y tipos de punto, principalmente raso, stem y nudos franceses. Además había diagramas e ilustraciones para trabajar diversos diseños de flores basados en tréboles, rosas, violetas, amapolas y más flores que conservan la delicadeza del trabajo de inicios del siglo XIX.

Debajo: La rosa, *por Ann Cox, 2001. Esta rosa está trabajada en punto de cinta usando cinta de color crema pálido y pintada encima con pinturas de seda*

ADORNANDO LA SUPERFICIE

Puntos y técnicas de bordado en cinta

No tiene que ser un bordador experimentado para hacer bordado en cinta, ya que incluso un principiante puede crear resultados impresionantes. La técnica tiene una cualidad propia. Su único toque hará que la cinta se gire y doble de un modo que encuentre oportuno. La cinta va particularmente bien para las flores y puede conseguir numerosos efectos simplemente alterando la anchura de la cinta o la tensión del punto.

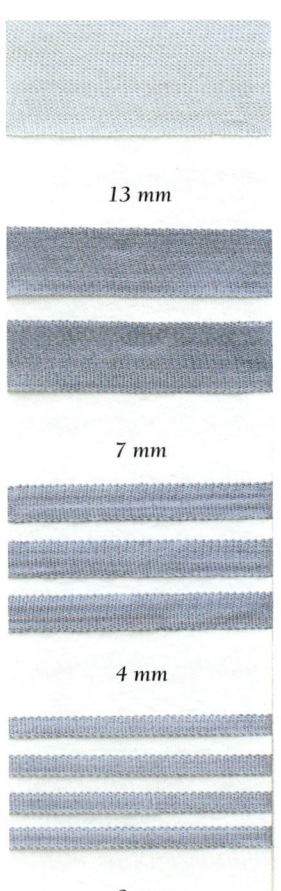

13 mm

7 mm

4 mm

2 mm

Tejidos
Para el bordado con cinta se puede usar cualquier tejido que deje pasar la aguja bien, desde la seda más fina hasta la piel e incluso el cartón. Sin embargo, como la cinta de seda viene de una fibra natural, se trabaja mejor con otras como el lino, el algodón y la lana.

Agujas
Las agujas de canilla funcionan mejor para el bordado con cinta. Las agujas de tamaño 13, 18 y 24 se recomiendan desde las cintas más anchas hasta las más estrechas.

Cintas
La cinta de seda pura es la mejor para esta técnica, aunque también se puede hacer con poliéster, que es más económico. La seda tiene una suavidad que hace que sea fácil de conseguir las formas deseadas y un brillo que añade un acabado de lujo a su trabajo. La cinta de seda está disponible en una variedad de colores. Hay cuatro anchuras disponibles para bordar (ver a la izquierda).

La cinta se cose de un modo similar al que se hacen los puntos de bordado. Sin embargo, a causa de esta anchura, la cinta crea un aspecto diferente al hilo y cubre más tejido. El diseño se desarrolla más rápidamente, creando un efecto tridimensional a casi cualquier profundidad.

La cinta de seda es de color inalterable y se debe lavar con cuidado. Es importante considerar la finalidad de su labor antes de decidir los puntos. Para los artículos que necesiten un lavado frecuente será mejor hacer pequeños puntos y tensos. Para artículos que se vayan a usar poco puede usar una mayor variedad de puntos y anchos de cinta, trabajados con una tensión más floja.

Otros hilos
Necesitará una buena selección de hilos de bordar para añadir variedad de textura y color a sus diseños. Escoja diferentes hilos para reflejar las cualidades del sujeto y mezcle los hilos para crear tonos más reales. Una hebra de hilo de bordar que esté acorde con el diseño será necesaria para fijar la cinta al fondo.

Equipamiento
Es esencial tener un marco de bordar o un bastidor y es útil un pedestal para tener las manos libres para manipular la cinta, para que no invada la zona del diseño. También necesitará un pequeño par de tijeras muy afiladas para cortar la cinta.

Técnicas de bordado
No siempre necesita planchar la cinta antes de empezar. Si es necesario, use una plancha no muy caliente sobre la seda mientras estira rápidamente de la cinta.

La cinta de seda es muy fina y se deteriora muy rápidamente mientras borda, de modo que trabaje con una longitud de 30 centímetros como máximo. Corte la cinta en ángulo de 45º para que se deshilache.

Fijar la cinta
Para los lados más estrechos, haga un nudo al final de la cinta y pásela a la zona frontal del tejido. Para zonas más anchas, pase un lado muy corto desde la zona delantera hasta la zona trasera del tejido.

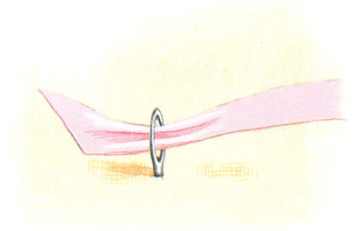

Pase el final de la cinta al reverso de la labor

Fije el final de la cinta ancha debajo del lugar donde se trabajará el primer punto, con unos cuantos

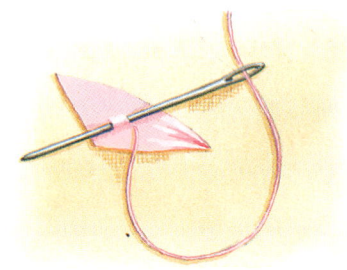

Fije el cabo de la cinta en el reverso con un hilo acorde al diseño

PUNTOS Y TÉCNICAS DE BORDADO EN CINTA

puntos en una hebra de hilo que esté acorde con el diseño. Acabe todos los cabos de las cintas del mismo modo. No pase la cinta al reverso del tejido: se transparentará y le puede causar problemas mientras esté haciendo el resto del diseño.

Trabajar con cinta

La clave del éxito es conseguir saber cuándo la tensión es la apropiada. Si los puntos están demasiado tensos, se pierde todo el efecto. Para evitar esto, coloque un dedo ligeramente en el punto acabado mientras pasa la cinta de nuevo hacia la superficie para el siguiente punto. Sentirá cualquier tirón en el punto tan pronto como empiece a suceder. Ocasionalmente, puede soltar un poco el punto con la punta de la aguja, pero no siempre es fácil de corregir.

Es esencial pasar la cinta a través del tejido en una dirección cada vez. Nunca se dé prisa para intentar ir más rápido. Si se le girase la cinta demasiado el único remedio sería cortar y empezar de nuevo.

La cinta se dañará si se cose a través de ella, y se debería pasar hacia atrás del tejido y fijarla detrás de un punto o cortada, lista para empezar de nuevo. Evite subir la aguja a través de la cinta por detrás de la labor. Si para el nuevo punto tuviese que estirar de la cinta, arrastrará todos los puntos anteriores y los estropeará. Suba a través de huecos entre los puntos.

Controlar la cinta

Cuando la cinta pase a la superficie del tejido tiene que

La forma ideal con los bordes de la cinta curvados hacia abajo

rizarse para pasar a través del agujero. Aproveche para darle la forma deseada. Los bordes de la cinta se deben doblar hacia abajo en forma convexa.

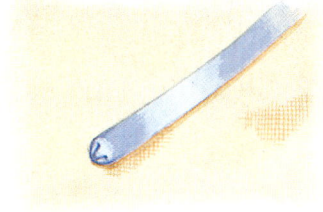

La cinta con los bordes hacia arriba tiene que girarse

Si los bordes se levantan hacia arriba en forma cóncava, tendrá que girarlos y aplanarlos.

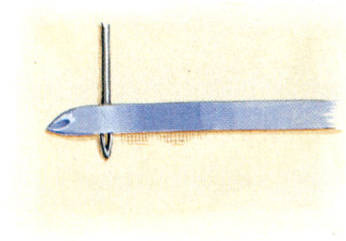

Golpee la cinta con una aguja para que recupere la forma

Girar y aplanar los bordes

Gire la cinta para dejarla plana sobre el tejido. Aguante el final de la cinta firme y use el ojo de una segunda aguja para golpear la parte inferior de la cinta.

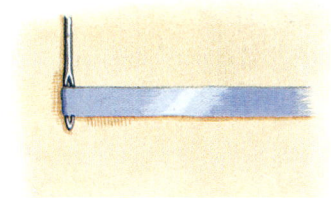

La cinta se aplanará hacia donde a traviesa el tejido

Golpee hacia donde la cinta emerge del tejido. Esto tiene el efecto de dejarla plana y los bordes se girarán hacia abajo.

Enderezar giros

A veces la cinta se gira al estirar de ella a través el tejido. Si esto pasa,

Use el ojo de otra aguja para aplanar la cinta girada

use el ojo de una segunda aguja debajo de la cinta para aplanarla desde el lado girado correctamente hasta el que está mal.

Estire de la cinta hacia atrás del tejido con el ojo de otra aguja

Aguante la aguja de manera que la cinta quede tensa. Con la otra mano estire de la cinta a través del reverso hasta que los giros se hayan sacado y el punto quede como usted desea.

Punto de cinta

Mientras cualquier otro punto tradicional se puede usar para esta técnica, el punto de cinta es único para el bordado con cinta de seda y es, sin duda, el más versátil.

Una gran cantidad de puntos de bordado se pueden adaptar a la labor en cinta, aunque conseguirá diferentes efectos. Una selección de los más útiles, incluyendo el punto de cinta, que se usa exclusivamente para este tipo de labor, se explica en las siguientes dos páginas.

Sus diseños necesitarán puntos trabajados en hilo. Algunos de los puntos más simples, como el recto (ver página 206), el emboscado (ver página 189), el mosca y los nudos franceses (ver página 205) actuarán como contraste con la cinta.

Diseñe usted mismo

- Consiga el efecto deseado usando tanto cintas como hilos de bordar.
- Experimente pintando la cinta de seda antes de coserla o una vez esté finalizado el diseño.
- Las flores pueden bordarse usando diferentes técnicas para crear más perspectiva.
- Haga las flores lo más sencillas posibles sin demasiados pétalos para que no se pierda el efecto.

253

ADORNANDO LA SUPERFICIE

PUNTO RECTO BÁSICO

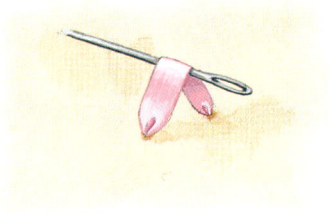

Suba la cinta. Aplánela y elévela ligeramente con el ojo de otra aguja. Baje la cinta a través del tejido a poca distancia, dejándola tensa sobre la aguja.

LAZO DE PUNTO RECTO

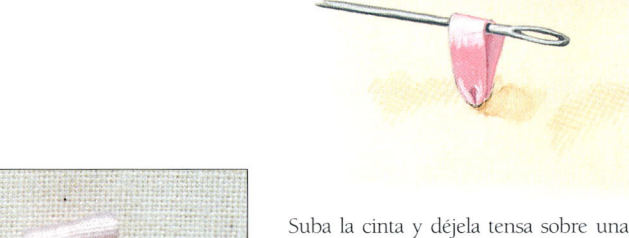

Suba la cinta y déjela tensa sobre una segunda aguja, como para el punto básico, pero bájela cerca del agujero original, no a través de éste. Puede hacer una variación añadiendo un giro.

PUNTO DE CINTA CENTRAL

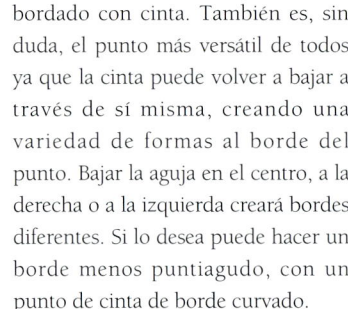

El punto de cinta es exclusivo para el bordado con cinta. También es, sin duda, el punto más versátil de todos ya que la cinta puede volver a bajar a través de sí misma, creando una variedad de formas al borde del punto. Bajar la aguja en el centro, a la derecha o a la izquierda creará bordes diferentes. Si lo desea puede hacer un borde menos puntiagudo, con un punto de cinta de borde curvado.

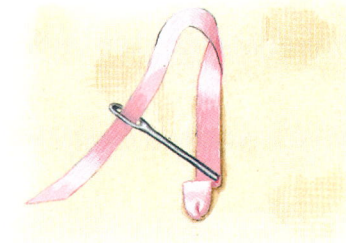

1 Suba la cinta. Aplánela y déjela sobre el tejido, manteniendo una pequeña elevación. Inserte la punta de la aguja en el centro de la anchura de la cinta y estire.

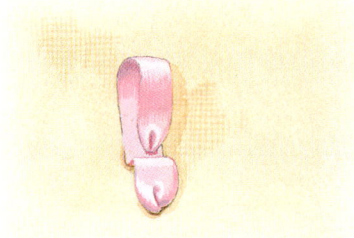

2 Una vez la aguja esté en el reverso, aguante la cinta cerca del tejido y estire lentamente, parando justo cuando la cinta empiece a ondularse.

PUNTO DE CINTA A LA IZQUIERDA

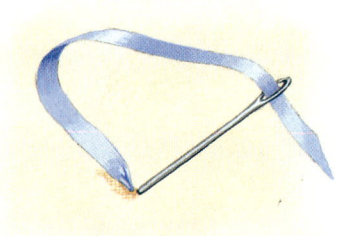

Haga este punto del mismo modo que el punto de cinta central, pero pase la aguja y la cinta a través del borde izquierdo de la cinta al reverso del tejido.

PUNTO DE CINTA A LA DERECHA

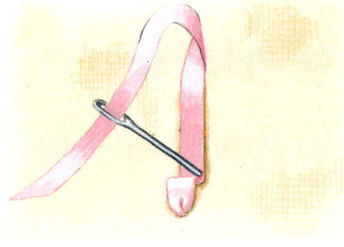

Haga este punto del mismo modo que el punto de cinta central, pero pase la aguja y la cinta a través del borde derecho de la cinta al reverso del tejido.

PUNTO DE CADENA DE CINTA
OTRO NOMBRE: lazy daisy

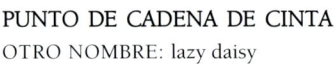

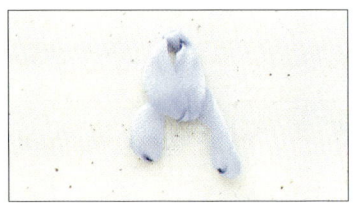

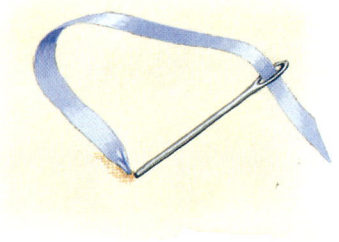

1 Puede variar este punto alterando el tamaño y escogiendo diferentes anchuras de cinta. Para empezar, pase la aguja hacia la superficie y vuelva a bajar cerca del agujero original.

2 Deje que la cinta repose sobre la superficie del tejido, creando un lazo sin girarse que haga la forma y longitud básica del punto acabado.

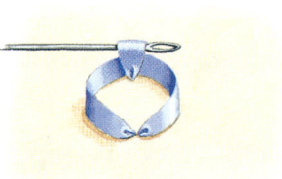

3 Vuelva a subir la cinta donde quiera que acabe el punto. Páselo por encima del lazo existente y, manteniéndolo plano con el ojo de una segunda aguja, páselo hacia atrás.

254

PUNTOS Y TÉCNICAS DE BORDADO EN CINTA

PUNTO DE CINTA DE BORDE CURVADO

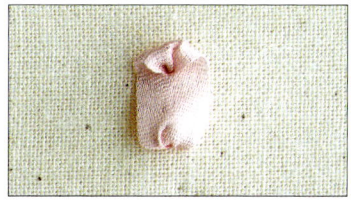

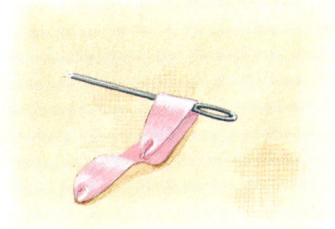

Hágalo como el punto de cinta central. Con el ojo de una segunda aguja, aguante la cinta recta y tensa. Estire de la cinta hacia atrás hasta que esté tensa alrededor de la aguja y saque la aguja.

Los nudos franceses trabajados en cinta pueden variar en tamaño desde el punto más pequeño hasta uno tan grande como la uña del pulgar, dependiendo de la anchura de la cinta escogida, el número de lazos trabajados y la tensión. Puede enrollar la cinta alrededor de la aguja tantas veces como desee para obtener resultados diferentes y atractivos. La fotografía muestra nudos franceses trabajados con uno, dos y tres lazos (de la fila de abajo hacia arriba) en las cuatro diferentes anchuras de cinta (de izquierda a derecha).

NUDO FRANCÉS

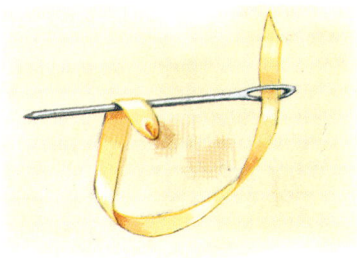

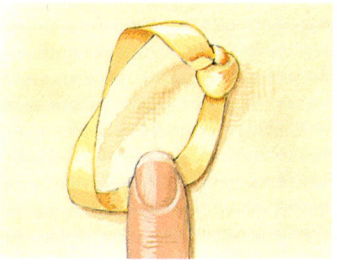

1 Fije la cinta y súbala a la superficie. Aguante la aguja ligeramente por encima del agujero por el que subió la cinta. Mantenga la cinta recta y enróllela alrededor de la aguja.

2 Aguante la cinta en la aguja e inserte la punta de la aguja cerca del agujero original en el tejido. Estire de la aguja hacia detrás sin estirar del nudo.

3 A medida que la cinta baje, coloque su dedo índice encima, cerca del nudo para mantenerlo en su lugar. Continúe estirando de la cinta hasta que el nudo sea del tamaño correcto.

NUDO FRANCÉS CON DOS NUDOS O MÁS

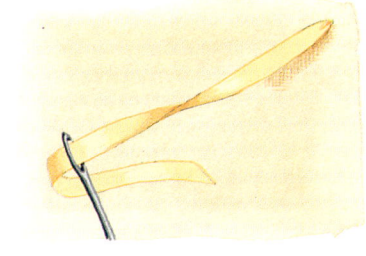

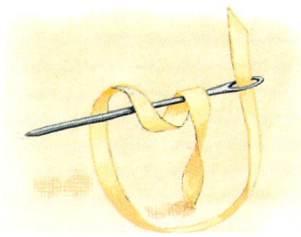

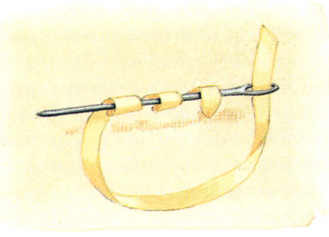

1 Los nudos franceses se pueden hacer con más de un lazo. Suba la cinta a la superficie y manténgala recta. Entonces gire la cinta una vez en el sentido de las agujas del reloj.

2 Aguante la aguja en la misma posición que para el nudo básico y enrolle la cinta dos veces o más. Pase la aguja y la cinta y acabe el nudo normalmente.

3 Evite enrollar la cinta totalmente lisa sobre la aguja ya que no formará un nudo.

ADORNANDO LA SUPERFICIE

Manta de capullo de rosa para cuna

La forma más dulce de acunar a su bebé es un enrejado delicado de dulces capullos de rosa. Las cintas de bonito color en tono pastel se trabajan en pequeños puntos que el bebé no podrá estirar con las uñas. Trabajado con solamente dos cintas y unos cuantos puntos de bordar, esta manta es una forma relajante de iniciarse en el bordado con cinta y le asegurará una gran cantidad de noches de tranquilidad para su bebé. Diseño de Ann Cox

Área de diseño

6 x 8 cm

Materiales

78 x 107 cm de tejido de manta de pura lana blanca

Cintas e hilos de bordar (ver la lista de códigos del diagrama)

Hilos de algodón que estén conjuntados con las cintas

78 x 107 cm de tejido de algodón

4,5 m de ribete de raso para manta

Equipamiento

Alfileres

Hilos para hilvanar que contrasten

Aguja crewel de tamaño 8

Tijeras de bordar

Papel de calcar y lápiz

10 x 12 cm de cartulina

Aguja grande

Regla larga

Aro de colchadura

Agujas de canilla de tamaños 18 y 24

Hilo de coser que vaya bien con el diseño

1 Coloque el tejido de lana sobre una superficie plana y limpia. Dóblelo en diagonal, marque la línea con unos cuantos alfileres e hilvane a lo largo de la línea usando un hilo que contraste. Doble el tejido trazando la diagonal opuesta e hilvane como antes. Usando hilos de diferentes colores, cosa una línea de puntos a 10,5 cm de las diagonales.

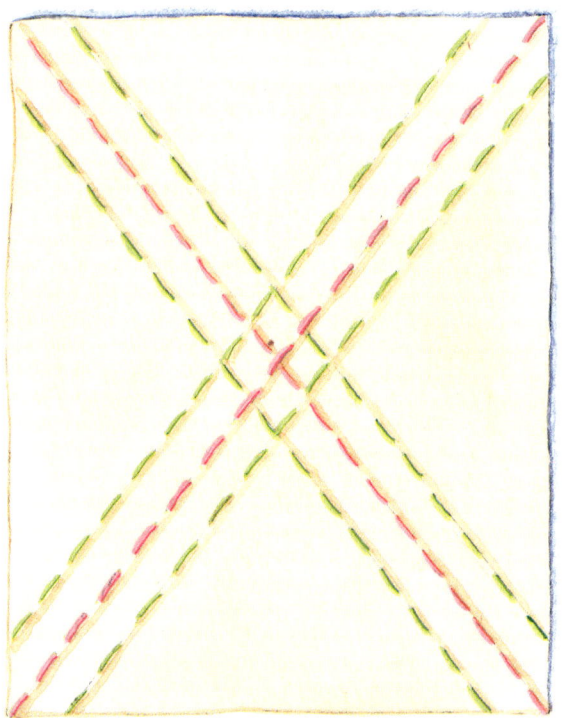

Establezca las líneas básicas (rosa) y las de guía (verde) para el diseño

2 Saque el hilo que usó para hilvanar las primeras líneas base. Continúe hilvanando líneas a intervalos de 21 cm hasta cada esquina desde las cuatro líneas de guía originales.

3 Corte una longitud de algodón perlé 25 cm más larga que las guías más largas, fíjelo al final y colóquelo a lo largo de una de las líneas centrales. Cosa un hebra de hilo de algodón con la aguja crewel y, con puntos en un ligero ángulo embosque el algodón perlé (ver página 189) a lo largo de la línea de guía. Fije los cabos del hilo. Repita hasta que todas las guías se hayan emboscado y entonces elimine todos los puntos con los que hilvanó.

4 Calque el diseño del diagrama de la página 259 y páselo a una cartulina para hacer un molde. Usando una aguja grande haga un agujero a través de la cartulina en el centro de la rosa y en la punta de cada pétalo. Marque la parte superior e inferior de cada capullo y el centro de cada nomeolvides del mismo modo. Marque las líneas para el enrejado en lápiz hasta los bordes de la cartulina.

5 Con el tejido de lana sobre una superficie lisa, coloque el molde de forma que las líneas de lápiz para el enrejado coincidan con una intersección de hilo emboscado en la manta. Usando un alfiler compruebe que el centro de la rosa en el molde está exactamente donde los hilos se cruzan. Manteniendo el molde en la misma posición y usando un lápiz afilado fino haga un punto a través de los agujeros en el molde para marcar la punta de cada uno de los seis pétalos de rosa.

6 Coloque el tejido en el aro tensándolo lo suficiente para mantenerlo firme sin estirarlo demasiado. El tejido de lana es delicado, por lo que saque el aro cuando deje de trabajar el bordado.

Rosa

7 Enhebre una aguja de canilla de tamaño 18 con la cinta rosa de 7 mm. Para hacer los pétalos, saque la aguja muy cerca del centro cada vez, pero no a través del mismo agujero. Haga seis pétalos con puntos de cinta central con un borde curvado, bajando la aguja en cada punto marcando la punta del pétalo. Fije la cinta en el reverso de la labor.

8 Usando la cinta amarilla de 4 mm haga un nudo francés (ver página 205) con dos lazos en el centro de la rosa. Fíjelo. Con una hebra de hilo de algodón amarillo pálido haga pequeños nudos franceses con un lazo alrededor del nudo francés de cinta para completar el estambre.

Capullos y tallos

9 Vuelva a colocar el molde de encima del bordado y marque la parte superior e inferior de cada rosa en el tejido.

10 Hilvane una aguja de canilla del tamaño 18 con la cinta rosa de 4mm. Haga tres capullos con punto de cinta central y fije la cinta después de completarlo.

11 Con el algodón para bordar verde haga un tallo en punto recto desde la rosa a la base del capullo superior. Haga punto recto desde la base hasta el centro del capullo y entonces un punto mosca (ver página 205) para ahuecar el borde inferior del capullo y acabar el cáliz.

12 Suba el algodón de bordar verde a la superficie de nuevo justo a la izquierda del tallo, por debajo del siguiente capullo de abajo. Pase la aguja por debajo del tallo principal y haga punto recto por un tallo lateral a la base del segundo capullo, estirando del hilo del tallo principal ligeramente hacia la izquierda. Haga el cáliz para este capullo del mismo modo que para el primero.

Estire del hilo a cada lado para crear un tallo realista

13 Haga el tallo y el cáliz para el último capullo del mismo modo, estirando del tallo principal ligeramente hacia la derecha. Repita el proceso para completar los otros tres tallos de capullos.

Nomeolvides

14 Vuelva a colocar el molde sobre el bordado y haga un punto en el tejido para el centro de cada nomeolvides. Haga los tallos, emboscando dos hilos de bordar verdes con una hebra.

15 Enhebre una aguja de canilla de tamaño 24 con primero 2 mm de azul y después los 2 mm de cinta rosa para hacer nudos franceses de un lazo. Entonces, haga un círculo de cinco nudos franceses para tres flores completas y un triángulo de tres nudos para la flor pequeña de cada tallo. Haga tres puntos rectos pequeños usando la cinta azul al final de cada tallo. Acabe los centros de cada flor con un nudo francés de dos lazos usando dos hebras de hilo de algodón amarillo pálido.

16 Borde un grupo de las mismas flores en cada intersección del enrejado en el tejido. Cuando haya acabado el bordado asegúrese de que elimina el hilvanado y no hay cabos sueltos de hilo o cinta en el reverso del trabajo.

17 Coloque el bordado acabado boca abajo sobre una superficie plana y lisa. Entonces presione el tejido de algodón y colóquelo sobre el tejido de lana. Trabajando desde el centro hacia fuera haga filas de puntos largos a intervalos de 10 cm a través de ambas capas de tejido.

18 Gire el tejido de forma que el lado del bordado esté mirando hacia usted. Empezando en el final de uno de los lados cortos, coloque el raso con alfileres ciñendo el borde, asegurándose de dejar 8 cm de longitud colgando en la esquina. Fije el lado más ancho del ribete, que se compra ya doblado, al tejido.

19 Cuando alcance el otro final del primer borde, mantenga el ribete plano e inserte un alfiler 5 mm más allá del lado largo del tejido. Doble el ribete hacia arriba formando ángulos rectos para hacer una ensambladura de 45°. Presione la doblez.

Doble el ribete para ensamblar la esquina de la manta

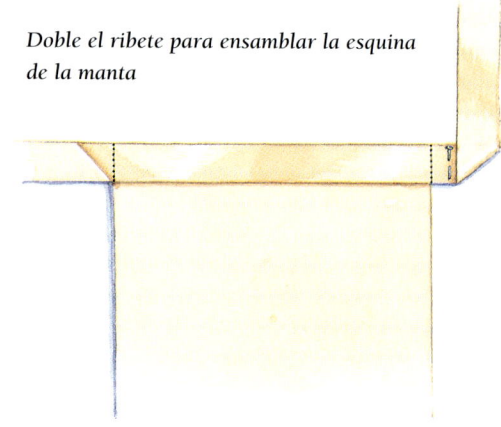

MANTA DE CAPULLO DE ROSA PARA CUNA

20 Saque unos cuantos alfileres a lo largo del borde. Abra el ribete y dóblelo con los lados buenos juntos en ángulos rectos en el punto que usted ha presionado para ensamblar. Fije con un alfiler las dos capas de ribete a lo largo del pliegue central. A continuación, cosa a máquina ambos lados de las líneas de la doblez, empezando y acabando con unos cuantos puntos en un ángulo por el lado de la costura para darle mayor fortaleza. Fije los hilos y corte la costura.

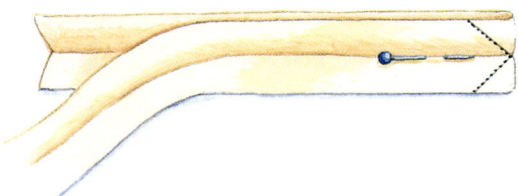

Fije ambas capas con un alfiler en la línea del centro, preparándolo para coser a máquina el ensamblado

21 Presione ambos lados de la costura ensamblada teniendo cuidado de no aplanar la doblez original a lo largo. Gire el ribete hacia fuera y presione la esquina ensamblada de nuevo.

22 Coloque la cenefa ensamblada sobre la esquina de la manta y fíjela con alfileres por el lado largo. Haga otra ensambladura en el ribete del mismo modo mientras trabaja alrededor a las dos otras esquinas.

23 Para ensamblar la última esquina, fije el ribete con un alfiler a ambos lados e inserte un alfiler y doble ambos lados del ribete como antes. Compruebe que no esté girado en ningún lado. Presione las dobleces de la ensambladura, abra el ribete y coloque los alfileres de modo que las líneas de la ensambladura estén exactamente una sobre la otra. Cosa a máquina y remate el ensamblado como antes.

24 Coloque la manta sobre una superficie limpia y plana boca arriba. A continuación, coloque otra capa de ribete boca arriba sobre los bordes de los dos tejidos. Fije todas las esquinas con alfileres y después hilvane el lado bueno del ribete a ambos tejidos. Cosa a máquina la capa superior de raso al tejido de lana con mucho cuidado a lo largo del lado del ribete. Gire la manta y cosa el otro lado del ribete a la línea de la máquina. Finalmente saque los hilos del hilvanado.

LISTA DE CÓDIGOS DE LA MANTA DE CAPULLOS DE ROSA PARA CUNA

Cinta de seda YLI de 4 mm x 1,5 m en 14

Cinta de seda YLI de 4 mm x 5 m en 05

Cinta de seda YLI de 7 mm x 4 m en 05

Cinta de seda YLI de 2 mm x 8 m en 163

Cinta de seda YLI de 2 mm x 1,6 m en 26

Nudo francés en hilo de algodón DMC 737 o Anchor 292

Punto recto en algodón perlé nº 5 para unir el tejido de la manta

Punto recto en algodón de bordar tamaño 16 en DMC 38140 o Anchor 214

Nota: necesitará una madeja de cada tono

Paño de flor de primavera

Es increíble con qué facilidad la cinta de seda se puede formar para que parezca una miríada de diferentes flores, y este bonito panel podría ser el principio de una aventura adictiva con sus ocho flores escogidas especialmente. Explore su creatividad siguiendo los simples pasos para pintar un jardín de fondo y los tulipanes y el resto de flores emergerán en seda con toda la gracia y la delicadeza de una cosa real. Diseño de Ann Cox

Área de diseño

20 x 25 cm

Materiales

35 x 40 cm de calicó de peso medio

Cintas e hilos de bordar (ver la lista de códigos del diagrama)

Hilos de algodón para unir las cintas

Equipamiento

Papel de calcar y lápiz

Marco de bordar

Pinceles finos y largos y paleta.

Pintura para tejidos en rojo, azul y amarillo

Hilo para hilvanar

Pintura plateada

Pinturas para seda en rojo, azul y amarillo

Esponja natural

Aguja crewel tamaño 8

Aguja de canilla tamaño 18 y 24

Tijeras de bordar

Cartón para estirar el bordado

Hilo fuerte para enlazar

Marco a su elección

1 Fotocopie el molde de la página 265, aumentándolo un 250 por ciento. Transfiera el molde a papel y entonces recórtelo alrededor del borde exterior. Coloque el molde sobre el calicó y fíjelo con alfileres en su posición.

2 Usando una aguja larga haga agujeros a través del papel a lo largo de la pared de piedra del diseño. A continuación marque el tejido a través de los agujeros con un lápiz muy fino y afilado. Una vez que las marcas estén completas, saque el molde y con el mismo lápiz dibuje ligeramente la misma pared sobre el calicó.

3 Presione el calicó con cuidado y entonces estírelo en el marco de bordado. Diluya algo de pintura azul en agua para conseguir un tono azul pálido. A continuación, humedezca el calicó con agua limpia y un cepillo grande. Empiece en la parte superior del tejido y dele un toque de color aproximadamente una cuarta parte hacia abajo. Entonces limpie el cepillo y con agua limpia vaya por encima del trozo azul para diluir el color en algunas zonas y difuminar otras zonas del cielo completamente.

4 Ahora mezcle unas cantidades de pintura para el tejido amarillo y azul con agua limpia para hacer un verde claro. Haga una banda de unos 2 cm de verde a lo largo del área del diseño por encima del nivel de la pared de piedra. Entonces, diluya esta zona con agua limpia hasta que se mezcle con el color del cielo.

5 Mezcle un verde un poco más oscuro y entonces, asegurándose de que el calicó sigue húmedo, pinte una línea bajo la base de la pared. Difumine el color a lo largo del borde inferior como antes. Deje secar el calicó de forma natural o también puede acelerar el proceso con un secador.

6 Vuelva a colocar el molde con cuidado sobre el calicó, uniendo las marcas para la pared. Entonces hilvane una línea de guía alrededor del contorno del molde.

7 Practique con la pintura plateada en un trozo de tejido que no le sirva. Entonces pinte alrededor de cada piedra en el muro, asegurándose de que no hay ninguna rotura entre líneas. Déjela secar. Mezcle las tres pinturas para seda para obtener el color gris y dilúyala un poco para hacerla más pálida. Humedezca cada piedra con agua y entonces pinte parcialmente cada una con dos tonos de gris. Deje secar el calicó.

8 Mezcle el azul, el amarillo y un poco de rojo para hacer dos tonos de verde. Moje la esponja y escurra el exceso de agua. Usando los dos verdes para crear zonas claras y sombrías, coloque la esponja por el fondo para las plantas trepadoras.

9 Usando los mismos verdes y un pincel más fino pinte ligeramente la hierba aleatoriamente para la parte trasera del borde de la flor. Finalmente, para añadir mayor profundidad, coloque la esponja con color verde a lo largo de la base del borde y la parte superior del muro. Deje secar el calicó completamente y fije los colores con una plancha siguiendo las instrucciones del fabricante.

10 Ya está listo para empezar a bordar. Recuerde empezar y fijar las cintas con seguridad después de haber hecho cada componente del diseño.

Plantas trepadoras

11 Coloque el molde sobre el área del diseño y marque el inicio y el final de los tallos de la trepadora en el calicó. Corte dos hebras de cada hilo de algodón marrón 829, 854 y 856 en longitudes de 20 cm. Mezcle las hebras para mezclar los colores y entonces dóblelas por la mitad. Coloque el lazo en la base del tallo de la trepadora y fíjelo con un alfiler.

12 Con cuidado gire las dos longitudes de seis hilos durante unos 9 cm hasta que los tallos se separen. En este punto, divida cada grupo en dos, con tres hebras cada uno. Coloque estas ramas más finas en posición para una distancia corta.

PAÑO DE FLOR DE PRIMAVERA

ADORNANDO LA SUPERFICIE

Entonces separe las hebras de nuevo en una y dos y fíjelas con un alfiler en su lugar. Embosque las ramas (ver página 189) en su lugar con hilo de un tono acorde.

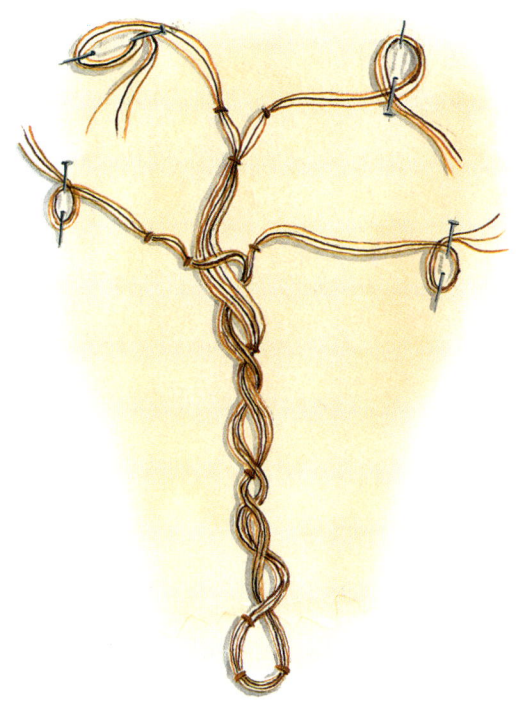

Vaya dividiendo las hebras de hilo para hacer ramas más finas

13 Haga las flores de la trepadora aleatoriamente a lo largo de las ramas usando cinta rosa de 4 mm en tonos 05 y 08. Enhebre la cinta en la aguja de canilla de tamaño 18, fíjela con un nudo y súbala por el centro de cada flor. Haga cuatro pétalos con punto de cinta colocado a distancias bastante parejas. Fije la cinta en el reverso y empiece de nuevo si la siguiente flor está a más de un centímetro de distancia.

14 Acabe cada flor usando una hebra de hilo de algodón amarillo pálido 745. Haga un nudo francés con dos lazos en el centro, rodeado por un grupo colocado aleatoriamente de nudos franceses de un lazo. Para acabar la trepadora haga las hojas en punto de cinta con la cinta verde de 4mm en tonos 20 y 72.

Dedaleras

15 Vuelva a colocar el molde y marque la parte superior e inferior de cada tallo de dedaleras. Usando el algodón para bordar 3346 coloque el primer tallo trabajando desde la base hasta la punta. Vuelva a subir el hilo hacia arriba fuera del área del diseño y coloque la aguja en el calicó. Envuelva el hilo alrededor de la aguja para mantenerlo tenso.

16 Trabaje los pétalos que quedan por debajo del tallo de la dedalera con la cinta de color malva 179. Suba la cinta cerca del tallo y haga un punto recto, estirando el borde con el ojo de una segunda aguja. Vuelva a bajar a la base del pétalo. Siga trabajando el tallo alternando de lado a lado y haciendo cada par de puntos ligeramente más pequeños que el anterior, acabando a 1,5 cm de la punta del tallo.

Haga los bordes rectos en los primeros pétalos para seguir subiendo el tallo

17 Borde una capa de pétalos en punto de cinta sobre la primera usando cinta malva pálida 178, de nuevo empezando por la parte inferior y subiendo. Suba la cinta entre el tallo y el pétalo existente. Trabaje un punto de cinta central más corto con el borde curvado sobre la base del pétalo. Continúe el tallo hasta que casi todos los pétalos de la base estén cubiertos. Cubra el resto con la misma cinta malva pálida y con puntos rectos más pequeños para hacer capullos. Estire después de que se haya trabajado cada flor.

Cubra los pétalos de la base con puntos más pequeños en un color más pálido

18 Afloje el hilo para el tallo y estírelo desde el reverso. Súbalo justo por encima del tallo y entonces haga un punto recto para que parezca un capullo que no se ha abierto. Haga otro capullo al otro lado del tallo justo por encima del primer capullo malva. Usando el mismo hilo haga un pequeño punto recto a través de la parte superior de cada flor y vuelva a bajarlo a través del tallo para hacer el cáliz en cada uno. Haga el resto de las dedaleras del mismo modo.

Haga los cálices pequeños hacia abajo del tallo con puntos rectos

PAÑO DE FLOR DE PRIMAVERA

Lirios

19 Vuelva a colocar el molde y marque todas las puntas de los lirios y la base de sus tallos, donde los pétalos más oscuros se juntan. Empiece con el lirio situado más a la izquierda del tallo de la trepadora, haciendo un lazo con la cinta azul pálido 126. Fije el aro en la parte superior con un punto de cadena de cinta.

20 Usando el algodón de bordar verde claro 3814 haga un punto recto desde la base del pétalo azul a la base del tallo.

21 Para acabar los pétalos fíjese en el diagrama y suba la cinta azul oscura 117 a la superficie por la punta del pétalo yendo hacia la derecha del lirio. Saque la cinta sin estirar demasiado detrás del lazo del punto de cadena y hacia debajo en la punta del pétalo en el lado contrario. Use el ojo y la aguja para evitar que se haga un nudo. Pase la cinta por detrás del punto de cadena y hacia debajo de nuevo en B. Suba la cinta justo encima de la parte superior del tallo y a través del lazo del punto de cadena. Haga el pétalo central de una longitud similar a los otros y vuelva a pasar la cinta hacia abajo en la punta. Fíjela.

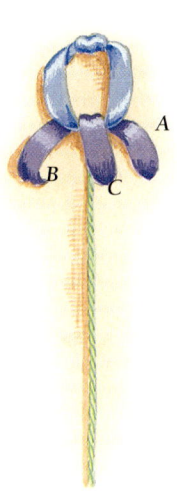

El lirio es efectivo en dos tonos de azul

22 Para hacer las hojas haga tres o cuatro puntos largos rectos con la cinta más estrecha de color verde claro 33. Deje que la cinta se gire una vez y en alguna ocasión dos veces para añadir textura. Complete el resto de los lirios el mismo modo haciendo los del fondo primero y los de delante después.

Jacintos

23 Vuelva a colocar el molde y marque la parte superior e inferior de cada uno de los cinco jacintos. Empiece con los tres más oscuros usando la cinta de color azul oscuro 45. Haga una fila de seis o siete nudos franceses con dos lazos, uno por encima del otro. Entonces haga una fila de nudos franceses con un lazo alrededor, manteniéndolos cerca de la primera fila. Complete las tres flores. Haga los dos jacintos que quedan del mismo modo con la cinta de color azul 46. Fije cada flor que haga.

24 Haga los tallos de los jacintos con un punto recto en algodón de bordar 3346 para cada flor. Haga las hojas en la cinta más estrecha de color verde oscuro 21 con puntos rectos de longitudes que varíen y que salgan de la base de cada tallo.

Tulipanes

25 Vuelva a colocar el molde y marque la base del tallo y la parte superior e inferior de las flores en todos los tulipanes. Pase una cinta de color crema pálido 156 desde el frente al reverso y fíjela en la parte inferior de la flor más a la izquierda. Haga un punto de cinta central pasando la cinta de nuevo hacia abajo en la punta de la flor. Haga el resto de las flores de los tulipanes asegurándose de fijarlas después de hacer cada flor.

26 A continuación haga tallos para todos los tulipanes, cada uno con un punto recto en algodón de bordar verde pálido 369. Haga las dos hojas para cada tulipán usando la cinta más ancha de color verde claro 33. Fija la cinta a la base el tallo y haga un punto de cinta central, a la izquierda o a la derecha, como mejor quede a la flor, tensando el punto.

Narcisos

27 Vuelva a colocar el molde y marque la posición para todos los pétalos de los narcisos y la parte inferior de los tallos. Usando la cinta amarilla pálida 13, suba a la superficie en la punta de cada pétalo y baje en el centro de cada flor, pero no a través de cada agujero.

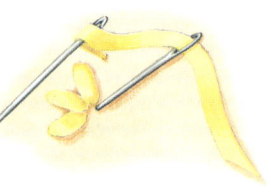

Haga cuatro pétalos amarillos ayudándose con una segunda aguja

28 A continuación tome un cabo de la cinta de color amarillo oscuro 145 a través del centro del narciso y fíjelo en el reverso. Vuelva a enhebrar la cinta en la superficie y baje la aguja en la punta de la trompeta. Use el ojo de la segunda aguja para estirar de la cinta y hacer el borde plano.

Asegúrese de que la flor del narciso tiene un borde plano

29 Haga los tallos de los narcisos con un punto recto en algodón de bordar de color verde claro 369. Haga las hojas del mismo modo que el lirio, usando la cinta verde más estrecha 20. Complete todos los narcisos fijando cada flor una vez que esté acabada.

Prímulas

30 Primero haga las hojas de estas flores. Vuelva a colocar el molde y marque el punto central de cada planta y el borde de cada hoja. Fije la cinta de color verde 20 más ancha en el reverso de uno de los centros. Haga de cinco a siete hojas en cada planta en punto recto, usando el ojo de una segunda aguja para estirar de la cinta desde el centro al final de cada hoja.

31 Haga un nudo francés con dos lazos usando la cinta amarilla pálida 72 de 7 mm para cada una de las flores de la planta a mano izquierda y en cinta de color dorado 46 de 7 mm para las flores en la otra planta. Para crear una superficie más suave en las flores use el ojo de otra aguja para mantener la cinta plana mientras la estira hacia el reverso.

32 Usando tres hebras de hilo de algodón amarillo 745 haga un nudo francés con tres lazos en el centro de cada nudo hecho con cinta. Con una sola hebra de hilo verde 937 haga el tallo en punto recto de cada flor hacia el centro de la planta.

Aubrietas

33 Estas hojas, colocadas de forma aleatoria para crear el fondo, también se trabajan antes que las flores pequeñas. Haga una mezcla de cinta y puntos rectos con la cinta verde oscura 21 de 4 mm y la cinta verde 72 doblando las hojas alrededor de las bases de las otras flores.

34 Haga las flores en cinta de 4 mm en grupos de fucsia 145, malva oscuro 177 o azul 117 con cinta de 4 mm para cada planta. Para hacer cada flor haga un lazo de punto recto, levantando el lazo con el ojo de una segunda aguja a una altura equivalente a la anchura de la cinta. Usando dos hebras de hilo de algodón amarillo pálido 745 haga un nudo francés con un lazo en el centro de cada lazo hecho con cinta, estirándolo. Fije cada flor una vez esté acabada.

Hierba y musgo

35 Con una hebra de hilo de algodón verde 937 haga unas cuantas hierbas rectas detrás de los jacintos. Haga unos cuantos más a lo largo de la base de la pared usando verde musgo y verde oscuro.

36 Para completar el diseño, añada pequeños parches de musgo entre las piedras. Haga nudos franceses con un lazo en una sola hebra de una selección de los hilos verdes.

37 Saque el bordado del marco. Entonces saque el hilo con el que hilvanó. Asegúrese de que no hay cabos sueltos en el reverso de la labor y entonces prense el tejido sin tocar el bordado. Estírelo y enlácelo sobre un trozo de cartón cortado a la medida del marco escogido.

LISTA DE CÓDIGOS DEL PAÑO DE FLOR PRIMAVERAL

① 1 Cinta de seda YLI de 4 mm x 1,5 m en 20
② 2 Cinta de seda YLI de 4 mm x 1,5 m en 72
③ 3 Cinta de seda YLI de 4 mm x 1,4 m en 05
④ 4 Cinta de seda YLI de 4 mm x 1,4 m en 08
⑤ 5 Cinta de seda YLI de 4 mm x 1,5 m en 179
⑥ 6 Cinta de seda YLI de 4 mm x 1,5 m en 178
⑦ 7 Cinta de seda YLI de 4 mm x 1m en 126
⑧ 8 Cinta de seda YLI de 4 mm x 1m en 11
⑨ 9 Cinta de seda YLI de 2 mm x 2 m en 33
⑩ 10 Cinta de seda YLI de 7 mm x 60 cm en 156
⑪ 11 Cinta de seda YLI de 7 mm x 1 m en 33
⑫ 12 Cinta de seda YLI de 7 mm x 70 cm en 15
⑬ 13 Cinta de seda YLI de 7 mm x 70 cm en 54
⑭ 14 Cinta de seda YLI de 7 mm x 70 cm en 20
⑮ 15 Cinta de seda YLI de 4 mm x 1,5 m en 145
⑯ 16 Cinta de seda YLI de 4 mm x 1,5 m en 177
⑰ 17 Cinta de seda YLI de 4 mm x 1,5 m en 177
⑱ 18 Cinta de seda YLI de 4 mm x 2 m en 21 y 72
⑲ 19 Cinta de seda YLI de 4 mm x 2 m en 46
⑳ 20 Cinta de seda YLI de 4 mm x 3 m en 45
㉑ 21 Cinta de seda YLI de 2 mm x 3 m en 45
㉒ 22 Cinta de seda YLI de 7 mm x 40 cm en 15
㉓ 23 Cinta de seda YLI de 4 mm x 1,4 m en 13
㉔ 24 Cinta de seda YLI de 2 mm x 1,5 m en 20

Nudos franceses en hilo de algodón DMC 745 o Anchor 292
Nudos franceses en hilo de algodón DMC 744 o Anchor 295
Algodón de bordar en DMC 3346 o Anchor 292
Algodón de bordar en DMC 3814 o Anchor 214
Algodón de bordar en DMC 369 o Anchor 260
Hilo de algodón en DMC 522 o Anchor 859
Hilo de algodón en DMC 937 o Anchor 268
Hilo de algodón DMC en 829, 854, 856
Contorno del muro

Nota: necesitará una madeja de cada hilo de arriba y una selección de hilos de algodón en tonos verde claro y oscuro para la hierba y el musgo de la pared

PAÑO DE FLOR DE PRIMAVERA

Agrandar un 250%

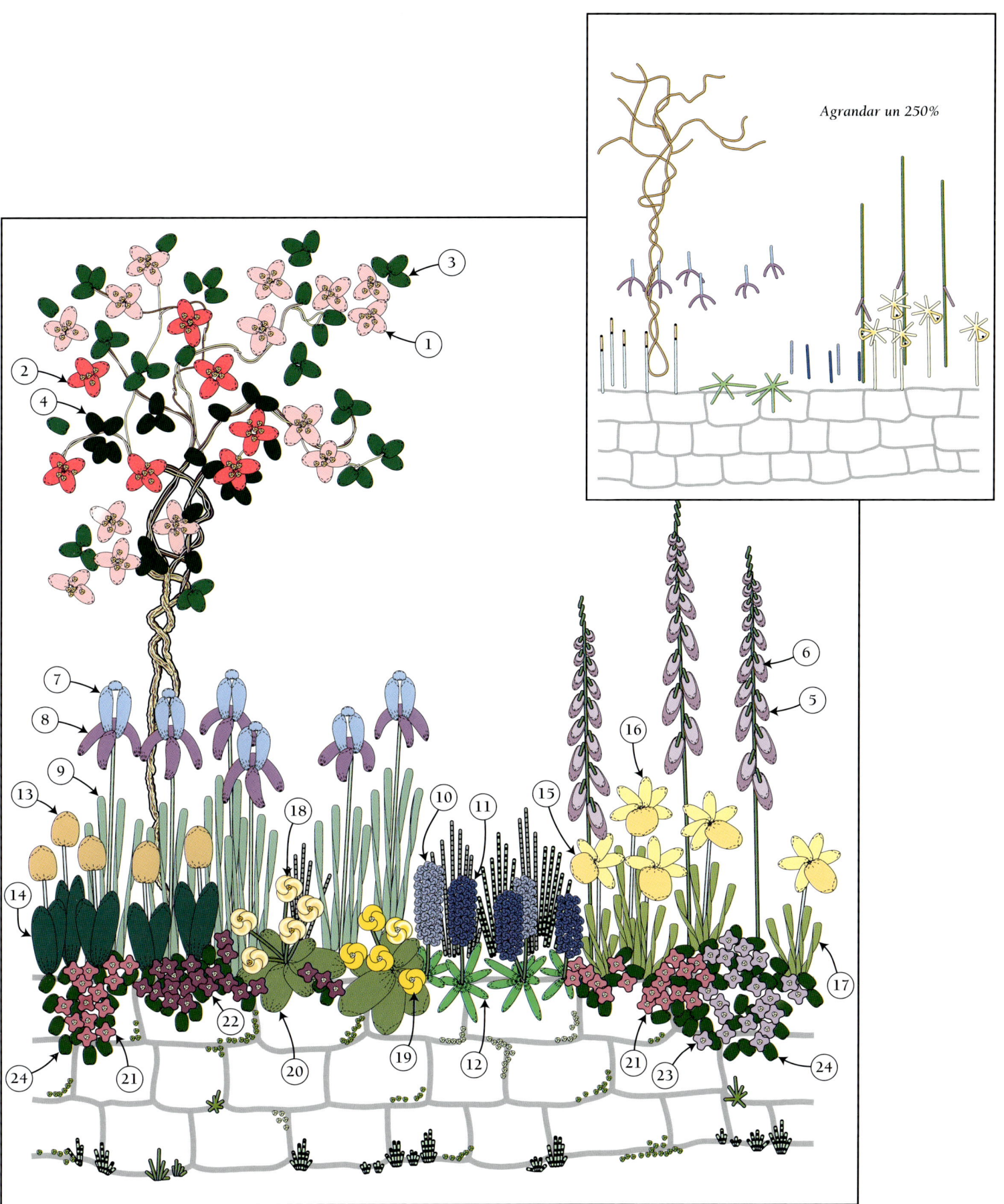

265

Labor en dorado

El oro ha sido considerado durante mucho tiempo un símbolo de riqueza y de poder. Los tejidos trabajados en oro eran un símbolo de estatus deseable y tenían un rol importante en la diplomacia internacional. El oro fue descubierto pronto y fue usado en primer lugar como metal batido puro en hebras finas o cortado en formas y cosido sobre el tejido. Aparte de su coste era apreciado en el bordado porque, al contrario que la plata, no pierde lustre. Se usó primero en el Este y en Egipto, Siria y Babilonia, el Antiguo Testamento describe el oro cortado en tiras para trabajar sobre lino de color. De ahí se llevaron las técnicas de labor en oro a Grecia y Roma. El centro principal era lo que ahora es Beirut, donde los bizantinos controlaron los bordados en oro.

Abajo: Detalle de St Peter en St Cuthbert, Durham, Inglaterra, trabajado entre 909 y 916

La habilidad de trabajar hilo de oro estaba muy valorada e iba pasando de generación a generación en las familias. Las mujeres aristócratas también trabajaban la labor en oro. En el siglo XI, la hija de la segunda mujer de Canute rechazó el matrimonio y se fue a un convento en Ely donde ella y sus doncellas se dedicaron al bordado en oro. Los primeros ejemplos que sobreviven de esta labor en Inglaterra son la estola y la manopla de San Cuthbert en la catedral de Durham en la que se emboscaba el metal puro cinco hilos por milímetro. Esta técnica puede que tenga su origen en Persia, ahora Irán, y alcanzó su punto máximo en *opus anglicanum*.

Bordado supremo y diseño

El *opus anglicanum* se caracteriza por el uso del emboscado, lo que permitía cubrir zonas amplias rápidamente. El hilo de seda o de oro para el fondo se solía colocar de forma vertical paralelo a la urdimbre del lino. El fuerte punto de emboscado se sacaba por encima del hilo de oro y volvía por el mismo agujero pasando un pequeño lazo de hilo dorado al reverso del tejido. Esto significa que una pequeña cantidad de oro se perdía en el reverso del tejido. El punto emboscado es invisible y como está protegido, dura mucho. A través de la colocación cuidadosa de puntos, patrones sutiles como los galones, las formas de diamantes o de ladrillos podían añadir riqueza al fondo, creando facetas que reflejarían la luz cuando los llevaban. Esta técnica también tiene la importante ventaja de crear un tejido flexible. Los hilos de seda emboscada se solían combinar con la labor en oro. Aunque se ve con su máximo esplendor en el *opus anglicanum* el emboscado también se trabajó en Sicilia, Francia e Italia.

Esta labor llevaba mucho tiempo y era muy cara. Por ejemplo, las cuentas del convento de Westminster reflejan el pagao de la parte frontal de un altar en 1721. Los costes incluían 36 libras de sueldo para cuatro mujeres que trabajaron durante 3 años y 9 meses y más de 220 libras por los hilos de oro y seda, las perlas, los esmaltes y el granate colocado en placas de oro y plata. Desgraciadamente la mayor parte de esta labor fue destruida, ya fuese para recuperar las piedras semipreciosas y los metales preciosos o durante la Reforma.

Para mantener el alto nivel los bordadores que producían labor en oro estaban controlados estrictamente. Sólo podían trabajar profesionalmente después de completar una dura formación, no podían trabajar con luz artificial, solo con luz del día, y los propietarios de los talleres tenían restringido el número de aprendices usado para las labores para asegurar que aprendiesen adecuadamente. Los trabajadores en oro tenían prohibido usar oro de baja calidad y se arriesgaban a que les quemasen la labor si lo hacían. Tenían permitido trabajar en seda. Sabemos por manuscritos ilustrados que el tejido que se iba a trabajar se estiraba en marcos de madera aguantados en caballetes y se mantenía tenso por fuertes puntos. Desafortunadamente, no ha sobrevivido ninguna aguja ya que eran muy finas.

Además de la alta calidad del bordado, el *opus anglicanum* es especial a causa de la calidad del diseño, el fino dibujo de figuras y la disposición del tejido, (particularmente unos trajes eclesiásticos exteriores semicirculares) que eran los más importantes. Los artistas profesionales eran empleados por ricos patrones de la Iglesia, la nobleza y las clases mercantes para diseñar bordados. En los lugares donde se ha ido el bordado es posible a veces ver el dibujo original. Se ha sugerido que ilustradores de manuscritos también diseñaron labores de *opus anglicanum*. A veces se usaba terciopelo, el tejido de seda más caro, para los fondos y esto causó problemas, ya que los diseñadores a veces dibujaban el diseño en lino blanco o seda que se aplicaba sobre el terciopelo y se trabajaba.

Página opuesta: Detalle de Whalley Abbey Dalmatic, Inglaterra, alrededor de 1415-1430. La banda de opus anglicanum está trabajada con una escena de la vida de la virgen. El fondo tiene hilos de oro emboscados y las figuras están bordadas con seda

ADORNANDO LA SUPERFICIE

Arriba: Juana de Arco, *por Doris Taylor, hacia 1914. Oro, plata y seda emboscados se mezclan con el bordado en seda y las cuentas*

Derecha: Vestido de cortesana, Inglaterra, década de 1740. La seda roja está adornada con bordado en plata

Debajo: Daniel en el cercado de los leones, *por Mhairi McIver, 1956. Esta labor muestra bordado a máquina, appliqué y labor en oro*

Insignias

El hilo de bordar metálico también se usaba para decorar insignias como banderas heráldicas y tabardos y todavía se usa hoy en día en vestidos de la corte y uniformes militares. Los vestidos de la corte de finales del siglo XVII y del siglo XVIII hicieron un uso pródigo de este bordado. Mientras un traje de hombre hecho de lana marrón bordado con plata y con fecha de la década de 1720 se puede ver el en museo de los vestidos de Bath, el vestido más magnifico en la colección del museo Victoria and Albert es una prenda de seda roja y plata llevada en la corte de George II durante la década de 1740. Su ancha falda con aros laterales está bordada con casi diez libras de plata en un diseño de Árbol de la vida con frutas exóticas y flores. El bordado fue trabajado por miembros de la familia Huguenot que emigraron a Londres desde Francia. Otro vestido de seda verde llevado por la Duquesa de Bedford se describió como «bordado muy ricamente en oro y plata y unos cuantos colores; los patrones eran festones de conchas, coral, cereal, aciano y algas marinas».

Supervivencia en el uso religioso

Aunque la labor en oro se pasó de moda en la ropa a finales del siglo XVIII, continuó siendo usada para la iglesia durante el siglo XIX. Con el renacimiento del interés por la arquitectura gótica fomentado por Augustus Pugin, arquitecto del Parlamento, se introdujeron nuevas colgaduras de cristal estañado y bordados en las iglesias. Se establecieron muchas sociedades para crear estos objetos entre las cuales destacaba especialmente la Ladies' Ecclesiastical Embroidery Society (Sociedad de mujeres bordadoras eclesiásticas) fundada en 1855. Producían trabajo influenciado por el arte secular contemporáneo y durante la década de 1860 el diseño era más afín a un medievalismo romántico del estilo de Edward Burne-Jones.

Durante la década de 1950 hubo un interés en la labor en oro entre los bordadores. Las técnicas de labor en oro estaban incluidas en paños decorativos ya que nuevos hilos metálicos y sintéticos más baratos estaban disponibles. El diseño de bordados para las iglesias adaptó las técnicas a los nuevos sustitutos sintéticos y también experimentó con combinaciones de técnicas de una forma innovadora. Hoy en día, se hace un gran uso del simbolismo y del diseño a la hora de mantener la arquitectura de la iglesia para darle un punto focal para la contemplación, incluso visto desde la distancia. Los colores vívidos se combinan a veces con las técnicas de la labor en oro. Los efectos tridimensionales y el bordado fino añaden variedad de textura y más detalles cuando se contemplan de cerca. Beryl Dean, Kathleen Whyte y Hannah Frew Paterson son las bordadoras más renombradas por haber producido labores innovadoras durante este tiempo.

LABOR EN DORADO

Izquierda: Detalle de un paño de altar, por Hannah Frew Paterson, 1993. Comisionado por la capilla de St Margaret en el castillo de Edinburgo. La pieza está trabajada en lino, sedas, piel, oro, perlas, seda, plata e hilos metálicos

Debajo: Nacimiento, por Midori Matsushima, 1999. El tejido usado es el kimono de seda y los huevos están hechos de fieltro relleno adornado con hilos de oro girados

269

Puntos y técnicas de la labor en oro

La labor en oro tiene una larga tradición y muchas de las técnicas todavía usadas tienen siglos. Podemos introducir nuevas ideas pero la belleza del bordado siempre vendrá de la riqueza de los hilos de metal y la forma en que la luz juega con las texturas y las formas. Aprenda a usar los materiales con confianza y creará diseños que contrastarán las líneas que fluyen con las zonas de textura y la luz con la sombra creando un efecto dramático.

Tejidos

Sedas de peso medio a alto, damascos, tejidos con textura y terciopelo. Todos ellos van bien como base para los hilos metálicos. Si el tejido es demasiado ligero, el bordado tan pesado hará que se encorve, aunque se puede prevenir trabajando sobre un tejido de algodón (ver página 17). Se pueden rellenar áreas de labor en oro y para eso necesitará trozos de fieltro en colores que vayan bien con su bordado. Como no se rompe, puede conseguir formas llamativas e incluso una sola capa de fieltro realzará su bordado.

El uso de pieles metálicas le da otra dimensión a la labor, con una superficie suave y brillante para romper el efecto de la textura de los hilos de oro. Están disponibles en una gran variedad, desde metálicos planos a colores iridiscentes y desde texturas suaves a arrugadas, aunque la calidad puede variar. Una piel de cabrito de buena cualidad es normalmente más suave y fácil de usar. Aunque sea cara, solo necesitará pequeñas piezas para llamar la atención, realzándolo con un relleno de fieltro.

Agujas

Use agujas crewel finas para los hilos metálicos ya que la aguja necesita pasar por el centro del hilo como una cuenta. Las agujas crewel de tamaño 9 o 10 son recomendables normalmente. Use una aguja crewel o afilada para emboscar los hilos y una aguja de canilla grande de tamaño 18 para hundir los hilos metálicos al reverso de la labor.

Hilos

El término labor en oro cubre todos los tipos de bordados que usen hilos metálicos, incluyendo el cobre, la plata, el oro y otros colores. La mayoría de los hilos tiene poco o nada de metal precioso en ellos y las descripciones se hacen solo en referencia al color del hilo. Los dos tipos principales son hilos de emboscar e hilos de punto de media invertida.

Hilos para emboscar

Este grupo incluye hilos de pase, giros, rococó e hilo de punto de media invertido de perla que están emboscados con puntos prácticamente invisibles en la superficie del tejido. Los hilos de pase, disponibles con un acabado suave o rugoso son tiras finas de metal enrollado alrededor de un núcleo de algodón. Como el nombre sugiere, los giros están hechos de un número de hilos metálicos muy finos girados muy juntos. Viene en una variedad de grosores. Los hilos de punto de media invertido de perla están hechos de alambre para crear una estructura que parece que se levante, parecido a una fila de cuentas o de perlas. Están disponibles en una gran variedad de tamaños desde muy pequeños a muy grandes.

Hilo de punto de media invertido

Tubos huecos de alambre muy fino. Son muy flexibles y se han de manipular con cuidado. Se cortan a la longitud que se necesite y se cosen en su lugar como cuentas. Están disponibles en una variedad de acabados y grosores. Cuanto más grande sea el número más estrecho es el tubo. Este tipo de hilo tiene un acabado muy brillante, el áspero es igual pero con la superficie áspera y el brillante tiene un aspecto enroscado.

Otros hilos y materiales

Necesitará hilo de coser de algodón o poliéster, fortalecido con cera, en colores que estén acordes con los colores del diseño para emboscar hilos de metal y pieles. Se pueden usar sedas de diferentes colores e hilos de algodón tanto para emboscar como para añadir profundidad y sombreado a determinadas zonas.

Los materiales metálicos como la plata plana a veces pueden realzar la labor en oro, pero se deberían usar con discreción. La cuerda de algodón empaquetado, ya algo encerada, es también útil para rellenar produciendo líneas fuertes y duras.

Herramientas adicionales

Estire siempre su labor en un marco o bastidor y considere colocar una tela de fondo para aguantar los pesados hilos. Use una par de tijeras de bordar viejas para que no se le estropeen sus tijeras nuevas. Necesitará cera para fortalecer el hilo usado para emboscar los hilos de metal y un par de pinzas puntiagudas le irán bien para los puntos afilados y las esquinas.

Técnicas de labor en oro

Estas técnicas no son difíciles pero necesitan paciencia y cuidado para obtener buenos resultados. Los efectos en la labor en oro se consiguen a veces construyendo áreas en capas, por lo que necesitará planear el orden de su trabajo cuidadosamente. Haga un diagrama y escriba notas para que le ayuden. Otras partes del diseño se definen a veces por punto de media invertido por lo que el contorno que transfiera al tejido debería ser lo suficientemente fino para ser cubierto. Use bien el método de punzadas o el papel carbón de costurero (ver página 31).

Los hilos de metal cobran vida cuando se cosen sobre relleno. Debajo hay dos de las técnicas más simples.

Rellenar fieltro

Haga un patrón en papel de calcar del área que quiere rellenar y corte dos o tres formas del mismo tamaño, dependiendo de la altura de relleno que quiera. Deje una de las tres formas a un lado. Recorte la segunda forma unos 3 mm alrededor y la siguiente unos 6 mm y así hasta que deje todas las capas escalonadas.

Deje una de las formas tal cual y recorte el resto de manera que acaben con tamaños escalonados

Cosa siempre la capa más pequeña primero y acabe con la más grande. Cosa cada capa usando una longitud simple de algodón de coser y una aguja puntiaguda haciendo puntos pequeños. Mantenga la forma del fieltro tensa y lisa. Si la superficie está floja o arrugada la capa superior de hilo o piel no quedará lisa tampoco.

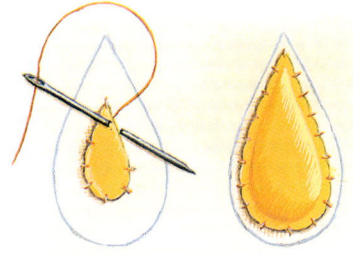

Cosa el fieltro para aplicar las diferentes capas

Rellenar cuerda

Esto produce líneas duras y es una buena base para trabajar hilos de punto de media para hacer líneas rizadas, tallos gruesos o letras. Enhebre una longitud doble de hilo de algodón en una aguja puntiaguda y cosa la cuerda al diseño. Cosa en la cuerda en lados opuestos a intervalos a lo largo. Haga un punto horizontal sobre el final de la cuerda y entonces un punto de emboscado (ver página 189) sobre esta y finalmente la cuerda para fijarla.

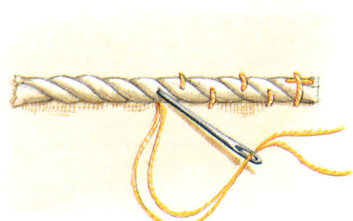

Con un hilo de doble longitud, cosa la cuerda al diseño

Emboscar líneas simples

Los hilos de paso lisos se cosen en filas dobles. Use una aguja puntiaguda y fije el hilo con un nudo (ver página 28). Suba cerca del final de la línea del diseño y deje dos hilos de paso a lo largo sin cortar la longitud. Embósquelos con hilo de coser con los puntos en ángulo recto respecto a los hilos de metal. Mantenga una tensión buena del hilo para que el hilo de metal quede plano sobre el tejido. Corte los hilos de metal cuando esté seguro de la longitud necesaria.

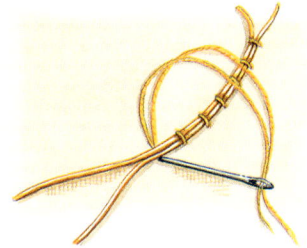

Embosque dos hilos juntos con puntos espaciados de forma pareja

Girar hilos dobles

Cuando esté trabajando un área sólida de hilos emboscados en líneas, bloques de círculos, coloque los puntos en cada fila de forma que caigan entre los puntos de la fila previa. Para volver a girar los hilos sobre sí mismos, vaya al final de la fila que se va a coser, y entonces apriete los hilos con las pinzas para juntarlos en la curva. Continúe emboscando el hilo para la siguiente fila.

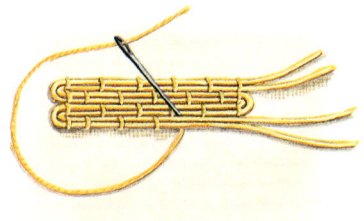

Coloque los puntos de forma que caigan entre los puntos de la fila previa

Tratar esquinas puntiagudas

Pasar el hilo de metal alrededor de una esquina resultará en una esquina redonda, no puntiaguda. Para un resultado mejor haga los lados del hilo hasta la esquina a ambos lados. Hunda los cabos metiéndolos a través del tejido.

Embosque dos líneas de hilo y húndalas para hacer una esquina puntiaguda

Diseñe usted mismo

- Piezas de plata, el vidrio de color y la joyería pueden ser una buena fuente de inspiración para su labor en oro.
- Use una fotocopiadora o scanner. Le ayudará a adaptar su material original.
- Planee bien su trabajo, añadiendo las capas de almohadilla y de piel primero.
- Asegúrese de que los hilos metálicos, bien aplicados, necesitan poco adorno extra.

Emboscando círculos

Se pueden trabajar usando hilos de metal sencillos o dobles. Para un círculo perfecto empiece en el centro y siga hacia fuera, emboscando los hilos con cuidado para que el borde quede pulcro. Si usa hilos dobles, hunda los cabos para conseguir un acabado suave.

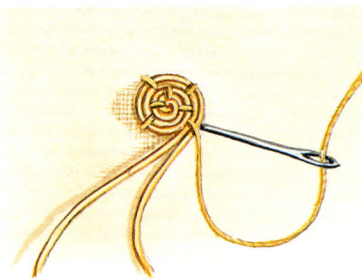

Empiece en el centro y siga trabajando hacia fuera para asegurarse un círculo perfecto

Emboscando el hilo de control

Cosa el hilo de control en líneas simples, mezclando filas alternas de hilo de pase y de control para mostrar las cualidades de ambos tipos.

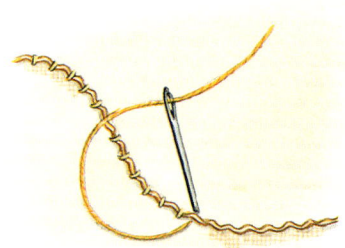

Embosque el hilo de paso en líneas sencillas

Emboscando hilos girados

Los hilos girados se pueden coser usando un hilo de emboscar o se pueden coser usando puntos muy pequeños en un hilo de algodón de un tono parecido.
Deje un trozo del hilo más allá del final del diseño y pase el hilo de coser a través del tejido a la línea. Repita, pero hunda los cabos más tarde.

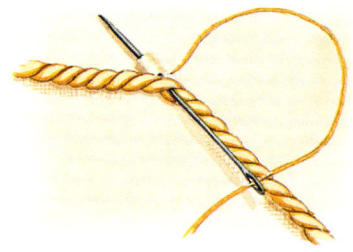

Cosa el hilo girado al tejido usando puntos muy pequeños

Hundiendo hilos de emboscar

Una vez haya acabado de bordar una zona de hilos de metal, necesitará hundir los cabos hacia el reverso del trabajo. Use una aguja de canilla grande ya que tiene un ojo grande por donde pasará el hilo.
Pase el cabo del hilo a través de la aguja y entonces con cuidado estire a través del tejido. Hunda solo un hilo por turno. Cuando todos los cabos se hayan pasado al reverso gire la labor y fíjelos con unos cuantos puntos pequeños. Borde en la zona emboscada o en la superficie del calicó asegurándose de que estos puntos no salgan más tarde hacia la superficie. Finalmente corte los cabos de los hilos de paso.

Hunda el cabo del hilo de paso a través del tejido

Hundir el hilo de punto de media invertido

El punto de media invertido se usa para hacer el contorno de zonas de hilos de paso emboscados para dejarlos mejor. No hay necesidad de hundir los cabos de estos hilos, solamente déjelos bien cortados en la superficie de la labor.
Use una simple longitud de hilo de coser encerado para emboscar el hilo al final de la línea del diseño. Aguante el hilo en su lugar sobre la línea con una mano y embosque el hilo de metal con hilo de coser. A medida que tense el hilo, insértelo a través de una de las coladuras en el hilo de punto de media de forma que el punto de emboscado quede escondido en el hilo de metal. Continúe trabajando a lo largo de la línea, emboscando el hilo en cada tercera coladura, asegurándose de que todos los hilos queden escondidos y embosquen el hilo de metal. Las esquinas puntiagudas y los giros se pueden conseguir doblando el hilo con pinzas.

Embosque el hilo entre las coladuras

Añadir color al hilo de punto de media invertido

Para añadir más interés si cabe al tapizado metálico, se puede estirar el hilo de punto de media y añadir un hilo de color como núcleo central. Con esta técnica particular debería usar solamente la mitad de la cantidad de hilo. Estire el hilo de punto de media hasta que mida el doble de su tamaño original. El hilo de seda y los hilos de algodón normalmente van bien como hilo de núcleo. Tendrá que experimentar para obtener el número exacto de hebras necesarias para el tamaño del hilo de punto de media. Envuelva el hilo del núcleo alrededor del hilo de punto de media, dejando una pequeña longitud al principio y al final. Entonces embosque el hilo de punto de media usando una o dos hebras del mismo hilo. Cuando haya acabado hunda los cabos del hilo del núcleo al reverso del tejido y luego déjelos bien como los puntos de emboscado.

PUNTO Y TÉCNICAS DE LA LABOR EN ORO

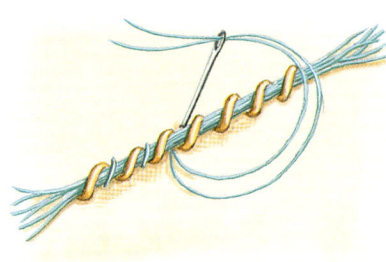

Embosque el hilo de punto de media usando una hebra de hilo de un tono similar

Añadiendo briznas de punto de media

Debería usar hilo de punto de media brillante para esta técnica, ya que los hilos lisos no quedarán bien. Con cuidado corte briznas de 2-3 mm de longitud e hilvánelas en la aguja, dejándolas pasar por la base del hilo de coser. Entonces pase la aguja con cuidado a través del tejido para fijar las briznas de hilo de punto de media, del mismo modo que lo haría para fijar una cuenta. Cosa las briznas al azar usando una longitud doble de hilo de coser de algodón con la finalidad de rellenar la superficie entera del diseño sin dañar el hilo de punto de media.

La forma rellena acabada debería de ser suave, sin cabos de alambre asomando. Usando una mezcla de hilo de punto de media de color como plata, cobre y oro creará un efecto interesante.

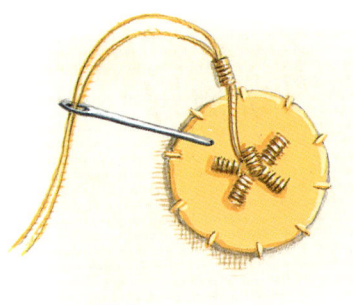

Rellene la zona de forma generosa pero sin aplastarlo

Aplicando punto de media sobre fieltro

Las longitudes del hilo de punto de media parecerán más efectivas cuando se cosan sobre almohadilla de fieltro ya que la luz atrapa la parte superior del hilo de punto de media. Hilos suaves, ásperos y brillantes van bien para esta técnica y su mezcla le dará diferentes acabados a su labor.

Corte con cuidado el hilo a la medida deseada, con cuidado de no dañarlo. Enhébrelo dándole una longitud doble. Entonces, baje la aguja a través del tejido y coloque el hilo en su sitio. No estire demasiado porque distorsionará el relleno y quedará abultado. Verá que el resultado final es muy similar al punto de raso. Este hilo tiene que quedar muy pegado a los de al lado. Sin embargo, asegúrese de que no están apretados o se empezarán a envolver entre ellos.

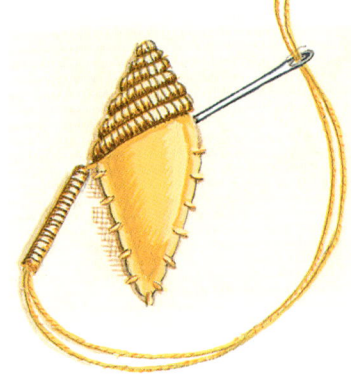

Asegúrese de que los hilos son de la medida correcta y están bien colocados

Aplicando hilo de punto de media sobre cuerda

Se pueden coser pequeñas longitudes de hilo de punto de medias sobre relleno de cuerda, ya sean suaves, rugosas o brillantes. La cuerda le proporciona una superficie dura sobre la que colocar los hilos de punto de media y por lo tanto no se deberían distorsionar. Estos hilos se pueden coser sobre el relleno de cuerda ya sea en ángulo recto o en diagonal. Asegúrese de mantener los hilos sobre la cuerda.

Aplicando piel metálica

Calque la zona relevante de su diseño y entonces haga un patrón

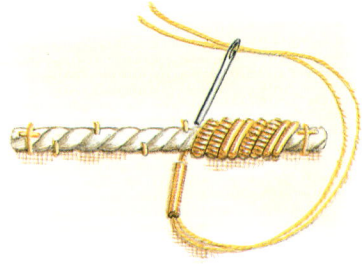

Cosa el hilo sobre la cuerda en ángulo recto o en diagonal

en papel, dejando un margen alrededor si el relleno será muy alto. Coloque la piel sobre la forma del relleno pero no use alfileres para fijar ya que dejará agujeros.

Use puntos largos de un lado a otro de la piel en intervalos de aproximadamente 1,5 cm. Evite estirar demasiado de los puntos ya que pueden marcar la piel. Usando un hilo de bordar y una aguja fina y puntiaguda, cosa la piel para fijarla al tejido. También puede usar una aguja de peletero si la piel es demasiado firme. Una vez lo haya completado puede sacar los puntos. Si lo desea puede añadir un borde de hilos emboscados para esconder los puntos. Tenga en cuenta que es preferible fijar las formas de piel antes de empezar ninguna parte de la labor en hilo metálico.

Haga puntos largos sobre la forma de piel para fijarla en su lugar

273

ADORNANDO LA SUPERFICIE

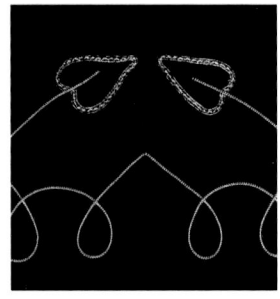

Chal de noche

Este elegante chal se hace de forma muy rápida. El tejido de terciopelo negro lleva este diseño a la perfección. El chal está forrado con el mismo terciopelo para ensalzar la calidad del tejido. Los tallos entrecruzados y los corazones están emboscados usando hilo de punto de media, con hilos suaves para darle una textura variada al diseño. Diseño de *Samantha Bourne*

Área de diseño
35 x 8 cm

Materiales
2m x 90 cm de terciopelo de seda negra

50 x 30 cm de revestimiento gris de peso mediano

Hilos de metal (ver lista de códigos del diagrama)

Equipamiento
Hilo de coser negro y gris

Tijeras de costurero

Papel de calcar y lápiz

Herramientas para punzar

Pincel fino y pintura blanca

Marco de 50 cm

Aguja crewel tamaño 10

Aguja de canilla tamaño 18

Tijeras de bordar

Trozo de cera de abeja

Alfileres

Hilo de hilvanar

1. Doble el tejido de terciopelo a lo largo y córtelo con cuidado siguiendo la línea central. Ciña los bordes de las dos piezas de terciopelo y aparte una. Doble el trozo que queda por la mitad a lo largo e inserte dos o tres alfileres largos a cada borde para marcar la línea central, con cuidado de no dañar el tejido.

2. Calque el diseño del diagrama de debajo y haga un patrón, alineando con cuidado tres repeticiones del motivo. A continuación trace con una regla una línea a lápiz de 6 cm debajo de los motivos para que le ayude a colocarla con precisión sobre el tejido.

3. Coloque el terciopelo sobre una superficie firme y transfiera el diseño a ambos lados usando el método de la perforación (ver página 31). Alinee el patrón con el centro del motivo central en la línea central del tejido y la línea trazada a lo largo del borde corto del tejido. Dibuje el diseño en el terciopelo con una línea fina de pintura blanca.

4. Corte el revestimiento por la mitad a lo largo del tejido y plánchelo al reverso del terciopelo debajo de las dos zonas. Usando una plancha fría y siguiendo las instrucciones del fabricante planche el terciopelo, con el lado bueno hacia abajo, sobre otro trozo de terciopelo para no chafar el tejido. Estire el tejido en el bastidor.

5. Usando una hebra de hilo de coser gris y la aguja crewel de tamaño 10 empiece con un nudo (ver página 28) cerca de un borde del diseño. Desenrolle algo del hilo de punto de media sin cortarlo y colóquelo a lo largo de la primera parte del tallo antes del lazo a uno de los bordes del diseño. Empiece a emboscarlo alrededor de los lazos hasta que llegue al centro de la forma de corazón. Corte el hilo solamente cuando el hilo esté bien fijado en su lugar. Asegúrese de que el final del hilo está bien fijado. Acabe los cabos del hilo en el reverso de la labor.

LISTA DE CÓDIGOS DEL CHAL

～～～	*Hilo de paso nº 5 en plata*
⊙⊙⊙	*Hilo de paso suave nº 5 en plata*
●●●	*Hilo de punto de media nº 2 en plata*
– – –	*Línea de repetición*

Nota: necesitará 25 g de hilo de punto de media y un carrete de cada hilo

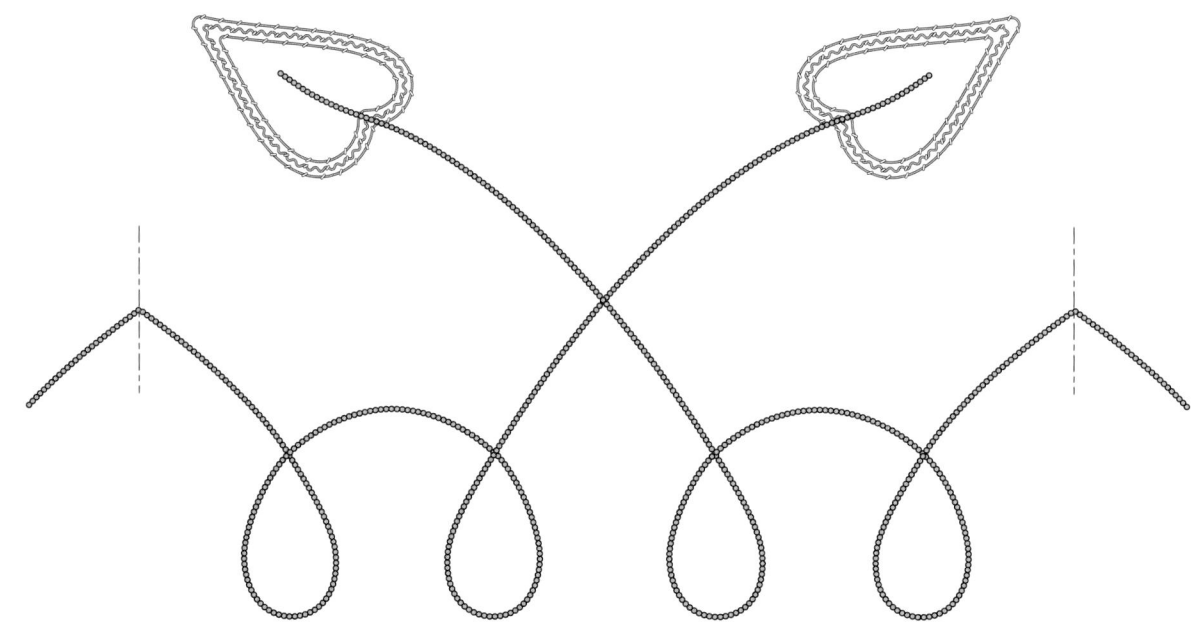

CHAL DE NOCHE

6 Embosque el resto del hilo de punto de media a lo largo de las líneas del diseño de la misma forma, cortándolo solamente en el centro de las formas de corazón y dejando una línea sobre otra donde se cruzan los tallos.

7 Para las formas de corazón, embosque una línea sencilla de hilo de paso alrededor de la línea del diseño. Entonces embosque una línea de hilo de paso y finalmente otra línea del más suave. Deje un trozo pequeño a ambos lados de los hilos hasta que estén completamente fijados. Cuando esté completo hunda cada cabo al reverso del tejido separándolos con cuidado para que no hagan agujeros más grandes de lo necesario en el terciopelo. Fije los hilos en el reverso con hilo de coser y luego córtelos.

8 Repita el mismo diseño en el otro borde del tejido de terciopelo. Entonces retire la labor del bastidor.

9 Si es necesario prense el terciopelo como antes con una plancha fría evitando pasarla por encima de la línea del diseño. Entonces coloque los dos trozos de terciopelo, con los lados buenos juntos. Hilvánelos. Haga una costura de 2'5 cm alrededor de los cuatro lados del tejido, dejando una apertura a un lado. Saque el hilo de hilvanar y corte los márgenes de la costura a 1'5 cm aproximadamente.

10 Gire el terciopelo con el lado bueno hacia fuera. Finalmente cosa la apertura a mano para cerrarla.

Paño de Art Nouveau

Las elegantes líneas de los diseños de Art Nouveau se prestan perfectamente al bordado en oro. Los intensos colores de la joyería inspiraron el uso de hilos de colores, que intensifican el dorado sin quitarle fuerza. Los hilos dorados escogidos tienen texturas variadas para realzar las diferentes partes del diseño, sin relleno para crear mayor interés. Este bonito paño será muy apreciado. Diseño de Samantha Bourne

1 Calque el diseño del diagrama de la página 279. Planche la seda con una plancha fresca y colóquela sobre una superficie plana, dándole pequeños golpes. Coloque un trozo de papel de carbón boca abajo sobre la seda y coloque el diseño calcado, centrado, sobre ésta. Repase con cuidado las líneas del diseño.

2 Coloque el calicó sobre una superficie lisa y coloque el tejido de seda encima, eliminando cualquier arruga. Fije el fondo a la seda (ver página 17), siguiendo la línea del tejido, y estírelos en el bastidor para que queden tensos.

3 Para darle mayor estabilidad a los tejidos cosa dentro de las líneas del diseño con un color acorde al diseño.

4 Rellene todas las formas cerradas en el diseño con fieltro, cosiendo todas las capas en su posición con hilo de coser antes de seguir con los círculos de dentro de las ondulaciones que hay debajo del tallo vertical y para cada pétalo exterior en la flor. Use dos capas de formas de corazón para el pétalo de la flor central y para las tres partes del cáliz. Finalmente, necesitará tres capas para las formas de pergamino a ambos lados del diseño.

5 Primero cosa el tallo central vertical en el diseño, usando una longitud de 10 cm de hilo de punto de media nº 3. Estire el hilo hasta que haga la medida del tallo. Entonces tome las seis hebras del hilo de seda 119 y enróllelas alrededor del hilo de punto de media con cuidado de no dividirlos y dejando 2,5 cm a cada final del hilo de metal. Embosque el hilo de punto de media a lo largo del diseño usando dos hebras del mismo hilo de seda. Cuando el metal esté fijado de forma firme pase los hilos de seda al reverso de la labor y remátelos de forma segura, dejando el hilo de punto de media en la superficie.

6 Use el hilo de punto de media nº 1 para hacer las formas de la base del tallo y embósquelas de forma fija con hilo que esté acorde con el diseño. Rellene los círculos de dentro de las ondulaciones haciendo puntos pequeños con el hilo nº 6 cosiéndolos de forma aleatoria para cubrir el fieltro.

7 A continuación embosque el hilo de punto de media nº 1 con hilo acorde con el diseño alrededor de los bordes exteriores del relleno en las formas curvadas de pergamino a ambos bordes del diseño. Asegúrese de que crea unas líneas suaves y que fluyan. Entonces embosque trozos más cortos del hilo de punto de media a lo largo de los bordes interiores de estas formas del mismo modo, cortando el hilo para que todas las líneas parezcan continuas.

8 Rellene los centros de esas formas de pergamino emboscándolas con el hilo de paso nº 5. Acuérdese de emboscar dos longitudes de hilo juntas. Usando el hilo de seda más claro 119, empiece la primera línea de la parte exterior de la curva. Haga sus puntos más juntos de lo normal para crear un área de color más densa. En lugar de girar los hilos en la esquina córtelos y deje un trozo al final de cada línea. A medida que se acerque al borde interior de la forma, cambie al color más oscuro 117 A. Cuando haya acabado de emboscar todos los hilos húndalos uno a uno al reverso de la labor y fíjelos con hilo de seda.

Área de diseño

10 x 19 cm

Materiales

30 x 40 cm de seda de color verde oliva pálido

30 x 40 cm de calicó encogido

Hilo de coser verde oliva pálido

20 cm cuadrados de fieltro dorado

Hilo de coser dorado

Hilos de bordar e hilos metálicos (ver la lista de códigos del diagrama)

Equipamiento

Papel de calcar y lápiz

Cinta

Papel de carbón de costurero

Bastidor de 25 cm

Hilo de coser acorde con el diseño

Bloque de cera de abeja

Aguja crewel del tamaño 10

Aguja de canilla tamaño 18

Cartón para estirar el bordado

Hilo fuerte para enlazar

Marco a su elección

Aplique formas separadas de fieltro para cada parte de la flor y fíjelas con hilo de coser

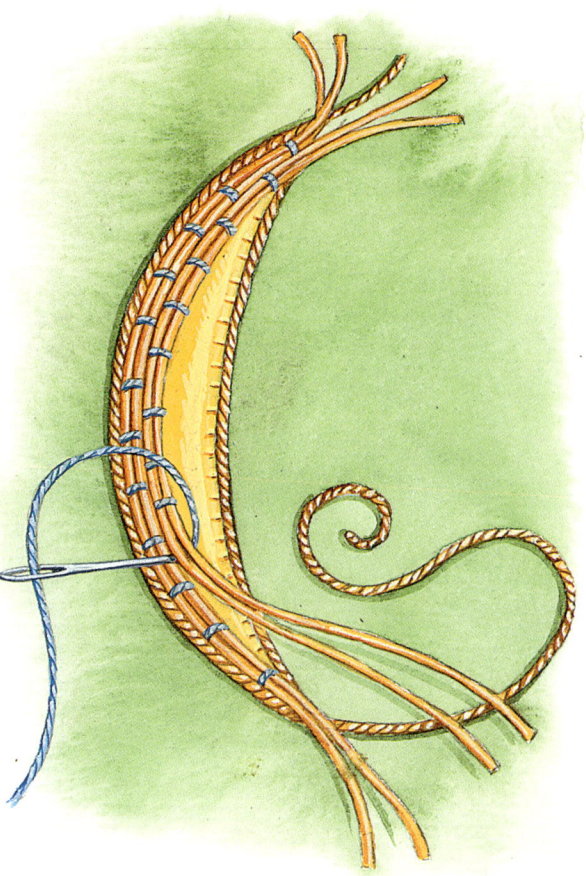

Embosque pares de hilo de paso con puntos muy juntos

9 Haga el contorno de las formas de corazón en hilo de punto de media nº 1 y rellénelos con briznas de hilos de punto de media nº 6, cosiéndolos de forma aleatoria para cubrir el fieltro.

10 Embosque los tallos de los corazones en hilo girado, escondiendo el hilo de coser. Aplique el hilo girado en trozos cortos donde la línea es interrumpida por el hilo del punto de media y deje un trozo a cada lado. Cuando los hilos girados estén fijados hunda los bordes del hilo en el reverso de la labor y fíjelos.

11 La flor es la última zona que hay que rellenar. Empiece emboscando una sola hebra de hilo de paso nº 5 para hacer las dos ondulaciones del estambre en la parte superior de la flor. Entonces haga una línea de punto stem (ver página 206) a lo largo del borde exterior de la zona dorada usando la seda más pálida 119.

12 Rellene las formas de pétalos, haciendo los dos más exteriores primero y el del medio el último. Embosque filas alternas de hilos de paso

PAÑO DE ART NOUVEAU

dobles e hilos de control sencillos. Empiece en el borde exterior, siguiendo el contorno, y trabaje hacia el centro. Deje una longitud en cada fila y húndalos para fijarlos cuando toda la zona esté completa. Cuando los tres pétalos estén acabados embósquelos en una línea de hilo de punto de media nº 1 alrededor del pétalo central y entonces alrededor de los bordes restantes de los pétalos exteriores.

13 Siguiendo con el hilo de punto de media haga el contorno de las tres partes del cáliz en la base de la flor. Empiece y acabe en el punto de cada forma exterior y embósquela haciendo una forma de V invertida para la del medio. Rellene estas zonas con trozos del hilo de punto de media nº 6, tomándose su tiempo para asegurarse de que todos los hilos queden planos cerca de los otros y que parezcan punto de raso.

14 Saque el bordado del marco con cuidado. Si es necesario planche cualquier arruga siguiendo las instrucciones del fabricante. Coloque la labor bocabajo sobre una toalla suave y evite a toda costa planchar las zonas bordadas.

15 Corte un trozo de cartón a la medida del marco. Entonces enlace la seda sobre el cartón. Asegúrese de que no ha escogido un marco con cristal ya que puede dañar los hilos dorados. Monte el bordado dentro del marco y admire la belleza de su labor.

LISTA DE CÓDIGOS DEL PAÑO ART NOUVEAU

- *Hilo de punto de media nº 3 x 10 m en dorado con hilo de seda Pearsall's Filoselle en 119*
- *Hilo de punto de media nº 1 x 2 m en dorado*
- *Hilo de control de punto de media nº 6 x 2 m en dorado*
- *Hilo de paso suave nº 5 en dorado*
- *Hilo de seda Pearsall's Filoselle en 117 A*
- *Hilo de seda Pearsall's Filoselle en 119*
- *Giro medio x 1 m en dorado*
- *Hilo de punto de media suave nº 6 x 1 m en oro*

Nota: necesitará una madeja de cada tono en seda y un carrete de cada hilo de paso

ADORNANDO LA SUPERFICIE

INSPIRACIÓN Y DISEÑO:
líneas fluidas de oro

El Art Nouveau fue un tiempo mágico para el arte y las manualidades. Esta emanación de creatividad nos ha dejado un abastecimiento de inspiración y también anima nuestro deseo de emular el soberbio trabajo de los hombres y las mujeres de la época.

La joyería y las piezas trabajadas en metal de este período son el punto de inicio perfecto para diseñar bordado en hilo de oro. Estudiar el trabajo de René Lalique, entre otros, nos dará muchas ideas fascinantes. Lalique es muy conocido por su trabajo en cristal, pero una mayor investigación nos mostrará que también usó sus increíbles talentos en el diseño y producción de joyería. Muchos de sus diseños son típicos del Art Nouveau, con fuertes líneas uniendo flores y otras formas orgánicas y se pueden traducir fácilmente en diseños para bordados en hilos de oro, como el paño de las páginas 276-279. Toda la información que necesita para crear un diseño de labor en oro se puede encontrar en sus piezas de joyería. Las áreas levantadas en la labor en metal se pueden traducir en labor en oro dándole otra dimensión usando relleno de fieltro debajo de los hilos de oro. Con tantos hilos disponibles en diversas texturas es posible copiar cada textura del trabajo en metal original, ya sea liso o en relieve.

Los colores en esmalte empleados en la obra de Lalique y otra joyería de este período abren la mente a las posibilidades de añadir color al oro. Una pieza

INSPIRACIÓN Y DISEÑO: LÍNEAS FLUIDAS DE ORO

de bordado grande trabajada completamente en oro puede parecer demasiado tosca y la introducción de color aliviará esa sensación. El color se puede usar también para crear sombras y toques de luz para intensificar el aspecto final.

Ilustrados de forma muy bonita, los libros sin copyright están disponibles para que el diseñador los utilice como punto de partida. Fotocopiar o calcar los diseños le dará la base para el bordado en oro. Mantenga el diseño tan sencillo como sea posible hasta que se encuentre confiado con los hilos, el relleno y las infinitas posibilidades de esta técnica.

El peltre y el trabajo en metal en este período son también vías interesantes que explorar. Si tiene una pieza de metal original de este período puede que si le da un toque de color se convierta en una buena fuente para un diseño.

Los museos con colecciones de Art Nouveau valen la pena ser visitados para apreciar los colores y las texturas de piezas de joyería originales y labores en metal y en plata.

Una vez haya finalizado el diseño escoja un tejido de fondo que complemente los hilos de metal. Entonces empieza la diversión de crear un diseño. Primero decida qué áreas quiere rellenar, porque tienen que ser trabajadas antes de aplicar los hilos de oro. El relleno crea mucha pelusa que se tiene que eliminar antes de que entre en contacto con el oro. La siguiente decisión es qué hilos usar y, con tantos disponibles, es una tarea difícil. Lo mejor es pensar «menos es más» y usar un número limitado, aplicándolos de formas diferentes. Considere las líneas dominantes del diseño y use líneas de longitudes continuas para mantener la fluidez original. Entonces, disfrute de la satisfacción de bordar el oro y los hilos de punto de media para rellenar las zonas y completar su diseño.

Labor con cuentas

La palabra cuenta significa oración. Esta relación de significados viene dada porque para rezar los rosarios se usaban cuentas. La labor con cuentas decorativa es posible que comenzase con el uso de conchas, semillas, hueso, madera y guijarros, que se usaban frecuentemente como amuletos para proteger a la persona que lo llevase de todo daño. Por ejemplo en la sociedad occidental, por tradición, los niños llevaban collares de coral para resguardarse del mal y de las enfermedades. Las cuentas también se han valorado mucho y se han usado como moneda o en trueques. Han sido hechas de muchos materiales, incluyendo arcilla y porcelana y turquesa en el antiguo Egipto y oro granulado en Grecia. Sin embargo, las cuentas más usadas son las fabricadas en cristal.

Izquierda: Cesta de labor con cuentas, hacia 1675. Se dice que esta labor fue realizada por Elizabeth Clarke (1655-1699) cuando tenía unos 20 años

Página opuesta: Detalle de un vestido de noche, por Sir Norman Hartnell. Muestra decoración adornada en perlas de oro y plata con varios motivos florales y abejas. Este vestido fue llevado por su majestad la reina en 1957

El cristal fue descubierto hace unos 5.000 años en Mesopotamia. Fue un bien muy importante en el Oriente Medio y se exportó a través de Alejandría. En el siglo XI, la industria de cristal veneciano se estableció en la isla de Murano, donde todavía permanece. Los trabajadores de cristal fueron mandados a la isla por miedo a que incendiasen la ciudad. Como la fabricación de cuentas de cristal se extendió de Venecia a Bohemia y al norte de Europa, la técnica de usarlas en el bordado se extendió a conventos y casas privadas. En las pinturas que describían al rey Salomón y la reina de Shaba con motivos de pájaros, animales y flores, las cuentas se cosen sobre un fondo de raso.

Popularidad en el siglo XVII

La labor con cuentas está asociada particularmente con la segunda mitad del siglo XVII, aunque la elección del color estaba restringida, siendo el azul, el amarillo y el verde los colores más utilizados. El rojo se

283

ADORNANDO LA SUPERFICIE

Encima: Bolso trabajado con labor con cuentas. Francia, finales del siglo XVIII

Derecha: Lado de una caja. Inglaterra, finales del siglo XVII. Trabajado completamente en cuentas, el diseño deriva de una figura tradicional medieval

Página opuesta, arriba: Bandera, Inglaterra, mediados del siglo XIX

Página opuesta, abajo: Diseño contemporáneo de Lynn Horniblow. Los motivos están hechos en máquina de coser automática y realzado a mano con cuentas y lentejuelas

encuentra menos frecuentemente ya que era el más caro. La labor con cuentas se combinaba a menudo con otras técnicas a la hora de trabajar los mismos diseños que los utilizados para hilos de seda.

Sin embargo, aunque las cuentas no perdían color, gran cantidad de piezas de labor con cuentas están en mal estado porque tanto el peso como la dureza del cristal han raído el tejido de fondo y los hilos.

Más complejos en construcción son las cestas de alambre bordadas. Estas cestas tenían una base cubierta en raso decorada con cuentas y los lados tridimensionales cubiertos con flores trabajadas en cuentas con flores o animales exóticos como leopardos, jirafas o camellos. Para formas sólidas, cada cuenta se hilvanaba individualmente y era enlazada a la cuenta en la fila superior y fijada sobre la forma rellena. Éstas se fijaban entonces a un alambre para aguantar la forma. Los detalles más pequeños como las flores y las hojas se enhebraban juntas antes de que se colocase el alambre del contorno y entonces se fijaban al lado de la cesta. Los cofrecitos también tenían ocasionalmente jardines trabajados con cuentas en tres dimensiones escondidos bajo la tapa. La señora Hannah Woolley que escribió *Gentlewoman's Companion* (La compañía de las damas en 1675) describió la técnica como «Todo tipo de objetos trabajados en alambres o similares». En Italia, las cuentas de cristal se habían tratado y usado desde el siglo XIV y hay referencia a flores realizadas con cuentas y perlas pequeñas acompañadas de hojas de seda.

A principios del siglo XVII, la producción de cuentas de cristal se había extendido a la colonia establecida recientemente en Jamestown, Virginia, donde los artesanos venecianos estaban haciendo cuentas para comerciar con los indios americanos. Antes de la llegada de los colonizadores, los indios nativos americanos usaban cuentas de conchas y arcilla, pero inmediatamente usaron las cuentas de cristal de color. Usaban un arco de telar para tejer fajas y cinturones, a veces solamente hechos de cuentas. Un método alternativo era ensartar las cuentas y entretejer la cuerda a intervalos para hacer patrones de cuentas en la superficie de la ropa tejida. El bordado con cuentas de cristal se hizo más popular que los métodos más antiguos de trabajar con pelo de alce y púas de puercoespín y se usaba para decorar mocasines, chalecos y cintas para la cabeza. Este tipo de bordado estaba muy influenciado por las monjas españolas y francesas en el convento y las escuelas de misioneros y los diseños florales se combinaban con patrones geométricos tradicionales. Los métodos de bordado más usuales eran o bien coser las cuentas individualmente o ensartarlas en cuerdas que se emboscaban a intervalos y era un método más rápido. Las cuentas se siguieron usando como bienes para intercambios en América del Norte hasta mediados del siglo XIX. Las cuentas opacas irregulares se importaban de Venecia y se transportaban a las colonias, hasta más o menos 1840, en trenes.

Moda

En Francia, durante la mitad del siglo XVIII hubo una moda por los bolsos trabajados con cuentas sablé. La palabra sablé significa cubierta de arena y significa que las cuentas eran tan pequeñas como granos de arena ya que había unas 165 cuentas por centímetro cuadrado. Una vez completos, los bolsos se forraban con seda y se les añadía un asa. En lo que respecta al gusto francés, los diseños solían estar formados por motivos florales, aunque a veces se describían escenas, como por ejemplo el primer vuelo en globo en 1783. Las cuentas de cristal y de acero también se usaban para bolsos menos exquisitos hechos por bordadores aficionados durante el siglo XIX. Las cuentas se podían comprar en pequeñas botellas de cristal o cajas de mercerías o repositorios de lana Berlín. Las que se usaban en lienzos se vendían a peso y se llamaban cuentas de libras. Su popularidad aumentó considerablemente en Gran Bretaña y América cuando se puso de moda para realzar la labor en lana Berlín con cuentas, especialmente las de acero tallado.

Alrededor de 1860, apareció una forma distintiva de labor pictórica con cuentas llamada grisaille. Este estilo monocromático, trabajado sobre fondo de lienzo usaba principalmente cuentas grises, blancas y negras, aunque a veces se añadía algo de color. El peso de las cuentas restringía su uso a pequeños artículos como cubre teteras o banderas y bordes de manteles que se solían acabar con alguna franja con cuentas.

El tambor para bordar también se usaba para colocar cuentas en el tejido haciendo una decoración atractiva sobre las ropas, ya que las cuentas reflejaban la luz a medida que la persona que las llevaba se movía. El tejido, colocado con el reverso hacia arriba, se estiraba a lo largo de un marco y las cuentas se enhebraban todas seguidas. Un gancho de tambor se aguanta en una mano por encima del marco y la otra, por debajo, controla los hilos y las cuentas. El hilo se estira a través del tejido en lazos que forman puntos de cadena por el revés, fijando cada punto una cuenta para formar una línea por el lado bueno.

Aunque la labor con cuentas sobre ropa era muy popular durante finales del siglo XIX, la labor en cuentas de colores estaba más asociada con los vestidos de los años 20. Los vestidos de noche de red fina y seda se trabajaban completamente con cuentas y lentejuelas y aunque tuvieran aspecto ligero, eran muy pesados y se deshacían. Durante los años 30, la labor con cuentas estaba restringida a collares y canesúes para uso diario. Aunque los tejidos bordados con cuentas a mano se seguían haciendo para la firma Lesage, que trabaja para la mayoría de las casas de moda incluyendo Schiaparelli, Dior e Yves Saint Laurent, hoy en día la mayoría están tejidas a mano en India o a máquina.

Pasatiempos de labor con cuentas

Había todo tipo de novedades de cuentas que se hacían como hobby durante finales del siglo XIX y principios del siglo XX. Por ejemplo, se usaban pétalos de rosas de color rojo oscuro muy perfumadas. Se colocaban en una pulpa, se dejaban secar y se volvían a colocar en la pulpa de nuevo, antes de ser transformadas en cuentas. Si se dejaban sin barnizar, mantendrían su perfume. Los botones de perlas se usaban como cuentas, más notablemente para crear patrones exuberantes en ropas de reyes y reinas.

En el bordado moderno, las cuentas se siguen usado, pero a mediados de los 60 se añadieron más objetos. Estos objetos podían ser arandelas, anillas de latas, pajitas de plástico o incluso partes de relojes. Hoy en día las cuentas se suelen combinar con otras técnicas como el punto de cruz, el bordado a máquina, etc. Sin embargo, son tan populares como las piezas tridimensionales trabajadas exclusivamente con cuentas.

Puntos y técnicas de labor con cuentas

Las cuentas son tan apreciadas que han encontrado su camino en muchos tipos de bordado y manualidades. Se pueden aplicar libremente y de forma efectiva para dar pequeñas zonas de textura a técnicas como el punto de cruz y el bordado libre. También pueden rellenar todo el área del diseño, sobre tejido liso o tejidos para técnicas de punto contado. Da igual cómo lo use, pero hágalo con discreción para que no quede demasiado recargado.

Diseñe usted mismo

- Escoja un diseño simple, uno sin demasiadas formas intrincadas, como es fácil que encuentre en el patrón de una flor.
- Intente empezar con patrones geométricos ya que puede que sean los más fáciles de hacer con cuentas.
- Busque un patrón sencillo de flor o de una hoja sobre vestidos.
- Añada unas cuantas cuentas al bordado en otras técnicas para realzarlo.
- Recuerde que las cuentas son sólidas y no se pueden doblar. En su lugar use la forma de la cuenta y sáquele provecho.

Tejidos

Se pueden usar la mayoría de los tejidos para las cuentas. Use sedas, terciopelo y encaje para trajes de noche y de bodas. La lana, el fieltro e incluso la piel se pueden usar para crear un toque más étnico. Los tejidos finos necesitarán estar apoyados sobre muselina o sobre algodón fino como apoyo para el gran peso de las cuentas.

Agujas

Una aguja de acolchado de tamaño 10 será adecuada para la mayoría de las labores con cuentas. Si está ensartando cuentas para emboscar, use una aguja para cuentas, ya que algunos agujeros en las cuentas son demasiado pequeños. Las agujas para cuentas son largas y se doblan con facilidad e irán bien con todas las cuentas. Empiezan con el tamaño 10, que es el más usado, y suben hasta llegar al tamaño 16, que es una aguja muy fina.

Hilos

Se puede usar una variedad de hilos para coser cuentas al tejido. Cuando escoja un hilo asegúrese de que es fuerte, ya que tendrá que aguantar el peso de la cuenta y aguantarlo en el tejido. Del mismo modo, debería usar el hilo más pesado que pase por el agujero de la cuenta, teniendo en cuenta que con algunos puntos tendrá que pasar a través de más de una. Si escoge cuentas transparentes tenga en cuenta que el hilo se verá. Los hilos de coser sintéticos son fuertes y excelentes para trabajar con cuentas.

Los hilos de acolchado están disponibles en una variedad de colores y son ideales para conseguir fijar cuentas de forma fuerte y sin nudos. Hay hilos diseñados especialmente para ensartar cuentas. Son fuertes pero lo suficientemente finos para enhebrarlos a través de los ojos de las agujas finas para cuentas más fácilmente. Desafortunadamente, están disponibles solo en una variedad muy limitada de colores.

Herramientas adicionales

Aguante su labor siempre en un marco o en un bastidor que le ayudará a mantener una tensión constante y evitar que el peso de las cuentas estropee el tejido mientras trabaja.

Un pequeño par de alicates le será útil para estirar de la aguja a través de la cuenta cuando se haya quedado enganchada.

Use cera de abeja para fortalecer los hilos y prevenir que se hagan nudos. Pase cera por los hilos antes de enhebrar la aguja. También protegerá el hilo de los bordes afilados de las cuentas y evitará que se corte. Necesitará una superficie controlada en la cual esparcir las cuentas o perderá gran cantidad de cuentas cuando pase el aspirador. Use un plato pequeño o una tapadera y coloque un trozo de terciopelo. Las cuentas estarán seguras sobre esta superficie y será más fácil ensartarla en la aguja.

Hay varias cajas de plástico, jarras y contenedores disponibles para guardar las cuentas, por lo que invierta en alguna para tener sus cuentas a salvo. Otra opción es reciclar otros recipientes. Escoja lo que escoja, asegúrese de que la tapa encaja bien para que no se salgan las cuentas. Si las almacena en bolsas de plástico para un período largo de tiempo, la bolsa se romperá y las cuentas se perderán.

Cuentas

Busque el modo más económico de comprar las cuentas. Las pequeñas cantidades empaquetadas son la mejor compra si necesita una pequeña cantidad de cuentas en cualquier color, pero si necesita muchas será mejor que las compre a peso.

Las cuentas se hacen de diversos materiales y vienen en muchas formas, tamaños y acabados. Hay acabados bonitos y algunos de los más populares son los opacos, las cuentas iridiscentes con acabado mate o brillante, algunos con corazones blancos o forrados en plata a lo largo de los agujeros, cuentas metálicas o brillantes, sin olvidar el aspecto inocente lechoso de la perla (o Ceylon).

Lo siguiente es una guía general para empezar con las cuentas, y no es exhaustiva. Aviso: ¡Comprar cuentas puede ser algo muy compulsivo!

Cuentas de cristal

Las cuentas pequeñas y redondas de cristal a veces son conocidas como cuentas de semilla. Este tipo de cuentas viene en muchos acabados, colores y tamaños. Los tamaños más comunes para las cuentas es 8, 10 y 11. Cuanto más alto es el número, más pequeña es la cuenta.

PUNTOS Y TÉCNICAS DE LABOR CON CUENTAS

Otra variedad de cuenta de cristal es el abalorio. Parecen tubos muy pequeños y están disponibles en una gran variedad de longitudes, que pueden ir desde los 2 mm hasta los 50 mm. La longitud más corta, 4 mm y 6 mm son las tres más populares para coser en el tejido y las más largas se usan generalmente para hacer franjas. Los abalorios, sin embargo, tienen bordes muy afilados y es por eso que pueden cortar hilos.

Cuentas de metal

Estas cuentas vienen generalmente en oro, plata, peltre y bronce. Vienen en una buena cantidad de tamaños y formas novedosas. Las gotas pequeñas y las bolas son las más usadas para coserlas en el tejido.

Lentejuelas

Las lentejuelas pueden ser planas o en forma de taza y sus diámetros van desde los 2 a los 10 mm. Hay disponible una variedad bastante alta de formas novedosas, incluyendo flores, estrellas y hojas. Los colores brillantes e iridiscentes de las lentejuelas proclaman su presencia.

Piedras de cristal de bordar

Las piedras o gemas tienen una superficie labrada en facetas que es muy reflectante. Vienen en una gran cantidad de formas como estrellas, cuadrados, corazones, círculos y gotas. La mayoría de las formas vienen con dos agujeros para coserlas en el tejido. Las piedras de cristal de bordar están disponibles en diversos colores.

Cuentas de perla

Están disponibles en una variedad limitada de tamaños para bordar que van desde P2 hasta P4.5. Están disponibles en un tono de color leche y se pueden teñir en tonos suaves.

En las siguientes páginas se explican los puntos que puede usar para fijar cuentas y las técnicas para combinarlas y crear áreas de textura o diseños completos.

Cuentas iridiscentes transparentes de tamaño 11

Cuentas transparentes revestidas de tamaño 11

Cuentas metálicas de tamaño 11

Cuentas forradas por dentro en plata de tamaño 9

Cuentas iridiscentes tamaño 7

Perlas de tamaño 2

Abalorios de 4 mm

Abalorios de 6 mm

Cuentas forradas por dentro en plata de tamaño 11

Cuentas mate de tamaño 11

Cuentas brillantes de tamaño 11

Cuentas iridiscentes de tamaño 8

Cuentas revestidas de tamaño 5

Perlas tamaño P3.5

Abalorios de 5 mm

Abalorios de 10 mm

CUENTAS COSIDAS SENCILLAS

USOS: relleno, textura

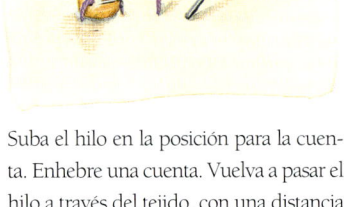

Suba el hilo en la posición para la cuenta. Enhebre una cuenta. Vuelva a pasar el hilo a través del tejido, con una distancia entre ellas equivalente a una cuenta. Repita para seguir colocando cuentas.

LENTEJUELAS COSIDAS

USOS: relleno

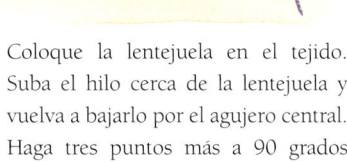

Coloque la lentejuela en el tejido. Suba el hilo cerca de la lentejuela y vuelva a bajarlo por el agujero central. Haga tres puntos más a 90 grados entre ellos.

ABALORIOS EN CINTA

USOS: borde

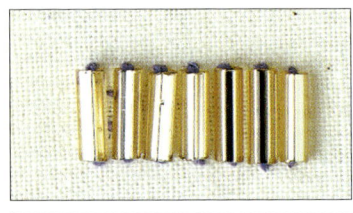

Suba en la línea de la base donde quiera que esté la banda. Enhebre un abalorio. Baje el hilo, a una distancia equivalente a una cuenta. Repita, colocando las cuentas a intervalos regulares.

PUNTO FLOJO

OTROS NOMBRES: punto de raso con cuentas

USOS: relleno

Suba el hilo por la línea de la base. Enhebre cuatro cuentas. Baje el hilo para permitir que las cuentas queden planas y fijas. Repita para completar.

CUENTA SOBRE CUENTA

USOS: relleno

Suba y enhebre una cuenta grande y luego una pequeña. La pequeña no debe caber en el agujero de la grande. Vuelva a insertar la aguja a través de la cuenta grande y el agujero en el tejido.

CUENTA Y LENTEJUELA

USOS: relleno

Suba el hilo y enhebre una lentejuela y entonces una cuenta. Vuelva a pasar el hilo a través de la lentejuela y a través del agujero en el tejido.

SEGUIDO DE CUENTAS Y LENTEJUELAS

USOS: borde, franja

Suba por el tejido. Enhebre cuentas y lentejuelas de forma alterna durante 1,5 cm aproximadamente. Vuelva a pasar el hilo a través del agujero original para formar un lazo.

CORTE DE ABALORIO

USOS: borde, franja

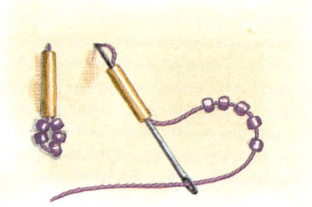

Suba el hilo. Enhebre un abalorio y cinco cuentas. Vuelva a pasar el hilo a través del abalorio y del agujero. No tense demasiado o las cuentas se engancharán.

PUNTOS Y TÉCNICAS DE LABOR CON CUENTAS

CUENTAS EMBOSCADAS

USOS: contorno

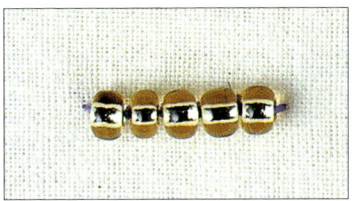

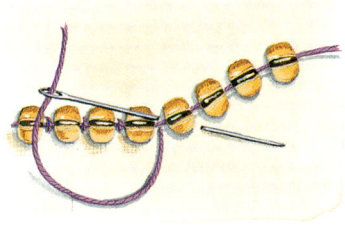

Suba el hilo e inserte seis cuentas. Suba el otro hilo y embosque las cuentas. Pase los hilos al reverso y fíjelos.

CINTA DE LENTEJUELAS

OTROS NOMBRES: punto lineal de lentejuelas

USOS: contorno, relleno

Suba una anchura de media lentejuela del final de la línea del diseño. Enhebre una lentejuela de arriba abajo. Vuelva a bajar el hilo al final de la línea del diseño. Repita y fíjelo.

ABALORIOS EN ZIG-ZAG

USOS: borde

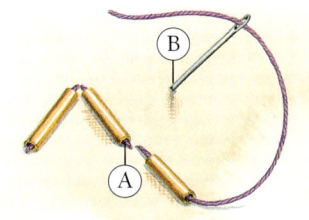

Suba la aguja por A en la base de la línea del diseño y enhebre un abalorio. Coloque la cuenta en la diagonal y vuelva a bajar el hilo en B.

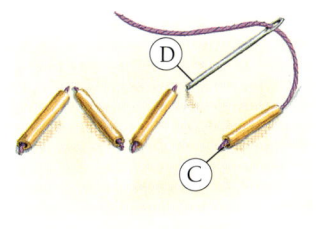

Suba el hilo en C en la línea de la base. Enhebre el siguiente abalorio y colóquelo para formar una forma de V con el anterior. Baje el hilo en D, tan cerca de B como sea posible.

La estrella de seis puntas central en este cojín está rellena con cuentas metálicas en dos colores diferentes, trabajados en punto flojo. El borde exterior alterna los abalorios con las cuerdas de cuentas y tres cortes de abalorio adornan cada punta de la estrella

ADORNANDO LA SUPERFICIE

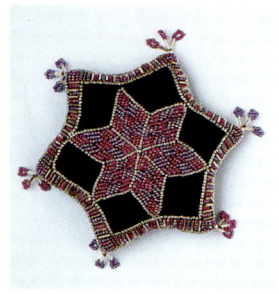

Cojín en forma de estrella

Los cojines se hacían por las damas victorianas para sus cestas de trabajo. Sus diseños puede que incluyesen citas de la Biblia o unas cuantas palabras sentimentales y se han recortado con cintas. Éste, basado en la idea de un copo de nieve con una elección bastante atrevida de colores, usa el contraste del terciopelo y las cuentas para un mayor impacto. Es un placer para el tacto y para la vista. Diseño de Lynn Horniblow

Área de diseño
13 cm de diámetro

Materiales
2 x 24 cm cuadrados de terciopelo violeta oscuro

2 x 24 cm cuadrados de muselina blanca

Cuentas (ver la lista de códigos del diagrama)

Hilo que quede bien con el terciopelo

2 puñados de relleno de muñeco

Equipamiento
Papel de calcar y bolígrafo

Papel tisú

Hilo de hilvanar

Hilo de coser

Bastidor o marco

Aguja de dos puntas o de colchadura de tamaño 10

Aguja para cuentas

Tijeras de costurero

1. Calque el diseño del diagrama de abajo y haga el patrón sobre papel tisú. A continuación coloque las dos piezas de tejido de muselina sobre una superficie plana y entonces coloque el terciopelo, con el lado malo hacia abajo. Hilvane los dos tejidos juntos y deje uno de lado para usarlo más tarde.

2. Fije el patrón con alfileres en el revés de una de las piezas de muselina y terciopelo e hilvánelo (ver página 31). Arranque el papel. El hilvanado deberá ser cubierto con cuentas más tarde o sacado.

3. Estire el terciopelo en un bastidor o marco. Si usa un bastidor debe ser lo suficientemente grande para todo el diseño, de modo que no se dañe el tejido.

4. Empiece a colocar cuentas en la estrella interior, empezando en la punta A del diagrama. Embosque una tira de cuentas plateadas 602 alrededor de la forma interior de la estrella y vuelva a A.

5. Ahora embosque cuerdas de las mismas cuentas de un lado al otro pasando por el centro de la estrella interior, de B a C, D a E y F a G. Esto dividirá la estrella en seis rombos.

LISTA DE CÓDIGOS PARA EL COJÍN

▬ Abalorios DMC de 7 mm en 307

● Cuentas M12 en 2

· Cuentas de lustre metálico DMC tamaño 11 en 602

· Cuentas de lustre metálico DMC tamaño 11 en 606

· Cuentas de lustre metálico DMC tamaño 11 en 607

— Contorno para las zonas rellenas con cuentas

Nota: necesitará 10 de las cuentas de M12 y un tubo o paquete de cada una de las otras

ADORNANDO LA SUPERFICIE

6 Empiece en una de las puntas de la estrella y rellénela haciendo pequeñas formas de rombo. Cada una tiene tres filas de cuatro cuentas trabajadas con punto flojo formando un pequeño ángulo. Forme los rombos alternando bloques de cuentas fucsia 606 y malva 607. Rote los puntos para cada color de forma que dentro de cada rombo los puntos fucsia queden alineados con el contorno de la derecha. Las cuentas pueden variar en tamaño, por lo que puede que tenga que usar tres, cuatro o cinco cuentas para rellenar los rombos. Lo más importante es mantener el patrón con un aspecto tan uniforme como le sea posible.

7 Cuando haya completado la estrella interior, empiece de nuevo en la punta H del diagrama. Rellene la banda de alrededor del contorno exterior del diseño, alternando abalorios dorados, primero con una tira de cuatro cuentas fucsia y luego con una de cuatro cuentas malva. Cuando haya acabado la banda del contorno, siga rellenando los cuadrados pequeños de la estrella con punto flojo, alternando cuentas malva y fucsia.

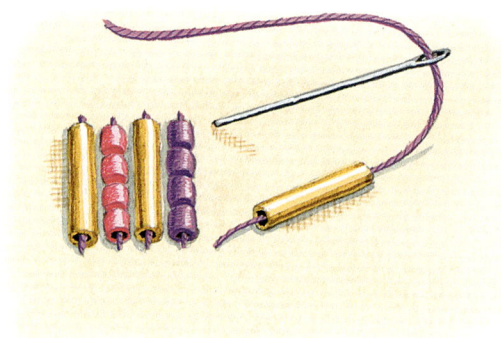

Alterne las cuentas en tira para hacer la banda decorativa exterior

8 A continuación, embosque una fila de cuentas plateadas a cada lado de la banda exterior para completar el efecto de cinta.

9 Saque el bordado del marco. Corte alrededor de la estrella trabajada con cuentas, asegurándose de dejar un margen de 1 cm alrededor para la costura. Entonces coloque el bordado, con los lados buenos juntos sobre la segunda pieza de terciopelo y recórtela para darle la forma que se usará como reverso del cojín.

10 En ambas piezas, para la parte delantera y trasera del cojín, doble e hilvane el margen que dejó para la costura. Fije con alfileres las dos piezas del revés. A continuación cosa alrededor del borde con puntos muy pequeños y deje una apertura de 5 cm en un lado.

11 Inserte el relleno de muñeco en el cojín, con cuidado de rellenar todas las zonas de forma uniforme y sin que la estrella pierda su forma. Cosa para cerrar la apertura.

12 Tome dos cuentas plateadas grandes y entonces cosa una en el centro de la parte frontal y otra en la parte central trasera del cojín. Pase la aguja por el centro del cojín y de las cuentas unas cuantas veces, asegurándose de estirar para que quede fijo el relleno.

13 Finalmente, añada las cuentas y los abalorios. Fije el hilo y sáquelo en una de las puntas de la estrella. Enhebre una de las cuentas plateadas grandes, seguida de un abalorio dorado y nueve cuentas fucsia. Vuelva a pasar el lazo por el abalorio y la cuenta grande, creando un lazo con las otras. Entonces añada dos borlas más, ensartando un abalorio y nueve cuentas pequeñas para cada una. Cuando tenga tres borlas vuelva a pasar el hilo a través de la cuenta plateada grande y fíjela en el terciopelo. Decore el resto de las puntas del cojín alternando cuentas fucsia y malva.

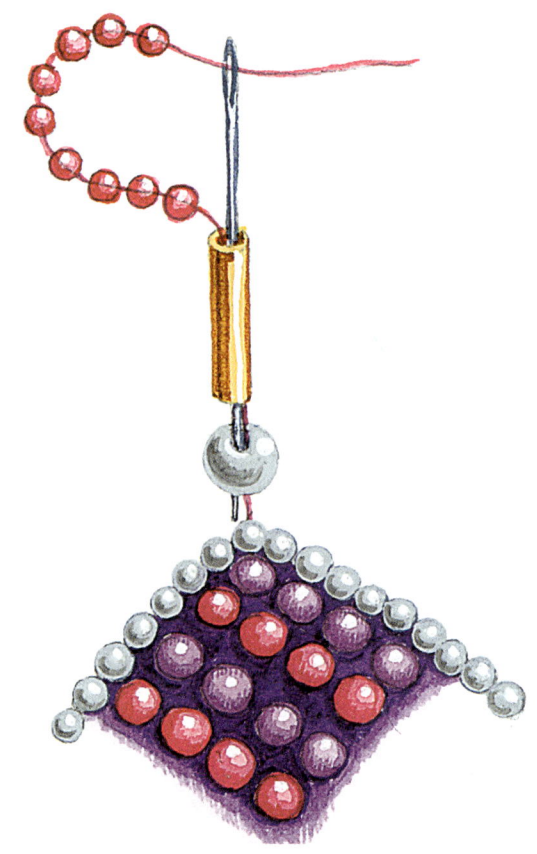

Forme borlas enlazando cuentas pequeñas al final de un abalorio usando una aguja para cuentas

292

Bolso de noche

Cuando la luz caiga en este bonito bolso con cuentas, realzará el contraste de la textura de las cuentas de cristal y los abalorios plateados, las perlas suaves y las lentejuelas. La sutil combinación de color sobre seda es muy sofisticada y se puede adaptar fácilmente para asegurarse de que le da el toque justo de glamour a un traje de boda.

Diseño de Lynn Horniblow

1 Corte una tira de 17 x 51 cm de seda. Fije la seda con el lado bueno hacia arriba con alfileres sobre la muselina y corte la muselina al mismo tamaño. Sobrehile los bordes de las dos capas de tejido a mano o a máquina para que no se deshilachen.

2 Hilvane las dos líneas de la doblez para el ancho del bolso a lo largo de la tira, a 16 cm de un borde y a 18 del otro. Hilvane también un margen de 2 cm alrededor de los cuatro lados del tejido.

3 Calque el diseño en papel tisú del diagrama de la página 296, sin olvidarse de incluir las marcas para la perla y las cuentas en la parte central del bolso. Fije el diseño con alfileres en el rectángulo más largo en un borde de la seda, uniendo las líneas de la base. Hilvane a lo largo de las líneas del diseño, fijándolas. Arranque el papel tisú y estire el bordado en un marco.

4 Empiece bordando los abalorios plateados alrededor de la zona central como si fuese una cinta dentro de las líneas de hilvanado y en las esquinas del bolso. Asegúrese de mantener los abalorios paralelos entre ellos. Sin embargo, no se preocupe si los bordes no están muy nivelados, ya que todos los abalorios varían en longitud y las líneas de las cuentas emboscadas a cada lado de estas bandas esconderán los bordes.

5 En cada esquina abierta dejada por las bandas de abalorios necesitará coser una combinación de cuenta y lentejuela con una cuenta de semilla malva sobre la lentejuela.

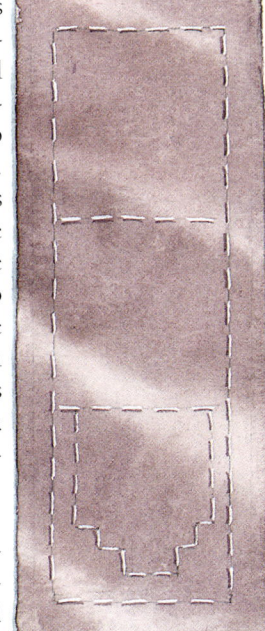

Hilvane los contornos básicos en hilo que contraste sobre la seda

6 Enhebre suficientes perlas y cuentas malva para ir alrededor de los bordes interiores de las bandas de abalorios, incluyendo las esquinas de cuenta de semilla y lentejuela. Embósquelas en su posición como una cuerda, manteniéndolas tensas junto a los bordes de los abalorios.

7 En los bordes exteriores de todas las bandas de abalorios alterne una cuenta malva con una o dos lentejuelas. Para empezar cosa una cuenta. Suba a lo largo de la línea del diseño cerca de la cuenta, hilvane dos lentejuelas y baje por el mismo agujero. Si están tensas, las cuentas mantendrán las lentejuelas

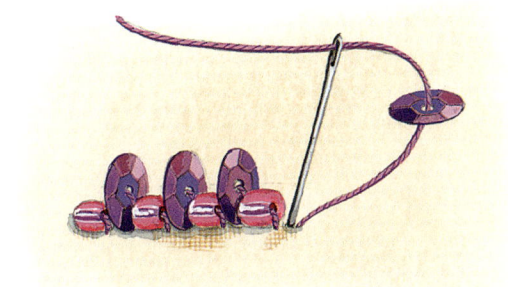

Alterne cuentas y lentejuelas en los bordes de los abalorios

levantadas. Recuerde las zonas pequeñas en las esquinas inferiores.

8 Fije una cuerda de perlas y cuentas malva alrededor de los tres bordes exteriores del diseño, manteniéndolo ajustado a las zonas en las que ya hay cuentas. Entonces rellene todos los espacios en la parte inferior del diseño con perlas rodeadas de cuentas malva. Para

Cree pequeños redondeles de cuentas malva para rodear la perla

Área de diseño

13 x 16 cm

Materiales

20 x 120 cm de seda

13 x 47 cm de muselina blanca

Lentejuelas, perlas, abalorios y cuentas de semilla (ver lista de códigos del diagrama)

Hilo de colchadura que quede bien con la seda

20 cm de revestimiento blanco pesado

1 m de cordón que quede bien con la seda

Equipamiento

Tijeras de costurero

Alfileres

Hilo de hilvanar

Papel tisú y bolígrafo

Bastidor

Aguja de dos puntas o de colchadura de tamaño 10

Aguja para cuentas

293

empezar cosa una perla. Suba el hilo a una distancia de media cuenta y ensarte ocho cuentas malva para rodear la perla. Baje el hilo para completar el círculo.

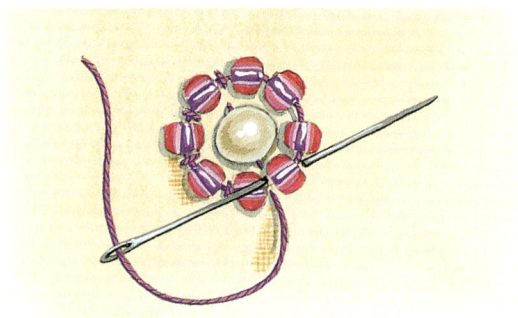

Embosque los círculos de cuentas malva

9 Vuelva a subir el hilo y fije las cuentas malva en su lugar con pequeños puntos de emboscado. Rellene tanto espacio como pueda con cuentas malva en los espacios que queden para cubrir completamente la seda.

10 Cosa una línea de lentejuelas alrededor de los bordes interiores de la zona rellena con cuentas, manteniéndolas planas y cosiéndolas con punto lineal en posición cerca de la fila de cuentas malva y perlas.

11 Acabe el bordado haciendo círculos de perlas y cuentas malva del mismo modo que antes en la zona interior del diseño. Siga las mascas del diagrama y asegúrese de que estén en línea recta, para que el resultado sea más atractivo.

12 Gire la labor boca abajo en el marco sobre una toalla para no dañarla y échele un poco de vapor en el reverso del bordado. El vapor actuará sobre el bordado y sobre el tejido. Saque la labor del marco.

13 Coloque la seda bordada con el lado bueno hacia abajo sobre una superficie plana. Fije el revestimiento con alfileres encima, dentro del contorno hilvanado e hilvánelo. Doble los 2 cm de margen para la costura en la seda sobre el revestimiento. Ensamble las esquinas y cósalas (ver página 33). Fije los bordes de la seda al revestimiento con punto de escapulario abierto (ver página 158).

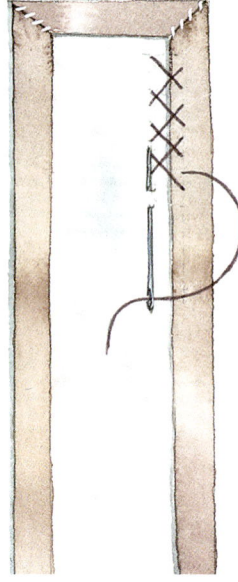

Gire la seda sobre los bordes del revestimiento y fíjelo con punto de escapulario

14 Corte otro trozo de seda que mida 17 x 51 cm para usarlo para el forro. Gírelo e hilvane un dobladillo de 1 cm. Entonces coloque el forro centralmente en la parte superior de la seda bordada, uniéndolos por el revés y cosiéndolos.

15 Coloque el tejido de seda boca abajo con el lado bordado lo más lejos de usted posible. Doble la seda siguiendo la primera línea del hilvanado para hacer la parte frontal interior. Asegúrese de que la longitud del cordón es la necesaria y de no ser así córtelo a la medida. Ponga los cabos del cordón entre las capas de la zona doblada y cósalos.

Doble la seda para hacer la forma del bolso fijando los cabos del cordón

16 Cosa los dos lados del bolso, haciendo muchos puntos unos sobre otros para fortalecer el bolso por la zona abierta. Finalmente cosa el cordón a cada lado del bolso y doble la solapa frontal. Ya está listo para usarlo.

En las zonas que ya tienen cuentas asegúrese de que lasa cuentas estén juntas de manera que no se vea el tejido

ADORNANDO LA SUPERFICIE

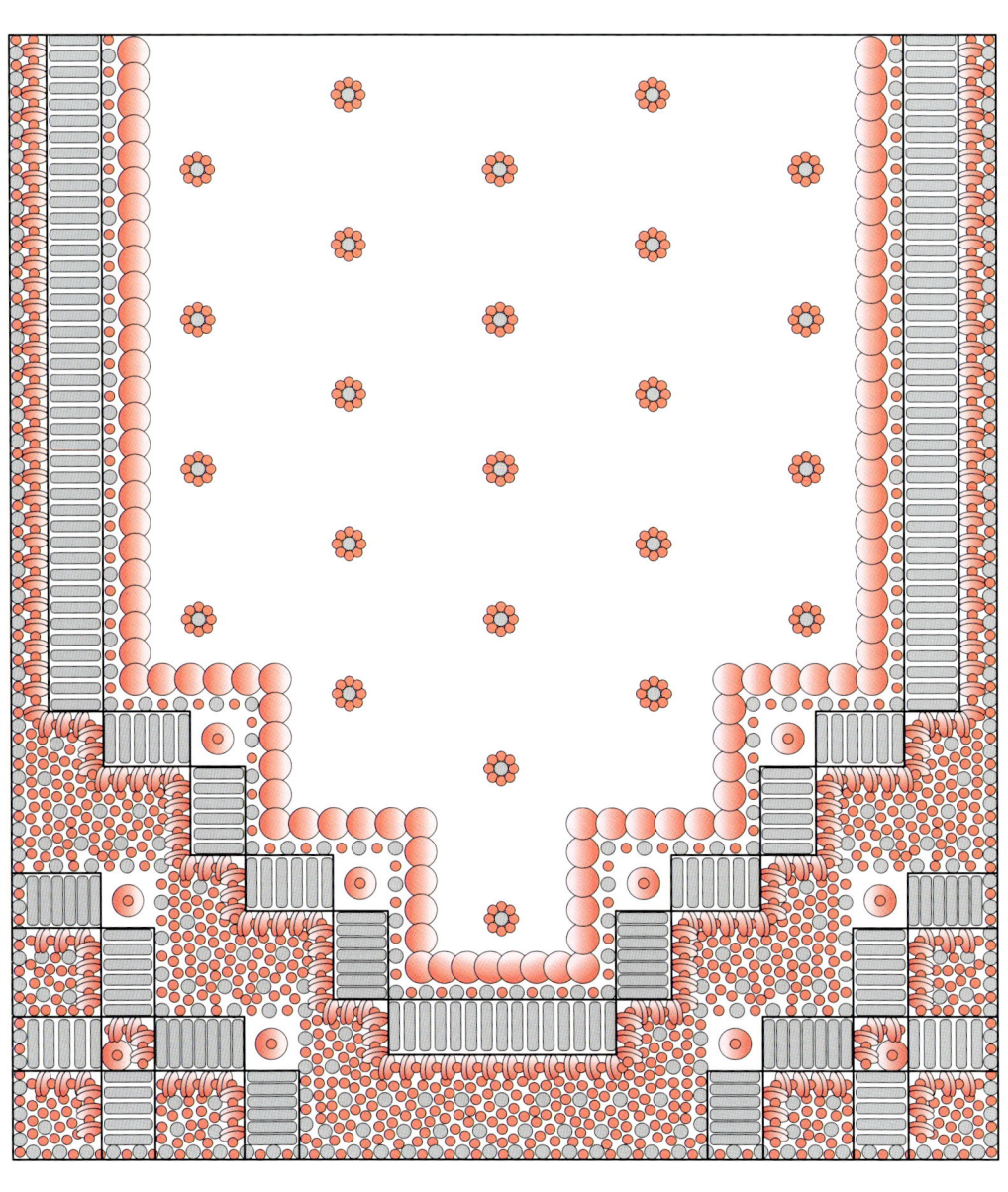

LISTA DE CÓDIGOS DEL BOLSO DE NOCHE

- *Cuentas de perla de 2mm (x 500)*
- *Cuentas de semilla iridiscentes de tamaño 11 en 410 (dos tubos)*
- *Abalorios plateados de 6 mm en 311 (1 paquete)*
- *Lentejuelas del tamaño CS5 en 25 (x 1000)*
- *Contorno para las zonas rellenas de cuentas*

DISEÑO DE HOJAS DE OTOÑO

LISTA DE CÓDIGOS DE HOJAS DE OTOÑO

Hilo de algodón DMC

- Punto de raso en 504
- Punto de raso en 954
- Punto de raso en 562
- Punto de raso en 3812
- Punto de raso en 155
- Punto de raso en 3746
- Punto de raso en 208
- Punto de raso en 954
- Punto de raso en 561

Hilo metálico DMC

- Nudo francés en 5282, 2 hebras
- ----- Dirección del sombreado

Nota: necesitará una madeja de cada tono

Diseño de Lesley Teare

Diseño de hojas de otoño

Este es el diagrama para el diseño que aparece en la cubierta del libro, reproducido en el mismo tamaño que el bordado real.

INFORMACIÓN ÚTIL

Glosario

Abalorios
Cuentas de cristal en forma de tubo.

Abrazadera de mesa
Abrazadera que sujeta el bastidor a la mesa, teniendo así las dos manos libres para bordar.

Aguja corredera
Este tipo de aguja aguanta varios hilos a la vez.

Aguja crewel
Aguja puntiaguda con ojo grande diseñada para pasar el hilo grueso a través del material sin dañarlo.

Aguja de canilla
Aguja puntiaguda y con ojo grande, diseñada para que pasen los hilos más gruesos por el tejido sin que se aplanen.

Aguja de dos puntas (o aguja de colchadura)
Aguja corta diseñada para la costura rápida.

Aguja de jareta
Aguja grande, despuntada y con el ojo grande usada para introducir un cordón o una cinta elástica a través del dobladillo.

Aguja de punta redonda
Aguja de coser con una punta redondeada.

Aguja de tapicería
Aguja despuntada que se usa para estirar de la lana con facilidad a través de los agujeros del lienzo sin perforar los hilos.

Aguja oscilante
Una característica de las máquinas de coser que cuando se produjo por primera vez multiplicó la variedad de puntos que se podían producir mecánicamente.

Aguja para cuentas
Aguja larga, fina y flexible diseñada para pasar a través del agujero de una cuenta pequeña y aguantar unas cuantas cuentas de una vez.

Agujerear
Método tradicional para transferir los diseños al tejido prensando el polvo a través de los agujeros hecho a lo largo de las líneas.

Aida
Tejido para bordar recio con bloques muy definidos y agujeros. Va muy bien para el punto de cruz.

Alambre de azúcar
Alambre fino cubierto de papel que se suele vender para decorar pasteles.

Algodón para relleno
Es un tipo de material de relleno que se usa para dar grosor o forma al diseño.

Algodón perlé
Hilo de bordar enredado invisible con un brillo atractivo.

Algodón
Tejido natural disponible en muchos pesos, desde linón fino hasta el piqué más pesado.

Appliqué
Bordar motivos en tejidos cortados en el tejido de fondo para efectos decorativos.

Bargello (labor florentina)
Estilo distintivo de labor en lienzo que se caracteriza por los puntos rectos trabajados en forma de escalera y a veces en zigzag o formando ángulos. El diseño se enfatiza mediante bandas de color.

Barras de pintura
Ceras de aceite grandes que se usan para pintar imágenes permanentes sobre el tejido.

GLOSARIO

Base de la máquina
Es la plancha en la base de la máquina de coser.

Bastidor con muelle
Marco muy útil para bordar a máquina ya que se puede deslizar por debajo de la aguja de la máquina.

Bastidor
Dos aros finos de plástico o madera que encajan, usados para mantener el tejido tenso mientras se está bordando. Va muy bien para proyectos pequeños.

Bloqueo
Método para cuadrar las labores distorsionadas, particularmente la labor en lienzo, mojándola y fijándola con alfileres sobre una tabla cubierta con una tela hasta que se seque.

Bloques de impresión
Superficie firme (de madera, goma, patata, etc.) con un diseño cortado que se puede unir o transferir de forma repetida sobre la superficie deseada.

Bloques kloster
Pequeños bloques de punto de raso que se usan en el bordado Hedebo y en el calado.

Bobina
Pequeño carrete sobre el cual se lía el hilo listo para ser usado.

Bolígrafo para transferir los diseños soluble
Es un bolígrafo que se usa para dibujar un diseño en el tejido y se puede eliminar lavándolo.

Bolígrafos para tejido
Se usan para dibujar detalles finos en el tejido.

Bolígrafos solubles con el aire
Se usan para dibujar un diseño sobre el tejido. Las marcas desaparecerán con el tiempo.

Bordado de corteza de abedul
Ver Naversom.

Borde sellado
El borde de un tejido a cada lado del rollo que se ha sellado para que no se deshilache.

Borla
Motivo decorativo formado por un grupo de hilos con un borde que forma un fleco.

Broderie anglaise
Forma de labor cortada o bordado en ojal, en la que se ve algodón blanco formando el contorno de agujeros cortados en tejido blanco de algodón.

Caja de luz
Caja que contiene una luz debajo de un cristal, lo que le permite calcar los diseños directamente sobre el tejido.

Calado
Estilo noruego de bordado abierto geométrico, característicamente todo blanco, bordado sobre tejido de tramado liso usando hilos de algodón o de lino.

Calcado (método directo)
Es una forma de copiar un diseño colocando el tejido fino sobre el patrón y repasándolo.

Calicó
Tejido de algodón que se suele vender sin encoger.

Ceras para transferir
Dibujadas en papel, la imagen resultante forma un calco que se puede planchar sobre el tejido.

Colores análogos
Colores muy relacionados, como el rojo y el naranja.

Colores complementarios
Colores que dan el mayor contraste, como el azul y el naranja.

Colores neutros
Colores sin color: gris, blanco y negro.

Colores primarios
Los tres colores básicos son: el rojo, el amarillo y el azul. Con la adición del blanco y del negro se pueden obtener los demás los colores.

INFORMACIÓN ÚTIL

Colores secundarios
El naranja, el verde y el violeta son los tres colores que se obtienen de la combinación de los tres colores primarios de dos en dos.

Coton à broder
Hilo de bordar suave con un toque brillante.

Cristal shisha
Pequeños discos, tradicionalmente de espejo o estaño, con los bordes bordados. Es muy popular en los tejidos de la India.

Cuartos fértiles
Piezas cortadas de 50 cm de largo por la mitad de ancho.

Cuenta
Número de hilos por 2,5 cm de tejido.

Cuentas de semilla
Pequeñas cuentas de cristal que están disponibles en muchos colores y tamaños.

Cyan
Término usado para el tono primario de azul.

Damasco
Tejido de lino con un patrón ya coloreado.

De color inalterable
Se refiere a cuando un color está fijado de forma permanente a un material, de forma que no destiña cuando se moje.

Dechados
Diseñados tanto como ejercicios para las chicas jóvenes como para muestra de puntos, patrones y técnicas.

Desecho de lentejuela
Es la lámina metálica que deriva de la producción de las lentejuelas.

Desecho de lienzo
Material de algodón endurecido que se usa para trabajar técnicas de punto contado sobre tejidos sin cuenta.

Dévoré
Técnica usada sobre el terciopelo, en la que se disuelven las pilas de pelo para crear el diseño.

Diseños en esquema
Diseños para labores de técnica contada impresas sobre una parrilla cuadrada donde cada cuadrado equivale a un punto.

Dobladillo
Borde del material doblado y cosido.

Emboscado
Hilo grueso o material similar que se fija al tejido enlazándolo con puntos alrededor suyo a intervalos regulares.

Endurecedor pelmet
Revestimiento grueso.

Ensamblar
Proceso para doblar o cortar esquinas a 45° para un acabado pulcro.

Entrelazado
Pasado alternativamente por encima y por abajo.

Envolver
Es el proceso de unir un cordón o un material parecido al hilo.

Esquema
Hoja de referencia que muestra el diseño en una parrilla en la que cada cuadrado representa un punto.

GLOSARIO

Estilete
Aparato afilado que se usa para darle la forma a los ojales, separar o contar hilos o pasar hilos gruesos a través del tejido.

Estilo libre
Bordado que no está restringido por puntos contados.

Festoneado
Efecto de bordeado atractivo con curvas.

Fieltro
Tejido no deshilachable, con fibras tejidas.

Fijar
Acabar el hilo, normalmente tejiéndolo a través del reverso de los últimos puntos.

Fijar
Darle color de forma permanente al material, usualmente planchándolo con una plancha caliente.

Filamentos combinados
Hilos metálicos o lustrosos diseñados para ser mezclados con otros hilos para obtener efectos especiales.

Fondo sin tejer (o revestimiento para planchar)
Un material que no se deshilacha y va bien para fortalecer los tejidos finos.

Franela del doctor
Tejido firme de lana.

Gutta
Medio impermeable que se usa para evitar que los colores destiñan y vayan a zonas no deseadas.

Hedebo
Técnica de labor abierta original de Dinamarca del siglo XVIII que combina la labor estirada y calada con el bordado superficial, normalmente en patrones geométricos.

Hilo de algodón mercerizado
Hilo de algodón que se ha tratado para darle un acabado más suave. Hilo de bobina: Hilo básico para el reverso del punto hecho con máquina.

Hilo de bordar suave
Hilo grueso y suave que no se puede dividir.

Hilo de canilla
Hilo con aspecto aterciopelado y brillante.

Hilo de control
Hilo metálico usado en la labor en oro.

Hilo de flor (o hilo de flor danesa)
Hilo de bordar fino, suave y mate.

Hilo de paso (ver hilo japonés)
Hilo metálico en acabado suave o rayado que se usa para la labor en oro.

Hilo de punto de media de perla
Alambre duro que se estira y forma una estructura similar a una fila de cuentas o perlas. Se usa en la labor en oro.

Hilo de rayón teñido
Ver hilo teñido a espacios.

Hilo de rayón
Hilo de bordar con un brillo sedoso. Este hilo da problemas ya que suele enroscarse.

Hilo de seda
Hilo de seda con brillo que se divide fácilmente en hebras.

Hilo enrollado
Hilo de metal usado en la labor en oro que está formada de varios hilos metálicos muy finos que se han enrollado juntos.

Hilo japonés (o hilo de paso)
Hilo de paso fino normalmente emboscado en la superficie del tejido.

Hilo jaspeado
Producido en grandes cantidades, los diferentes tonos encontrados en este tipo de hilo se repiten de forma regular a lo largo del hilo.

Hilo teñido a espacios (o hilo teñido aleatoriamente)
El color de dicho hilo puede variar desde tonos claros a oscuros y se pueden combinar diversos colores.

Hilos del diseñador
Hilos indicados disponibles en una variedad de colores, pesos y texturas.

Hpc
Se refiere a las siglas de hilos por centímetro. También se conoce como la cuenta del tejido.

Labor abierta
Término general para el bordado que cambia la estructura del tejido cortando, estirando o sacando hilos.

Labor Assisi
Punto de cruz de un solo color en el cual el contorno y el fondo se rellenan dejando el diseño en blanco.

Labor Ayrshire
Labor en blanco fina y similar a la puntilla producida a principios del siglo XIX en Escocia.

Labor Coggeshall
Labor en blanco con motivos florales usando hilo de algodón sobre muselina.

Labor con cuentas
Artículos bordados o tejidos creados completamente o principalmente con cuentas.

Labor cortada
Estilo de bordado en el que trozos del tejido se cortan para enfatizar el diseño.

303

INFORMACIÓN ÚTIL

Labor crewel
Cualquier bordado en color usando lana crewel.

Labor chikan
Similar a la labor Dresden, es un estilo de labor en blanco en la que diferentes grosores de hilos dan un contraste entre las zonas más caladas y los rellenos más opacos.

Labor Delsbo
Estilo de bordado sueco distintivo por su uso de motivos en forma de estrella y corazón en azul y rojo sobre lino blanco.

Labor Dresden
Labor con sombreado desarrollado en Sajonia en el siglo XVIII, que se trabaja sobre muselina fina.

Labor en blanco
Una forma delicada de bordado usando técnicas de estirado para imitar las puntillas.

Labor en lana Berlín
Forma sencilla de labor en lienzo muy popular en la época victoriana usando lana sedosa suave y sin entre girar para trabajar una amplia gama de diseños.

Labor en lienzo
Término usado para el bordado sobre lienzo, normalmente punto de cruz.

Labor en negro (o labor española)
Bordado preciso y delicado en hilos finos negros sobre lino de tramado liso blanco.

Labor en oro
Término que describe la labor en oro o en plata.

Labor en relieve (también conocida como labor elevada o labrada)
Bordado tridimensional que combina el relleno y los bordados que se aguantan solos.

Labor en tejido estirado (o abierta)
Se empujan los hilos del tejido para crear espacios abiertos y efectos de puntilla.

Labor Jarvso
Bordado sueco similar a la labor Delsbo, pero en color rosado sobre lino blanco o natural, a veces con borlas añadidas.

Labor Richelieu
Forma de labor cortada similar a broderie anglaise.

Labor rococó
Otro nombre que recibe el bordado en seda del siglo XVIII.

Labor sombreada
Punto de escapulario cerrado que se trabaja sobre el reverso del tejido, produciendo un efecto suave, pastel, en el frente de la labor.

Lamé
Tejido metálico fino que tiene mucho brillo

Lana crewel
Hilo fuerte ligeramente enrollado de dos cordones, vendido normalmente en madejas.

Lana de tapicería
Lana algo más fina que la lana persa. Se usa como una sola hebra. No se puede dividir.

Lana para mantas
Tejido de lana firme.

Lana persa
Lana de tres hebras que se puede separar en hebras individuales.

GLOSARIO

Lápiz de marcar de costurero
Lápiz para hacer marcas que se puedan quitar más tarde del tejido.

Lápiz para transferir
Se usa cuando se requiere un contorno permanente de un diseño.

Lentejuela
Pequeña pieza metálica, brillante, para decoración con la superficie plana o labrada. Suelen ser redondas pero también están disponibles en más formas.

Lienzo de plástico
Material, más rígido que el lienzo, de algodón. Va bien para crear estructuras como cajas o bolsos.

Lienzo de tapete
Lienzo con hilos satinados.

Lienzo doble
Tejido de tramado sencillo de algodón en el que la trama está formada por hilos dobles más fuertes que en el lienzo sencillo pero más limitado en la cantidad de puntos que se pueden hacer.

Lienzo fijado
Lienzo con los hilos fijados en un lugar, para evitar que se deshilache. Sin embargo no es tan fuerte ni dura tanto como el lienzo sencillo.

Lienzo simple (o mono)
Material endurecido simple que es adecuado para la mayoría de los proyectos.

Línea de hilvanado
Línea a lo largo de la cual se cose de forma temporal para sujetar dos piezas de material juntas.

Línea del tejido
La dirección que siguen los hilos principales de un tejido.

Lino cruzado
Tejido natural tejido en diagonal. Madeja: Hilo o lana enrollados listos para ser usados.

Magenta
Nombre usado para referirse al tono primario del color rojo.

Marco de asiento
Marco para bordar ajustable en altura con una base plana que encaja debajo de la pierna cuando está sentado, para dejar las dos manos libres.

Marco de estirar
Marco simple de madera formado por dos pares de estiradores de lienzo en los cuales se hilvana o grapa el tejido (ver marco que no se cose).

Marco de pizarra
Es el más rígido de los marcos (aunque está hecho de madera, no de pizarra). El marco tiene una red en el centro en la que se cose el tejido.

Marco que no se cose
El tejido se engancha a este marco con clips, alfileres o grapas (ver marco para estirar).

Marco rotatorio (también conocido como marco de tapicería)
Marco con rodillos sobre los cuales se pude colocar el tejido. Es más adecuado para usarlo con labores más grandes.

Marco
Aparato circular o rectangular que sirve para sujetar y mantener tenso el tejido cuando borde.

Marcos flexi
Marcos de fácil uso, vendidos particularmente para bordados pequeños.

Margen para la costura
Margen extra de material requerido para prevenir que se cosa demasiado cerca del borde del tejido.

Medios metálicos
Pinturas y polvos metálicos que se usan para crear efectos especiales.

Mercería
Coser tejidos y objetos.

Método de parrilla
Forma de alterar al tamaño de un diseño marcándolo en una parrilla y después copiando cada cuadrado en otro cuadrado del tamaño deseado.

Mica
Sílice transparente que se puede vender en láminas flexibles finas.

Molde
Diseño que se puede copiar una y otra vez.

Motivo
Elemento de un diseño que se podría usar perfectamente aislado.

Mountmellick
Bordado en blanco robusto hecho con hilo de algodón grueso sobre satén de algodón que se produjo en Irlanda en el siglo XIX.

Muselina desvaneciente
Es un tipo de tejido disoluble que se ha sustituido por el tejido disoluble en agua.

Muselina
Algodón suave y fino con tejido abierto que da un efecto diáfano.

Naversom (o bordado de corteza de abedul)
Vainica sueca.

Nudo
Es el método de inicio en el cual el cabo anudado se deja en la superficie y se corta cuando se ha cosido lo suficiente para que el hilo se quede en su posición.

Nylon
Fibra artificial suave, fuerte y de tejido muy cerrado.

Opus anglicanum
Bordado medieval inglés producido principalmente con fines eclesiásticos.

Organdí
Algodón fino sencillo endurecido.

Organza
Tejido fino similar al organdí hecho de seda o sintético.

Palo de booboo
Artilugio usado para descoser.

Papel de calcar de carbón de costurero
El mejor método para calcar sobre tejido pesado u oscuro. Cuando el papel se coloca entre el diseño y el tejido, al repasar el diseño se transfiere al tejido.

Papel de punto
Papel cuadriculado sobre el cual se imprimen los diseños de la labor en lana Berlín. Cada cuadrado representa un punto.

Papel perforado
Una alternativa al material de fondo que tiene agujeros de forma regular y va bien para el bordado superficial.

Patrones de zurcir
Forma de crear patrones geométricos tejiendo por encima y por debajo de los hilos del tejido.

Pedestal
Pedestal ajustable para un marco de bordado, que le deja las dos manos libres para poder bordar.

Pergamino
Diseño de líneas curvadas que se usa para crear un elegante efecto de marco.

Petit point
Término usado para el punto de tienda en la labor en lienzo cuando se trabaja sobre un lienzo de cuenta 18 o mayor.

Picots
Pequeñas colgaduras usadas para crear un borde decorativo en el tejido.

Pie de hilvanar de sastre
Accesorio para la máquina de coser diseñado para hacer vestidos

GLOSARIO

pero también es útil en el bordado a máquina.

Pie de zurcir
Accesorio para la máquina de coser que es muy útil para el bordado libre a máquina ya que le permite coser en cualquier dirección.

Pie para trenzar
Accesorio para la máquina de coser para coser una cinta o hilo grueso en la superficie del tejido.

Pie prensador
Accesorio para máquinas de coser que se usa en el punto recto.

Piezas brillantes
Piezas delgadas brillantes de metal como cobre o aluminio.

Pila
La superficie elevada creada por los hilos cortados, similar al pelo (como en el terciopelo).

Pintura acrílica
Pintura espesa soluble en el agua con una amplia gama de colores.

Poliéster
Fibra artificial que está disponible en una amplia gama de acabados.

Pounce
Polvo de color negro, blanco o gris usado para transferir los diseños al tejido.

Puntilla
Tipo de bordado usado para crear un efecto de encaje, normalmente en un agujero cortado en el tejido o en labor en relieve.

Punto de tapicería
Punto en lienzo.

Punto grueso
Término usado para el punto en labor de lienzo hecho sobre lienzo de 16 o menos hilos por 2,5 cm.

Puntos tejidos
Técnica de tejer el hilo del bordado a través de la base de los hilos del tejido que se suele usar en las vainicas.

Rayón
Fibra artificial de celulosa.

Rebajo
La profundidad de un marco, que indica el grosor máximo del objeto que se puede introducir.

Red con reverso de papel fusible
Fina capa de cola adherida al papel de silicona usada para unir tejidos.

Red
Material abierto que se forma por hilos que se cruzan formando nudos.

Retejer
Un hilo del tejido se vuelve a tejer de forma casi invisible en el tejido, como en la vainica.

Revestimiento
Material no tejido y no deshilachable usado para endurecer o para fondo de tejidos finos.

Ribete al biés
Cintas estrechas de material cortado con las líneas del tejido en diagonal. Se suele usar para los dobladillos.

Rococó
Estilo altamente ornamental de curvas elaboradas que se desarrolló en Francia en el siglo XVIII.

Ropa de congreso
Fino lienzo con 24 agujeros cada 2,5 cm

Seda Dupion
Seda bastante pesada, adecuada para el bordado sombreado.

INFORMACIÓN ÚTIL

Seda enrollada
Formada por diversas hebras de seda giradas. La seda enrollada está diseñada para ser usada como un solo hilo, aunque algunos tipos se pueden separar en hebras.

Seda floja (o seda japonesa)
Hilo delicado con mucho brillo, que se puede dividir para labores muy finas.

Seda Habotai
Seda ligera

Seda japonesa
Ver seda floja

Sellado
Se refiere a una superficie que se ha fijado para que las marcas no se manchen.

Sin ácido
Papel o tabla que no reaccionarán contra los materiales que estén en contacto con ellos dañándolos con el paso del tiempo.

Soporte
El borde interior de cartulina añadido a una labor antes de enmarcarla.

Tabla de soporte
Tabla rígida sin ácido sobre la cual se estira un bordado antes de enmarcarlo.

Tabla para bloquear
Tabla cubierta con tela marcada con una parrilla sobre la cual se le puede volver a dar la forma correcta a las labores distorsionadas.

Tafetán moire
Tejido basto hecho de seda natural o artificial, que tiene un brillo fuerte y un efecto de filigrana.

Tambor para bordar
La técnica de hacer un punto de cadena continuo en tejido fino o red usando un pequeño gancho de metal a modo de gancho de crochet.

Tapicería
Forma de tejido decorativo, aunque el término se usa hoy en día para describir la labor en lienzo.

Tejido de tramado simple
Material con un número regular de hilos en ambas direcciones, algo importante en técnicas de punto contado.

Tejido disoluble
Material base que se puede coser y luego disolver dejando el bordado solo.

Tejido soluble en agua
Usado como base para el bordado, este tipo de tejido se puede disolver en agua después, lo que deja que el bordado quede suelto, sin ningún material de fondo.

Tejidos de tramado simple
Material que tiene una superficie tejida de forma tensa que va bien para el bordado superficial.

Tejidos finos
Tejidos transparentes como la muselina o el voile.

Tela de fondo
Material liso (como el algodón) que se cose a un tejido delicado para fortalecerlo, o usado para que quepa una pieza de forma irregular o pequeña en un marco.

Tensión
Sujetar el hilo o el tejido bajo la presión justa para que quede tirante.

Teñido a espacios
Método para teñir que se usa para dar efectos de color aleatorios o variados.

Tijeras de bordar
Tijeras afiladas que cortan justo en la punta de las hojas.

Trabajo extendido
Bordado superficial

Trama y urdimbre
Hilos que se cruzan en los tejidos.
Trenza: Material largo, parecido a una cinta usado para decorar.

Vainica
Técnica de bordado en la que algunos hilos del tejido se empujan y otros se fortalecen y adornan.

Vitela
Papel muy fino de material parecido al pergamino.

Agradecimientos

El editor querría expresar su agradecimiento a los siguientes individuos, compañías e instituciones por prestar de forma generosa materiales para fotografiar, así como por darnos su permiso para la reproducción de imágenes (ver páginas 308-310 para detalles de contacto): Appleton Brothers Limited

Bogod Machine Company
(por los hilos de lana)

Brother UK Limited
(por la máquina de coser Bernina)

Coats Craft UK
(por los hilos y las herramientas Anchor y Kreinik)

Creative Beadcraft Limited
(por las cuentas y las lentejuelas)

Delicate Stitches
(por el tejido de lana de manta)

DMC Creative World Limited
(por los tejidos, hilos, cuentas, desecho de lienzo y herramientas)

Dorma
(por el lino y los cojines)
Tel: +44 161 251 4400

Entaco Limited
(por las agujas)
Studley
Tel: +44 1527 852 306

Framecraft
(por la gasa de seda)

Fron Isaf
(por las cuentas, conchas, hilos y papeles hechos a mano)

Golden Threads
(por los hilos dorados y la piel de cabritilla)

Janice Williams
(por los hilos de labor en oro)

Lunn Antiques
(por el chal de seda antigua)
Londres
Tel: +44 20 7736 4638

Macleod Craft Marketing
(por la colección de hilos Caron)

Medira Threads (UK) Limited
(por las agujas de máquinas de coser, bastidores, cordones metálicos y los hilos de las máquinas de coser)

Mulberry Silks
(por los hilos de seda)

Offray Ribbons Limited
(por las cintas)

Pearsalls Limited
(por los hilos de seda)

Purves & Purves
Londres
Tel: +44 20 7580 8223

Scottish Direct
(por los dedales)

Simply Scissors
(por las tijeras de bordar)

Steff Francis
(por los hilos)

The Button Lady
(por los botones)

The Craft Collection Limited
(por los hilos de lana Paterna)

The Inglestone Collections
(por el lienzo de papel)

The Iron Bed Company
(por las camas y la ropa blanca)
Chichester
Tel: +44 1243 578 888

The Silk Route
(por los tejidos de seda)

The Silver Thimble
(por los hilos de flor danesa)
Bath
Tel: +44 (0)1225 423 457

Vilene
(por los revestimientos y los tejidos endurecidos)

Winifred College
(por los botones, las conchas, las hojuelas y los papeles hechos a mano)

World Embroidery Supplies
(por el cristal shisha y las cuentas)

Los contribuidores querrían expresar su agradecimiento a los siguientes individuos y compañías por donar materiales generosamente para los proyectos en el libro:

Jill Carter da las gracias a Cara Ackerman de DMC Creative World plc, Len y Malcolm Turner de Fabric Flair, Julie Gill de Coats Crafts UK, Peter Armitage de Appleton Brothers Limited, Jean Oliver de Oliver Twists, Marilyn Becker de Ribbon Designs y Jean Hilton por su permiso para usar el punto Jessica en el paño indio, publicado anteriormente en *Needlepoint Stitches*, 1998 por Jean Hilton.

Lesly Teare da las gracias a Moygashel Mills, Samantha Bourne da las gracias a DMC Creative World plc, Pearsall's, Whaley's (Bradford) Limited.

Tracey Franklin da las gracias a Whaley's (Bradford) Limited.

Índice de términos

Los números de página se refieren a ilustraciones de labores completadas

A

Abalorios en cinta, 288
Abalorios rick-rack, 289
Abalorios, 287
Abalorios, 288
Abrigos, 274-5, 275
Acolchado, 23
Adin, Jenny L., 93, 126, 143
Adornos de metal, 27
Adornos, 26-7
Aguja corredera, 19
Agujas con muelle, 15
Agujas crewel, 14
Agujas curvadas, 14
Agujas de bordar, 14
Agujas de canilla, 14
Agujas de colchadura, 14
Agujas de doble punta, 14
Agujas de doble punta, 14
Agujas de jareta, 14
Agujas de punta redonda, 14
Agujas de tapicería, 14
Agujas dobles, 15, 219
Agujas para cuentas, 14
Agujas plateadas y doradas, 14
Agujas puntiagudas, 14
Agujas, 14
   Bordado a máquina, 218
   Bordado en cinta, 252
   Bordado libre, 204
   Calado, 112
   Enhebradores, 19
   Enhebrar, 14
   Labor con cuentas, 286
   Labor cortada, 128
   Labor crewel, 186
   Labor en blanco, 144
   Labor en lienzo, 76
   Labor en negro, 60
   Labor en oro, 270
   Labor en relieve, 234
   Labor estirada, 94
   Labor sombreada, 158
   Maquinas de coser, 15
   Punto de cruz, 48
   Sombreado en seda, 170
   Vainica, 94
Agujerear, 19, 31
Aida, 20
Alambre cubierto de papel, 19
Alambre para cuentas, 18
Alemania, 92
Alfileres de seda, 19
Alfileres para dibujar, 18
Alfileres, 19
Algodón à broder, 24
Algodón perlé, 24
Algodón
   Hilos, 24
   Tejido, 20
   Tejido liso, 22
Almacenamiento, 29, 33
Almohada de lavanda, 131-3
Almohada, 131-3
Armenia, 91, 93
Aumentar diseños, 30
Austria, 93

B

Banda de tejido de tramado liso, 20-1
Banda elevada diagonal, 96
Bandas de delantal, 111
Bandas de mangas, 58, 127
Bandas duvet, 11-17, 116
Bandas tejidas, 20-1
Bargello, 78
Barra tejida, 114
Barras giradas diagonales, 115
Barras repasada, 99
Barras zurcidas, 99
Bases, 22-3
Bastidor con muelle, 16
Bastidores, 16, 17
Bastidores, 16, 17
Beaney, Jan, 215
Beligca, 93
Benson, Dorothy, 215
Bess de Hardwick, 73
Blake, William, 184, 184
Bloquear, 29
Tablas, 18, 29
Bloques de impresión, 39
Bloques kloster, 111, 113
Bobinas, 15, 218, 221
Bolígrafo desvaneciente, 19
Bolígrafos de tejido, 39
Bolígrafos para transferir solubles, 30
Bolígrafos solubles en agua, 19
Bolsos de noche, 293-6
Bolsos de noche, 293-6, 255-7
Bolsos, 225-7, 284
Bombillas, luz del día, 18
Bordado a máquina, 214-27
   Agujas dobles, 219
   Agujas, 218
   Bobinas, 218, 221
   Hilos gruesos, 219
   Historia, 215-17
   Libre, 220-1
   Máquinas, 15, 218
   Marcos, 218
   Patrones automáticos, 219
   Pie de trenzado, 219
   Pies, 218
   Proyectos, 222-7
   Punto de sastre 219-20
   Punto recto, 219
   Punto zigzag, 219
   Técnicas, 218-21
   Tejidos, 218
Bordado con cintas, 248-65
   Agujas, 252
   Equipamiento, 252
   Hilos, 252
   Historia, 249-51
   Proyectos, 256-65
   Puntos, 254-5
   Técnicas, 252-5
   Tejidos, 252
Bordado de corteza de abedul, 91
Bordado en ojo, 126
Bordado en seda chino
Bordado libre a máquina, 220-1
Bordado libre, 196, 200-13

Agujas, 204
Hilos, 204
Historia, 201-3
Proyectos, 208-13
Puntos, 205-7
Técnicas, 204-7
Tejidos, 204
Borde anudado simple, 98
Borde entrelazado simple, 98
Borde girado, 98
Bordes, patrones ensamblados, 37
Borlas, 26-7
Botones, 26
Bourne, Smantha, 173, 175, 180, 275
Briggs, Wm, 251
Broches, 172-5
Broderie anglaise, 126
Brown and Sharp, 142
Burne-Jones, Edward, 269
Butts, Mrs Thomas, 184, 184

C

Cajas de herramientas, 19
Cajas de luz, 19, 30
Cajas, 82-3, 82, 231-2, 239
Calado, 21, 109-23
Agujas, 112
Historia, 109-11
Inspiración para, 118-19
Tejidos, 112
Calcar diseños, 30-1
Calcutta, 156
Calicó, 22-3
Caligrafía, 41
Calzones, 249
Camisas, 58
Campbell, Rosemary, 154
Carbón de costurero, 18
Carbón de costurero, 18, 31
Carrickmacross, 126
Carter, Jill, 82, 85, 116, 120
Cartera, 250
Cartulina de manualidades, 32
Cenefas, 73
Ceñir, vainica, 95
Cera de abeja, 18
Ceras para transferir, 39
Ceras, 39
Ciervo glamis, 190-3
Cinta métrica, 19
Cinta, 19
Cintas china, 250

Cintas de seda, 24
Cintas, 27, 252
Clarke, Elizabeth, 283
Clucas, Joy 217
Códigos, 30
Cofrecitos, 230, 231-2
Cojín de flor, 100, 101-3
Cojines
Bordado a máquina, 222-4
Bordado libre, 208, 209
Calado, 111
Labor en negro, 68-71, 68
Labor estirada, 100, 101-3
Rematar, 32-3
Cojines, 289, 290-2, 291
Colchas, 143, 147-8, 149
Colgaduras de cama
Labor en lienzo, 72-3, 73
Punto de cruz, 44
Colgaduras, 73
Colocar escuadras, 19
Color, 35, 38-9
Labor en lienzo, 75
Colores análogos, 38
Colores complementarios, 38
Colores neutros, 38
Colores primarios, 38
Colores secundarios, 38
Conchas, 27
Coniston, 127
Copiar parrillas, 30
Cordones, 27
Cordonnet, 206
Cornely, 215
Cornwallis, Mary, condesa de Bath, 56
Cortar, 35
Corte de abalorio, 288
Cortinas, 184
Cos, 47, 47
Coser el dobladillo, 33
Cox, Ann, 251
Cremalleras, fundas de cojines, 33
Creta, 46, 47
Cristal shisha, 27
Crompton, Rebecca, 127, 201-2, 215, 215
Crophius, Martin Gottfried, 45
Cruz recta doble, 79
Cuartos gruesos, 20
Cubretetera, 46
Cuenta con punto de raso, 288
Cuenta y lentejuela, 288
Cuenta, 20

Cuentas cosidas sencillas, 288
Cuentas de cristal, 26- 286-7
Cuentas de perlas, 287
Cuentas de semilla, 28
Cuentas emboscadas, 289
Cuentas metálicas, 26, 287
Cuentas, 26
Labor con cuentas, 286
Cuidado del bordado, 33
Chal de cachemir, 203
Chal de noche, 274-5, 275
Chal, 203
Chalecos, 92, 166, 248
Cheeseman, Melissa, 59, 169
Cheyney, Frances, 124
China, 141
Christie, Grace, 59

D

Dacca, 156
Dean, Beryl, 269
Dechado de banda reversible, 64-5, 65
Dechados, 46, 58, 90
Calado, 120-3, 120
Labor en blanco, 124
Labor en negro, 64-5, 65
Punto de cruz, 45
Dedales, 19
Delantales, 58, 92
Delsbo, 47
Desecho de lentejuelas, 27
Desecho de lienzo, 21
Deshilacharse, 28
Destornilladores, 19
Diagramas, 30
Trabajar de, 30-1
Díaz, Maria, 51, 52
Dinamarca, 91, 92
Diseño Ajanta, 167, 168
Diseño de lino, 35
Diseños reyes, 47
Diseños
Agrandar, 30
Calcar, 30-1
En diagramas, 30
En esquema, 30
En lienzo, 30
Reducir, 30
Distorsionar imágenes, 36

E

Emboscado básico, 189

Emboscado pendiente, 237
Emboscar cintas, 221
Emboscar hilos
   Bordado a máquina, 221
   Labor en oro, 270
Enhebradores, 19
Enhebrar agujas, 14
Enmarcar, 32
Escuela de arte de Glasgow, 185
Escuela de bordado de Manchester, 251
Escuela Real de Arte de Tapicería, 184
Esponja cosmética, 18
Esponja cosmétima, 18
Esquema de desarrollo del tapizado, 110-11, 216
Esquemas de zurcido, 90
Esquemas
   Seguir, 48
   Trabajar de, 30-1
Esquinas ensambladas, 32, 33
   Patrones, 37
Estilete, 19, 76
Estilo Art Nouveau, 52-3
   Motivos, 280-1
   Paños, 276, 277-9
Estirar el tejido, 21
Estrella de ocho puntas, 114
Evelyn, John, 249

F

Fichu, 155
Fieltro, 22
Filet cuadrado, 114
Fisherton-de-la-mere, 127
Fleming, John, 127
Fondos coloreados, 20
Fondos no tejidos, 23
Fondos, pintura, 40-1
Forma de la labor, 37
Francia, 93, 284
Fuentes del diseño, 34-5
Funda de almohada, 19
Funda de cuna, 140
Fundas de sobre de cojín, 33
Fundas para los dedales, 231

G

Gasa de seda, 21
Gavle, 47
Gemas, 27
Giddings, Robin, 217
Gorras, 58, 58, 141, 142
Gouverneur, Thea, 47
Gower, George, 58
Grecia, 93
   Bordado, 46-7
   Puntilla, 127
Guantes, 249, 249
Gutta, 39

H

Hacer patrones, 41
   Patrones, 39
Hartnell, Norman, 282
Haz diagonal invertida, 114
Hedebo, 91, 92
Heilmann, Josue, 215
Herramientas
   Agujas, 14
   Colores, 38-9
   Diseño, 37
   Maquinas de bordar, 15
   Marcos, 16-17
   Miscelánea, 18-19
Hilo de bobina, 25
Hilo de bordar suave, 24
Hilo de flor, 24
Hilo de hilvanar, 19
Hilo de la trama, 20
Hilo de lienzo de hilos sencillos, 21
Hilo de punto de media invertido, 25, 270
Hilo de rayón, 24
Hilo girado, 25
Hilo japonés, 25
Hilo jaspeado, 25
Hilos de algodón, 24
Hilos de coser, 15, 18 Ver también bordado a máquina
Hilos de la urdimbre, 20
Hilos de labor en oro, 29
Hilos de metal, 25
Hilos de seda, 24
Hilos metálicos, 24
   Enhebrar, 14
Hilos teñidos a espacios, 25
Hilos teñidos de forma aleatoria, 25
Hilos, 24-5
   Bordado a máquina 218
   Bordado en cinta, 252
   Bordado libre, 204
   Calado, 112
   Labor con cuentas, 286
   Labor cortada, 128
   Labor crewel, 186
   Labor en blanco, 144
   Labor en lienzo, 76
   Labor en negro, 60
   Labor en oro, 270
   Labor en relieve, 234
   Labor estirada, 94
   Organizador, 25
   Preparar, 25
   Punto de cruz, 48
   Separar, 25
   Sombreado en seda, 170
   Sombreado, 158
   Unir, 29
   Vainica, 94
Hilvanado de sastre, 219-20
Hilvanar a través de papel tisú, 31
Hirst, Barbara, 233, 233
Hirst, Roy, 233, 233
Hogarth, Mary, 201
Hogg, Rebecca, 157
Hojuelas, 27
Hungría, 127

I

Ideas
   Desarrollar, 36-7
   Recoger, 34-5
Iles, Jane, 135, 161, 163
Iluminación, bombillas con luz del día, 18
Imágenes pintadas transferidas, 41
Imágenes
   Distorsionar, 36
   Escoger, 36
Impresión en bloque, 41
Inspiración de la naturaleza, 34
Inspiraciones de casas rurales, 194-5
Inspiraciones de castillos, 194-5
Inspiraciones, 34-5
   Color, 38
Irlanda, 126, 143

J

Jarvso, 47

K

Kettle, Alice, 217

INFORMACIÓN DE INTERÉS

King, Alison, 217
Knowles, Mary, 184

L

Labor Assisi, 45-6, 45
Labor Ayrshire, 142-3
   Proyectos, 150, 151-3
   Técnicas, 144
Labor Coggeshall, 143
Labor con cuentas, 282-96
   Agujas, 28
   Cuentas, 26, 286-7
   Hilos, 286
   Historia, 283-5
   Proyectos, 290-6
   Puntos, 288-9
   Técnicas, 286-9
   Tejidos, 286
Labor cortada y vainica, Calado, 109-11
Labor cortada, 124-37
   Agujas, 128
   Añadir barras, 129
   Áreas cortadas adyacentes, 129
   Hilos, 128
   Historia, 125-7
   Patrones complejos de barras, 129
   Proyectos, 131-7
   Puntos, 130
   Reforzar los bordes, 128-9
   Técnicas, 128-30
   Tejidos, 128
Labor crewel, 182-99
   Agujas, 186
   Formas complejas, 187-8
   Hilos para fijar, 186-7
   Hilos, 186
   Historia, 183-5
   Labor tendida y emboscada, 188
   Punto de inicio, 187
   Puntos, 188-9
   Sombreado suave, 186,187
   Técnicas, 186-9
   Tejidos, 186
   Transferir diseños, 186
Labor chikan, 156
Labor dorada, 266-81
   Agujas, 270
   Briznas, 272
   Emboscar círculos, 272
   Emboscar hilos, 270
   Esquinas puntiagudas, 271

Hilos de punto de media invertido, 270
Hilos dobles girados, 271
Hilos, 270
Historia, 267-9
Piel metálica, 272
Proyectos, 274-81
Puntos, 271-3
Relleno, 271
Técnicas, 270-3
Tejidos, 270
Labor Dresden, 91, 141, 154, 155-6
Labor elevada ver labor en relieve
Labor en blanco, 140-53
   Agujas, 144
   Hilos, 144
   Proyectos, 147-53
   Puntos, 144-6
   Técnicas, 144-6
   Tejidos, 144
Labor en lana Berlín, 74-5
Labor en lienzo, 72-87
   Agujas, 76
   Color, 75
   Hilos, 76
   Historia, 73-5
   Proyectos, 81-7
   Puntos, 77, 78-81
   Técnicas, 76-9
   Tejidos, 76
   Textura, 75
   Variación, 75
Labor en negro, 56-71
   Diseñar, 67
   Esquinas con ángulo, 61-2
   Historia, 57-9
   Materiales, 60
   Patrones de relleno, 61
   Proyectos, 64-5, 68-71
   Puntas afiladas, 61
   Puntos parciales, 62
   Puntos, 60-3
   Seeding, 62
   Simbolismo, 66
   Sombreado, 61
   Técnicas, 60-3
   Tejidos, 60
Labor en oro, insignias, 269
Labor en relieve, 230-47
   Agujas, 234
   Hacer caras, 235
   Hilos, 234
   Historia, 231-5

   Inspiraciones, 246-7
   Proyectos, 238-47
   Puntos, 234-7
   Técnicas de enrollado, 235
   Técnicas de la puntilla, 235-6
   Técnicas de relleno, 234
   Técnicas, 234-7
   Tejidos, 234
Labor española, 57
Labor estirada, 91-107
   Agujas, 94
   Hilos, 94
   Historia, 91-3
   Proyectos, 101-3
   Puntos, 96-9
   Técnicas, 94-5
   Tejidos, 94
Labor extendida y emboscada, 189
Labor que florece, 141-3
Labor Richelieu, 127
Labor tendida y emboscada simple, 189
Lamés, 22
Lana crewel, 24
Lana de tapicería, 24
Lana persa, 24
Lana, 23
   Hilos, 24
Lápices para transferir, 19, 31
Lápices
   De color, 18
   Duros, 19
Lazo de punto recto, 254
Lentejuelas cosidas, 288
Lentejuelas en cinta, 289
Lentejuelas en punto lineal, 289
Lentejuelas, 27, 287
Lesage, 285
Libretas, 35
Libros de bocetos, 35
Lienzo de hilo doble, 21
Lienzo de plástico, 21
Lienzo de un solo hilo, 21
Lienzo indesmallable, 21
Lienzo para volante, 21
Lienzo, 21
Limpiar, 32, 33
Línea española, 63
Lino cruzado, 22
Lino Langdale, 127
Lino, 20
Linón, 22
Lucknow, 156
Lupas, 18
Lupas, 18, 19

M

Macbeth, Anne, 169
MacDonald, Messrs, 140, 143
Madeira, 127
Madejas enlazadas, 25
Madejas giradas, 25
Madejas
   En forma de aro, 25
   Giradas, 25
Madera de deriva, 27
Mann, Kathleen, 156
Manta de bebé trabajada en labor de retazos, 162-5
Manta para cuna, 256-9, 257
Mantas en labor de retazos, 162-5
Mantas, 162-5, 256-9, 257
Mantelería, 52-3, 52, 110, 135-7, 135
Manteles, 91
Máquina de coser Singer, 215
Marco de asiento, 16
Marco de pizarra, 16, 17
Marco giratorio, 16
Marco para estirar, 16, 17
Marco que no se cose, 16
Marcos de espejo, 232
Marcos flexi, 32
Marcos, 16-17
   Bordado a máquina, 218
   Uso, 16
Margarita, 254
Mary, reina de los escoceses, 73
Matsushima, Midori, 168, 269, 285
Mavor, Salley, 233
McIver, Mhairi, 268
Medios metálicos de coloreado, 39
Métodos de lazo, 28
Miller, Linda, 217
Morris, William, 168, 184-5, 201
Moteado, 62
Motivo de árbol de la vida, 194-5, 196-9
Motivo de barco, 114
Motivo de cruz griega, 115
Motivo de rosas, 174-5
Motivos aubrietia, 264
Motivos caninos, 196
Motivos de amapola, 126
   Bordado libre, 209, 210-13
Motivos de caléndula, 73
Motivos de capullos, 256-9, 257
Motivos de ciervo, 190-3
Motivos de conejos, 196
Motivos de copos de nieve, 135-7
Motivos de dedalera, 59
Motivos de escarabajo, 238-40, 239
Motivos de hojas de sicomoro, 93
Motivos de hojas, 93, 172-3, 209
Motivos de jacinto, 263
Motivos de lavanda, 131-3
Motivos de león, 169
Motivos de liebre, 184
Motivos de lirio, 52-5, 52, 263
Motivos de margaritas, 152
Motivos de mariposa, 153, 169
Motivos de mariquita, 153
Motivos de monos, 156
Motivos de narcisos, 263
Motivos de pájaro
   Calado, 111
   Labor crewel, 183
   Labor en blanco, 143
   Labor en relieve, 41-3, 242
   Labor estirada y vainica, 92
Motivos de pensamientos, 176-81
Motivos de primula, 263
Motivos de tulipanes, 50-1, 51, 263
Motivos florales
   Labor blanca, 141-3, 147-8
   Labor cortada, 127
   Labor crewel, 196
   Labor en cinta, 260-5, 261
   Labor estirada, 92, 100
   Labor sombreada, 160-1
   Sombreado en seda, 166-81, 168-9, 176-7, 178-81 Ver también flores individuales
Mountmellick, 143, 143
   Proyectos, 147-8, 149
   Técnicas, 144
Murray, Lady Evelyn Stuart, 92-3, 92
Muselina desvaneciente, 217
Muselina, 22

N

Naversom, 91
Newberry, Jessie, 185, 185
Nordmore, 110
Noruega, 109-11
nudo bullion, 146
Nudo Ghiordes, 81
Nudo picot, 114
Nudos franceses, 92, 205, 255
Nudos, 28
Nudos, 28, 49

O

Ojal repasada, 130
Ojo en diamante con punto lineal, 80
Ojo para hacer un ojal
Ojos cuadrados, 114
Ojos repasada grandes, 145
Opus anglicanum, 167, 267
Opus scissum, 125
Organizadores de hilos, 25
Organizar ideas, 35

P

Paine, Sheila, 156
Paisajes, 34
Paisley, 141
Palo booboo, 18
Palos de pintura, 39
Paño de flor de primavera, 260-5, 261
Paño de laguna tranquila, 241-3, 242
Paños indios, 84-7, 85
Paños, 82-7
Pañuelos, 143, 92, 126
Papel cuadriculado, 19
Papel de calcar, 19
Papel de seda, 22
Papel hecho a mano, 27
Papel perforado, 21
Papel
   Hecho a mano, 27
   Perforado, 21
Parte frontal de las zapatillas, 75
Paterson, Hannah Frew, 269, 269
Patrones de enrejado, 82-3
Patrones de zurcido, labor en negro, 62
Patrones pintados unidos, 40
Patrones
   Crear, 37
   Ideas para, 37
Paulsson, Else, 110
Pedestal, 16

Pennsylvania, 156
Picot bullion, 130
Picot enlazado, 130
picot para ojal, 130
Picot tejido, 237
Pie de cremallera, 15
Pie de sastre para hilvanar, 15
Pie de trenzar, 15, 219
Pie de zurcir, 220
Piedras de bordado de cristal, 287
Piedras, 27
Piel metálica, 27
Piel metálica, 27
Pies
    Bordado a máquina, 218
    Máquinas de coser, 15
Pinceles, pintura para tejidos, 39
Pintar seda, 41
    Pinturas, 39
Pintar tejidos, 40-1
Pintura con aguja, 167-9
Pintura de tejido, 38-9
Pinturas acrílicas, 39
Pinturas para tejidos, 38-9
Pinturas para transferir, 39
Pinzas, 19
Piqués, 22
Plancha, 19
Plumas, 27
Polvos de bronce , 39
Pollard, M, 46
Popelinas, 22
porcelanas, 250
Portugal, 91
Preparar el tejido, 28
Punta de acebo, 237
Punta húngara, 78
Puntilla reticella, 125
Puntilla,
    Labor en blanco, 146
    Labor en relieve, 235-6
Punto arrastrado, 144
Punto bizantino, 79
Punto continental, 78
Punto corredero doble, 63
Punto corredero enrollado, 206
Punto corredero libre, 220
Punto crewel, 206
Punto chevron, 207
Punto de armiño, 206
Punto de arroz, 79
Punto de borde en cadena, 96
Punto de borde, 236

Punto de Bruselas acordonado sencillo, 237
Punto de Bruselas sencillo, 237
Punto de buñuelo, 81
punto de cable, 144, 221
Punto de cadena de cinta, 254
Punto de cadena, 205
Punto de cinta a la derecha, 254
Punto de cinta central, 254
Punto de cinta de borde curvado, 255
Punto de cinta de izquierda, 254
Punto de cojín, 79
Punto de contorno stem, 63
Punto de cruz de brazo largo, 80
Punto de cruz reversible, 63
Punto de cruz, 45-55
    Agujas, 48
    Hilos, 48
    Historia, 45-7
    Proyectos, 50-5
    Puntos, 49
    Seguir un esquema, 48
    Técnicas, 48-9
    Tejidos, 48
Punto de cuatro lados, 96
Punto de dechado, 45
Punto de dobladillo, 98
Punto de escapulario cerrado, 145, 158
Punto de escapulario cuadrado, 80
Punto de espiga de trigo, 207
Punto de esquinas cruzadas, 79
Punto de haz, 97
Punto de hoja, 80
Punto de ladrillo, 78
Punto de media cruz, 49
Punto de media invertido, 25
Punto de mosaico, 79
Punto de mosca cerrado, 189
Punto de mosca, 205
Punto de ojal, 98
Punto de panal, 97
Punto de pistilo, 189
Punto de pluma, 205
Punto de raso diagonal, 79
Punto de raso rellenado, 188
Punto de raso sobre punto partido, 145
Punto de raso, 78, 188
Punto de raspa, 207
Punto de relleno en raso diagonal, 97

Punto de relleno enrollado, 97
Punto de Rhodes, 80
Punto de stem, 206
Punto de terciopelo, 237
Punto de tienda diagonal, 78
Punto de tienda, 77, 78
Punto de tres cuartos, 49
Punto doble de zurcir, 63
Punto enrollado, 220
Punto escocés, 79
Punto flojo, 288
Punto florentino, 78
Punto Gobelin, 78
Punto Holbein, 63
Punto húngaro, 79
Punto Jessica, 81
Punto lineal bocabajo, 63
Punto lineal corredero, 63
Punto lineal doble, 158
Punto lineal en aro, 97
Punto lineal, 28, 49
Punto milanés, 79
Punto mountmellick, 146
Punto noruego, 81
Punto partido, 171
Punto pequinés, 63
Punto plano aislado, 206
Punto plano, 79
punto recto básico, 254
Punto recto, 206, 219
Punto seed
    Labor crewel, 189
    Labor en negro, 62
Punto Smyrna, 79
Punto verdadero, 63
Punto vermicelli, 220
Punto zigzag libre, 220
Punto zigzag, 215, 219
Punto-a-reticella, 127
Puntos correderos, 28, 63
Puntos de lentejuelas, 288
Puntos
    Acabar, 29
    Bordado a máquina, 219-21
    Bordado en cinta, 254-5
    Bordado libre, 204
    Empezar, 28
    Labor con cuentas, 288-9
    Labor crewel, 188-9
    Labor en lienzo, 77, 78-81
    Labor en oro, 271-3
    Labor sombreada, 158-9
    Sombreado en seda, 170
    Trabajar, 29

R

Recoger ideas, 35
Recoger ideas, 35
Red fusible de reverso de papel, 23
Red fusible, 23
Reducir diseños, 30
Reglas, 19
Relleno de nudo picot, 115
Relleno de ojo de paloma, 115
Relleno diagonal en cruz griega, 115
Rematar la labor, 29
Rematar, 32-3
Resistente a la sal, 40
Revestimientos, 23
Rhodes, 46, 47
Riley, Susan, 216
Risley, Christine, 217
Robinson, Jack, 59
Ropa de bebé, 92, 141, 142
Ropa de congreso, 21
Ropaje, 160-1
Rowe, Jane, 233, 239, 242
Rozaduras, 41
Rueda de calcar 19
Rueda de punto lineal, 145
Ruskin, John, 127

S

Salvamanteles, 125
Salvamanteles, 50-1, 51
Schiffli, 215
Seda Dupion, 170
Seda floja, 24
Seda girada, 24
Seda, 22
Sedas para el mobiliario, 170
Seguido de cuenta y lentejuela, 288
Servilletas, 50-1, 51, 136
Sicilia, 91
Sirenas, 47
Skane, 47
Skene, Agnes E.P., 168
Smith, Hannah, 231
Sociedad de bordadores de Leek, 168
Sociedad de damas de bordado eclesiástico, 269
Sombreado de tapicería, 171
Sombreado en seda, 166-81
  Agujas, 170
  Definir los contornos, 171
  Hilos, 24, 170
  Historia, 166-9
  Perfeccionar el sombreado, 171
  Planear el bordado, 170
  Puntos, 171
Sombreado, 154-65
  Agujas, 158
  Hilos, 158
  Historia, 155-7
  Proyectos, 160-5
  Puntos, 158-9
  Técnicas, 158-9
  Tejidos, 158
Stoll, Marion, 93
Suecia, 47, 91, 93
Svealand, 47

T

Tamaño de la labor, 37
Tambor para bordar, 141, 285
Tapetes, 93, 104-7, 105, 109, 110
Tapicería Bayeux, 183, 183
Tapicería floreciente española, 141
Tapicería ver labor en lienzo
Tapicería, 73
Taylor, Doris, 268
Taylor, John, 232
Teare; Leslie, 208, 210
Técnicas de relleno,
  Labor en relieve, 234-5
Tejido de cesta, 78
Tejido de puntilla, 32
Tejidos de tramado simple, 22-3
Tejidos decorativos, 22-3
Tejidos disolubles, 23, 217, 221
Tejidos para el mobiliario, 22
Tejidos sintéticos. 23
Tejidos
  Bordado a máquina, 218
  Bordado en cinta, 252
  Bordado libre, 204
  Calado, 112
  Deshilacharse, 28
  Disoluble, 217, 221
  Labor con cuentas, 286
  Labor cortada, 128
  Labor crewel, 186
  Labor en blanco 144
  Labor en lienzo, 76
  Labor en negro, 60
  Labor en oro, 270
  Labor en relieve, 234
  Labor estirada, 94
  Labor sombreada, 158
  Pintar, 40-1
  Pintura, 38-9
  Punto de cruz, 48
  Sombreado en seda, 170
  Tramado simple, 20-1
  Vainica, 94
Tejidos, 22
Tela de araña, 99
tela de fondo, 18, 23
Tensión, 48
Teñido atado, 40
Terciopelo, 23
  Cojines, 222-4
Textura
  Efectos pintados, 40
  Labor en lienzo, 75
Texturas, 35
Thomas, Peggy, 216
Tijeras, 18, 19
Tiza de sastre, 19
Tiza, 19
Togneri, Veronica, 203, 203
Traje de bautizo, 150, 151-3
Transferir diseños, 30-1
  Labor estirada, 94
  Vainica, 95
Traquair, Phoebe, Anna, 168, 169
Trenzas, 27
Trondelag, 110
Tucker, Dorothy, 200
Turnbull, Phillipa, 182, 192, 196
Turquía, 93

U

Ucrania, 91

V

Vainica, 91-107
  Agujas, 94
  Hilos, 94
  Historia, 91-3
  Proyectos, 104-7
  Puntos, 96-9
  Técnicas, 95
  Tejidos, 94
  Variación de punto de guisante, 237
Venecia, 118-19, 121

Vestido de corte, 167
Vestidos tradicionales, 108

W

Wardle, Elizabeth, 168
Wardle, Thomas, 167, 168
Watts, Pamela, 75, 223, 226
Whalley Abbey Dalmatic, 266
Whyte, Kathleen, 93, 201, 202, 269
Wittich, L.W., 74
Wolley, Hannah, 284

Z

Zurcido libre, 216

Colaboradores

Liz Arthur (historia) fue anteriormente conservadora de ropa y tejido del museo de Glasgow y la Colección Burrell. Ha publicado muchos libros y ha escrito artículos como «World of Emboidery» (El mundo del bordado). Ha organizado muchas exhibiciones de bordado histórico y contemporáneo y ahora trabaja de forma autónoma.

Samantha Bourne (sombreado en seda / labor en oro) se formó en la Escuela Real de Tapicería y ahora da clases de varias técnicas de bordado y contribuye regularmente en varias revistas. Sam ha producido diseños para compañías de tapicería y también vende sus labores en exhibiciones y galerías.

Jill Carter (labor en lienzo / calado) ha dirigido su propia escuela de bordado, Masterclass, durante 15 años y ofrece 50 cursos anualmente en todas las áreas de bordado y sujetos relacionados. Contribuye regularmente en revistas de tapicería y es la autora de dos libros, *Embroidered Heirlooms to Make and Treasure* y *Hardanger Embroidery*.

Leon Conrad (labor en negro) estudió en la Escuela Real de Tapicería y fundó el Nuevo Grupo de Bordado Isabelino en 1998. Está muy considerado como profesor en el Reino Unido y en Estados Unidos y dirige su propia compañía de diseño de tapicería.

Ann Cox (bordado con cintas) es diseñadora de bordado con cintas y una autora establecida. También es profesora tanto en colegios como en su propio estudio. Suele ser invitada para hablar en muchas clases.

Annwyn Dean (diseño) trabaja como diseñadora de bordados autónoma y también escribe para revistas y libros. Ha fundado el taller 'Images in Stitch' y también ha dado clases.

Maria Díaz (punto de cruz) ha estudiado en Leicester Polytechnic y actualmente trabaja de forma autónoma. Habiendo trabajado como consultora durante tres años en Needlecraft Magic, está muy comisionada por fabricantes de juegos de bordado, editoriales y revistas de punto de cruz.

Tracy A. Franklin (labor estirada y vainica / labor en blanco) estudió en la Real Escuela de Tapicería y ahora tiene su propio negocio. A través de su carrera ha exhibido su trabajo en muchas exposiciones y también trabaja en la Escuela Real de Técnicas de Bordado.

Lynn Horniblow (labor en cuentas) estuvo de aprendiz con Hardy Aimes como costurera. Se pasó al bordado hace 15 años y ha creado y escrito cursos.

Jane Iles (labor cortada / labor sombreada) ha escrito ocho libros exitosos, se encarga de pedidos para revistas y editoriales y ha exhibido en la Escuela Real de Tapicería y muchos otros lugares. También presenta talleres y conferencias.

Jane Row (labor en relieve) es una bordadora en relieve destacada y da clases por todo el Reino Unido. También contribuye en revistas y publicó su primer libro en el 2001, *Stumpwork Techniques – The Workbook*.

Kathy Troup (iniciación) es una editora experimentada, escritora y bordadora. En 1999, fue contratada por una revista. También es presidenta del gremio local.

Lesley Teare (bordado libre) ha trabajado tanto en la industria como en la docencia antes de convertirse en diseñadora. Sus diseños los representa una de las principales compañías de bordado y muchas revistas de tapicería de forma regular. Ha contribuido en tres libros.

Phillipa Turnbull (labor crewel) tiene su propia compañía, The Crewel Work Company, que vende una amplia gama de juegos de bordado en todo el mundo. Sus labores han aparecido en la televisión y en revistas.

Pamela Watts (bordado a máquina) trabaja como autora, tutora y conferenciante. Escribe para muchas de las revistas más importantes y ha escrito cuatro libros, dos sobre el bordado a máquina.

Vivienne Wells (descubrir el bordado) es editora y escritora, así como la editora del gremio de punto de cruz. Tiene 20 años de experiencia en la publicación, edición y escritura sobre tapicería.

EDIMAT LIBROS, S. A.
C/ Primavera, 35
Polígono Industrial El Malvar
28500 Arganda del Rey
MADRID-ESPAÑA
www.edimat.es

© para lengua castellana EDIMAT LIBROS, S. A.

Publicado por primera vez en 2002 por Murdoch Books UK ltd
Copyright 2002 Murdoch Books UK ltd

ISBN: 84-9764-730-0
Depósito Legal: M-26336-2005

Título original: The Essential Guide to Embroidery
Traducción: MTM Traducciones Maremagnum

Reservados todos los derechos.
Esta obra no puede ser reproducida ni almacenada en todo o en parte en ningún tipo de soporte, o transmitida a través de cualquier medio sin la preceptiva autorización del dueño del Copyright.

Créditos fotográficos: p44 V&A Picture Library; p45 Museos de Glasgow; p46 arriba Escuela de Arte de Glasgow, fotografía Andy Stark, abajo Museos de Glasgow; p56 Galeria de arte de manchester; p57 izquierda Museos nacionales de escocia, derecha Museos de Glasgow; p58 arriba a la derecha y abajo a la izquierda Colección Burrell, arriba a la izquierda Leon Conrad; p59 izquierda Jack Robinson, derecha Melissa Cheeseman; p72 Casa Traquair, p73 izquierda V&A galería de imágenes, derecha Casa Parlam; p74 Colección Burrell; p75 izquierda colección privada; p75 derecha Pamela Watts; p90 gremio de bordadores; p91 Museos de Glasgow; p92 arriba Museos de Glasgow, medio Escuela de arte de Glasgow, fotografía Andy Stark, abajo Castillo Blair; p93 abajo Escuela de arte de Glasgow; p108 Jill Carter; p109 Escuela de Arte de Glasgow, fotografía Andy Stark; p110 izquierda y derecha Museos Nacionales de Escocia; p111 izquierda Jill Carter, derecha Coats Viyela; p124 Colección Burrell, p125 Escuela de Arte de Glasgow, fotografía Andy Stark; p126 arriba Museos de Glasgow, abajo Jenny Adin; p127 Escuela de arte de de Glasgow, fotografía Andy Stark; p140 Museos de Glasgow; p141 Museos de Glasgow; p142 izquierda Museo & Galería de arte Paisley, derecha Museos de Glasgow; p143 Jenny Adin, derecha Museo Popular, Ulster; p154 Rosemary Campbell; p155 Gremio de bordadores; p156 Colección privada; p157 arriba Escuela de arte de Glasgow, fotografía Andy Stark; p166 Colección privada; p167 izquierda Museos de Glasgow, derecha Colección Burrell; p168 arriba a la izquierda Galerías Nacionales de Escocia, arriba a la derecha Midori Matushima, abajo Museos de Glasgow; p169 izquierda Colección privada, fotografía Andy Stark; p182 Phillipa Turnbull; p183 La tapicería Bayeux, con permiso especial de la ciudad de Bayeux; p184 arriba Gremio de bordadores, abajo Museo Fitzwilliam; p185 Museos de Glasgow; p200 Dorothy Tucker; p201 Museos Nacionales de Escocia; p202 Museos Nacionales de Escocia; p203 arriba Escuela de arte de Glasgow, abajo Museos de Glasgow; p214 Jan Beaney, fotografía Michael Wicks; p215 Escuela de arte de Glasgow, fotografía Andy Stark; p216 arriba y abajo Museos Nacionales de Escocia; p217 arriba Linda Miller, abajo Alison King; p230 Colección Burrell; p231 arriba y abajo Colección Burrell; p232 Apple Orchard © 1992 Salley Mavor; p248 Museos Hampshire; p249 Museo de Londres; p250 izquierda Galería de arte Costume, Manchester, derecha Museos Hampshire; p266 Colección Burrell, p267 Catedral Durham; p268 arriba a la izquierda Colección privada, arriba a la derecha Biblioteca de imágenes V&A, abajo Museos de Glasgow; p269 arriba Hannah Frew Paterson, abajo Midori Matsushima; p282 Biblioteca de imágenes V&A; p283 Colección Burrell; p284 arriba Museos de Glasgow, abajo Colección Burrell; p285 arriba Museos de Glasgow.

Editor de Comisionado Senior: **Karen Hemingway**
Editor del proyecto: **Carnie Tracanelli**
Diseñadores: **Tim Brown**
Consultor: **Vivienne Wells**
Gerente de edición: **Anna Osborn**
Gerente de diseño: **Helen Taylor**
Fotografía: **Bobbie Leah**
Buscadores de imágenes: **Liz Arthur, Helen Stallion**
Fotógrafo: **David Britain**
Asistente de fotografía: **Marc Kirk**
Estilista: **Calire Richardson**
Asistente de estilismo: **Louisa Grey, Claire Moragn**
Ilustrador: **Carolyn Jenkins**
Ilustrador de esquema y diagrama: **Ethan Danieldson**

IMPRESO EN ESPAÑA - *PRINTED IN SPAIN*